Anne L. Desjardins

Québec
capitale gastronomique

De Portneuf à Charlevoix
30 chefs, 60 producteurs
et 90 recettes

Photographies : Louis Perron et complices

Avant-propos

Pour pratiquer l'art culinaire, est-il région plus inspirante que celle de Québec, notre capitale nationale? Avec ses chefs dont la passion n'a d'égale que le professionnalisme et ses centaines de producteurs, toujours à l'affût des besoins des cuisiniers et des consommateurs, il était inévitable qu'une réputation de « Capitale gastronomique d'Amérique du Nord » finisse par être rattachée à son nom. Mais Québec s'est aussi taillé une place parmi les grands centres mondiaux de la gastronomie.

Dans cet ouvrage, vous découvrirez les liens particuliers qui unissent les chefs aux producteurs et aux petits transformateurs de leur région. C'est ce maillage qui a fait de notre coin de pays un précurseur dans la façon de pratiquer l'art culinaire.

Autant dans les restaurants, les hôtels, les services alimentaires que dans les écoles hôtelières, cette manière bien à nous de créer, de connivence avec nos producteurs et nos transformateurs, fut de tout temps propice à faire évoluer l'art culinaire, donnant une valeur ajoutée à l'agrotourisme québécois. Ainsi, nous n'avons de cesse de développer une expertise recherchée dans plusieurs milieux, tant culinaires qu'agricoles. D'ailleurs, on fait très souvent appel à nos chefs à l'étranger afin d'aller y démontrer le savoir-faire des gens d'ici.

En dépit de nos hivers rigoureux, et peut-être un peu à cause d'eux, nous réussissons à maintenir une qualité exceptionnelle de notre cuisine. Nous savons que nous pouvons compter sur des spécialités uniques au monde. Pensons, entre autres, aux multiples produits de l'érable, aux cidres de glace ou aux gibiers qui enrichissent notre marché et soulignons ici le travail extraordinaire des producteurs afin de répondre aux exigences particulières de nos chefs.

Face à la concurrence mondiale, il est du devoir de nos professionnels québécois de mettre de l'avant nos particularités régionales dans l'intention implicite d'offrir une gastronomie du terroir à valeur ajoutée.

Pour toutes ces raisons, la Capitale-Nationale peut être fière des créations et des productions de ses artisans du bien manger et du bien boire. De la terre à la table, en passant par des paysages époustouflants : ce majestueux Saint-Laurent, les riches arpents d'une terre travaillée avec passion et fierté, des produits préparés avec finesse et respect... tout cela était nécessaire pour produire la recette gagnante que l'on vient déposer sur votre table aujourd'hui : *Québec capitale gastronomique*.

Bon appétit!

Philippe Castel
Président du Chapitre de Québec
Vice-président pour l'est du Québec
Société des chefs, cuisiniers et pâtissiers du Québec

Québec, Capitale d'une gastronomie de proximité

S'il y a une chose qui distingue Québec de Montréal ou de toute autre grande ville canadienne, c'est bien le lien intime qui unit chefs de cuisine et producteurs artisans. Ce lien leur permet de développer ensemble le fameux concept de la terre à la table, qui est à la base même du label de terroir, tel qu'on le retrouve dans certains pays d'Europe, et qui garantit en partie son authenticité. Car, si ce terme est très tendance ces années-ci, il lui arrive malheureusement d'être galvaudé par des multinationales peu scrupuleuses qui essaient de se l'approprier parce qu'il est vendeur.

Mais les consommateurs ne sont pas dupes et s'intéressent de plus en plus au contenu de leur assiette. Avec raison, car la mondialisation, les scandales et les problèmes qu'a connus l'industrie bioalimentaire ces dernières années (vache folle, grippe aviaire, surabondance de pesticides, bactéries e-coli dans certains fruits et légumes cultivés à l'étranger) ont entraîné le désir de connaître la provenance des produits consommés. Les gens sont aussi de plus en plus conscients des effets de leurs habitudes alimentaires sur l'environnement et ils se tournent vers des produits de proximité issus d'une agriculture plus responsable.

La région de Québec n'a pas attendu que l'on tire la sonnette d'alarme pour utiliser le terroir à bon escient. Berceau de l'agriculture en Amérique du Nord, elle se spécialise depuis toujours dans une production qui fait fi de la grande monoculture et pratique tout naturellement la diversification. Allez faire un tour au Marché du Vieux-Port de Québec ou à celui de Sainte-Foy, et vous pourrez constater que la quasi-totalité des maraîchers offrent une grande diversité de fruits et légumes cultivés sur leurs terres. Les producteurs de bœuf, de porc, de volaille, de canard ou d'agneau possèdent de leur côté de petits élevages respectueux à la fois du milieu naturel et du bien-être des animaux. Enfin, de nombreuses entreprises de transformation se spécialisent dans la création de produits de niche, à haute valeur ajoutée : cidres et mistelles, fromages, poissons fumés, etc. De Portneuf à Charlevoix, la sericulture se pratique aussi de façon écologique et permet de jouir à l'année de magnifiques tomates, laitues, fines herbes, endives ou pleurotes frais.

On le voit, Québec a su préserver la notion d'un terroir authentique pour développer des produits distinctifs, qui contribuent aujourd'hui au dynamisme de la Capitale-Nationale. Cette approche a aussi permis à bien des jeunes de revenir s'établir dans la région qui les a vus naître afin de contribuer à son développement et y élever leur famille. Ce terroir est aussi devenu la signature gastronomique de Québec et une de ses images de marque dans le monde grâce au travail d'ambassadeurs que plusieurs chefs assument lors de fréquentes démonstrations culinaires à l'étranger.

À l'instar de la France ou de l'Italie, qui ont su protéger leurs richesses agroalimentaires par la création d'appellations d'origine contrôlée (champagne, fromage, poulet, huile d'olive, etc.), Québec et sa région rejettent les modes passagères pour préserver l'authenticité de leur production alimentaire et ainsi assurer sa pérennité.

Tout comme en Europe, les chefs, fermiers et transformateurs ont développé une relation quasi symbiotique, qui permet aujourd'hui aux cuisiniers de pratiquer une gastronomie fraîcheur axée sur le produit. Mais il ne faut pas croire que cette amitié entre professionnels de l'alimentation est le fait du hasard; elle résulte plutôt d'un travail de longue haleine qui exige efforts et conviction. Dans la Capitale, vétérans et chefs de la jeune génération, enseignants des écoles hôtelières, petits producteurs-transformateurs et distributeurs de produits fins ont appris à travailler main dans la main pour tenter de réaliser cette vision d'une alimentation qui est un moteur de développement économique et un fort ciment social.

Il faut en remercier tous ces chefs et artisans visionnaires qui ont su au fil des ans organiser des événements gourmands destinés à sensibiliser le public à l'importance de l'achat local, au plaisir de tisser des liens avec ses proches à travers la cuisine et à la nécessité de bien s'alimenter avec des ingrédients de qualité. Ces visionnaires qui ont su faire de la gourmandise le lieu de toutes les bombances et de tous les partages avec des événements comme Les Fêtes de la Nouvelle-France, qui célèbrent chaque été notre héritage agroalimentaire, Toques et terroir, la Fête du Grand Duc ou Baie-Saint-Paul Vallée gourmande. Il faut saluer le travail de ces passionnés du Parcours gourmand et de la Route des Saveurs de Charlevoix qui ont eu la délicieuse idée de rendre contagieux l'amour des cuisiniers et des artisans pour leur terroir en invitant le public à aller les rencontrer chez eux pour mieux découvrir leurs secrets.

Ce livre se veut le reflet de l'incroyable richesse dont j'ai été témoin au cours des dix dernières années grâce à mon travail de journaliste spécialisée en alimentation et gastronomie. De cet observatoire privilégié, j'ai pu voir tous ces professionnels de haut niveau construire patiemment et dans la bonne humeur cette formidable capitale gastronomique qu'est devenue la grande région de Québec. J'espère que le livre que vous avez entre les mains sera un reflet aussi fidèle que possible de cette effervescence qui n'a d'autre but que de semer le bien-être et le bonheur autour d'elle. Il est le fruit de trois années de travail avec la communauté tissée serré des chefs, producteurs, transformateurs et détaillants de Québec, Portneuf, l'île d'Orléans, la Côte-de-Beaupré et Charlevoix. Qu'ils en soient tous remerciés du fond du cœur. Grâce à eux et à leur générosité, j'ai la chance de pratiquer le plus beau métier du monde!

Bonne lecture!

Anne L. Desjardins,
Coordonnatrice et auteure
Québec capitale gastronomique

Table des matières

Jean-Luc Boulay, Traiteur Le Saint-Amour

Régis Hervé, Les Saveurs Oubliées

Chapitre 1

Les mentors

Les mentors que nous présentons dans ce chapitre ont marqué le Québec gourmand d'une empreinte indélébile. La créativité et la rigueur de ces têtes chercheuses ont inspiré de nombreux cuisiniers. Chacun d'eux a consacré temps, énergie et passion à former une relève talentueuse qui vole aujourd'hui de ses propres ailes. Ces mentors ont été parmi les premiers à créer un lien de confiance et d'interdépendance avec les producteurs et transformateurs locaux et ont aidé à mieux faire connaître ceux-ci. Leurs cuisines sont des laboratoires où se concocte déjà la gastronomie de demain et leur éthique du travail demeure l'aune à laquelle les jeunes cuisiniers se mesurent.

...

Yvan Lebrun, Initiale

Mario Martel, Épicerie Métro GP

Jean Soulard, Le Fairmont Château Frontenac

Daniel Vézina, laurie raphaël

Jean-Luc Boulay
maître ès foie gras

Photo : Louis Perron

Jean-Luc Boulay en compagnie de Marie-Josée Garneau et Sébastien Lesage, du Canard Goulu

e four combi du chef Jean-Luc Boulay l'a lâché au beau milieu de sa production hebdomadaire de terrines de foie gras sous vide qui ont fait la renommée du Saint-Amour, cette grande maison trentenaire du Vieux-Québec. Le patron de la place en a été quitte pour passer une autre commande de 20 kilos de lobes bien frais à sa complice de longue date, Marie-Josée Garneau, de la Ferme du Canard Goulu, non sans s'être d'abord équipé en quatrième vitesse avec un nouveau modèle de four hautement performant et programmable qui fait tout, sauf servir le repas aux clients.

Photo : Archives Le Soleil

Toujours à l'affût de nouvelles technologies destinées à améliorer la qualité de sa table et le rendement de ses cuisines, Jean-Luc Boulay a été parmi les premiers au Québec à utiliser la cuisson sous vide, technique qu'il a apprise avec le maître français du genre, Joël Robuchon. C'est aussi ce dernier qui lui a transmis son savoir-faire avec le foie gras, que Jean-Luc décline en de nombreuses variantes, qui vont du bonbon de foie gras dans une poudre de cacao amer à l'escalope poêlée, en passant par le pigeonneau farci au foie gras ou l'amuse-gueule de lentilles du Puy au foie gras.

Jean-Luc Boulay

Que de la qualité, toujours

On ne badine pas, au Saint-Amour, avec ce produit de luxe qui est devenu la signature du chef Boulay et de son équipe de jeunes surdoués. Une signature rendue possible par l'accès à des foies impeccables produits à Saint-Apollinaire, à une trentaine de kilomètres au sud-ouest de Québec, par les soins de deux jeunes avocats en rupture de ban qui comptent parmi les éleveurs de canards de Barbarie les plus expérimentés de la province. « Quand nous avons débuté dans le métier en 1997, il n'y avait pas de balises et nous avons dû apprendre sur le tas », relate Marie-Josée Garneau, qui a eu le génie de cogner très tôt à la porte des meilleurs chefs pour solliciter leur appui. « La relation de confiance que nous avons développée avec un expert de la trempe de M. Boulay nous a permis d'apprendre rapidement à produire des animaux en santé avec des foies de qualité qui répondaient à des normes strictes, puisque les chefs sont exigeants, en plus d'être d'excellents mentors. »

L'élevage du Canard Goulu produit 50 000 bêtes annuellement, nourries exclusivement de maïs à compter de la dixième semaine, moment où débute le prégavage, qui est fait dans le respect de l'animal et à la main, selon une technique encore artisanale. Cette jeune entreprise est née de la passion de Sébastien Lesage pour le canard. Une passion qui remonte à l'enfance, puisqu'à 12 ans, le jeune Lesage gavait déjà les canards de son père, un gastronome voyageur qui avait rapporté cette lubie de France et décidé de monter son propre élevage pour le pur plaisir de la chose.

> « LA RELATION DE CONFIANCE QUE NOUS AVONS DÉVELOPPÉE NOUS A PERMIS D'APPRENDRE RAPIDEMENT À PRODUIRE DES ANIMAUX EN SANTÉ AVEC DES FOIES DE QUALITÉ QUI RÉPONDAIENT À DES NORMES STRICTES. »

La Maison du gibier

En plus des producteurs, les chefs peuvent compter sur un réseau d'approvisionnement étendu grâce à des établissements spécialisés qui leur fournissent une sélection de ce qui se fait de mieux dans l'agroalimentaire. Aux distributeurs de fruits et légumes, poissons, produits fins, s'ajoutent les spécialistes de gibier à poil et à plumes, qui sont peu nombreux. La Maison du gibier est un de ces complices de la première heure des chefs cuisiniers. Fondée en 1982 par un chasseur, M. Jean-Marie Rondeau, qui élevait des poulets et des faisans dans sa cour arrière de Lac-Beauport, elle est maintenant dirigée par sa femme Pierrette et ses deux enfants, Jean et Julie. La Maison du gibier est devenue un des plus gros transformateurs et distributeurs de viande de gibier au Canada. En plus d'approvisionner les boucheries et supermarchés en produits transformés (viandes séchées et fumées, plats cuisinés prêts à réchauffer, magrets de canard, etc.), cette entreprise familiale dotée d'un chiffre d'affaires en croissance constante travaille de très près avec différents éleveurs pour offrir un éventail complet de carcasses et de découpes de gibiers d'élevage aux chefs de partout au pays : cerf rouge, caribou, autruche, lapin, canard, bison, faisan, caille, pintade, etc. La clientèle des professionnels représente d'ailleurs les deux tiers du chiffre d'affaires de La Maison du gibier. Ces dernières années, la famille Rondeau et son équipe ont su rester à l'écoute de ces clients un peu spéciaux et s'adapter au fait qu'ayant moins de temps pour cuisiner, plusieurs souhaitent des pièces parées et prêtes à cuire, voire des mets cuisinés sous forme de terrines, pâtés ou viandes farcies plutôt que des carcasses à débiter eux-mêmes. Lauréate de nombreux prix en innovation et grâce à la polyvalence de sa nouvelle usine de 1 500 mètres carrés de Charlesbourg, La Maison du gibier a pu satisfaire sans problème ces besoins en constante évolution.

Julie Rondeau et Martin Bilodeau

Avec une équipe d'une trentaine de personnes, la Ferme du Canard Goulu ne cesse de mettre au point de nouveaux plats cuisinés, en plus d'offrir les découpes habituelles et d'être renommée pour son foie gras d'un bout à l'autre de la province. Marie-Josée s'occupe du marketing, de la publicité et des relations avec une fidèle clientèle de restaurateurs et de boutiques gourmet, dont celle située sur le site même de la ferme. De son côté, Sébastien supervise la production et plus de 1 000 abattages par semaine. Ces parents de trois jeunes enfants ont aussi ouvert une deuxième boutique gourmande doublée d'un restaurant de type cafétéria branchée dans le sélect quartier Sillery de Québec, où l'on décline bien sûr le canard à tous les modes.

Si le chef Boulay a développé ce lien privilégié avec Le Canard Goulu, il peut aussi s'enorgueillir d'apporter son soutien à quelque 80 producteurs régionaux. « Ça va du pigeonneau au saumon fumé du Fumoir Grizzly, en passant par des minilaitues, des fromages artisanaux, du lait biologique, des gibiers d'élevage, des légumes fins, des huîtres, des petits fruits et les meilleurs alcools de la région », note avec fierté ce chef originaire de France, plus précisément du Mans, dans la région de Seine-et-Loire. Jean-Luc a de qui tenir, puisqu'il est fils de jardinier-fleuriste. « Nous avions un très grand potager. Après l'école, j'aidais toujours mes parents à cueillir les haricots et les tomates. Ensuite, je me suis inscrit à l'école culinaire, j'ai fait mes stages en Europe, avant de venir au Québec, en 1976. »

Jean-Luc Boulay décline le foie gras en de nombreuses variantes.

Photo : Louis Perron

Photo : Anne L. Desjardins

Chef de père en fils

D'abord cuisinier au restaurant Le Bœuf charolais de l'hôtel Loews, Jean-Luc y rencontre la femme de sa vie, Linda Therrien, avant de faire la connaissance de Jacques Fortier, avec qui il s'associera à l'âge de 23 ans pour fonder le restaurant Le Saint-Amour. La lignée de cuisiniers qui a commencé avec lui se perpétue, puisque son fils Frédéric, né en 1979, est maintenant le chef des cuisines, appuyé par un bagage acquis très tôt et une équipe de jeunes inspirés et rigoureux, qui sont devenus des amis.

Aujourd'hui, père et fils travaillent côte à côte, mais en gérant deux commerces différents, puisque Jean-Luc dirige, pour sa part, le service de traiteur haut de gamme du Saint-Amour : «Ça a débuté lentement, pour répondre à la demande de clients privilégiés, puis j'ai décidé de m'y consacrer entièrement, car c'était un créneau peu exploité à Québec.» Une formule intéressante pour le père, qui passe ainsi les rênes au fils tout en restant présent à titre de mentor dans cette belle maison qu'il a fondée et fait évoluer du statut de sympathique bistrot-terrasse à celui de restaurant digne des honneurs Michelin.

Cette évolution s'est faite progressivement, au fil des nombreuses formations que cet amoureux de chasse, de pêche et de kayak de mer n'a jamais cessé d'aller chercher auprès de plusieurs maîtres, Robuchon en tête, pour le sous vide, le foie gras, la viande et la volaille, les entrées sur assiette, mais aussi à l'école Lenôtre, pour le travail de plats de buffets prestige, les desserts sur assiette, le travail du chocolat, la nouvelle pâtisserie. Conscient de l'importance de se tenir à jour et de stimuler sa brigade, Jean-Luc Boulay se fait un point d'honneur d'envoyer chacun de ses jeunes cuisiniers en stage dans les plus grandes maisons françaises. Il enseigne aussi la cuisine, à temps partiel, dont le module foie gras et la cuisson sous vide, à des chefs expérimentés autant qu'aux futurs cuisiniers qui fréquentent les centres de formation professionnelle.

La façade du Saint-Amour, sis au 48 de la rue Sainte-Ursule

Si le chef Boulay a maintes fois représenté le Québec à l'étranger, notamment en Belgique, au Japon et jusqu'en Malaisie et à Singapour, tout ce bagage acquis en 30 ans de métier était sans qu'il le sache le prélude à cette seconde carrière de chef-traiteur. Cette nouvelle passion lui permet d'exercer sa créativité à plein, solidement secondé par sa propre brigade, sans devoir subir le stress quotidien du service, quand le Saint-Amour est plein à craquer. Et puis, l'été, notre maître ès foie gras peut enfin souffler un peu avec son épouse Linda et les copains, pour des sorties de kayak de mer ou des parties de pêche doublées d'exquises agapes, pendant que le fils aîné continue la tradition d'excellence du Saint-Amour avec la même flamme qui animait son paternel il y a 30 ans...

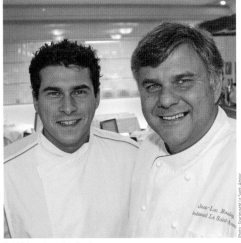

Frédéric et Jean-Luc Boulay

Escalope de foie gras poêlé

du Canard Goulu en terrine aux pleurotes frais

Pour une terrine de 500 g (1 lb)

Ingrédients

...

200 g (7 oz)	de pleurotes frais de la ferme Le Meully
8 ml (1,5 c. à thé)	de fleur de sel
1 ml (1 pincée)	de poivre du moulin
15 ml (1 c. à soupe)	de vinaigre balsamique
45 ml (3 c. à soupe)	d'huile d'olive biologique Orphée
1 (environ de 500 g ou 1 lb)	lobe de foie gras frais
	verdures au choix : pourpier, pousses d'épinards, etc.

Jean-Luc Boulay

Préparation

...

Enlever la queue des champignons. Conserver quelques pleurotes entiers et les mariner avec sel, poivre, vinaigre balsamique et huile d'olive. Tailler le foie gras en escalopes assez épaisses et les assaisonner. Cuire quelques minutes de chaque côté dans une poêle antiadhésive très chaude et sans gras afin d'obtenir une cuisson rosée (50 °C à cœur ou 154 °F). Réserver les escalopes.

Pendant la cuisson, récupérer le gras fondu ainsi obtenu, qui servira à la cuisson des champignons et à recouvrir la terrine pour mieux la conserver. Dans une poêle, sauter les pleurotes quelques minutes à feu moyen-vif dans un peu du gras obtenu de la cuisson des foies gras. Saler et poivrer légèrement.

Dans un moule de 500 g (1 lb) chemisé de papier cellophane, déposer la moitié des escalopes de foie gras, puis les pleurotes et finir avec le foie gras. Napper avec le reste du gras fondu. Recouvrir de papier cellophane, puis déposer sur le dessus un poids de 250 g (1 / 2 lb) et réfrigérer jusqu'au lendemain.

Au moment de servir, couper la terrine en tranches épaisses. Garnir chaque portion d'une petite salade, de quelques pleurotes marinés et d'un trait de vinaigre balsamique.

Cette terrine peut se garder 1 semaine au réfrigérateur si elle est bien recouverte de gras.

ALCOOL D'ACCOMPAGNEMENT
Osoyoos Larose, le Grand Vin, Okanagan Valley
Code SAQ 10293169

Notes de dégustation d'Anne L. Desjardins
Ce grand vin canadien d'assemblage résulte d'un audacieux partenariat entre le groupe bordelais Taillan (propriétaire, entre autres, du cru classé Château Gruaud-Larose) et Vincor. Le résultat est spectaculaire, avec un vin classique d'une rare élégance, à base de merlot, cabernet franc, cabernet sauvignon, malbec et petit verdot. Au nez, chocolat, poivron, et en bouche des tanins biens structurés, avec une texture légèrement granuleuse, qui laisse présager un excellent potentiel de garde. En bouche, champignons, vanille et cerise mûre rappellent l'ascendance bordelaise de ce vin en constante évolution depuis sa création en 2003, qui saura donner sa pleine mesure avec le foie gras au naturel et les pleurotes.

Magret
de canard rôti
du Canard Goulu sur mousseline de topinambours au foie gras, jus aux bleuets sauvages

4 portions

Ingrédients

...

1	lobe de foie gras frais
500 g (1 lb)	de topinambours
200 ml (3/4 tasse)	de lait
200 ml (3/4 tasse)	d'eau
2	magrets de canard
100 g (3 oz)	de beurre (divisé)
20 ml (4 c. à thé)	de vinaigre de vin rouge
200 ml (3/4 tasse)	de fond de canard
125 ml (1/2 tasse)	de bleuets frais
45 ml (3 c. à soupe)	de bleuets séchés
30 ml (2 c. à soupe)	de Minaki (alcool de bleuet)
	sel et poivre au goût
	poudre de bleuets au goût (facultatif)
	bouquet de cresson de fontaine

Photo: Anne L. Desjardins

Préparation

...

Tailler 4 escalopes dans le lobe de foie gras, puis les réserver. Peler les topinambours, les couper en quartiers et cuire dans le lait, l'eau et un peu de sel jusqu'à tendreté. Réserver hors feu.

Préchauffer le four à 180 °C (350 °F). Tailler du côté peau des magrets des incisions en pointes de diamant afin d'éviter qu'ils racornissent à la cuisson. Dans une poêle allant au four, faire revenir les magrets de chaque côté à feu moyen-vif, en commençant par le côté peau. À l'aide d'une cuillère, retirer du gras de la poêle, au besoin et après la cuisson. Saler et poivrer. Cuire au four 10 minutes côté peau vers le haut, afin que celle-ci devienne bien croustillante. Laisser reposer les magrets cuits enveloppés lâchement dans une feuille de papier d'aluminium pendant une dizaine de minutes.

Entre-temps, passer les topinambours cuits au robot culinaire avec leur liquide de cuisson. Ajouter 45 ml (3 c. à soupe) de beurre afin d'obtenir un fine mousseline. Rectifier l'assaisonnement et réserver au chaud.

Déglacer à feu vif la poêle qui a servi à cuire les magrets en y versant le vinaigre de vin rouge. Laisser réduire à sec. Ajouter le fond de canard, baisser le feu et laisser mijoter quelques minutes. Ajouter les bleuets frais et séchés. Réserver au chaud.

Assaisonner les escalopes de foie gras et les cuire dans une poêle très chaude sans gras 2 minutes de chaque côté. Réserver au chaud.

Montage

...

Pour le dressage, répartir la mousseline de topinambours au centre de quatre assiettes chaudes. Disposer une escalope de foie gras sur la mousseline. Trancher les magrets de canard finement et les répartir en éventail sur les escalopes. Ajouter à la sauce le jus obtenu lors du temps de repos des magrets. Parfumer cette sauce avec le Minaki et le reste du beurre. Vérifier l'assaisonnement et napper le foie gras de sauce. Garnir de cresson, décorer avec la poudre de bleuets et servir.

ALCOOL D'ACCOMPAGNEMENT
Kumala Western Cape, Shiraz
Code SAQ 10754236

Jean-Luc Boulay

Étagé de chou-rave au saumon fumé sauvage,

pousses d'épinards,
émulsion d'huile d'olive biologique

4 portions

Ingrédients

...

2	petits choux-raves
120 g (4 oz)	de saumon fumé sauvage Grizzly
2	jaunes d'œufs
15 ml (1 c. à soupe)	d'eau
100 ml (1/3 tasse)	d'huile d'olive biologique Orphée
100 g (3 oz)	de pousses d'épinards ou autre jeune laitue
4	fleurs comestibles, au choix
	sel et poivre du moulin au goût

Préparation

...

Peler les choux-raves et les couper en 12 tranches à l'aide d'un emporte-pièces pour obtenir une forme régulière. Les cuire 3 à 5 minutes dans l'eau bouillante salée. Égoutter, éponger et refroidir.

Couper le saumon fumé en fines tranches. Réserver.

Préparer l'émulsion en mélangeant les jaunes d'œufs avec l'eau. Ajouter l'huile d'olive en un mince filet en battant constamment au fouet à main.

Saler et poivrer quatre tranches de chou-rave. Disposer dessus quelques pousses d'épinards ou de jeune laitue, un peu d'émulsion à l'huile d'olive et le saumon fumé. Recommencer cette superposition de manière à former un triple étagé. Garnir chaque étagé d'une petite salade et décorer d'une fleur comestible. Accompagner d'un peu de l'émulsion d'huile d'olive et servir.

ALCOOL D'ACCOMPAGNEMENT
Chardonnay Private Selection
Mondavi Central Coast 2005
Code SAQ : 00379180

Notes de dégustation d'Anne L. Desjardins
Ce chardonnay californien sec à l'arôme légèrement boisé a une couleur ambrée soutenue et assez de gras pour faire écho à celui du poisson. Le vieillissement en fûts de chêne permet d'obtenir une saveur suffisamment puissante pour accompagner le goût de fumée du saumon, avec une finale florale très fraîche en bouche qui vient équilibrer le tout.

Régis Hervé
Prêcher par l'exemple

Les Saveurs
Oubliées

D ans la cuisine ensoleillée de son Relais du Terroir
Les Saveurs Oubliées, Régis Hervé passe de longues heures
durant la saison estivale à créer des plats qui mettent en
valeur toutes les parties de l'agneau de Charlevoix: carré,
tartare, foie, rognons, pâté, agneau braisé sur lit d'orge, jarret confit,
saucisses, moussaka, pizzas fines. Avec son partenaire dans le crime, Guy
Thibodeau, et ses amis de longue date, Lucie Cadieux et Vital Gagnon de
la Ferme Éboulmontaise, Régis Hervé a fondé en 2002 le premier Relais
du Terroir certifié au Québec. Cette table gastronomique champêtre où
l'on peut apporter son vin propose des mets qui sont le reflet du maillage
essentiel entre un chef de cuisine et ses complices agriculteurs ou
transformateurs.

Le Relais du Terroir Les Saveurs Oubliées dans Charlevoix

La Ferme Éboulmontaise

Les Cadieux-Gagnon produisent de l'agneau et de légumes biologiques, qu'ils vendent sous forme de paniers et à leur stand de bord de route durant la belle saison. Ils cherchaient depuis longtemps ce type de jumelage pour donner une valeur ajoutée à leur production. Tous deux agronomes, ils sont retournés s'établir dans la région qui a vu naître Vital. Ce passionné d'horticulture a créé des jardins ornementaux et des sentiers pédestres sur ses terres jouxtant le fleuve et il entretient aussi une spectaculaire collection d'une cinquantaine de variétés de tournesols sur un terrain adjacent aux Saveurs Oubliées. «Quand un cuisinier choisit de mettre vos produits sur sa table, c'est déjà tout un honneur, alors imaginez quand il vous propose une association comme celle-là! s'exclame Lucie Cadieux. Quand je vois Régis et Vital sélectionner ensemble au printemps les graines des semences du jardin et que Régis propose une variété nouvelle d'herbe ou de haricot, je suis toujours émue, car je sais qu'on touche à l'essence même de l'acte de se nourrir et de la mise en valeur de notre terroir.»

« QUAND UN CUISINIER CHOISIT DE METTRE VOS PRODUITS SUR SA TABLE, C'EST TOUT UN HONNEUR. »

Lucie Cadieux et Vital Gagnon, de la Ferme Éboulmontaise

Le chef Régis Hervé et Guy Thibodeau ont créé leur propre label de produits transformés, « Les Saveurs Oubliées », afin de répondre à une demande soutenue de la clientèle qui était accueillie à la Table champêtre avec confit d'oignon, chutney, confiture de prunes bleues de l'Isle-aux-coudres ou framboises-chicoutai, gelée de cèdre, de rose ou de pommettes, huile de homard ou vinaigre d'érable ou ketchup aux fruits d'automne. La demande était si forte que le tandem a dû se résoudre à une production plus soutenue de ses condiments. Aujourd'hui, la ligne des Saveurs Oubliées est distribuée dans de nombreuses boutiques gourmet et par Internet. Elle a donné aux deux associés la possibilité de se faire connaître d'un plus large public tout en les assurant d'un revenu d'appoint durant la morte saison. Ces produits sont élaborés pour la plupart à partir de recettes originales de Charlevoix, que le chef a recueillies auprès d'aînés, puis qu'il a standardisées. Guy Thibodeau, de son côté, se charge de l'emballage et de la mise en marché de ces petits pots qui ont un *look* d'aujourd'hui, malgré les secrets culinaires anciens qu'ils recèlent. Si l'entreprise propose une gamme de conserves traditionnelles, comme la confiture fraise et rhubarbe, le chef Hervé aime bien mettre à profit son expertise pour créer de nouvelles combinaisons de saveurs, tel ce mariage cerise de terre et lavande ou celui à la pêche, amande et vanille. Populaires avec les terrines et le foie gras, ces conserves se marient aussi très bien avec gibier et viandes grillées, pâtés à la viande et fromages. Plusieurs saveurs sont particulièrement mises en valeur dans les desserts à base de fruits et de crème glacée. L'huile de homard est un autre produit polyvalent, qui permet d'aromatiser potages, plats de fruits de mer, risotto ou pizza gourmet.

Guy Thibodeau, des Saveurs Oubliées

Pendre la crémaillère à la ferme

Après 16 ans passés à l'Auberge des Falaises, Régis Hervé a enfin pu pendre sa propre crémaillère sur le site même de la Ferme Éboulmontaise, où ce cuisinier amoureux de nature n'a qu'à ouvrir la porte à moustiquaire de sa cuisine pour cueillir livèche ou laitues biologiques. Avec Guy Thibodeau, qui dirige le service et gère l'entreprise, il a aussi mis sur pied un service de traiteur et installé une seconde cuisine de production qui permet de créer la gamme de produits en pots sous la signature Saveurs Oubliées. La grande salle, qui peut accueillir une cinquantaine de clients, est décorée de toiles d'artistes de la région et offre une vue imprenable sur les terres et les silos environnants, histoire de ne pas oublier le caractère unique de cet endroit et sa mission. Mais si le chef jouit d'un approvisionnement privilégié en denrées de qualité en provenance de la Ferme Éboulmontaise, il est aussi un de ceux qui encouragent le plus les petits producteurs des alentours. Il a développé un véritable lien d'amitié avec Marc Bérubé, de la Ferme des Monts, qui lui fournit pommes de terre et légumes racines biologiques, avec Joyce Smith, pour son omble de fontaine produit écologiquement et avec Jean-François Pilot, des Jardins du Centre, pour ses gourganes et ses minilégumes. Il s'est d'ailleurs associé à ce dernier dans le projet de La cabane à sucre du père Abel, située sur le site des Jardins du Centre, pour qui Régis cuisine des repas traditionnels durant le temps des sucres.

Une philosophie simplifiée

Sa philosophie s'est simplifiée avec les années. « Avec les Saveurs Oubliées, je voulais revenir aux fondements de la cuisine, qui sont de nourrir l'âme autant que le corps dans un lieu inspirant, comme le faisaient autrefois les grands-mères de Charlevoix, avec des produits d'une fraîcheur irréprochable », souligne-t-il en préparant une recette de son célèbre gâteau au fromage Le Migneron de Charlevoix, qui a nécessité un an de recherches avant de pouvoir figurer au menu. Ce chef précis et exigeant tenait mordicus à créer une mousse aérienne au fromage plutôt que le classique gâteau à texture vaguement sablonneuse de type newyorkais que l'on trouve partout.

En compagnie de Jean-François Pilot et Jocelyne Ouellet, des Jardins du Centre

Avec Murielle Godbout, au Marché du Vieux-Port

« Sans le travail soutenu de Régis Hervé, Charlevoix ne serait pas la région gourmande si dynamique qu'elle est devenue. »

Régis Hervé et ses complices

La Ferme Éboulmontaise, dans la région de Charlevoix

« Avec les Saveurs Oubliées, je voulais revenir aux fondements de la cuisine, qui sont de nourrir l'âme autant que le corps dans un lieu inspirant. »

Né en Touraine et émigré au Québec en 1974, celui que son père emmenait courir les champignons en forêt dès l'âge de trois ans a aussi grandement contribué à créer, dans les années 90, la Table agro-touristique, puis la Route des Saveurs de Charlevoix avec un noyau de cuisiniers et de producteurs. Il avait décidé d'utiliser son bagage culinaire européen pour aider à faire avancer la cause de la gastronomie québécoise, voire charlevoisienne. « Cette démarche était d'autant plus importante pour moi qu'en France, d'où je viens, la philosophie d'une cuisine proche de ses sources et respectueuse de son patrimoine va de soi, confie Régis Hervé : les chefs et les artisans sont presque toujours des partenaires inséparables. Mais au Québec, où nous avons subi trop souvent l'influence de l'industrialisation agroalimentaire à l'américaine, tout restait à faire. Comme plusieurs de mes collègues nés à l'étranger, j'ai simplement jugé que je devais cela à mon métier autant qu'à ma communauté d'adoption. »

Cette implication, qui se traduit aussi par une participation active à tous les événements de mise en valeur de la cuisine et des produits locaux, est jugée irremplaçable par plusieurs. « Sans le travail soutenu de Régis Hervé, Charlevoix ne serait pas la région gourmande si dynamique qu'elle est devenue, constate Lina Boudreault, conseillère pédagogique en formation professionnelle pour le programme Cuisine d'établissement, à la Malbaie. Il a entraîné plusieurs chefs dans son élan avec un leadership qui continue d'être une inspiration pour nous tous. »

En 2008, le chef Hervé a célébré dignement le 25e anniversaire de son installation dans Charlevoix en se voyant honoré par le prix Renaud-Cyr, qui souligne le travail exceptionnel d'un chef de cuisine avec les producteurs de sa région. Un grand honneur qu'il a reçu comme la consécration de tout le travail accompli jusqu'ici et qui lui a donné envie de travailler encore plus activement à passer ce précieux flambeau à la génération montante.

Crème de gourganes et carottes jaunes

des Jardins du Centre et
sa brochette d'anguille fumée
de Saint-Irénée

4 portions

Ingrédients
...

500 g (1 lb)	de gourganes écossées
15 ml (1 c. à soupe)	de beurre
1	oignon espagnol haché
1	gousse d'ail hachée
5 ml (1 c. à thé)	de sarriette hachée
1 l (4 tasses)	de bouillon de volaille (divisé)
5	carottes jaunes en dés
500 ml (2 tasses)	de crème 35 %
2,5 ml (1/2 c. à thé)	de poudre de cari
80 g (3 oz)	d'anguille fumée
4	belles brindilles de sarriette
60 ml (4 c. à soupe)	d'huile de homard des Saveurs Oubliées
	sel et poivre au goût

Photo : Archives Le Soleil

Préparation
...

Amener une casserole d'eau à ébullition. Y plonger les gourganes écossées. Cuire 2 minutes et refroidir dans de l'eau glacée. Égoutter et dérober (retirer et jeter la première peau).

Dans une casserole, fondre le beurre et y faire suer l'oignon. Ajouter l'ail, la sarriette, les gourganes, la moitié du bouillon de volaille, saler et cuire quelques minutes de plus. Dans une autre casserole, mettre les carottes et le reste de bouillon, amener à ébullition, saler et cuire jusqu'à tendreté.

Lorsque les carottes sont cuites, les passer au robot avec leur bouillon. Réserver. Faire de même avec l'autre casserole contenant les gourganes. Liquéfier les deux bouillons séparément.

Remettre les deux mélanges de légumes dans leur casserole respective, crémer et poivrer. Ajouter la poudre de cari dans la crème de carotte. Rectifier l'assaisonnement.

À l'aide des brindilles de sarriette, confectionner 4 brochettes piquées de 3 morceaux d'anguille fumée chacune. Dans des assiettes creuses chaudes, verser les deux crèmes sans les mélanger. Déposer une brochette dans chaque assiette avec un filet d'huile de homard.

ALCOOL D'ACCOMPAGNEMENT
3 Grappes Blanches De La Chevalière vin de pays d'Oc
Code SAQ : 10324615

Notes de dégustation d'Anne L. Desjardins
Ce vin de pays rafraîchissant et vif de couleur jaune paille est très polyvalent et convient particulièrement bien aux apéros qui mettent à l'honneur légumes et poissons fumés. Sec, il a cependant une belle rondeur en bouche, avec des notes herbacées et de pomme verte. Bon niveau d'acidité, finale assez appuyée. Il conviendrait également à des poissons blancs et à des volailles grillées.

Régis Hervé

Pot-au-feu d'agneau
des Éboulements aux légumes
de Cap-Martin et sa gelée de cèdre

4 portions

Ingrédients

...

80 ml (1/3 tasse)	de minicourgettes
80 ml (1/3 tasse)	de minibetteraves chiogga
80 ml (1/3 tasse)	de petits pois sucrés
80 ml (1/3 tasse)	de maïs en grains
80 ml (1/3 tasse)	de panais en gros dés
8	grelots de pommes de terre bleues
125 ml (1/2 tasse)	d'huile d'olive
600 g (22 oz)	de gigot d'agneau en cubes
250 ml (1 tasse)	de vin blanc sec
45 ml (3 c. à soupe)	de beurre en petits dés
30 ml (2 c. à soupe)	de gelée de cèdre des Saveurs Oubliées
30 ml (2 c. à soupe)	d'herbes fraîches hachées (thym, sarriette, romarin, menthe)
	sel et poivre au goût

Préparation

...

Cuire les légumes individuellement à l'eau bouillante salée ou à la vapeur tout en les gardant croquants. Refroidir dans un bain d'eau glacée. Égoutter et réserver.

Dans une poêle, faire chauffer l'huile d'olive, y colorer les morceaux d'agneau, puis les cuire saignant. Saler et poivrer. Après cuisson, retirer la viande et garder au chaud. Retirer l'excédent de gras et déglacer au vin blanc. Ajouter tous les légumes et les herbes hachées, saler, poivrer.

Cuire 5 minutes, puis ajouter le beurre en petits dés tout en remuant. Terminer avec la moitié de la gelée de cèdre et bien mélanger.

Répartir ces légumes à parts égales dans des assiettes chaudes, déposer les morceaux d'agneau sur les légumes. Décorer avec des brins d'herbes fraîches en bouquet et quelques gouttes de gelée de cèdre.

ALCOOL D'ACCOMPAGNEMENT
**Merlot Jackson-Triggs Proprietors'
Reserve Okanagan 2005**
Code SAQ : 10302467

Notes de dégustation d'Anne L. Desjardins
Ce vin à l'arôme boisé est un de mes préférés avec l'agneau, qu'il soit servi grillé ou en pot-au-feu. Produit dans le sud de la vallée de l'Okanagan, en Colombie-Britannique, il a des tanins bien affirmés, mais équilibrés, et possède un bon potentiel de garde. Comme plusieurs merlots, il est suggéré de le passer en carafe une vingtaine de minutes pour l'aérer. Le servir à 18 °C mettra en valeur son fruit ample, aux notes de prune.

Mon gâteau au fromage

Le Migneron et son coulis au cassis de la Ferme des Monts

4 à 6 portions

Ingrédients biscuit Joconde

· · ·

Note : Peser les ingrédients secs pour plus de précision.

125 g (5 oz)	d'amandes en poudre
125 g (5 oz)	de sucre
30 g (1 oz)	de farine tout usage
4	jaunes d'œufs
4	blancs d'œufs
20 g (1 oz)	de sucre blanc
25 g (1 oz)	de beurre clarifié

Ingrédients garniture de gâteau au fromage Le Migneron

· · ·

110 g (4 oz)	de fromage Le Migneron de 60 jours
3	jaunes d'œufs
180 g (7 oz)	de sucre (divisé)
250 ml (1 tasse)	de lait 3,25 %
16 g (1 c. à soupe)	de gélatine neutre
20 g (1 oz)	de chocolat blanc
250 ml (1 tasse)	de cassis (ou de framboises fraîches)
125 ml (1/2 tasse)	d'eau froide
180 ml (3/4 tasse)	de crème 35 %

Regis Hervé

Préparation du biscuit Joconde

...

Au malaxeur, battre les amandes, le sucre, la farine et les jaunes d'œufs pendant une dizaine de minutes, ou jusqu'à ce que le mélange ait bien épaissi.

Dans un autre bol, monter les blancs d'œufs en neige jusqu'à la formation de pics mous. Ajouter 80 g (3 oz) de sucre et continuer de battre jusqu'à l'obtention de pics fermes. À l'aide d'une spatule, incorporer délicatement les blancs d'œufs à l'appareil aux amandes en pliant. Ajouter le beurre clarifié froid.

Étendre le mélange sur une tôle à biscuits recouverte de papier parchemin. Cuire à 250 °C (500 °F) de 5 à 7 minutes. Retirer le biscuit de la plaque dès la sortie du four et laisser refroidir. Réserver.

Préparation de la garniture au fromage Le Migneron

...

Retirer la croûte du fromage, le couper en très petits dés et garder à température ambiante.

Dans la partie supérieure d'un bain-marie et hors du feu, blanchir les jaunes d'œufs et 80 g (3 oz) de sucre au malaxeur jusqu'à ce qu'ils soient bien mousseux. Faire chauffer le lait et en ajouter quelques cuillerées au mélange d'œufs pour les réchauffer, sans cesser de remuer. Verser ensuite le reste du lait chaud en remuant constamment. Placer la casserole sur le feu et cuire la crème anglaise au bain-marie (eau frémissante) en remuant constamment jusqu'à ce qu'elle nappe le dos d'une cuillère de métal (20 à 30 minutes).

Pendant la cuisson de la crème anglaise, faire gonfler la gélatine dans l'eau froide. Lorsque la crème anglaise est cuite, la retirer du feu. Ajouter la gélatine gonflée, le chocolat blanc et le fromage. Mélanger au fouet rapidement jusqu'à dissolution complète de la gélatine et fonte du chocolat et du fromage. Laisser prendre au réfrigérateur. Lorsque l'appareil au fromage est pris, fouetter la crème en pics ferme et plier délicatement dans le premier mélange.

Répartir cette garniture sur le biscuit Joconde et remettre au réfrigérateur.

Entre-temps, cuire le cassis et le reste du sucre pendant 20 minutes. Passer à l'étamine pour faire un beau coulis sans graines. Lorsque refroidi, napper très légèrement le dessus du gâteau de ce coulis et servir le reste dans l'assiette.

Décorer avec des fruits de saison.

Note : Le coulis peut se faire avec des framboises.

ALCOOL D'ACCOMPAGNEMENT
La Grande Glace Pedneault mistelle de pomme glacée
Code SAQ : 00733139
Fomat 375 ml

Notes de dégustation d'Anne L. Desjardins
Cette exquise mistelle de l'Isle-aux-Coudres à 18 % d'alcool et d'un jaune doré soutenu a un parfum de pommes cuites et de miel, avec d'appétissantes notes d'abricot et de beurre. Délicieuse avec le foie gras, elle est une révélation avec les fromages à pâte demi-ferme ou avec les pâtes molles à croûte fleurie de type camembert, comme le Fleurmier. Sa forte personnalité en fait le complice des desserts qui ne sont pas trop sucrés, telle la tarte aux pommes (un classique!) ou ce délicieux gâteau qui a contribué à la réputation du chef Régis Hervé.

Photo: Anne L. Desjardins

Yvan Lebrun
Maître de cuisine

Initiale

Photo: Louis Perron

Par leur dévotion à leur art, les chefs de la trempe d'Yvan Lebrun sont dans une classe à part. «Quand je ne crée pas, je m'ennuie», résume le principal intéressé, qui ressent constamment le besoin de modifier sa carte afin de satisfaire ce goût pour l'innovation. Il passe donc de très longues heures dans sa cuisine à peaufiner avec sa brigade de nouvelles associations de saveurs, de textures et de parfums à partir d'une vaste gamme de denrées puisées autour de Québec ou dans la province, dont le crabe, les pétoncles et le flétan de la Basse-Côte-Nord et l'agneau du Bas-du-fleuve. Dans le grand local aménagé selon ses spécifications et doté d'une aire de cuisson centrale autour de laquelle les cuisiniers évoluent facilement, ce membre de la Chaîne des rôtisseurs qui a formé en entreprise une solide relève concocte des menus d'un grand raffinement. Impossible de ne pas s'émerveiller devant le cromeski (croquette) à l'artichaut en guise d'amuse-gueule, l'entrée de pressé de foie gras et son cake épicé à la betterave et le médaillon de lotte avec beurre de géranium à la tomate. Les accompagnements sont presque toujours issus de produits saisonniers : chou-fleur aux échalotes, purée de coing et mousseuse de poireaux, pâtes aux châtaignes.

Devant son restaurant, sis au 54, rue Saint-Pierre à Québec

Yvan Lebrun

Tête chercheuse

Tout ce temps passé en cuisine évoque la démarche d'un chercheur solitaire enfermé dans son labo, entre son microscope et ses éprouvettes, et permet de comprendre pourquoi Yvan Lebrun ne parade pas en salle ni ne pavoise dans les médias, malgré l'accession récente du restaurant Initiale au club sélect des Relais Gourmands de la chaîne Relais & Châteaux. De son propre aveu, il n'a aucun intérêt pour les relations publiques. « Je ne trouve pas le temps pour ce genre de choses et j'estime que ma cuisine devrait parler pour moi », résume-t-il avec une modestie qui n'a rien de feint, puisqu'il n'est pleinement à l'aise qu'à son « piano » à six ronds ou dans l'intimité.

Heureusement, ce fier Breton né à Cancale au début des années 60 a trouvé en sa compagne, Rolande Leclerc, son parfait complément et sa plus sincère admiratrice. Celle qui partage sa vie depuis plus de 20 ans dirige le service de l'Initiale avec doigté. Elle admet que, même après toutes ces années, une forte émotion l'étreint chaque fois qu'elle découvre la nouvelle carte. « J'admire la rigueur d'Yvan, sa créativité sans bornes, son esprit d'équipe et sa fidélité à ceux qu'il considère comme des éléments clés de son succès: ses cuisiniers et les producteurs. » En 1997, après sept ans dans le quartier Sillery, le tandem Lebrun-Leclerc déménageait son restaurant dans le secteur du Vieux-Port, histoire d'offrir des conditions plus appropriées à ce grand talent en ébullition: « Nous avons trouvé ici l'écrin idéal pour mettre en valeur les créations du chef Lebrun, explique Rolande. Ça a donné des ailes à sa cuisine et facilité l'échange avec ses différents complices. »

« DEPUIS MON ARRIVÉE AU QUÉBEC, EN 1986, J'AI VU DE NOMBREUX PRODUCTEURS TRAVAILLER DUR POUR S'ADAPTER AUX EXIGENCES DES CUISINIERS. »

Dès que le sol fait mine de dégeler, vous trouverez Jean Blouin dans son jardin de la rue Mgr Bourget, à Lévis, occupé à préparer le sol avec du varech, des coquillages pulvérisés et du fumier pour ses précieux plants de tomates. Cet ancien professeur de sciences et directeur d'école à la retraite passe un nombre incalculable d'heures à alimenter la passion contagieuse que son père lui a léguée pour la *pomodoro*, la pomme d'or, surnom donné à la tomate par les Italiens. Il en cultive près de 200 variétés en provenance du monde entier. Des tomates introuvables au supermarché, comme la Zébrée verte, la Douceur de Doucet, la Québec 13, l'Opalka, la Mauve de Russie, la Canabec, la Groseille, la Prince du jardin ou la Jaune flammée. Ce sont des cultivars rares, voire patrimoniaux, que M. Blouin et d'autres jardiniers contribuent à sauver de l'oubli en les plantant, puis en récoltant leurs graines à l'automne. Car chaque type de tomate a une forme, une couleur, une texture, une saveur et une histoire qui lui sont propres. Et c'est pour préserver la diversité génétique de ce fruit originaire d'Amérique du Sud que Jean Blouin en fait la collection, comme d'autres s'intéressent aux timbres-postes. Chaque hiver, il arpente virtuellement la planète à la recherche de nouvelles variétés qu'il trouve dans différents catalogues et chez les semenciers. Sa démarche n'a rien de commercial, puisqu'il ne vend pas ses tomates, sauf à de rares chefs comme Yvan Lebrun, d'Initiale, qui suit avec fascination depuis plusieurs années l'évolution de la collection de son ami. M. Blouin les donne plutôt à ceux qui savent les apprécier. Au fil des ans, sa femme, Nicole, est devenue une experte reconnue en cuisine « tout tomate », pour le simple plaisir de mettre en valeur le formidable herbier gourmand de son mari.

Photo: Louis Perron

Photo: Louis Perron

Un réseau bâti sur la fidélité

De fait, depuis ses débuts, Yvan Lebrun a su monter un solide réseau de fournisseurs. La liste est longue et comprend le jeune fromager caprin Éric Proulx (Ferme Tourilli), Gilbert Bernier, de Kego-Cailles (un éleveur de gibiers à plumes de Cap-Saint-Ignace), des complices cueilleurs de champignons sauvages et d'argousiers, la Ferme du Canard Goulu, dont il apprécie le foie gras et les magrets à leur juste valeur, Pec-Nord, le spécialiste des pétoncles Princesse d'élevage vivants, et la Ferme Eumatimi, pour son bœuf Angus. Du docteur Maheu, il achète miel et sirop d'érable, tandis qu'il s'approvisionne auprès de Marc Bérubé, de la Ferme des Monts, qui cultive à Sainte-Agnès de Charlevoix pommes de terre cornes de bélier et rattes, ficoïdes glaciales, topinambours, courges d'automne, salsifis, racines de persil, chou frisé et minipoireaux. Mais c'est sans doute son amitié avec Jean Blouin, qui a été la relation la plus marquante pour le chef Lebrun. Ce dernier s'est rapidement passionné pour la collection unique de tomates biologiques rares, que son ami a sauvées de l'oubli, par pur amour de la tomate et désir d'en préserver la diversité génétique.

Pour le chef, cette association avec les artisans se doit d'être basée sur la réciprocité. «Depuis mon arrivée au Québec, en 1986, j'ai vu de nombreux producteurs travailler dur pour s'adapter aux exigences des cuisiniers», raconte ce grand gaillard sympathique qui a été sous-chef de Jean Soulard au Hilton pendant quatre ans, avant d'ouvrir un restaurant avec sa conjointe. «Aujourd'hui, leurs produits sont superbes et c'est notre responsabilité de les encourager pour leur donner la possibilité de vivre de leur travail. C'est d'autant plus important qu'au Québec, la saison est courte et le marché restreint.»

Des réserves pour l'hiver

Et quoi de mieux pour entreposer ses trésors que les anciennes voûtes bancaires adjacentes à la cuisine? L'image le fait sourire. «Pour parer aux problèmes d'approvisionnement de l'hiver, nous faisons nos huiles, nos confits, nos conserves et nos ketchups maison», explique-t-il, en arpentant cet attrayant *bunker* réfrigéré. De nombreux pots y sont rangés et étiquetés pour faciliter la rotation et l'inventaire tout en agrémentant la cuisine d'hiver du chef Lebrun avec des aliments de provenance locale ingénieusement préservés. Entre l'huile d'hysope, d'oignon, de coriandre, d'escabèche et la vinaigrette au sureau, s'alignent de jolis pots de miel de sapin ou de pissenlit et d'oignons cipollini confits. Peu de restaurants ont dans leur antre de la purée de gingembre sauvage, de citron rôti, de la farine de quenouille ou de la poudre de vinaigrier, toutes raretés utilisées pour mieux signer la gastronomie qui se pratique chez Initiale, en lien intime avec la diversité du terroir sauvage, autant que cultivé, du Québec.

Éric Proulx, de la Ferme Tourilli, à Saint-Raymond-de-Portneuf

Yvan Lebrun a su monter un solide réseau de fournisseurs.

Michelle Cyr et Mario Pilon, de la Ferme Eumatimi

Gilbert Bernier, de Kégo Cailles, à Cap-Saint-Ignace

Marc Bérubé, de la Ferme des Monts, située à Sainte-Agnès

Yvan Lebrun

Ingrédients cailles royales

...

4	cailles royales de la Ferme Kégo
1 l (4 tasses)	de fond de volaille (divisé)
15 ml (1 c. à soupe)	d'oignon finement haché
15 ml (1 c. à soupe)	de carotte finement hachée
1	gousse d'ail
1	branche de thym
1	feuille de laurier
75 g (2,5 oz)	de foie gras cuit
	ficelle à cuisson

Ingrédients beurre fumé

...

30 ml (2 c. à soupe)	d'huile végétale
50 g (2 oz)	de beurre
15 g (1 c. à soupe)	de paprika fumé

Ingrédients pommes Cortland au balsamique blanc

...

25 ml (2 c. à soupe)	de vinaigre balsamique
4	pommes Cortland
50 g (2 oz)	de pain d'épices séché
1	noisette de beurre
15 ml (1 c. à soupe)	d'huile végétale
	sel et poivre au goût

Préparation des cailles royales

...

Dans une casserole, cuire les cuisses de caille 20 minutes avec la moitié du fond blanc, l'oignon, la carotte, l'ail, le thym et de laurier, une pincée chacun de sel et de poivre. Égoutter en prenant soin de conserver le bouillon. Refroidir les cuisses et récupérer la chair en retirant la peau.

Hacher la chair des cuisses au couteau, incorporer le foie gras en dés et assaisonner. Farcir les poitrines de cailles avec ce mélange. Ficeler en leur donnant une jolie forme. Réserver.

Préparation du beurre fumé

...

Faire chauffer l'huile et le beurre dans un poêlon, incorporer le paprika. Retirer du feu et laisser reposer 2 heures à couvert. Décanter en séparant le paprika du mélange de beurre et d'huile.

Préparation des pommes Cortland au balsamique blanc

...

Dans une casserole, mélanger le fond blanc restant et le jus de cuisson des cuisses de cailles. Cuire à découvert à feu moyen-vif jusqu'à ce que le liquide soit réduit des trois quarts. Ajouter le vinaigre balsamique blanc. Fouetter pour donner une consistance de sauce légère.

Peler et tailler les pommes en petits dés, les cuire au beurre jusqu'à tendreté sans qu'elles se défassent. Ajouter le pain d'épices et un peu de sauce. Réserver au chaud.

Préchauffer le four à 180 °C (350 °F).

Dans une poêle, faire dorer les poitrines de caille dans un mélange de beurre et d'huile à feu moyen-vif jusqu'à coloration. Cuire au four 12 minutes. Sortir du four, retirer la ficelle et réserver au chaud.

Montage

...

Dresser le concassé de pommes dans une assiette chaude.

Déposer les cailles et napper de sauce. Servir avec un mélange de champignons sauvages sautés au beurre.

Cailles royales
de la Ferme Kégo
bonifiées au foie gras et saisies dans un beurre fumé, pommes Cortland au pain d'épices et balsamique blanc

4 portions

Photo: Anne L. Desjardins

ALCOOL D'ACCOMPAGNEMENT
Pinot noir Le Grand Clos
Le Clos Jordanne Niagara
Code SAQ : 10710209

Notes de dégustation d'Anne L. Desjardins
Ce vin signature produit en Ontario par le maître de chais québécois Thomas Bachelder est d'une rare élégance, plutôt sur le fruit, avec un excellent potentiel de garde. Vinifié dans la tradition européenne, il est produit en quantité limitée et s'envole vite! Avec ses notes de musc et de sous-bois et son nez de griotte, il met parfaitement en valeur le côté giboyeux de la caille et les arômes terreux des champignons sauvages.

Ganache tendre à l'argousier,

cône glacé au basilic, confit de tomates
et sablé breton

4 à 6 portions

Ingrédients glace

...

250 ml (1 tasse)	de lait
25 g (1 oz)	de lait en poudre
25 g (1 oz)	de beurre doux
2	jaunes d'œufs
60 g (2 oz)	de sucre
1	botte de basilic

Ingrédients sablés

...

110 g (3,5 oz)	de poudre d'amandes
190 g (6,5 oz)	de farine tout usage
90 g (3 oz)	de sucre glace
2,5 g (1/2 c. à thé)	de poudre à pâte
140 g (4,5 oz)	de beurre fondu

Ingrédients ganache

...

100 ml (1/3 tasse)	de crème 35 %
200 g (7 oz)	de chocolat blanc
150 g (5 oz)	d'argousier
150 g (5 oz)	de beurre doux

Ingrédients tomates

...

2	tomates vertes
50 g (2 oz)	de sucre granulé
300 ml (1 tasse + 2 c. à soupe)	d'eau

Préparation de la glace

...

Dans une casserole, chauffer le lait, le lait en poudre et le beurre à feu doux.

Dans un bol moyen, fouetter les jaunes d'œufs et le sucre jusqu'à ce qu'ils soient mousseux. Verser le liquide chaud petit à petit sur le mélange de jaunes d'œufs.

Cuire à feu moyen à 85 °C (185 °F) au thermomètre à bonbons, puis refroidir.

Passer au mélangeur avec les feuilles de basilic, puis transférer dans une sorbetière et faire prendre selon les instructions du manufacturier. Réserver.

Préparation de la ganache

...

Au bain-marie, chauffer la crème et fondre le chocolat blanc sans faire bouillir. Lorsque le chocolat est fondu, retirer du feu, ajouter l'argousier et le beurre et réduire doucement quelques minutes. Verser dans un moule et refroidir.

Préparation des sablés

...

Préchauffer le four à 200 °C (400 °F).

Bien mélanger la poudre d'amandes avec la farine, le sucre glace, la poudre à pâte et le beurre fondu. Laisser reposer et étaler sur une épaisseur de 1 à 2 cm (1/2 po) au rouleau à pâte. Découper les sablés à l'aide d'emporte-pièces ronds et cuire au four de 10 à 12 minutes. Laisser refroidir sur une grille.

Préparation des tomates

...

Tailler les tomates en quartiers et déposer dans une casserole avec le sucre et l'eau. Cuire à feu doux à découvert jusqu'à atteindre la texture d'une confiture, soit de 45 à 60 minutes, en remuant à l'occasion. Retirer du feu et laisser refroidir.

Montage

...

Sur chaque assiette, déposer un sablé breton et une quenelle de ganache. Terminer avec une boule de glace au basilic et le confit de tomates vertes.

Photo: Anne L. Desjardins

ACCORD ALCOOL
Deinhard, Hanns Christof Liebfraumilch,
Code SAQ : 00003269

Notes de dégustation d'Anne L. Desjardins
Comment trouver un vin qui ait suffisamment de longueur en bouche et de sucres résiduels pour accompagner l'acidité de la confiture de tomates et de l'argousier sans nuire au crémeux de la ganache ni être écrasé par l'arôme végétal persistant de la glace au basilic ? Tout un défi, que ce vin germanique bien équilibré et semi-sec saura relever avec brio grâce à ses notes florales et de fruits exotiques assez appuyées.

Feuilleté safrané,

mi-pris d'endives au curcuma et saké,
quelques tomates de Jean Blouin et
ficoïdes glaciales, crème de tomme
de brebis et papillote de
champignons à la livèche

6 portions

Ingrédients feuilleté

...

250 g (8 oz)	de pâte feuilletée
45 ml (3 c. à soupe)	de crème 35 %
6 g (1 c. à thé)	de pistils de safran
1	jaune d'œuf

Ingrédients mi-pris d'endives

...

6	endives
15 ml (1 c. à soupe)	d'huile d'olive
30 ml (2 c. à soupe)	de saké
250 ml (1 tasse)	de jus d'orange
1	pincée de curcuma
50 g (3 c. à soupe)	de sucre
3 g (1 c. à thé)	d'agar-agar (gélatine végétale)
	sel et poivre au goût

Ingrédients papillotes de champignons à la livèche

...

250 g (8 oz)	de champignons sauvages
30 g (2 c. à soupe)	de beurre
8	feuilles de livèche ou de céleri
	sel et poivre au goût

Ingrédients crème de tomme de brebis

...

100 ml (1/3 tasse)	de crème 35 %
5 ml (1 c. à thé)	de kirsch
1	gousse d'ail rôtie
50 g (2 oz)	de tomme de brebis

Ingrédients garniture de tomates

...

100 g (3,5 oz)	de tomates cerises
50 g (2 oz)	de ficoïde glaciale
30 ml (2 c. à soupe)	d'huile d'olive extra-vierge
5 ml (1 c. à thé)	de vinaigre balsamique blanc
15 ml (1 c. à soupe)	de ciboulette ciselée

Préparation du feuilleté

...

Préchauffer le four à 180 °C (350 °F).

Étaler la pâte feuilletée en un carré de 30 cm sur 30 cm (12 po x 12 po). Placer au frigo. Chauffer la crème et ajouter le safran, refroidir. Ajouter le jaune d'œuf et bien mélanger. Badigeonner la pâte feuilletée avec cette dorure. Couper en 2, puis déposer une abaisse de pâte sur l'autre.

Cuire au four 20 minutes. Baisser la température du four à 150 °C (300 °F) et cuire 10 minutes de plus. Sortir du four et réserver à la température de la pièce.

Préparation du mis-pris d'endives

...

Émincer les endives et les faire suer dans un peu d'huile d'olive. Ajouter le saké, le jus d'orange, le curcuma et le sucre et cuire 10 minutes à feu moyen-vif. Mixer au mélangeur, puis passer ensuite au tamis. Ajouter l'agar-agar à raison de 3 g (1 c. à thé) pour chaque 500 ml (2 tasses). Ajuster le dosage d'agar-agar en fonction du liquide restant. Remettre sur le feu et chauffer en battant au fouet jusqu'à émulsion. Verser la préparation dans une assiette huilée et réfrigérer.

Préparation des papillotes de champignons à la livèche

...

Dans une poêle, faire sauter les champignons avec le beurre à feu moyen-vif. Ajouter la livèche émincée. Saler et poivrer et répartir les champignons dans six papillotes faites de papier d'aluminium ou de papier sulférisé.

Préparation de la crème de tomme de brebis

...

Dans une casserole, faire bouillir la crème avec le kirsch, l'ail et la tomme de brebis. Mixer jusqu'à consistance crémeuse. Réserver.

Préparation de la garniture de tomates

...

Mélanger tous les ingrédients et réserver.

Montage

...

Couper la pâte feuilletée en rectangles de 5 cm sur 3 cm (2 po x 1 po).

Assaisonner les tomates et la ficoïde avec l'huile, le vinaigre et la ciboulette. Réserver.

Sur une grande assiette, dresser d'abord le feuilleté, ajouter la garniture de tomates, puis placer un rectangle de mi-pris d'endives. Verser la crème de tomme autour, puis terminer avec la papillote de champignons à la livèche (préalablement réchauffée de 6 à 8 minutes au four). Servir.

ALCOOL D'ACCOMPAGNEMENT
**Château Moncontour,
Cuvée predilection, Brut
Vouvray mousseux**
Code SAQ : 00430751

Notes de dégustation d'Anne L. Desjardins
Ce vin sec à la robe jaune pâle du Val de Loire a des bulles nombreuses qui explosent en rangs bien serrés, ce qui est souvent un gage de qualité chez un mousseux. Très polyvalent, il se mariera à une grande variété de plats allant des poissons gras aux fromages. Il saura aussi bien se tirer d'affaires avec l'amertume de l'endive, l'acidité de la tomate complété par le goût prononcé de la tomme de brebis, une union d'ingrédients qui pose un indéniable défi en sommellerie. Arôme floral et de baies rouges.

Mario Martel
Profession : chef et épicier

Épicerie
Métro GP

On a tendance à l'oublier, mais le métier de chef englobe tous les secteurs du monde agroalimentaire. Mario Martel est là pour nous le rappeler, lui dont la carrière a débuté à l'âge de 19 ans et s'est déployée dans toutes les sphères de l'activité culinaire, après des études à la Polyvalente de Charlesbourg en cuisine d'établissement. De la restauration minute à celle des grandes tables comme le Saint-Honoré, en passant par la cuisine de marché du Melrose et du Galopin dont il était copropriétaire, celle du *steak house* Le Fiacre, un service de traiteur, un autre de banquet pour des croisières, la direction des cuisines du Loews Le Concorde, des conférences, de l'enseignement, des compétitions culinaires internationales et l'animation d'émissions de télévision ou de radio, on peut dire que ce communicateur-né a contribué au rayonnement tous azimuts de sa profession et à la reconnaissance d'un Québec gourmand.

Mario Martel

Le Québec à l'épicerie

Maintenant qu'il a embrassé depuis l'année 2000 une carrière de chef au développement de produits et de porte-parole pour le groupe Métro GP, Mario Martel estime être en mesure de boucler la boucle en démontrant que les cuisiniers ont aussi un rôle important à jouer dans le quotidien des gens par le biais du marché de détail. « Cette étape représente pour moi le summum de l'accessibilité, puisqu'elle me permet de toucher ceux qui étaient autrefois des clients de mes restaurants, mais en répondant à l'ensemble de leurs besoins au jour le jour, tout en continuant de promouvoir les produits régionaux. Les gens veulent maintenant retrouver en épicerie des produits qu'ils ont goûtés au restaurant, comme le canard, le cerf, le foie gras, les fromages de spécialité. Ils veulent bien manger aussi à la maison. Mais le monde du détail a besoin que des chefs comme moi fassent le saut et les guident dans ce secteur. »

Embauché par cette chaîne d'alimentation autant pour ses talents de chef que pour son expertise reconnue dans le créneau des artisans, qu'il encourage depuis ses premiers pas dans le métier, Mario Martel a pour responsabilité de choisir les produits régionaux : « Si un transformateur de Lanaudière ou de la Gaspésie veut lancer un produit dans notre bannière, l'acheteur de son secteur le dirigera vers moi. Ma responsabilité consistera à évaluer la proposition et, le cas échéant, à établir une stratégie adéquate de développement du produit et de mise en marché. » Celui qui a fait partie de l'équipe québécoise aux Olympiades culinaires mondiales d'Allemagne en 1992 et 1996 dirige aussi l'implantation des Marchés du terroir Métro GP.

> « LES GENS VEULENT MAINTENANT RETROUVER EN ÉPICERIE DES PRODUITS QU'ILS ONT GOÛTÉS AU RESTAURANT, COMME LE CANARD, LE CERF, LE FOIE GRAS, LES FROMAGES DE SPÉCIALITÉ. ILS VEULENT BIEN MANGER AUSSI À LA MAISON. »

Luce Milhomme et Bruno Martel, du Domaine du Mérifick, à Shannon

Les complices des chefs
Le Fumoir Grizzly

Si Grizzly compte aujourd'hui parmi les plus importants fumoirs de poissons en Amérique du Nord, cette entreprise familiale née à Sainte-Foy en 1991 attribue une partie de son succès au lien de proximité qu'elle a su développer dès ses débuts avec les chefs de Québec. Connaissant leurs hauts standards de qualité, son cofondateur, Pierre Fontaine, tenait à mettre en marché des poissons fumés qui satisferaient les restaurateurs : « Avant de lancer Grizzly, j'ai fait de nombreuses expérimentations sur le type de saumurage, la durée et la température de fumage, le processus de déshumidification du saumon, sa texture et sa couleur. Je validais ensuite toujours mes résultats auprès de cuisiniers comme Mario Martel, Jean-Claude Crouzet, Marie-Chantal Lepage ou Jean Soulard pour voir si je m'approchais de leur conception du produit idéal à servir à leur clientèle. » Certains chefs venaient même au fumoir faire des tests et des séances de dégustation pour aider M. Fontaine et sa sœur Andrée dans leur projet. Cet appui a permis à Pierre Fontaine de créer un produit qui se démarquait vraiment de la concurrence : taux de sel d'à peine 1 %, soit quatre à huit fois moins que les autres saumons fumés sur le marché; fumage à froid (10 °C) pendant 24 heures avec des copeaux de bois d'érable, de cerisier et de pommier; bain d'arrêt après saumurage au sirop d'érable pur, au lieu de l'habituel mélange de cassonade et d'eau. Parti de deux employés, le Fumoir Grizzly en compte aujourd'hui 28 et a récemment installé un poste de production entièrement automatisé dans sa nouvelle usine de Saint-Augustin-de-Desmaures, un équipement d'abord destiné à pallier la pénurie chronique de personnel dans le secteur de la transformation alimentaire. Grizzly a beau exporter partout dans le monde, les chefs comptent toujours pour près de la moitié de sa clientèle et sa recette n'a pas changé d'un iota depuis le jour où Pierre Fontaine l'a mise au point avec eux.

Avec Pierre Fontaine, du Fumoir Grizzly

Partis d'un projet-pilote, ces marchés sont maintenant au nombre de neuf. On y vend 1 500 produits de quelque 135 entreprises de transformation en provenance de Portneuf, Charlevoix ou la Côte-Nord autant que des Îles-de-la-Madeleine, du Saguenay ou des Cantons-de-l'Est. À ceci s'ajoute la gamme maraîchère comme les tomates Savoura, les fraises de l'île d'Orléans, les endives ou les pommes de terre. « Je fais la conceptualisation, j'organise des démos avec des chefs, des dégustations et des rencontres entre les artisans et le public. » À ces responsabilités s'ajoute la supervision du prêt-à-manger et du service de traiteur. Vingt-cinq personnes travaillent avec le chef Mario Martel à enrichir la bannière GP en valorisant des produits d'ici et, ce faisant, elles permettent à des producteurs qui n'en auraient pas les moyens autrement de faire leur entrée dans le quotidien des consommateurs québécois.

Le produit d'ici : un fil conducteur

Ce soutien aux petits fermiers et transformateurs a été le fil conducteur de la carrière de M. Martel, qui utilisait déjà 80 % d'ingrédients régionaux en 1987 lorsqu'il était aux fourneaux du Saint-Honoré. Une approche qui lui a valu très tôt la reconnaissance du milieu, avec le Mérite national de la restauration du ministère de l'Agriculture et de l'Alimentation du Québec (MAPAQ) en 1988 et le titre de Chef de l'année de la Société des chefs cuisiniers et pâtissiers du Québec en 1992.

Mais qu'est-ce qui l'a conduit vers cette voie et l'y a maintenu avec autant de constance depuis 20 ans? L'auteur de *Ma cuisine, un monde à partager* y voit d'abord un concours de circonstances : « On prend cette orientation à cause des rencontres que l'on fait. Un jour, un cueilleur de champignons est venu cogner à la porte de ma cuisine en disant : "j'ai ceci à vendre, peux-tu m'aider?" Et tout de suite, on a créé un menu qui mettait ses chanterelles en vedette. Puis, c'était Pierre Fontaine, qui s'apprêtait à lancer le Fumoir Grizzly et qui en était aux tests préliminaires. Il avait besoin de notre expertise pour développer un produit bien adapté au milieu de la restauration. Alors, on faisait des tests, on le conseillait. » Mario Martel se souvient du temps où Jean Leblond arrivait en camion des Éboulements avec ses premières récoltes de minilégumes, qu'il proposait aux cuisiniers, ravis de pouvoir travailler de telles raretés d'une si parfaite fraîcheur.

Authentique cuisine du marché

Mario Martel sait ce que le terme cuisine fraîcheur devrait signifier : « Dans les années 80 et 90, on s'est mis à faire une véritable cuisine du marché, adaptée à des arrivages qui changeaient d'une journée à l'autre. Souvent, on manquait de produits au milieu du service et il fallait encore modifier le menu. » Les chefs ont donc peu à peu éliminé les importations de leur carte pour mettre plutôt en vedette les produits de chez nous. « C'est grâce à ces rencontres initiées par les producteurs, grâce à leur persévérance que des liens d'amitié se sont créés et que la cuisine québécoise a pu prendre forme, affirme le chef Martel. Par la suite, le développement de la cuisine régionale est devenu un cheval de bataille pour certains cuisiniers et nous avons été de mieux en mieux soutenus par le MAPAQ et Agriculture Canada dans cet engagement envers nos producteurs. Mais ce sont eux les premiers qui ont lancé le mouvement. »

Mario Martel regrette un peu cette époque où tout était à faire et où certains chefs réussissaient à obtenir des produits exclusifs. Mais il ressent aussi une grande fierté de voir certains amis producteurs en être rendus à exporter ou à agrandir leurs installations. Il sait aussi qu'il y aura toujours des artisans qui auront besoin de son appui pour avancer.

« Les cuisiniers sont ravis de pouvoir travailler avec des raretés d'une telle fraîcheur. »

Photo: Archives Le Soleil

Mario Martel

Saumon fumé Grizzly
en tartare de pétoncles
à la coriandre et avocat

4 portions

Ingrédients

...

250 g (8 oz)	de saumon fumé Grizzly
400 g (14 oz)	de pétoncles frais
1	avocat frais (pas trop mûr)
	sauce Tabasco au goût
30 ml (2 c. à soupe)	de câpres hachées
30 ml (2 c. à soupe)	d'échalote française hachée finement
8 à 10	feuilles de coriandre fraîche hachées (ou plus, au goût)
60 ml (4 c. à soupe)	de jus de citron ou de lime
80 ml (1/3 tasse)	d'huile d'olive extra-vierge Orphée
	sel et poivre au goût
	dés de tomates, câpres, feuilles de coriandre fraîche, huile d'olive extra-vierge pour garnir

Préparation

...

Hacher délicatement la moitié du saumon fumé et tous les pétoncles. Peler et couper délicatement l'avocat en petits cubes et mélanger avec le reste des ingrédients. Ajuster l'assaisonnement au goût. Un soupçon de Tabasco peut très bien relever le tartare.

Montage

...

Disposer une ou deux tranches de saumon fumé Grizzly dans chaque assiette. Répartir le tartare et arroser légèrement d'huile d'olive, garnir de dés de tomates, de câpres et de quelques feuilles de coriandre.

On peut aussi compléter avec des asperges marinées et des micropousses de laitue, au goût.

Cette recette peut se préparer d'avance à condition de mélanger les ingrédients à la dernière minute. Garder au froid jusqu'au moment de servir.

ALCOOL D'ACCOMPAGNEMENT
Chardonnay Ravenswood
Vintners Blend Californie, 2006
Code SAQ : 00862946

Notes de dégustation d'Anne L. Desjardins
Bien gras en bouche, avec des effluves d'abricot, ce vin puissant vieilli en fûts de chêne et produit dans la grande tradition californienne des chardonnays est le complément idéal d'un poisson fumé au goût aussi affirmé que le saumon sockeye. Il saura aussi tenir sa place avec le vinaigré et le salé du duo olives-câpres.

Grenadins de cerf rouge

du Domaine du Mérifick à l'érable, pommes et canneberges

4 portions

Ingrédients

...

125 ml (1/2 tasse)	de sirop d'érable
60 ml (4 c. à soupe)	de vinaigre de cidre
30 ml (2 c. à soupe)	d'échalote française sèche
60 ml (4 c. à soupe)	de canneberges entières nature ou au porto de Nutra-Fruit
250 ml (1 tasse)	de fond de veau
30 ml (2 c. à soupe)	de beurre doux
2	pommes
700 g (1,5 lb)	de grenadins de cerf rouge du Domaine du Mérifick
	sel et poivre noir du moulin au goût

Photo : Anne L. Desjardins

Préparation

...

Dans un chaudron à fond épais et sur feu moyen, faire réduire le sirop d'érable à découvert jusqu'à légère caramélisation. Ajouter le vinaigre de cidre et l'échalote française. Baisser le feu et pocher délicatement les canneberges dans cette réduction une dizaine de minutes. À l'aide d'une écumoire, retirer les canneberges du liquide de pochage. Réserver.

Dans la même casserole, ajouter le fond de veau. Laisser réduire à feu moyen jusqu'à la consistance désirée. Monter la sauce à la toute fin en ajoutant le beurre doux directement dans la casserole, tout en fouettant énergiquement.

Peler et couper les pommes en quartiers et faire revenir dans un peu de beurre, de manière à obtenir une légère coloration. Retirer de la poêle et réserver. Dans la même poêle, faire revenir les grenadins de cerf rouge à feu vif 2 à 3 minutes de chaque côté, jusqu'à cuisson saignante ou rosée. Ne pas trop cuire pour ne pas durcir la viande. Poivrer généreusement.

Montage

...

Placer les grenadins de cerf rouge dans des assiettes chaudes, répartir les pommes et les canneberges autour. Arroser la viande de la sauce à l'érable et aux canneberges. Servir accompagné de légumes et d'une mousseline de patates douces.

ALCOOL D'ACCOMPAGNEMENT
Goundrey Homestead Cabernet Merlot
Code SAQ : 10495431

Notes de dégustation d'Anne L. Desjardins
Bien charpenté tout en étant plutôt sur le fruit et assez souple, ce cru australien est vraiment un bon compagnon pour le gibier et la viande rouge. L'ajout de merlot rend le vin plus exubérant et facilite l'échange entre les pommes, les canneberges et le sirop d'érable de la sauce.

Mario Martel

Filets de Natur'bœuf

au gratin d'huîtres et
fondue de fromage Le Migneron

4 portions

Ingrédients

...

16	huîtres fraîches hachées, avec leur jus
125 ml (1/2 tasse)	d'épinards blanchis, égouttés et essorés
30 ml (2 c. à soupe)	d'échalote sèche, hachée finement
30 ml (2 c. à soupe)	de chapelure
30 ml (2 c. à soupe)	de vin blanc sec
	sauce Tabasco au goût
	sel et poivre du moulin au goût
4	portions de filets de Natur'bœuf de 175 g (6 oz)
30 ml (2 c. à soupe)	de beurre
30 ml (2 c. à soupe)	d'huile d'olive
125 g (4 oz)	de fromage Le Migneron

Préparation

...

Préparer la garniture en mélangeant les huîtres hachées et leur jus, les épinards blanchis, l'échalote sèche, la chapelure, le vin blanc sec, la sauce Tabasco, le sel et le poivre. Réserver au froid.

Chauffer le four à 160 °C (325 °F).

Dans une poêle allant au four, saisir les filets de bœuf à feu vif dans le beurre et l'huile. Terminer la cuisson au four selon le degré de cuisson désiré.

Chauffer le four à Broil. Couper le fromage en tranches fines.

Lorsque les filets de bœuf sont cuits, les déposer sur une lèchefrite. Garnir chaque filet du mélange d'huîtres. Recouvrir de fromage et remettre au four le temps de gratiner.

ALCOOL D'ACCOMPAGNEMENT
Inniskillin, Cabernet Franc, Niagara
Code SAQ : 00317016

Notes de dégustation d'Anne L. Desjardins
Ce vin sur le fruit, aux tanins souples, a une robe rouge assez claire et un nez discret pour un cabernet sauvignon, ce qui est prévisible, compte tenu de la région de climat frais d'où il est issu. C'est le vin parfait pour un compromis entre le moelleux délicat et iodé des huîtres et la robustesse du bœuf gratiné au Migneron. De plus, ses tanins peu affirmés ne heurteront pas l'amertume quelque peu métallique des épinards.

Jean Soulard
Des moyens au service de la qualité

Le Fairmont
Château Frontenac

Chef des cuisines du Fairmont Château Frontenac depuis 1993, animateur-vulgarisateur hors pair, chroniqueur gastronomique recherché autant à la radio qu'à la télé, auteur de plusieurs livres sur la cuisine et son histoire, le chef Jean Soulard a-t-il vraiment besoin de présentation? Cet homme modeste et affable qui préfère mettre ses collaborateurs en vedette plutôt que lui-même n'en demeure pas moins un formidable leader dans son domaine. En plus de son poste de responsabilité, il a toujours consacré une bonne partie de ses énergies à éduquer ses semblables aux plaisirs de la table en insistant sur trois aspects clés : fraîcheur, simplicité et plaisir. Il est l'un des principaux artisans du retour vers une cuisine saine, plus proche de ses sources et axée sur la mise en valeur du produit. Une approche qui lui vient de ses racines familiales.

L'équipe des banquets du Château Frontenac

De l'art de la sauce hollandaise...

Premier cuisinier canadien à recevoir le titre de Maître cuisinier de France, Jean Soulard est pour ainsi dire né dans une cuisine, en décembre 1952, dans le village vendéen de La Gaubretière : « Apparemment, je suis arrivé juste après la confection d'une sauce hollandaise, que ma mère était occupée à monter à l'auberge de ma grand-mère, à l'occasion d'un mariage. » L'autre grand-mère était la boulangère du village. S'il s'ennuyait à rouler des croissants chez l'une, il découvrit en revanche un monde de possibilités dans la cuisine de l'autre, ce qui scella son avenir et les fondements de sa vision d'une gastronomie de proximité. Car cette grand-mère entretenait un magnifique potager et un jardin d'herbes, elle engraissait le cochon avec les restes de table de l'auberge et le lait lui venait de la vache de la ferme voisine. « Chez moi, la question du "Qu'est-ce que tu vas faire dans la vie?" ne s'est jamais posée », confie Jean Soulard. Dès l'âge de 13 ans, il partit à l'École hôtelière de Saumur où il obtint son certificat d'aptitudes professionnelles et compléta ses apprentissages de cuisinier.

À la fin des années 60, le jeune garçon fut finaliste au concours du meilleur apprenti de France. Il voyagea à travers le monde, notamment avec la chaîne d'hôtels Hilton, avant de découvrir Québec et de devenir amoureux de cette ville. Et le Château Frontenac dans tout ça? « Quel environnement fabuleux pour se réaliser! s'exclame-t-il. Ici, on met des moyens au service de notre métier. » Des moyens, ça signifie 70 cuisiniers, dont une dizaine de pâtissiers et 3 sous-chefs, 40 plongeurs et une armée de personnel de salle, qui préparent et servent quotidiennement près de 3 000 repas dans des lieux aussi différents que Le Café de la Terrasse, le restaurant gastronomique Le Champlain ou des salles de réunions. Des moyens, ça signifie aussi la possibilité d'inviter des chefs étrangers pour créer des *happenings* sur la gastronomie moléculaire, la cuisine vigneronne de Californie ou un menu tout chocolat; ce sont des facilités technologiques et des équipements à la fine pointe, un grand jardin d'herbes sur le toit et les coudées franches pour concocter des menus spéciaux à base d'ingrédients rares.

> « QUEL ENVIRONNEMENT FABULEUX POUR SE RÉALISER! S'EXCLAME-T-IL. ICI, ON MET DES MOYENS AU SERVICE DE NOTRE MÉTIER. »

Les complices des chefs
Le génial précurseur

Il faudrait pouvoir placer Jean Leblond à toutes les pages de ce livre pour rendre pleinement justice au magistral travail de précurseur que ce maraîcher de génie accomplit à sa Métairie du plateau des Éboulements depuis une trentaine d'années. Au moins la moitié des cuisiniers présents dans ces pages ont demandé à être jumelés au maître pour la création de leurs recettes. Juste retour des choses, car la difficile et noble profession de microproducteur pour les cuisiniers, c'est pour ainsi Jean Leblond qui l'a inventée au Québec. Au tournant des années 70, ce grand voyageur et excellent cuisinier qui était aussi un habile jardinier, fit l'acquisition d'un magnifique lopin de terre en bordure du fleuve doté d'un microclimat exceptionnel. Rapidement, des copains cuisiniers débarquent chez lui avec des semences de légumes introuvables ici pour qu'il leur en fasse pousser. Succès instantané, qui décidera de sa nouvelle vocation. « Je n'ai pas su refuser, et voilà où j'en suis aujourd'hui, emporté par le hasard des circonstances et ma gourmandise », lance-t-il dans un grand éclat de rire en inspectant ses minirabioles et ses crosnes, qu'il plante en serre dans de longs bacs de bois juchés sur tréteaux pour faciliter le travail. Puis il ajoute : « Généralement, je fais pousser un nouveau légume parce que je l'ai goûté ailleurs et que je veux en manger encore! » Par l'entremise des cuisiniers, Jean Leblond a fait découvrir aux Québécois d'innombrables variétés de légumes méconnus : pommes de terre bleues ou Belles de Fontenay, crosnes, topinambours, minipakchoi, minipoireaux, artichauts, betteraves jaunes et fleurs de courgettes, entre autres merveilles. Le mesclun gastronomique et les fleurs comestibles, c'est encore lui. Lauréat du prix Renaud-Cyr 2002, Jean Leblond a ouvert la voie aux jardiniers et permis aux cuisiniers de faire avancer leur métier, tout en faisant naître bien des vocations.

Jean Leblond dans son potager

Des fournisseurs privilégiés

Bien sûr, la qualité parfaite des ingrédients demeure la règle d'or. Au Champlain, par exemple, Jean Soulard crée une gastronomie régionale : caribou du Nunavut, canard québécois, pétoncles de la Basse-Côte-Nord, agneau des prés salés, cailles ou perdrix de Cap-Saint-Ignace, fromage Le Migneron de Charlevoix ou le riopelle de l'Isle-aux-grues ; on pourrait décliner ainsi longtemps la liste des ingrédients québécois que le chef utilise. Il est fidèle depuis des années à son ami Jean Leblond, qui cultive pour lui et pour quelques chefs sur ses terres des Éboulements de délicieux panachés de laitues aux fleurs comestibles, des betteraves jaunes, des rabioles, du mini-bok choy et des petits poireaux, des crosnes et autres raretés. Jean Soulard est aussi un adepte des pains de l'artisan boulanger Éric Borderon, des poissons du Fumoir Grizzly et des pâtes fraîches que Pauline Kaine et son équipe de Pâtes à Tout fabriquent dans leur échoppe des Halles Sainte-Foy. «Au retour de chacun de mes voyages, je suis toujours fier de constater que peu d'endroits offrent autant de produits de niche de qualité que la région de Québec», constate le chef Soulard. Il juge cependant qu'il faut retrouver de toute urgence un lien de respect et de dépendance envers la nature : «Car sans lui, il ne saurait y avoir de bonne cuisine.» Et la bonne cuisine demeure le reflet de la qualité de vie des humains, de leur capacité à s'ouvrir aux autres et à partager...

Photo : Louis Perron

Photo : Archives Le Soleil

«On peut faire des choses aussi excellentes que dans une petite cuisine, mais on doit créer nos plats différemment.»

Photo : Anne L. Desjardins

Jean Soulard

En compagnie du chef Gaëtan Tessier

Se battre contre les préjugés

Tout est possible dans cet univers où le gigantisme s'est mis au service de la gastronomie, puisque Jean Soulard achète pour plus d'un demi-million de dollars de nourriture par mois et son équipe mobilise près de 15 % de l'effectif de 700 employés du Château.

Mais, malgré le prestige de l'établissement, le chef doit toujours se battre contre les préjugés. « Les gens se disent : "Ah! C'est de la cuisine faite en quantités importantes, alors, ça doit forcément être ordinaire." Mais au Château, on ne peut tout simplement pas se permettre la médiocrité, surtout que 60 à 65 % de notre volume vient des restaurants, ce qui est très rare, et que tout est préparé sur place : fonds de viande et de volaille pour les sauces et les soupes, desserts, boucherie, etc. »

Pour Jean Soulard, il suffit de planifier, d'organiser et de penser intelligemment ses menus pour contourner la difficulté du gros volume et éviter le style de cuisine standardisé plutôt décevant de certains établissements : « On peut faire des choses aussi excellentes que dans une petite cuisine, mais on doit créer nos plats différemment. Par exemple, pour la garder bien chaude, on limitera les mouvements sur l'assiette et on assurera un dressage plus sobre, mais tout aussi beau. » Au Château, le gigantisme est aussi fractionné en plusieurs sections. Une cuisine est réservée exclusivement aux banquets, une autre au Café de la Terrasse, une troisième au Champlain, avec la grande cuisine de préparation qui demeure le centre névralgique de toute cette activité, quatre services de plonge distincts et le polissage d'argenterie.

Brochettes de pétoncles

coulis d'épinards et *linguine*
de Pâtes à Tout
à l'encre de calmar

4 portions

Ingrédients brochettes de pétoncles

...

1	petite courgette
8	pointes d'asperges
24	pétoncles moyens
8	tomates séchées, coupées en 24 lamelles
120 g (4 oz)	de *linguine* à l'encre de calmar
30 ml (2 c. à soupe)	d'huile d'olive
	sel et poivre du moulin au goût

Ingrédients coulis d'épinards

...

300 g (11 oz)	d'épinards
1	poire
	sel et poivre du moulin au goût

Préparation brochettes de pétoncles

...

Couper huit rondelles de courgette de 1 cm (1/2 po) d'épaisseur. Les blanchir quelques minutes dans l'eau bouillante salée avec les pointes d'asperges.

Embrocher les noix de pétoncles sur huit brochettes de bambou (3 pétoncles par brochette) en les intercalant avec les tomates séchées, les rondelles de courgettes et les pointes d'asperges. Réserver.

Préparation coulis d'épinards

...

Équeuter et laver les épinards. Égoutter sans essorer. Placer les épinards dans une poêle avec couvercle. Faire tomber. L'eau de lavage qui subsiste sur les feuilles suffira pour les cuire.

Peler, épépiner et pocher la poire quelques minutes dans de l'eau bouillante. Passer les épinards et la poire au mélangeur. Assaisonner. Si le coulis est trop épais, le liquéfier avec un peu de lait.

Finition

...

Cuire les *linguine* dans un grand volume d'eau bouillante salée. Égoutter. Assaisonner et verser un filet d'huile. Garder les pâtes au chaud.

Cuire les brochettes de pétoncles rapidement, à feu vif, dans une poêle avec un filet d'huile. Saler et poivrer.

Montage

...

Verser le coulis au fond d'assiettes chaudes. Y déposer les *linguine*, puis les brochettes. Servir.

ALCOOL D'ACCOMPAGNEMENT
Ginestet, Marquis de chasse
Sauvignon blanc, Sémillon
Code SAQ : 00404095

Notes de dégustation d'Anne L. Desjardins
Les épinards cuits contiennent de l'acide oxalique, qui pose toujours problème pour les accords. Les asperges sont un autre défi. Il leur faut un cru qui ne soit pas trop acide et qui ait une dominante herbacée, tout en étant assez charpenté. Cet élégant vin du groupe bordelais Taillan, bien que sec, possède assez de souplesse pour s'accorder aux légumes. Il fera des merveilles avec les pétoncles poêlés et les *linguine* à l'encre de calmar.

Pain perdu
d'Éric Borderon

aux pommes, sorbet au fromage frais

4 portions

Photo: Anne L. Desjardins

Ingrédients sorbet au fromage frais

...

160 ml (2/3 tasse)	d'eau
90 g (3 oz)	de sucre
1	citron (le zeste et le jus)
240 g (8 oz)	de fromage frais (style faisselle ou Quark)

Ingrédients pain perdu

...

15 g (1 c. à soupe)	de beurre
4	pommes (de préférence Cortland ou Spartan) pelées, épépinées et coupées en quartiers
4	tranches de pain d'Éric Borderon ou 4 brioches rassises
45 ml (3 c. à soupe)	de sirop d'érable (divisé)
1	œuf
125 ml (1/2 tasse)	de lait
5 g (1 c .à thé)	de poudre de cannelle

Préparation du sorbet au fromage frais

• • •

Dans une casserole à fond épais, porter à ébullition l'eau, le sucre, le zeste et le jus de citron. Laisser refroidir, puis ajouter le fromage frais. Bien mélanger et verser dans une sorbetière. Actionner la sorbetière conformément aux instructions du manufacturier. Lorsque le sorbet est prêt, le conserver au congélateur.

Préparation du pain perdu

• • •

Dans une poêle, faire fondre le beurre. Y jeter les quartiers de pommes, sauter quelques minutes. Ajouter la moitié du sirop d'érable. Faire colorer quelques minutes de plus, puis réserver au chaud.

Dans un bol, fouetter l'œuf, le lait et la poudre de cannelle. Y tremper les tranches de pain ou les brioches. Cuire dans une poêle antiadhésive avec un peu de beurre, si désiré, et en ajoutant le reste du sirop d'érable. Bien caraméliser.

Montage

• • •

Déposer les tranches de pain perdu dans quatre assiettes. Ajouter les quartiers de pommes cuits. Former des quenelles avec le sorbet au fromage et déposer délicatement sur les pommes. Servir aussitôt.

ALCOOL D'ACCOMPAGNEMENT
Fascination, mistelle de pommes et sirop d'érable
Vergers Bilodeau
Code SAQ : 10201842

Notes de dégustation d'Anne L. Desjardins
Rien n'est plus naturel pour ce pain perdu peu sucré aux pommes et à l'érable que cet accord avec cette exquise mistelle des Vergers Bilodeau, de l'île d'Orléans. Sa saveur de pomme cuite et ses arômes de caramel sont des compléments parfaits pour ce réconfortant dessert.

Jean Soulard

Soupe de chou-fleur au fenouil

de Jean Leblond,
avec garniture d'olives au curcuma

4 portions

Ingrédients

...

60 g (2 oz)	d'oignon haché
60 g (2 oz)	de poireau émincé
240 g (8 oz)	de chou-fleur
45 ml (3 c. à soupe)	d'huile d'olive
500 ml (2 tasses)	de bouillon de poulet
500 ml (2 tasses)	de lait
5 g (1 c. à thé)	de curcuma
120 g (4 oz)	de fenouil râpé
60 g (2 oz)	d'olives Kalamata dénoyautées et coupées en morceaux
30 ml (2 c. à soupe)	de vinaigre balsamique
30 g (1 oz)	de graines de sésame grillées
	sel et poivre du moulin au goût

Préparation

...

Défaire le chou-fleur en petits bouquets.

Dans une casserole, faire revenir l'oignon haché et le poireau dans l'huile d'olive quelques minutes. Ajouter le chou-fleur, le bouillon de poulet, le lait et le curcuma. Saler et poivrer. Cuire 20 minutes.

Passer au mélangeur pour obtenir une soupe lisse. Garder au chaud.

Dans une poêle avec un filet d'huile d'olive, faire sauter le fenouil râpé avec les olives en morceaux quelques minutes. Déglacer avec le vinaigre balsamique.

Verser la soupe de chou-fleur dans une assiette creuse chaude. Disposer la tombée de fenouil et d'olives au milieu et parsemer de graines de sésame grillées.

ALCOOL D'ACCOMPAGNEMENT
Hogue Genesis Fumé blanc
Code SAQ : 00274829

Notes de dégustation d'Anne L. Desjardins
Même si la plupart des sommeliers ne conseilleront pas de vin avec un potage, celui-ci est tout indiqué, surtout si on en fait une soupe-repas. Il a une jolie robe jaune tirant sur le vert et au nez, on perçoit immédiatement des notes herbacées de menthe et d'agrumes, surtout le pamplemousse, qui appuiera en douceur le fenouil et le chou-fleur et saura réveiller le goût subtil du curcuma.

Daniel Vézina
Des mots pour le vivre

Photo : Archives La Presse

É crire sur Daniel Vézina relève du tour de force, tellement ce toqué et communicateur exceptionnel a été encensé dans les médias, autant par le milieu des cuisiniers que de celui des gens d'affaires. De fait, un concert d'éloges mérité quand on sait l'impact magistral que le chef propriétaire du laurie raphaël a depuis 25 ans sur la gastronomie québécoise.

De son propre aveu, Daniel Vézina est un incorrigible gourmand de naissance. Et du plus loin qu'il se rappelle, les émotions vécues par la nourriture étaient si intenses qu'il n'a eu d'autre choix que de devenir cuisinier pour apprendre à les nommer, puis à les traduire et à les maîtriser. C'est l'appel de la vocation. Et depuis 1979 qu'il pratique ce métier, sa palette expressive s'est raffinée au point où il est devenu le chef le plus connu du Québec. Charmeur-né, rieur, généreux et bon pédagogue, il était inscrit dans le ciel qu'avec sa dégaine d'acteur, Daniel Vézina saurait séduire les Québécois par ses émissions de cuisine, ses séries télé, ses livres, ses chroniques au journal *La Presse* ou ses ateliers de cuisine.

Photo : Archives Le Soleil

Le laurie raphaël-atelier-boutique, au 117, rue Dalhousie à Québec

Daniel Vézina

La naissance de la gastronomie québécoise

Mais tout comme son meilleur ami, le chef Normand Laprise, du Toqué!, à Montréal, c'est d'abord par sa créativité sans bornes et sa promotion incessante du travail des petits producteurs que Daniel Vézina a su gagner le cœur et frapper l'imagination des gourmands et des gourmets, à l'enseigne du laurie raphaël. Cela lui a valu d'être nommé Chef de l'année au Québec en 1997, puis lauréat du prix Renaud-Cyr 2001, qui souligne le maillage entre chefs et artisans. Ouvert en 1991 dans un petit local de la rue du Sault-au-Matelot, puis déménagé six ans plus tard dans un lieu d'un grand raffinement, à deux pas du Marché du Vieux-Port (où le chef fait ses courses jusqu'à trois fois par jour), le laurie raphaël est considéré comme un des brillants porte-flambeaux de la nouvelle gastronomie d'ici. Et ce n'est pas un hasard, mais plutôt le reflet d'une solide conviction.

Né avec la Révolution tranquille, Daniel Vézina appartient à la première génération de chefs québécois de souche formée chez nous selon les principes de la cuisine française. À l'instar de ses confrères Normand Laprise ou Anne Desjardins (de l'Eau à la bouche, non l'auteure de ces lignes), il a été de ceux qui ont travaillé avec le plus de constance à jeter les bases d'une cuisine signature faite d'ingrédients locaux et clairement identifiée à son coin de pays, mais avec une ouverture et une sensibilité internationale. « Nous voulions faire une gastronomie qui ressemble au Québec moderne, qui ne soit pas le reflet d'une mentalité de colonisés face à la France, mais qui utilise son solide bagage technique », se souvient Daniel Vézina, qui a été sous-chef de Serge Bruyère pendant près de trois ans, avant de travailler comme chef à l'Échaudée, puis d'ouvrir le laurie raphaël première mouture avec sa femme, Suzanne Gagnon.

« LE BUT, C'EST VRAIMENT DE CRÉER UNE MASSE CRITIQUE DE CUISINIERS POUR FAIRE VIVRE NOS ÉLEVEURS, NOS AGRICULTEURS ET NOS TRANSFORMATEURS. »

Les complices des chefs
La mariculture d'avenir de Pec-Nord

Une majorité de chefs des meilleures tables du Québec ne jurent que par les pétoncles Princesse Pec-Nord, qu'ils reçoivent vivants dès le lendemain de leur capture dans les eaux froides du golfe Saint-Laurent. Ce produit exceptionnel est le fruit d'une vision audacieuse, celle de Paul-Aimé Joncas, un médecin de Blanc-Sablon qui voulait faire découvrir les richesses de son coin de pays tout en procurant du travail à ses concitoyens. Après bien des recherches et voyages d'études, il se lance en 1994 dans cette forme de mariculture très coûteuse, d'abord destinée au marché de la restauration haut de gamme. Daniel Vézina sera le premier chef à l'encourager, puis à répandre la bonne nouvelle parmi ses collègues, ébloui par la qualité de ces pétoncles sur coquille qui permettent toutes sortes de créations et peuvent aussi se manger à cru, comme des huîtres. Installés dans la Baie de Jacques-Cartier, sur la Basse-Côte-Nord, le docteur Joncas et son équipe travaillent de manière écologique, avec un système d'élevage en milieu naturel qui prend de 5 à 10 ans avant d'amener un pétoncle à maturité. Les pétoncles se développent d'abord en écloserie, où ils se nourrissent d'algues. Dès l'âge de 45 jours, on les transfère en mer, dans des paniers qui ressemblent à des lanternes chinoises, tout en s'assurant d'en relâcher un certain pourcentage dans le Grand bleu. Au bout d'un an, leur taille atteint 10 millimètres. Tout au long de leur croissance, les pétoncles sont transférés dans des contenants d'élevage adaptés à leur taille. Ils se nourrissent à leur rythme de phytoplancton, exactement comme s'ils étaient en liberté, et ne reçoivent aucun supplément de croissance ni antibiotique. La récolte des pétoncles géants se fait à la main par des plongeurs professionnels. Une intéressante solution de rechange à la pêche par dragage, réputée pour abîmer les fonds marins et susceptible de favoriser la surpêche de cette fragile ressource.

Les installations de Pec-Nord, sur la Basse-Côte-Nord

Pas de cuisine d'ici sans produits d'ici

Aucun doute que pour se définir, cette cuisine se devait de reposer sur la création d'un lien de confiance entre chefs et producteurs et l'édiction de normes de qualité incontournables. Le travail a porté fruits de façon spectaculaire en quelques décennies seulement, puisque aujourd'hui, les artisans sont nombreux à se réclamer de Daniel Vézina. Du maraîcher Jean Leblond au coureur des bois François Brouillard, en passant par la Ferme Fiset de l'île d'Orléans, Raymonde Tremblay, de l'Émeu de Charlevoix, Gasporc, Pigeonneaux Turlo, Le Canard Goulu, le Fumoir Charlevoix, les pétoncles Princesse de Pec-Nord, Kego-Cailles ou La Maison d'affinage Maurice Dufour, tous ces producteurs ont pu s'établir et prospérer en partie au moins grâce à la notoriété que leur a conférée Daniel Vézina en leur ouvrant les portes de sa cuisine et des cuisines de certains de ses collègues. Car il partage souvent son carnet d'adresses avec les confrères. « Le but, c'est vraiment de créer une masse critique de cuisiniers pour faire vivre nos éleveurs, nos agriculteurs et nos transformateurs, pas de coiffer tout le monde au fil d'arrivée. La cuisine québécoise, c'est d'abord une signature et une identité fondée sur les denrées qu'on y trouve, et les cuisiniers sont une confrérie, pas des compétiteurs qui se crêpent le chignon ! » assure-t-il.

Pour l'auteur de plusieurs livres de cuisine, dont *Le fruit de ma passion*, c'est toute la province qui constitue son terroir, pas seulement la région de la Capitale. Son terrain de jeu s'étend donc de la Basse-Côte-Nord, productrice d'huîtres, de poissons et d'oursins, aux Cantons-de-l'Est, avec ses bons fromages, en passant par le Bas-du-fleuve et son agneau, Lanaudière et ses oies, les Bois-Francs et leur sirop d'érable, Chaudière-Appalaches et son cerf : « Mais mon premier critère demeure la saveur et la qualité. Pour se retrouver à ma table, les denrées du Québec doivent être les meilleures, sinon, je n'hésiterai pas à aller chercher ailleurs. »

« Mais mon premier critère demeure la saveur et la qualité. Pour se retrouver à ma table, les denrées du Québec doivent être les meilleures, sinon, je n'hésiterai pas à aller chercher ailleurs. »

Rhéa Loranger, de chez Pigonneaux Turlo

Photo: Archives Le Soleil

Une approche éclatée de la restauration

Récemment, le laurie raphaël s'est redéfini comme un lieu multidimensionnel regroupant restaurant, atelier de cuisine et boutique, dans un environnement qui porte entièrement le sceau des créateurs québécois, autant pour le design des lieux signés Jean-Pierre Viau que pour la vaisselle. À l'image de la cuisine de ce début de millénaire, le concept se déstructure pour mieux refléter l'évolution et la diversité de notre société. Le tandem Vézina-Gagnon s'est aussi associé avec le groupe Germain pour ouvrir une version montréalaise du laurie raphaël.

Le chef en a profité pour revoir son approche : « Aujourd'hui, dans mes livres, mes chroniques et mes rencontres avec les gens, j'essaie de transmettre ma passion en englobant l'ensemble de l'aventure gourmande, dès ses origines, au lieu de présenter des plats compliqués et des techniques pour les réussir. » Par exemple, croquer dans une pomme suscite des impressions que le chef décrit, qui font remonter des images de l'île d'Orléans dont il a gardé le souvenir, lesquelles l'amènent à créer une tarte Tatin dont il propose une préparation simplifiée : « Je pourrais ajouter dans mon exposé, selon l'inspiration, un commentaire sur des variétés patrimoniales ou une information de nutrition. L'expérience autour de la pomme devient alors complète. C'est ce que j'appelle présenter le contexte de la cuisine et c'est aussi important que la recette elle-même. » Lui qui a poussé très loin la recherche culinaire et le travail sur les mariages de saveurs et de textures, Daniel Vézina aspire maintenant plus que jamais à être intelligible au plus grand nombre. Mais s'il y a une chose qui ne change pas chez lui, c'est bien son soutien à la cause des producteurs artisans.

Daniel Vézina a gagné le cœur et frappé l'imagination des gourmands et des gourmets.

Photo: Archives Le Soleil

Dégustation de pétoncles Princesse Pec-Nord
aux fraises d'automne

4 portions

En céviche, au jus de fraise,
liqueur des bois et vinaigre de rose

En tartare, parfumés à l'huile de basilic
et fraises de l'île d'Orléans

Poêlés au mirin, yuzu et gingembre,
à l'huile de pépin de raisin

Vapeur, au beurre de fraise

**Ingrédients céviche de pétoncles au jus de fraises,
liqueur des bois et vinaigre rose**

...

4	pétoncles Pec-Nord coquilles vivants
15 ml (1 c. à soupe)	de jus de fraise d'automne
5 ml (1 c. à thé)	de vinaigre de rose
15 ml (1 c. à soupe)	de liqueur de fraises des bois
	sel et poivre du moulin au goût
	gros sel

**Ingrédients tartare de pétoncles parfumés à l'huile de basilic
et fraises de l'île d'Orléans**

...

4	pétoncles Pec-Nord coquilles vivants
15 ml (1 c. à soupe)	d'huile de basilic
1	tige de ciboulette hachée
5 ml (1 c. à thé)	de jus de citron
1	fraise d'automne en petits dés
	sel et poivre du moulin au goût

Daniel Vézina

Préparation du céviche

• • •

Pour ouvrir les pétoncles, tenir la coquille dans un linge humide, avec la partie creuse inférieure à plat. Insérer le couteau face au muscle intérieur et le faire glisser entre la coquille supérieure et le muscle. La coquille s'ouvrira alors d'elle-même.

À l'aide d'un couteau, tirer ensuite sur le manteau afin qu'il ne reste que le pétoncle collé sur la coquille. Retirer les nerfs et trancher chaque pétoncle en trois où en quatre lamelles, puis les répartir sur les coquilles.

Mélanger tous les ingrédients de la marinade et assaisonner. Sur une planche, disposer des petits monticules de gros sel et y déposer les coquilles. Réserver au froid.

Préparation du tartare

• • •

Utiliser la même technique pour ouvrir les pétoncles, mais à la fin, couper les pétoncles en petits cubes. Les mélanger avec l'huile de basilic, la ciboulette, le jus de citron et les dés de fraises. Assaisonner et répartir dans quatre coquilles creuses. Réserver au froid.

Préparation des pétoncles poêlés

• • •

Utiliser la même technique pour ouvrir les pétoncles mais en faisant l'inverse; soit laisser le muscle du pétoncle sur la coquille supérieure, celle qui est plate. Réserver pour la cuisson.

Mélanger tous les ingrédients pour la vinaigrette dans un petit cul-de-poule et assaisonner. Réserver pour la finale.

Préparation des pétoncles vapeur au beurre de fraises

• • •

Dans une casserole à fond épais, réduire le jus de fraise des deux tiers à découvert et à feu moyen, puis le refroidir. Malaxer ensuite avec le beurre demi-sel.

Dans une casserole, faire revenir l'échalote hachée avec un peu de beurre clarifié. Ajouter le vin blanc, et les quatre pétoncles coquilles. Cuire 2 à 3 minutes. Les coquilles ouvriront comme des moules. Décortiquer les pétoncles et les déposer ensuite dans leur coquille sur une tôle à biscuits.

Ajouter le vinaigre de framboise au fumet de pétoncles ainsi obtenu et réduire de moitié sur feu vif. Ajouter la crème. Réduire encore du tiers, puis ajouter 15 ml (1 c. à soupe) de beurre de fraise et bien mélanger. Assaisonner et réserver au chaud.

Cuisson et finition des pétoncles poêlés

• • •

Faire chauffer une poêle avec un peu de beurre clarifié et y déposer les pétoncles collés sur coquille. Les saisir légèrement.

Déposer sur la tôle des pétoncles vapeur.

Verser un peu de vinaigrette au yuzu sur chaque coquille et réserver.

Montage

• • •

Préchauffer le four à Broil.

Sur quatre grandes assiettes, saupoudrer du sel de mer. Déposer sur chacune une coquille de céviche et une coquille de tartare.

Placer la tôle à biscuits contenant les deux autres préparations de pétoncles 30 secondes sous le grill du four. Déposer ensuite un pétoncle poêlé et un pétoncle vapeur dans chacune des quatre assiettes.

Verser un peu de sauce au beurre de fraise sur les pétoncles vapeur.

À la toute fin, on peut aussi aromatiser les pétoncles avec quelques grains de fleur de sel de Guérande et décorer de pousses maritimes (salicorne, laitue de mer, algues, etc.).

Ingrédients pétoncles poêlés au mirin, yuzu et gingembre à l'huile de pépin de raisin

• • •

4	pétoncles Pec-Nord coquilles vivants
5 ml (1 c. à thé)	d'échalote sèche hachée
5 ml (1 c. à thé)	de gingembre frais haché
10 ml (2 c. à thé)	de mirin (alcool japonais)
5 ml (1 c. à thé)	de yuzu (jus d'agrume japonais)
60 ml (4 c. à soupe)	de jus de fraises d'automne
5 ml (1 c. à thé)	de vinaigre de riz assaisonné Marukan
60 ml (4 c. à soupe)	d'huile de pépin de raisin
	sel et poivre du moulin au goût

Pétoncles vapeur au beurre de fraises d'automne

• • •

4	pétoncles coquilles vivants
125 ml (1/2 tasse)	de jus de fraise d'automne
45 g (3 c. à soupe)	de beurre demi-sel
1	échalote sèche hachée
15 ml (1 c. à soupe)	de beurre clarifié
60 ml (1/4 tasse)	de vin blanc sec
10 ml (2 c. à thé)	de vinaigre de framboise
125 ml (1/2 tasse)	de fumet de pétoncles
125 ml (1/2 tasse)	de crème 35 %
30 ml (2 c. à soupe)	de beurre de fraise (divisé)
	sel et poivre du moulin au goût

ALCOOL D'ACCOMPAGNEMENT
Fumé blanc Mondavi Napa Valley
Code SAQ : 00221887

Notes de dégustation d'Anne L. Desjardins
Le cépage utilisé pour vinifier ce vin à l'intense robe jaune paille a des affinités parfaites avec les fruits de mer et saura mettre en valeur avec subtilité le nacré des pétoncles. Ses arômes de vanille et de pamplemousse sauront aussi s'accorder avec le moelleux légèrement acide des fraises.

Tempura de fleurs de courgettes

de Jean Leblond à la duxelles de champignons, gaspacho de concombre et faisselle de fromage frais

4 portions

Ingrédients fleurs de courgette
...

4	fleurs de courgettes

Ingrédients gaspacho de concombre et faisselle
...

1	échalote française finement hachée
1	gousse d'ail finement hachée
2	concombres anglais épluchés, épépinés et hachés
2	poivrons verts épépinés et hachés
	sel et poivre du moulin au goût
1	mélange d'herbes fraîches hachées : livèche, coriandre, persil, ciboulette et aneth
15 ml (1 c. à soupe)	de vinaigre de cidre
80 ml (1/3 tasse)	d'huile de pépin de raisin
80 ml (1/3 tasse)	de fromage frais de type Quark ou de fromage de yogourt fait maison (yogourt nature égoutté quatre heures dans un coton à fromage au réfrigérateur)
	quelques gouttes d'huile de cèpes (facultatif)

Jean Leblond et ses célèbres fleurs de courgettes

Ingrédients duxelles
...

100 g (3,5 oz)	de champignons frais (chanterelles, pleurotes, shiitakes)
1	gousse d'ail hachée finement
1	échalote sèche hachée finement
30 ml (2 c. à soupe)	d'huile de pépin de raisin
15 ml (1 c. à soupe)	de beurre
15 ml (1 c. à soupe)	de fines herbes ciselées (estragon, basilic, ciboulette)
	sel et poivre au goût

Ingrédients pâte à tempura
...

430 g (1 3/4 tasse)	de farine tout usage
180 g (3/4 tasse)	de fécule de maïs
30 g (1 oz)	de poudre à pâte
30 g (1 oz)	de sucre
7,5 g (1,5 c. à thé)	de sel
625 ml (2 1/2 tasse)	d'eau glacée
2	pincées de wasabi
15 ml (1 c. à soupe)	de ciboulette hachée
15 ml (1 c. à soupe)	de gingembre haché finement

Daniel Vézina

Préparation des fleurs de courgettes

• • •

Utiliser des fleurs cueillies le matin. Elles sont alors bien ouvertes et seront donc plus faciles à farcir. Vérifier qu'il n'y a pas d'insectes à l'intérieur. Casser le pistil avec les doigts très délicatement. Réserver.

Préparation du gaspacho de concombre et faisselle

• • •

Mélanger tous les légumes dans un bol, saler et poivrer. Ajouter les herbes fraîches, couvrir et laisser mariner au moins 2 heures au réfrigérateur.

Passer ensuite au mélangeur. Ajouter le vinaigre de cidre et mélanger quelques secondes de plus.

Passer au tamis, puis verser de nouveau dans le bol du mélangeur. Émulsionner quelques secondes à l'huile de pépin de raisin et rectifier l'assaisonnement. Réserver.

Préparation de la duxelles

• • •

Brosser les champignons pour les nettoyer, couper les queues des shiitakes et les réserver pour une utilisation ultérieure. Hacher finement les champignons.

Faire revenir l'ail et l'échalote dans l'huile et le beurre à feu moyen sans laisser prendre couleur. Ajouter le hachis de champignons. Cuire une dizaine de minutes à feu assez vif, en remuant fréquemment pour éliminer l'eau de végétation des champignons. Retirer du feu et ajouter les fines herbes hachées, sel et poivre au goût. Étendre le mélange sur une tôle et laisser refroidir.

Mettre la farce refroidie dans un sac à pâtisserie. Farcir les fleurs de courgettes de cet appareil (suffisamment pour leur donner une belle forme). Replier les pétales pour que la duxelles ne s'échappe pas durant la cuisson. Réserver.

Préparation de la pâte à tempura

• • •

Tamiser la farine, la fécule et la poudre à pâte dans un bol en acier inox. Ajouter le sucre et le sel et faire un puits au centre.

Verser doucement l'eau glacée dans le puits en mélangeant délicatement. Ajouter le wasabi, puis la ciboulette et le gingembre. Réserver sur de la glace pilée.

Finition

• • •

Tremper les fleurs de courgettes une à une dans la pâte à tempura glacée et les plonger immédiatement dans un bain de friture à 184 °C (360 °F). Frire jusqu'à ce qu'elles prennent une belle couleur dorée. Égoutter sur un papier absorbant et assaisonner.

Montage

• • •

Couper la base des fleurs de courgettes frites et les faire tenir debout sur le rebord des assiettes. Verser le gaspacho dans de jolis bols et déposer sur chacun une quenelle de fromage frais ou de fromage de yogourt. Placer un bol de gaspacho à côté de chaque fleur de courgette farcie.

Verser quelques gouttes d'huile de cèpes autour de la faisselle dans le gaspacho. Servir immédiatement.

ALCOOL D'ACCOMPAGNEMENT
Kumala Blends rosé, Afrique du Sud

Notes de dégustation d'Anne L. Desjardins
Pour accompagner ce plat à base de légumes et de fromage, un vin sec et exubérant comme ce rosé d'Afrique du Sud à la robe d'un beau rose soutenu sera parfait. Il pourra s'accorder sans problème à la fois au gaspacho de concombre, à la faisselle de fromage frais et aux champignons grâce à ses notes de fruits exotiques et de fleur. Un mousseux aurait aussi pu convenir aux légumes.

Pigeonneaux d'élevage

de la Ferme Turlo, jus aux baies
de chicoutai, ragoût de haricots
coco frais et asperges rôties

4 portions

Ingrédients pigeonneaux

...

2	pigeonneaux de 375 g (12 oz)
250 ml (1 tasse)	de gras de canard

Ingrédients jus de pigeonneaux aux baies de chicoutai

...

2	carcasses de pigeonneaux
30 ml (2 c. à soupe)	de beurre clarifié
125 ml (1/2 tasse)	de mirepoix (oignon, céleri, carotte, hachés finement)
2	échalotes sèches hachées
1	gousse d'ail hachée
1	branche de thym
1	feuille de laurier
30 ml (2 c. à soupe)	de liqueur de chicoutai
180 ml (3/4 tasse)	de vin blanc sec
15 ml (1 c. à soupe)	de vinaigre de riz assaisonné
375 ml (1 1/2 tasse)	de fond brun de canard ou de veau
	sel et poivre au goût

Ingrédients ragoût de haricots coco

...

500 g (1 lb)	de haricots coco frais (ou secs)
1	oignon moyen
1	gousse d'ail entière
30 ml (2 c. à soupe)	de beurre clarifié
1	branche de thym
1	feuille de laurier
1 l (4 tasses)	de bouillon de volaille ou d'eau
	sel et poivre au goût

Ingrédients asperges rôties

...

12	asperges vertes de l'île d'Orléans
30 ml (2 c. à soupe)	de beurre clarifié
	sel et poivre au goût

Daniel Vézina

Préparation des pigeonneaux

• • •

Choisir 2 pigeonneaux bien en chair. Séparer les cuisses des suprêmes.

Mettre les cuisses de pigeon à confire dans le gras de canard à feu doux pendant 45 minutes.

Conserver les suprêmes sur l'os. Couper d'abord le bout des ailes dans l'articulation et dégager le reste de l'os en poussant vers les suprêmes. Couper le dos des pigeons à l'aide d'un ciseau à volaille de chaque côté des ailerons. Il sera plus facile de faire cuire les suprêmes sans leur coffre.

Préparation du jus de pigeonneaux aux baies de chicoutai

• • •

Concasser les os et les faire colorer dans une casserole avec un peu de beurre clarifié. Ajouter la mirepoix, les échalotes et l'ail, puis faire revenir quelques minutes. Ajouter la branche de thym et la feuille de laurier.

Flamber avec la liqueur de chicoutai et déglacer avec le vin blanc et le vinaigre de riz. Faire réduire de moitié sur feu vif et à découvert. Ajouter un peu d'eau et le fond de canard ou de veau et réduire à nouveau du tiers pendant au moins 45 minutes.

Passer la sauce au tamis. Assaisonner.

Préparation du ragoût de haricots coco

• • •

Écosser les haricots coco frais ou mettre à tremper la veille les haricots séchés.

Trancher l'oignon en quatre. Peler la gousse d'ail, la dégermer et la couper en deux.

Dans une casserole, faire revenir l'oignon et l'ail avec le beurre clarifié sans colorer. Ajouter le thym, le laurier, les haricots et le fond de volaille. Amener à ébullition, réduire le feu et laisser mijoter à découvert de 25 à 30 minutes dans le cas des haricots frais et au moins 2 heures pour les haricots séchés, jusqu'à ce que les haricots soient tendres et de texture crémeuse. Réserver.

Préparation des asperges rôties

• • •

Peler les asperges à l'aide d'un économe en laissant la pointe intacte. Couper les queues des asperges de 2 cm (1 po).

Amener une bonne quantité d'eau salée à ébullition, y plonger les asperges environ 2 minutes, ou jusqu'à ce qu'elles soient cuites, mais encore croquantes. Immerger les asperges dans de l'eau glacée pour arrêter la cuisson et préserver leur couleur. Bien égoutter et éponger à l'aide d'essuie-tout.

Dans une poêle, faire rôtir les asperges dans le beurre clarifié pour leur donner une belle coloration. Réserver.

Finition

• • •

Préchauffer le four à 200 °C (400 °F).

Dans une poêle bien chaude, saisir les pigeonneaux sur tous les côtés dans le beurre clarifié et les colorer uniformément. Terminer la cuisson au four pendant 4 minutes. Retirer du four et laisser reposer sur une planche à découper.

Jeter le gras de cuisson et déglacer avec le reste du jus de pigeonneau, puis amener à ébullition. Retirer du feu et ajouter les baies de chicoutai. Garder au chaud.

Retirer les cuisses confites des pigeonneaux, les éponger et les saisir dans un peu de gras de canard. Saler et poivrer. Réserver au chaud.

Désosser les suprêmes des pigeonneaux cuits saignants.

Réchauffer le ragoût de haricots en lui ajoutant du jus de pigeonneau réduit.

Montage

• • •

Répartir le ragoût de haricots coco au milieu des 4 assiettes. Déposer quelques asperges sur les haricots.

Placer une cuisse confite et un suprême de pigeonneau tranché en trois sur le ragoût, puis verser la sauce autour du pigeonneau.

ALCOOL D'ACCOMPAGNEMENT
Mascaron par Ginestet Bordeaux 2005
Code SAQ : 10754527

Notes de dégustation d'Anne L. Desjardins
Avec ses tanins étoffés et son fruit encore très présent, ce vin de Bordeaux à la robe rouge foncé apprécie les gibiers à plumes. Au nez, on perçoit des arômes de torréfaction, de cassis et de sous-bois qui compléteront parfaitement cette viande rouge qui s'apprécie saignante.

Québec, terre de pains et de fromages

Si le Québec produit quelque 300 variétés de fromages de spécialité et compte de nombreuses boulangeries artisanales, la région de la Capitale-Nationale a grandement contribué à ce phénomène gourmand sans précédent. Une dizaine de fromageries de toutes tailles y ont pignon sur rue (incluant Bergeron, l'expert canadien du gouda, à Saint-Antoine-de-Tilly), en plus d'une vingtaine d'échoppes spécialisées dans la fabrication du pain.

Du côté des fromages, le portrait régional est assez varié : aux traditionnels fromages en grains et cheddars produits par la Fromagerie de la Côte-de-Beaupré, la Laiterie Charlevoix et la Fromagerie Saint-Fidèle se sont ajoutés des pâtes fermes et demi-fermes, des fromages frais et des pâtes molles à croûte fleurie au lait de vache, de chèvre ou de brebis, et des bleus. Plusieurs sont au lait cru et la plupart sont inspirés de recettes classiques françaises recueillies soit directement en Europe, soit auprès de consultants d'expérience, comme Philippe Kotula. Ce dernier, récemment immigré du sud de la France et aujourd'hui enseignant à Fierbourg a aidé plusieurs artisans à démarrer leur entreprise.

La Ferme caprine Tourilli

Le propriétaire de La Ferme caprine Tourilli, de Saint-Raymond-de-Portneuf, Éric Proulx, est un géographe passionnément engagé dans la cause de l'économie rurale et de la préservation de nos campagnes. Il fabrique à la main selon des méthodes

Photo: Archives Le Soleil

traditionnelles quatre fromages qui ont atteint rapidement une belle renommée. Le Cap rond est un cendré à pâte fine et collante, typique des chèvres d'appellation d'origine contrôlée français. La Barre à Boulard est une bûchette semblable à un Sainte-Maure-de-Touraine, affiné 10 à 15 jours. Le Bouquetin de Portneuf est un crottin qui a un bon potentiel d'affinage et se révèle excellent gratiné. Enfin, le Bastidou, à pâte molle, a la particularité d'incorporer une fine garniture de pesto de basilic frais en son centre. Fruit d'une étroite collaboration avec le chef de l'Auberge La Bastide, Pascal Cothet, il a valu à Éric Proulx le prix Renaud-Cyr 2005, destiné à souligner le maillage entre artisans cuisiniers et producteurs.

Photo: Archives Le Soleil

Photo: Louis Perron

Le Restaurant du Musée

Photo : Archives Le Soleil

Avec ses grandes baies vitrées et sa terrasse qui surplombe le parc des Champs-de-batailles, Le Restaurant du Musée offre une vue magnifique sur le fleuve Saint-Laurent dans un décor à la fois chic et apaisant où l'art est omniprésent. Le chef-copropriétaire Jean-Pierre Cloutier y prépare depuis 1997 une fine cuisine régionale abordable à base d'ingrédients frais, dont la présentation soignée et originale nous rappelle que la cuisine fait aussi partie des formes d'expression artistique. Cet ancien de la Fenouillière qui fut le premier à implanter un programme de gestion écologique dans ses cuisines, crée des plats gastronomiques sains qui jouent sur la fraîcheur. Il utilise les produits régionaux en priorité dans ses recettes, sans pour autant se priver de touches d'inspiration empruntées aux cuisines du monde, qu'elles soient asiatique ou méditerranéenne. En témoignent des plats comme le canard fumé et clémentine au parfum de sésame grillé et vinaigre de riz, la crémeuse d'artichaut au saumon fumé et yaourt de chèvre à l'aneth, les cailles confites à la moutarde sur rémoulade de céleri-rave avec gelée du diable de l'île d'Orléans, l'escalope de porc du Québec farcie aux petits légumes et fromage Le Migneron ou le flétan à la pensée et fruits de la passion, avec tombée de poireaux et tomates au citron vert, ou encore les framboises fraîches à la lavande. Le restaurant jouit aussi d'une belle renommée pour ses brunchs de fin de semaine.

Pour en savoir plus :
Restaurant du Musée, Musée national des Beaux-Arts du Québec, Parc des Champs-de-Bataille, Québec
Téléphone : 418 644-6780
www.mnba.qc.ca

Fromagerie des Grondines

Toujours dans Portneuf, la Fromagerie des Grondines est la dernière-née. On y produit des fromages fermiers de lait cru, qui sont affinés au moins 60 jours afin de respecter la réglementation fédérale et provinciale sur l'utilisation du lait cru. Située sur le site de la Ferme AACAT, la fromagerie transforme directement le lait biologique de son troupeau de vaches suisses brunes, au lait riche et très protéiné, pour fabriquer deux fromages typiques de leur terroir. Le Grand 2 est fait à 70 % de lait cru biologique et à 30 % de lait cru de chèvre, ce qui lui confère un léger goût acidulé et une texture souple. Le Grondines, par contre, est fabriqué exclusivement avec du lait de vache. C'est un fromage à croûte lavée ambrée, avec un centre ferme qui s'abandonne légèrement et un léger goût de noix.

Alexis de Portneuf

Portneuf compte aussi un gros joueur industriel qui fait des vagues dans le réseau des épiceries et grandes surfaces par la variété de son offre. Il s'agit d'Alexis de Portneuf, la nouvelle filiale de fromages fins de Saputo. La multinationale a racheté la Fromagerie Cayer, une institution de Saint-Raymond, pour y créer ce concept accrocheur qui flirte avec l'image de marque prestigieuse associée aux fromages fermiers, en utilisant dans sa mise en marché le slogan « Mon cœur d'artisan ». La fromagerie Alexis de Portneuf produit en grande quantité plusieurs gammes de fromages à pâte molle et croûte fleurie, dont le Brie de Portneuf, le Belle crème, le Brie d'Alexis, le Camembert des camarades, le Bleubry et plusieurs chèvres, destinés principalement aux marchés d'alimentation.

Du pain frais dans la capitale

À Québec, on assiste à une explosion de l'offre boulangère, avec une multitude de variétés de pains artisanaux. À des doyennes comme Culina Pains européens, réputée pour sa baguette, ses pains de seigle et aux noix, Le Panetier Baluchon, Pain et Passion, La Boulangerie Paul, La Mère Michèle, La Boule miche ou La Boîte à pain, s'ajoutent certains incontournables, comme La Porteuse de pain, Éric Borderon, La Fournée bio, Le Paingrüel, La Maison du pain à Charlesbourg, L'atelier de Pascal Bonneau à Cap-Rouge et Paillard, rue Saint-Jean. Depuis 1998, l'île d'Orléans compte aussi une boulangerie très réputée dans le presbytère de Saint-Jean, La Boulange. Le boulanger Louis Marchand a fait son cours dans les locaux de Pain et passion et son stage à La Fournée bio, de Limoilou. Au fil des ans, il a su développer de magnifiques baguettes au levain, pains à l'épeautre, miches de blé entier, croissants, pains au chocolat, pizzas fines, pendant que «la femme du boulanger», Sylvie Albert, tient boutique. Plus à l'est, Charlevoix peut se vanter d'avoir su restaurer magnifiquement son moulin seigneurial de La Rémy pour y installer une excellente boulangerie qui produit des pains à base de farines moulues sur place, pendant qu'à la Malbaie, Pain d'Exclamation! propose aussi des miches fabriquées selon les règles de l'art.

Paingrüel

Avec ses épiceries fines comme J.A. Moisan, L'Épicerie européenne ou La Carotte joyeuse, son glacier italien, sa fabrique de pizza, la Boucherie Bégin et Le Panetier Baluchon, La rue Saint-Jean est vraiment l'avenue gourmande de Québec.

Serge Desroches et Mélanie Jacob

Cette renommée n'a fait que grandir avec l'arrivée de Paingrüel, installé au 375 de la rue Saint-Jean depuis mai 2000, et qui a su s'attirer rapidement une clientèle de plus-que-fidèles pour ses créations à base de levain et d'une douzaine de farines biologiques intégrales comme le froment, le kamut, le seigle, l'orge ou l'épeautre. Les savants mélanges utilisés réinventent la magie boulangère. Chaque jour, Le Paingrüel offre des pains différents, en plus de sa baguette au levain, de ses bâtards ou de ses miches, pour un total d'une trentaine de variétés originales, savoureuses et santé, qui incluent pistaches, fruits secs et chocolat, sans oublier les croissants et viennoiseries. Serge Desroches est le boulanger-copropriétaire. Il a fait son stage au Fromentier, à Montréal, tandis que sa conjointe et associée, Mélanie Jacob, s'occupe de la clientèle et de la gestion. À l'époque où Adrienne Clarkson était gouverneure générale, elle avait été tellement impressionnée par les petites merveilles de Serge Desroches qu'elle y avait envoyé un de ses cuisiniers en formation. Trente pour cent de la production est faite de baguette, que Serge Desroches fabrique en double fermentation, d'abord au levain, puis sur *poolish* (fermentation avec une infime quantité de levure), ce qui donne deux sources de saveur distinctes et un pain d'un goût plus complexe, légèrement aigre, particulièrement bon avec un Cap rond Tourìlli.

À découvrir

Restaurant Le Lapin sauté

Photo : Archives Le Soleil

Situé au beau milieu de la plus ancienne rue d'Amérique, dans le pittoresque quartier du Petit-Champlain, Le Lapin sauté se veut un bistrot-champêtre au cœur de la ville, doté d'une décoration chaleureuse et d'une carte qui nous font oublier embouteillages, canicule et surcharge de travail. Sa terrasse fleurie, une des plus jolies de la Capitale, est très convoitée l'été. Dominée par le Château Frontenac et située en bordure du Parc Félix-Leclerc et du Théâtre Petit-Champlain, elle compte 45 places. Le bistrot Le lapin sauté propose un menu du terroir qui met à l'honneur le lapin, bien sûr, mais aussi le canard, le veau, l'agneau, le saumon, de belles tartines gratinées au fromage du Québec que les gourmands se plaisent à déguster pour le lunch ou le brunch. Rillettes de lapin maison, salade de maquereau fumé de la Gaspésie, tourte tout lapin, cassoulet de lapin champêtre, salade gourmande au canard servie de trois façons, saumon cuit sur la planche ou panier de pique-nique pour deux sont autant d'exemples de ce menu qui veut arrêter le temps tout en régalant les convives. Au Lapin sauté, les desserts maison «de mamie» connaissent une grande popularité : croustade fraises et rhubarbe, crème brûlée à l'érable, gâteau de velours au chocolat noir et noisettes. Les brunchs sont célèbres autant auprès des touristes que des gens de Québec, et le chocolat chaud est réputé pour faire école!

Pour en savoir plus :
Bistrot Le Lapin sauté, 52, rue du Petit-Champlain
Téléphone : 418 692-5325
www.lapinsaute.com

Paillard

De l'autre côté de la porte Saint-Jean, au 1097 de la rue du même nom, le café-boulangerie Paillard a ouvert ses portes en juin 2006. Porté par la vision d'un homme, Yves Simard, qui voulait réconcilier savoir-faire français et efficacité nord-américaine, l'établissement au design branché de type new yorkais a connu un succès phénoménal dès l'ouverture. Les sandwichs originaux sur pain baguette ou ciabatta sont faits d'un

pain exquis, exceptionnel, de l'avis de plusieurs, et pour lequel le patron a eu l'audace d'embaucher le maître Dominique Sainbron comme consultant. Sa boulangerie parisienne s'est classée première devant plus de 1 200 établissements par la bible du genre, Cherchez le pain. M. Sainbron a formé les cinq boulangers de l'équipe de Paillard. Pendant des mois, ils ont découvert les secrets d'une baguette parfaite, qu'ils fabriquent avec des farines biologiques non blanchies importées de France et écrasées sur pierre. La boulangerie jouit d'ailleurs de la certification biologique. Tous les matins, dès l'ouverture, les habitués se pressent pour acheter l'un des pains de spécialité ou des viennoiseries signés Paillard, dont la qualité dépasse celle de bien des établissements cotés d'Europe. Car le patron est un perfectionniste qui tient à sa vision et cherche constamment à améliorer ses pains, dont il affirme qu'il s'agit d'un monde aux possibilités illimitées! L'équipe de M. Simard approvisionne également plusieurs restaurants et hôtels. Le pain aux noix et raisins est particulièrement bon avec une pâte molle à croûte fleurie comme le Fleurmier et le seigle intégral mettra parfaitement en valeur un fromage de type gruyère comme le Hercule de Charlevoix, ou Le Migneron.

Éric Borderon

Jusqu'à l'arrivée de Paillard, l'artisan boulanger Éric Borderon régnait depuis une douzaine d'années pour ainsi dire sans partage sur cette clientèle sélect des restaurateurs, qui composent 60 % de son chiffre d'affaires. Le 40 % restant lui vient de ses deux boutiques, l'une adjacente à son atelier de la rue de Celles, l'autre sur la rue Cartier. Lui-même chef cuisinier et pâtissier, il fabrique d'exquises baguettes, de craquants petits pains et certaines spécialités, dont la brioche pour accompagner le foie gras, destinée à des grandes tables comme celle du Saint-Amour. Il accepte même quelques commandes spéciales de gâteaux de noces. Mais c'est avec sa baguette qu'il a fait sa réputation, lui qui utilise une centaine de poches de 40 kilos de farine de seigle et de farine non blanchie biologique chaque semaine. Dans son atelier-boutique de la rue de Celles, cinq alchimistes noctambules s'activent quotidiennement, nourrissant d'abord le levain maître avant de démarrer la préparation de la pâte en une série d'opérations d'une grande précision. Après un premier pétrissage, ils « poussent » la pâte dans une fermentation initiale qui permet au levain d'entrer en action. Puis, passé l'apprêt de la deuxième fermentation, ils pointent, divisent, façonnent et lament chaque miche pour avoir une belle grigne (la coupe par où le gaz carbonique peut s'échapper). Enfin, ils enfournent et cuisent leur pain dans un four à sole en brique qui, contrairement à un four rotatif ou à convection, permet une transmission thermique directe à la pâte. C'est pour ça qu'on dit d'un pain qui a trop cuit dessous qu'il est culotté!

Photo : Archives Le Soleil

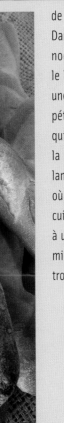

Photo : Archives Le Soleil

Photo : Archives Le Soleil

Patrick Fregni est un chef-vedette de Charlevoix qui a œuvré depuis plus de 10 ans dans différentes auberges et au restaurant de la Maison d'affinage Maurice Dufour avant d'ouvrir avec sa conjointe Céline Derue son propre établissement, en plein cœur du vieux Baie-Saint-Paul. Le restaurant Au 51, membre de la Table agro-touristique et de la Route des Saveurs, est devenu en peu de temps une des adresses incontournables pour qui cherche à découvrir la diversité et l'authenticité de la gastronomie charlevoisienne. Adepte du *slow food*, de la cuisine santé et des saveurs contrastées, Patrick Fregni est un chef généreux, qui apprécie le contact avec sa clientèle. Et depuis peu, deux amis sont venus prêter main-forte, soit le chef-pâtissier Vincent Coulange et son épouse Gabriela Merelo en salle, avec Céline. La formule Table d'hôte cinq services est particulièrement attrayante, avec des spécialités de canard, de veau, de porc, de poulet, d'agneau, de faisan ou de caille de Charlevoix mises en valeur avec une grande variété des beaux légumes de la région. Originaire de la Côte d'Azur, le chef Patrick Fregni aime bien faire découvrir des mets ensoleillés tous fabriqués avec les produits charlevoisiens qui possèdent une touche méditerranéenne, agrémentés des superbes desserts de son associé. L'équipe offre aussi un service de traiteur et de mets pour emporter qui font le bonheur des touristes autant que des gens du coin. Le cassoulet de canard de la Ferme Basque de Charlevoix aux gourganes fraîches des Jardins du Centre avec saucisse maison, l'épaule d'agneau de Charlevoix cuite sous vide, la bouillabaisse et sa rouille adaptée aux poissons québécois, le filet mignon ou le baluchon au foie gras et fromage Le Migneron sont quelques exemples de cette belle table franco-charlevoisienne située dans une maison de 170 ans où il est sage de réserver, vu sa grande popularité.

Pour en savoir plus :
Au 51, rue Saint-Jean-Baptiste, Baie-Saint-Paul
Téléphone : 418 435-6469

L'atelier de Pascal Bonneau

C'est ce travail solitaire dans lequel la matière vivante dicte le rythme et la façon de faire qui a attiré Pascal Bonneau vers le métier, lui qui a grandi dans la boulangerie de son père, près de Cahors. Immigré à Québec à 23 ans, en 1989, il a d'abord travaillé aux côtés d'Éric Borderon avant d'ouvrir sa propre entreprise, à Cap-Rouge, tout près du fleuve. Autrefois connu sous le nom de La Boulangère sourde, son atelier

Photo: Archives Le Soleil

porte maintenant son nom. Chaque nuit, Pascal Bonneau y fabrique d'exquises viennoiseries et une trentaine de pains différents à base de levain sous vide au sous-sol de son commerce. Il a installé une pâtisserie-chocolaterie au rez-de-chaussée, qui est attenante à la jolie boutique où sa femme Carole et des employées passionnées conseillent les clients et leur proposent fromages québécois et charcuteries de qualité en complément des miches et baguettes.

Mais qu'est-ce qui fait le secret d'une bonne baguette, justement, serait-on tenté de demander à ce coloré personnage qui en vend entre 3 000 et 4 000 par semaine? « C'est la clientèle, pas le boulanger! lance-t-il en riant. C'est d'abord affaire de goût, insiste M. Bonneau: vous mettez 20 baguettes et 20 goûteurs et

vous aurez 20 préférences différentes! Certains clients aiment la double croûte bien grillée avec une mie souple, d'autres, comme moi, privilégient une croûte assez fine et croustillante et une mie aérée, avec de belles alvéoles. Une mie trop élastique donnera des sandwichs immangeables et n'accompagnera pas bien le fromage. »

Si la recette de base est la même pour tous les boulangers (farine, sel, eau), la façon dont on façonne et pétrit la pâte, de même que le type de levain utilisé feront une énorme différence et donneront son style à chaque artisan.

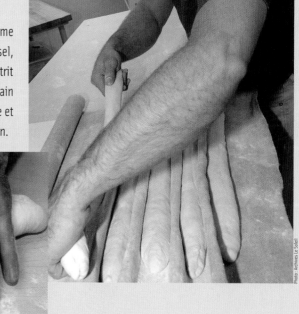

Photo: Archives Le Soleil

Photo: Archives Le Soleil

Le fromage de l'île d'Orléans sauvé de l'oubli

L'île d'Orléans est un terreau fertile pour les amateurs d'histoire comme Jocelyn Labbé et Diane Marquis, qui ont créé à Sainte-Famille une microfromagerie entièrement vouée à la préservation du plus vieux fromage en Amérique, dont Marie de l'Incarnation disait qu'elle n'en avait « jamais goûté de si bon en France nouvelle comme en France ancienne. » Plus de 370 ans après sa création, ce fromage domestique qui a nourri plusieurs générations de familles de l'île a été sauvé de l'oubli grâce à un partenariat entre le microbiologiste Jacques Goulet, du Département des sciences des aliments de l'Université Laval, et Jocelyn Labbé, professeur de cegep à la retraite. Le couple Labbé-Marquis a mis quatre ans à bâtir une fromagerie qui respecte l'esprit du XVIIe siècle tout en utilisant des technologies de pointe.

Tout a commencé vers 1636, quand les premières familles à s'établir sur l'île d'Orléans se sont mises à fabriquer leur fromage à partir d'un procédé ancestral rapporté de Champagne. Ce qui était à l'origine un Soumantrain a pris un tout autre caractère dans l'environnement particulier de l'île d'Orléans. En plus des pâturages différents, la recette adaptée précisait que ce fromage du Nouveau Monde devait être mis à sécher sur des paillassons fabriqués avec des roseaux coupés du côté nord de l'île d'Orléans, ce qui lui transmettait aussi des caractéristiques et un goût distincts. Pendant des siècles, la recette s'est passée de mère en fille, puis la tradition a commencé à faiblir, et ce savoir-faire a disparu progressivement, jusqu'à ce que le dernier habitant de l'île à en connaître les secrets de fabrication, M. Gérard Aubin, se préoccupe de sa pérennité, car il ne pouvait le reproduire ailleurs que dans sa maison. Après bien des recherches, le professeur Goulet et son équipe ont découvert que les roseaux sur lesquels le fromage était mis à sécher étaient en cause et on a pu reproduire en laboratoire les conditions propices au développement de sa flore bactérienne unique, sauvant ainsi ce fromage d'un oubli certain.

M. Labbé a ensuite pris la relève et il fabrique maintenant trois fromages différents à partir de la recette originale, avec des durées d'affinage différentes : une faisselle qui se mange en dessert avec des fruits; le Paillasson, un délicieux fromage à rôtir à pâte molle; et le Raffiné, à croûte lavée, affiné 28 jours.

Photo : Archives Le Soleil

La Boucherie W.E. Bégin

Photo : Archives Le Soleil

W.E. Bégin, c'est une boucherie de quartier comme il ne s'en fait plus. Située en plein cœur du quartier Saint-Jean-Baptiste, elle fabrique des charcuteries artisanales selon des procédés dits « à l'ancienne », parce qu'ils n'ont pas changé depuis la fondation de l'entreprise en 1904, par J. Édouard Bégin. La propriétaire, Linda Gingras, et son équipe de passionnés y veillent. Et n'allez pas demander à l'ancienne étudiante-caissière devenue grande patronne d'une maison qui compte 30 employés de prendre des raccourcis pour préparer ses têtes fromagées et jambons fumés aux copeaux d'érable et s'assurer ainsi de plus alléchants profits : ce serait de la trahison. Car le but de Mme Gingras, en rachetant la boucherie W.E. Bégin, c'était de contenter une clientèle de connaisseurs qui recherchent l'authenticité et la simplicité des produits faits dans le respect des traditions. Des produits qu'ils ne trouveraient pas au supermarché d'un centre commercial de banlieue. « La boucherie que Wellie-Édouard Bégin a reprise de son père dans les années 20 représente pour moi la passation d'un patrimoine culinaire qu'on ne veut pas voir se perdre. Nous faisons toujours notre jambon, boudin, saucisse, bacon, saucisson, galantine, cretons ou tête fromagée exactement comme autrefois. On n'a rien adapté pour devenir à la mode. » Au fil des ans, par contre, Linda Gingras a ajouté à son offre le chapon, le lapin et les cailles de la Ferme Orléans, l'agneau du Québec, du magret de canard et des cuisses confites, histoire de mieux répondre aux besoins de ses habitués, souvent fins gourmets. Et pour des milliers d'initiés qui viennent d'aussi loin que Montréal, Toronto et New York, Pâques ne serait pas Pâques sans une plantureuse fesse de jambon fumé à l'ancienne de chez Bégin, qui vend pas moins de 12 tonnes de fesses fumées dans la semaine précédente.

Pour en savoir plus :
W.E. Bégin, 500, rue Saint-Jean, Québec
Téléphone : 418 524-5271

La belle histoire de la Laiterie Charlevoix

C'est grâce aux quatre frères Labbé, de la Laiterie Charlevoix, que la tradition fromagère charlevoisienne peut prospérer dans la région, puisque la laiterie fondée par leurs grands-parents Stanislas Labbé et Elmina Fortin en 1948 a évolué en fromagerie dans les années 70, puis en économusée du fromage à la fin des années 90. Des milliers de visiteurs visitent quotidiennement son centre d'interprétation et sa boutique de produits locaux durant la belle saison. Aujourd'hui, le cadet, Dominique Labbé, son neveu Simon et leur équipe fabriquent du cheddar frais et vieilli jusqu'à cinq ans (pasteurisé et au lait cru), le Fleurmier (à mi-chemin entre le brie et le camembert) et le nouveau Hercule de Charlevoix (entre le comté et le gruyère). L'aîné, Jean, gère cette populaire entreprise, tandis que Paul et Bruno y sont aussi impliqués, l'un dans la distribution et l'autre dans le segment agrotouristique. Le quatuor est aussi très actif dans la mise en valeur de sa communauté par le biais de la Route des Saveurs, La Table agro-touristique et l'aide aux petits entrepreneurs. C'est aussi la Laiterie de Charlevoix qui a mis au point en 1994 avec Maurice Dufour la recette du célèbre Le Migneron, fabriquant quotidiennement ce fromage qui est par la suite affiné dans les caves de la Maison d'affinage Maurice Dufour.

Au chapitre de l'implication sociale, les Labbé ont travaillé ces dernières années à endiguer les effets néfastes liés à la fermeture des deux principales fermes laitières de Charlevoix. Ils ont eu l'idée d'attirer dans la région des fermiers qui produiraient des laits différents avec des vaches de races dites « fromagères », lesquelles donnent un lait plus riche en gras et en protéines que les Holstein. Cela permettrait du même coup à la Laiterie Charlevoix de créer des fromages de spécialité vraiment distinctifs. Au Québec, le lait de chaque agriculteur est recueilli, puis dirigé vers d'immenses citernes avant d'être redistribué, ce qui lui fait perdre ses spécificités.

Les frères Labbé ont donc aidé un jeune couple d'éleveurs de vaches Jersey et une spécialiste de la race patrimoniale canadienne à s'installer à Baie-Saint-Paul tout en leur garantissant l'achat de leur production, après entente avec la Fédération des producteurs de lait du Québec. Résultat : deux nouvelles fermes ont vu le jour, et une troisième, à Saint-Hilarion, s'est convertie dans l'élevage des vaches canadiennes, histoire de contribuer à relancer cette race autochtone robuste qui était en voie d'extinction. Grâce à cette vision entrepreneuriale progressiste, la Laiterie Charlevoix a pu atteindre un triple objectif : contribuer au développement rural dans sa région, préserver la diversité génétique bovine en aidant à remonter le cheptel de vaches canadiennes et créer un fromage tout à fait distinctif, le Hercule de Charlevoix, une irrésistible pâte ferme au goût de noisette, affinée jusqu'à 18 mois.

Maurice Dufour : l'ambassadeur

Qui ne connaît pas le fromage Le Migneron, lauréat du grand prix des fromages canadiens en 2002 et considéré comme l'un des ambassadeurs du Québec? Disponible dans toutes les fromageries de la province, cette pâte mi-ferme à croûte lavée semblable à un Oka du bon vieux temps se déguste telle quelle autant qu'en plats cuisinés. Son cocréateur, Maurice Dufour, est un agronome ambitieux et idéaliste qui avait dans l'idée dès sa sortie d'université de retourner dans son coin de pays pour créer de la richesse en mettant au monde un produit fortement identifié à Charlevoix. Lui-même natif de Baie-Saint-Paul, ce père de deux enfants s'est associé avec sa conjointe Francine Bouchard pour créer en 1994 une des entreprises fromagères les plus en vues au Québec : la Maison d'affinage Maurice Dufour. Ce site agrotouristique qui offre des visites guidées est aussi rapidement devenu un haut-lieu de promotion de Charlevoix, par l'organisation de nombreux événements à caractère gastronomique et culturel. Mais ces amoureux de fromage n'allaient pas s'arrêter en si bon chemin. En 2000, le Ciel de Charlevoix voyait le jour, une pâte persillée crémeuse à base de lait cru qui se déguste avec un bon pain de seigle. Ensuite, a eu lieu l'ouverture de leur table gastronomique, sous la direction depuis 2006 du chef Jonathan Côté (voir chapitre Ceux qui montent), qui met en valeur le fromage de la maison et les produits locaux. Plus récemment, l'entreprise faisait l'acquisition d'un troupeau de brebis laitières et se lançait dans la fabrication d'un fromage de brebis, le Deo Gracias, un délicieux caillé lactique.

Photo : Anne L. Desjardins

Photos : Anne L. Desjardins

Boutique-resto Le Canard Goulu

Photo : Archives Le Soleil

Pour souligner son dixième anniversaire, faciliter l'approvisionnement des citadins et mieux faire connaître ses excellents mets cuisinés et son foie gras que les chefs s'arrachent, la Ferme du Canard Goulu, spécialiste de l'élevage et de la transformation du canard fermier, a ouvert une fort jolie boutique-resto en plein cœur du chic quartier Sillery. Cette boutique vient compléter le comptoir de vente à la ferme de Saint-Apollinaire, érigé dans un ancien poulailler et complété par différentes activités agrotouristiques. Au rez-de-chaussée de l'échoppe citadine (comme du comptoir de vente campagnard), on trouve tous les délices cuisinés du Canard Goulu, fabriqués artisanalement à la ferme sans agents de conservation : magret frais, marinés et fumés, blocs et torchons de foie gras, pâtés au porto, galantines, gésiers et cuisses confits, terrines, navarins, tourtes, émincés de canette à la thaïe, sauces à spaghetti gourmet et savoureux canards laqués rôtis sur la broche. La boutique de la rue Maguire accueille aussi, entre autres, les pains de l'artisan Paingrüel, les Thés de la Maison Kusmi, les épices des Sœurs en Vrac, les vinaigres et les huiles de la Table des gourmets. À l'étage, les propriétaires Marie-Josée Garneau et Sébastien Lesage ont aménagé un concept de cafétéria-bistro Tout canard ouvert à l'heure du lunch dans un décor qui invite à la *dolce vita*. On mange sur des chaises de jardin en fer forgé et sur des tables signées par l'artisane de la Grange des phares, Sylvie Stoekel, de Saint-Antoine-de-Tilly. La cuisine ouverte permet aux cuisiniers de préparer sous l'œil des convives le repas du jour, que l'on choisira parmi les sélections d'une ardoise qui change chaque semaine. Quelques exemples : «pogos» de saucisse de canard au gingembre avec ketchup aux fruits, mijoté de canette aux olives vertes et citron, pot-au-feu de canard, salade de canard fumé, tortilla au canard laqué, assiette de dégustation Goulu.

Pour en savoir plus :
Le Canard Goulu, 1281, avenue Maguire, Sillery
Téléphone : 418 687-5116 (ouvert tous les jours jusqu'à 17 h)
www.canardgoulu.com

Jean-Michel Breton, Manoir Richelieu

Marie-Chantal Lepage, Château Bonne Entente

Chapitre 2

La vie d'hôtel

Il est loin le temps où la cuisine d'hôtel était un mal nécessaire destiné à rassasier les voyageurs en transit avec une nourriture ordinaire. Aujourd'hui, tous les grands hôtels investissent dans la mise sur pied de brigades de cuisiniers performants et expérimentés dont le mandat est de créer une cuisine signature qui contribuera à la renommée de leur établissement. Mais la vie d'hôtel présente de nombreux défis particuliers pour les chefs qui la choisissent. Car entre le service des banquets, celui des déjeuners et des différents restaurants que compte habituellement un hôtel, ils doivent aussi savoir composer avec des équipes de plusieurs dizaines d'employés, gérer des horaires et des conventions collectives complexes, régir des inventaires costauds, trouver leur chemin parmi plusieurs niveaux hiérarchiques, sans oublier d'utiliser leur créativité pour satisfaire la clientèle et renouveler leurs menus. Les chefs que nous vous présentons dans ces pages ont su réinventer la table de leurs hôtels respectifs en jouant d'audace et en misant à fond sur les produits locaux, chacun à sa façon, tout en assumant d'importantes fonctions de gestionnaires. De tout repos la vie d'hôtel? Sûrement pas dans les cuisines...

. . .

Jean-Claude Crouzet, Hôtel Loews Le Concorde

Heinrich Meesen, Château Laurier

Nanak Chand Vig, Manoir Victoria

Jean-Michel Breton

Une journée dans les cuisines d'un quatre diamants

Manoir Richelieu

Jeudi, 16 h 30, dans les cuisines du Manoir Richelieu. Dehors, on devine l'étendue du fleuve dans la masse sombre qui s'étend devant les jardins de l'hôtel. Il pleut à verse et le brouillard se fait insistant; mais en cuisine, Jean-Michel Breton n'en a cure. Sa journée craque de toutes parts, avec un déferlement d'imprévus qu'il n'a d'autre choix que de gérer à la demande. Lui qui avait pensé faire quelques essais de nouvelles recettes ce matin-là avec son équipe de sous-chefs pour le renouvellement de la carte du restaurant de gastronomie régionale Le Charlevoix, il en sera quitte pour se reprendre un autre jour. « Mes semaines se suivent à un rythme très soutenu sans jamais se ressembler, ni même que je puisse toujours respecter ma planification initiale », concède-t-il, apparemment nullement contrarié. Cet homme affable roule sa bosse dans le réseau hôtelier québécois depuis plus de 25 ans. Il considère que le sens de l'adaptation et la souplesse font partie intégrante de la définition de tâche du chef des cuisines d'un grand établissement comme le Manoir Richelieu: « Ma journée a pris un tour inattendu tôt ce matin, avec le téléphone d'un des cuisiniers, qui était malade. Du coup, je suis allé le remplacer pour la préparation du déjeuner, au lieu de répondre à mes courriels. »

Ensuite, réunion avec la haute direction sur la composition du menu spécial pour le Gala des grands chefs, suivie d'un retour en cuisine, où la journaliste d'un quotidien l'assaille avec une demande inattendue et « urgente » pour trois recettes. Puis, au lieu de répondre à ses courriels pressants (il en reçoit plus d'une centaine par jour), le chef se prête de bonne grâce à une séance de photos promotionnelles, avant d'aller rectifier l'assaisonnement d'une sauce qu'un des sous-chefs lui présente. Coup de téléphone à son ami Jean Leblond, qui l'approvisionne en beaux légumes d'hiver comme les topinambours et les betteraves jaunes, puis discussion avec Marc Bérubé, de la Ferme des Monts, qui a des pommes de terre bleues et de la corne de bélier à lui proposer. Jean-Michel Breton les inclut *illico* dans un menu banquet au restaurant Le Saint-Laurent.

Prendre fait et cause pour les producteurs locaux

Et la journée file ainsi, entre la planification des horaires de quelque 80 employés en saison, l'accueil d'un nouveau commis et la vérification des derniers éléments du souper de la Chambre de commerce, où seront honorés plusieurs collègues et amis, dont le chef Patrick Fregni, du restaurant Le 51, ou Les Viandes biologiques Charlevoix, qui lui fournit du porc et des poulets. Vers 15 h, Maurice Dufour se pointe dans le bureau pour piquer une jasette après avoir livré ses fromages Le Migneron et Le Ciel de Charlevoix. Il en profite pour faire goûter au chef Breton une tomme de brebis destinée à compléter sa gamme existante.

« NOUS AVONS UNE RÉGION QUI A PRIS LE LEADERSHIP DANS LE DOMAINE AGROALIMENTAIRE, AVEC LA CRÉATION DE LA TABLE AGRO-TOURISTIQUE ET DE LA ROUTE DES SAVEURS. »

Les cuisiniers professionnels ont besoin de nombreux instruments spécialisés et durables. C'est ce que leur fournissent les équipementiers comme Mauvalin, grâce auxquels ils peuvent s'outiller de fond en comble. Mais le service va beaucoup plus loin que la seule vente d'accessoires culinaires. On fait aussi appel à ce type d'entreprise pour se doter de systèmes performants de réfrigération-climatisation, faire dessiner une cuisine dernier cri dotée de tout l'équipement nécessaire et adaptée à la configuration exacte de son local, remplacer un vieux piano à six ronds qui a rendu l'âme ou acquérir un four combi programmable. La mission de Mauvalin et de sa concurrence est donc d'offrir de l'équipement performant, en même temps que des services-conseils. C'est aussi là que les restaurateurs vont chercher leurs jouets préférés : micro-ondes, hache-viande électrique, malaxeurs géants, broyeurs, tranchoirs, planches à découper, moules, mandolines, chaudrons de cuivre, poêles antiadhésives, spatules de silicone, plats à cuisson, bols à mélanger, *steam pots* géants pour préparer des fonds. Mauvalin offre aussi différentes gammes de vaisselle, de verres et de coutellerie destinés aux cafétérias d'hôpital comme aux chefs des restaurants les plus reconnus. Les collections de vaisselle haut de gamme viennent généralement d'Angleterre, où la matière première est abondante et de grande qualité. Suivant de près l'évolution des goûts de leur clientèle, les fabricants essaient de se renouveler en offrant des collections différentes saison après saison, qui permettent aux chefs de mieux mettre leurs créations en valeur. Car dans ce domaine autant que dans la mode, il existe des courants dominants et des types de designs qui ne cessent de changer et de se raffiner.

Les patates bleues de Jean François Pilot, des Jardins du Centre

Maurice Dufour avec ses fromages Le Migneron et Le Ciel de Charlevoix

Ces contacts personnalisés et fréquents, Jean-Michel Breton les entretient soigneusement et il y prend grand plaisir. Dès son arrivée au Manoir, en juin 2000, il a pris la décision de créer un menu du terroir charlevoisien avec l'appui de la direction, qui voulait faire du Manoir Richelieu un établissement phare sur le plan gastronomique et très identifié à son coin de pays. «Nous avons une région qui a pris le leadership dans le domaine agroalimentaire, avec la création de la Table agro-touristique et de la de la Route des Saveurs. C'est ce qui permet à Charlevoix de se démarquer, malgré la distance et une forme d'isolement qui nous obligent à être créatifs», explique celui qui a quitté sa région natale de Lyon à 26 ans avec femme et bagages, un diplôme de cuisine de Paul Bocuse en poche. Depuis son arrivée au Québec, en 1981, il a œuvré dans des établissements comme le Château Frontenac, le Hilton Québec et le Ritz Carlton, avant d'avoir un grand coup de cœur pour la région de Charlevoix au cours d'une expédition aux baleines.

Michel Pedneault dans son verger de poires

«Les chefs de Charlevoix s'organisent entre eux pour aider les éleveurs et les maraîchers en se répartissant les différentes découpes ou denrées disponibles.»

Photo : Anne L. Desjardins

Isabelle Mihura, de la Ferme Basque de Charlevoix à Saint-Urbain

L'art de déléguer

« Comme chef des cuisines d'un grand hôtel, je suis rarement aux fourneaux et j'ai dû apprendre à déléguer en confiant des responsabilités à mes seconds afin qu'ils se sentent valorisés et qu'ils aient la possibilité d'utiliser leur créativité. Pour quelqu'un de perfectionniste comme moi qui aime tout contrôler, ça demande un bon ajustement. » Le chef Breton a aussi créé un programme de stages en entreprise, car la pénurie de main-d'œuvre est un problème majeur.

Si un commis magasinier et les sous-chefs se chargent des commandes quotidiennes, Jean-Michel Breton s'est gardé la gestion des ingrédients régionaux parce qu'il tient à conserver ses contacts avec les producteurs. « Les chefs de Charlevoix s'organisent entre eux pour aider les éleveurs et les maraîchers en se répartissant les différentes découpes ou denrées disponibles, explique-t-il. Si l'un prend du jarret d'agneau, l'autre ira avec les côtes ou la longe pour que le fermier ne se retrouve pas avec des parties invendues. » C'est la même chose pour le canard, qu'il affectionne. « Quand notre directeur des opérations, Jean-Jacques Etcheberrigaray, m'a demandé si j'étais disposé à lui acheter la production que sa femme Isabelle comptait démarrer à sa ferme de Saint-Urbain, j'ai tout de suite accepté et je lui ai prodigué quelques conseils pour l'aider à se lancer. » Résultat : après quelques années seulement d'opération, La Ferme Basque dans Charlevoix est tellement populaire auprès des chefs que Jean-Jacques Etcheberrigary et Isabelle Mihura suffisent à peine à satisfaire une demande en forte croissance.

Du petit producteur de pleurotes de la Malbaie au patron des Vergers Pedneault, en passant par le veau de Charlevoix de Jean-Robert Audet ou les lapins de M. Sauvageau, tous semblent trouver leur place dans les cuisines du chef Breton.

Noix de Saint-Jacques

braisées au vin de pomme gelée
et foie gras de la Ferme Basque
avec paillasson de pommes rattes,
sauce périgourdine

6 portions

Ingrédients pétoncles

...

6	gros pétoncles (U-8)
15 ml (1 c. à soupe)	d'huile d'olive
125 ml (1/2 tasse)	de Pomme gelée des Vergers Pedneault
	sel et poivre au goût

Ingrédients paillassons de pommes de terre

...

200 g (7 oz)	de pommes de terre rattes moyennes
15 ml (1 c. à soupe)	de crème 35 % ou Devon épaisse
1	jaune d'œuf
1	noisette de beurre
	sel et poivre au goût

Ingrédients foie gras

...

6	escalopes de foie gras de la Ferme Basque de 35 g (1,5 g)
	farine pour enrober les tranches de foie gras
	sel de Guérande au goût

Ingrédients sauce périgourdine

...

125 ml (1/2 tasse)	de madère (divisé)
1	échalote sèche hachée finement
500 ml (2 tasses)	de demi-glace
15 g (1 c. à soupe)	de parures de foie gras
	morceaux de truffe hachée au goût
	sel et poivre au goût

Jean-Michel Breton

Préparation des pétoncles

...

Retirer le petit nerf sur le côté des pétoncles (il durcit à la cuisson). Bien éponger les pétoncles avec des essuie-tout. Assaisonner avec sel et poivre du moulin, puis saisir dans une poêle avec de l'huile d'olive à feu vif 1 minute de chaque côté. Déglacer avec la Pomme gelée des Vergers Pedneault. Les pétoncles devront avoir une belle couleur dorée et être moelleux à l'intérieur. Réserver au chaud.

Préparation des paillassons de pommes de terre

...

Peler puis laver les pommes de terre rattes. Les essuyer et les râper à la mandoline. Mettre dans un bol, ajouter de la crème épaisse ou de la crème anglaise du Devon, du sel, du poivre et un jaune d'œuf.

Former des galettes de 5 cm (2 po) de diamètre par 2,5 cm (1 po) d'épaisseur et saisir dans une poêle avec du beurre. Terminer la cuisson à feu moyen. Les galettes devront avoir une belle couleur dorée. Réserver au chaud.

Préparation du foie gras

...

Assaisonner les escalopes au sel et poivre du moulin, passer les tranches dans la farine et secouer pour enlever l'excédent. Dans une poêle bien chaude ne contenant aucun corps gras, saisir les tranches de foie gras de 30 à 45 secondes de chaque côté en retirant un peu du gras de cuisson à la cuillère au besoin. Le foie gras devrait prendre une jolie teinte caramel. Saupoudrer chaque escalope d'une pincée de sel de Guérande. Réserver au chaud.

Préparation de la sauce périgourdine

...

Dans une casserole, verser les deux tiers du madère, ajouter l'échalote et amener à ébullition. Ajouter la demi-glace et réduire 5 minutes, puis passer au chinois étamine. Incorporer le foie gras finement haché et les truffes. Laisser réduire. Assaisonner. Au moment du service, ajouter le reste du madère.

Montage

...

Dans le centre de chaque assiette préalablement réchauffée, déposer un paillasson de pommes de terre rattes. Surmonter d'un pétoncle rôti et d'une tranche de foie gras. Napper de la sauce à laquelle aura été ajouté le reste du madère à la dernière minute.

Note : On peut garnir de fines lamelles de truffe, puis décorer chaque assiette d'une fleur comestible et d'un petit bouquet d'herbes

ALCOOL D'ACCOMPAGNEMENT
**St-Chinian blanc, Les Fiefs d'Aupenac
Caves de Roquebrun**
Code SAQ : 10559174

Notes de dégustation d'Anne L. Desjardins
Fait de 80 % de rossane et de 20 % de grenache blanc, ce vin issu d'un microclimat particulier jouissant de 300 jours d'ensoleillement annuel est élevé en fûts de chêne français pendant neuf mois, ce qui est immédiatement perceptible au nez. D'un jaune-vert soutenu, avec des reflets dorés, il exhale de superbes arômes floraux. En bouche, sa saveur prononcée d'agrumes viendra compléter le fondant subtil du pétoncle et sa sauce parfumée aux pommes. Sa longue finale avec une note de vanille et de pain grillé appuiera parfaitement de foie gras.

Crème de courge jaune
au miel des Grands-Jardins
avec crème fouettée à l'estragon

8 portions

Ingrédients

...

30 ml (2 c. à soupe)	d'oignon haché
60 ml (4 c. à soupe)	de beurre
1 kg (2,2 lb)	de courge jaune (citrouille ou potiron) en petits dés
60 ml (4 c. à soupe)	de carotte hachée
60 ml (4 c. à soupe)	de céleri haché
60 ml (4 c. à soupe)	de poireau haché (partie blanche)
1,2 l (5 tasses)	de fond de volaille
20 g (4 c. à thé)	de farine de maïs
250 ml (1 tasse)	de crème 35 % (divisée)
60 ml (4 c. à soupe)	de miel des Grands-Jardins
1/3	de botte d'estragon frais haché
	sel et poivre au goût

Photo : Anne L. Desjardins

Préparation

...

Dans un grand faitout, faire blondir l'oignon haché sur feu doux dans un peu de beurre. Ajouter la courge jaune, la carotte, le céleri et le poireau. Assaisonner au goût et laisser suer.

Mouiller les légumes avec le fond de volaille et cuire lentement jusqu'à tendreté. Réduire en purée au mélangeur, puis passer au chinois étamine.

Diluer la farine de maïs dans un peu du liquide bouillant, puis verser dans le potage. Mijoter encore quelques minutes avant de rectifier l'assaisonnement.

Ajouter 200 ml (7 / 8 tasse) de crème 35 % au potage et monter au beurre pour le rendre plus onctueux en fouettant vigoureusement. Ajouter le miel et bien mélanger.

Entre-temps, monter le reste de la crème 35 % en crème fouettée bien ferme. Ajouter l'estragon. Façonner en quenelles à l'aide de 2 cuillères à soupe. Déposer une quenelle sur chaque assiette de potage et servir.

ALCOOL D'ACCOMPAGNEMENT
Chardonnay De La Chevalière Laroche
Vin de pays d'Oc 2006
Code SAQ : 00572636

Notes de dégustation d'Anne L. Desjardins
Avec une base au beurre et à la crème, le potage présenté ici mérite d'être réveillé en subtilité par ce chardonnay produit dans la région de Chablis par la réputée maison Laroche. Gras à souhait, avec un nez d'ananas et de vanille et des effluves toastés, ce blanc sec typique du style européen de vinification du chardonnay viendra dynamiser subtilement le sucré des courges et du miel. À déboucher et servir de préférence dès l'apéro.

Jean-Michel Breton

Poulet biologique de Charlevoix

aux pleurotes de la région,
gratin de fromage suisse de Saint-Fidèle,
jus clair caramélisé au porto

4 portions

Ingrédients poulet

...

4	poitrines de poulet des Viandes biologiques Charlevoix, sans la peau
	huile d'olive au goût
500 g (1 lb)	de pleurotes de Charlevoix ou champignons de Paris
1	échalote sèche, hachée finement
1	noisette de beurre
60 ml (4 c. à soupe)	de fond de veau
130 g (4 oz)	de fromage suisse de Saint-Fidèle
	sel et poivre du moulin au goût

Ingrédients jus clair caramélisé au porto

...

45 ml (3 c. à soupe)	de vin blanc sec
1	échalote sèche hachée finement
45 ml (3 c. à soupe)	de vin de porto
5 ml (1 c. à thé)	de sirop d'érable
180 ml (3/4 tasse)	de fond de veau

Préparation du poulet

...

Assaisonner les poitrines de poulet et les saisir des deux côtés à la poêle dans de l'huile d'olive bien chaude. Égoutter et laisser refroidir.

Préparer une duxelles: hacher finement les champignons au robot culinaire. Dans une casserole, faire suer à feu moyen l'échalote sèche avec une noisette de beurre. Ajouter les pleurotes hachés et remuer régulièrement jusqu'à évaporation du liquide de végétation. Ajouter le fond de veau, réduire encore presque complètement. Assaisonner et laisser refroidir.

Préchauffer le four à 190 °C (375 °F).

Répartir la duxelles sur le dessus des poitrines de poulet. Cuire au four de 20 à 25 minutes. Monter ensuite la température du four à Broil.

Préparation du jus clair caramélisé au porto

...

Dans une casserole, porter à ébullition le vin blanc avec l'échalote hachée finement, ajouter le porto et le sirop d'érable, laisser réduire de 2 à 3 minutes avant d'incorporer le fond de veau. Réduire le tout de moitié et assaisonner au goût. Réserver au chaud.

Montage

...

Au moment de servir, disposer les tranches de fromage sur la duxelles et passer sous le grill de 1 à 2 minutes pour faire fondre le fromage. Au sortir du four, trancher chaque poitrine en 5 ou 6 morceaux. Napper de sauce.

ALCOOL D'ACCOMPAGNEMENT
Tempranillo Coronas Torres Catalunya 2005
Code SAQ : 00029728

Notes de dégustation d'Anne L. Desjardins
Ample et généreux, grâce au cépage tempranillo dont il est issu, ce cru de la grande maison espagnole Miguel Torres est vinifié pour se marier avec une grande variété de plats. D'une robe rouge rubis, il présente au nez des arômes de fruits rouges très mûrs, légèrement confiturés, et de champignons. En bouche, il se révèle souple, d'abord sur le fruit, avec peu d'astringence. Un intéressant accord à tenter avec une viande blanche et un fromage fondu.

Jean-Claude Crouzet
L'obsession de la fraîcheur

Photo : Loews Le Concorde

l n'y a pas si longtemps, la cuisine d'hôtel était considérée comme un mal nécessaire destiné à permettre à la clientèle de se sustenter sur place, au besoin. Mais cette époque est bel et bien révolue et les gestionnaires acceptent maintenant d'y mettre le prix pour recruter des chefs créatifs et audacieux, capables de gérer leur royaume hôtelier comme si c'était leur propre restaurant tout en sachant tirer profit au maximum des moyens considérables mis à leur disposition...

Photo : Anne L. Desjardins

Jean-Claude Crouzet appartient à cette lignée de cuisiniers performants qui ont contribué à asseoir la réputation de carrefour gastronomique nord-américain de la ville de Québec. À l'instar des Mario Martel, Daniel Vézina ou Marie-Chantal Lepage, il a été de toutes les aventures culinaires destinées à jeter les bases d'une cuisine proprement québécoise solidement appuyée sur un bagage français. Ancien copropriétaire du Melrose, chef exécutif du Serge Bruyère et habitué des compétitions culinaires internationales, Jean-Claude Crouzet innove constamment, tant en cuisine que dans l'enseignement, domaine dans lequel il a œuvré pendant six ans auprès des étudiants de l'École hôtelière de la Capitale. Depuis 1999, il est à la tête de la brigade d'une cinquantaine d'employés de cuisine du Loews Le Concorde et de quelque 150 au service, assumant la double fonction de chef des cuisines et de directeur de la restauration. Un défi costaud, qui englobe la gestion des banquets, buffets, service aux chambres, traiteur, *coffee shop* et, bien sûr, l'Astral, ce joyau de la couronne.

Jean-Claude Crouzet

Beaux légumes à toutes les sauces

Sans doute l'établissement le plus célèbre et le plus fréquenté de Québec, l'Astral est un bar-restaurant rotatif juché à plus de 225 mètres d'altitude, dont les 200 places sont occupées soir après soir et offrent une vue panoramique époustouflante sur la Capitale et les alentours. Sa fine cuisine servie à la carte ou en table d'hôte est d'inspiration internationale et son menu renouvelé toutes les six semaines. On y met l'accent sur les produits frais, en particulier les fruits et légumes. Bettes à carde, betteraves, légumes racines, verdure occupent une part importante de l'assiette, ce qui demeure l'exception plutôt que la règle dans la grande majorité des restaurants. Le chef Crouzet avoue avec fierté son parti-pris pour une cuisine légère, où les aliments ont conservé leurs propriétés. « C'est Jacques Manière, le précurseur de la cuisine vapeur en Europe, qui m'a appris à m'intéresser au contenu nutritionnel des aliments et à une approche santé. Surtout que le climat parfois morose me pousse à ajouter de la couleur et de la saveur. Nous avons grand besoin de manger vitaminé! »

LA FERME D'ÉLEVAGE PRODUIT DU VEAU SAVOUREUX DANS DES CONDITIONS RESPECTUEUSES DU BIEN-ÊTRE ANIMAL.

Jean-Robert Audet est un agronome diplômé de l'Université Laval qui a démarré en 1980 l'entreprise Le Veau de Charlevoix. Cette ferme d'élevage voulait faire les choses différemment en produisant du veau savoureux dans des conditions respectueuses du bien-être animal. D'abord nourri exclusivement de grain, le veau de Charlevoix avait cependant du mal à se tailler une place dans le marché très compétitif des viandes de boucherie parce qu'il ne se démarquait pas suffisamment de la concurrence. À l'écoute de sa clientèle de chefs qui cherchaient un produit distinctif, M. Audet a décidé de créer une recette à base de grains, de maïs et de lait pour nourrir ses veaux de race Holstein. La viande ainsi produite selon un cahier des charges rigoureux avait une texture plus ferme, une couleur rose foncé et une saveur mieux affirmée, tout en étant très tendre. Le succès fut immédiat. Désireux de veiller à toutes les étapes de mise en marché depuis le début, Jean-Robert Audet distribue lui-même son veau et il a ouvert un abattoir en 1995. Dans les années qui ont suivi, son entreprise a pris de l'expansion à l'extérieur de Charlevoix par souci environnemental. M. Audet s'est donc adjoint les services d'éleveurs de la région du Lac-Saint-Jean et de Drummondville qui travaillent selon les normes et la recette qui ont fait la renommée du Veau de Charlevoix. C'est pourquoi la compagnie a été rebaptisée « Veau Charlevoix » au lieu de « Veau de Charlevoix ». Toujours très présente dans le marché de la restauration, l'entreprise de Jean-Robert Audet s'est aussi développée sur le front du détail par le réseau des épiceries et l'ouverture de boutiques spécialisées à Québec et Montréal. En plus des viandes et de charcuteries maison, on y offre les produits signature de Charlevoix : fromages, émeu, saumon fumé, canard, alcools de pomme, porc biologique, conserves, etc.

Jean-Robert Audet, de Veau Charlevoix

Né au Québec en 1961 de parents provençaux, Jean-Claude Crouzet a grandi dans une famille où les tomates, poivrons, aubergines et autres primeurs composaient l'ordinaire quotidien, un héritage qui se retrouve dans ses menus. Lui-même grand sportif et adepte de course à pied, il accorde beaucoup d'importance à la santé de ses clients, allant jusqu'à faire du bénévolat et recueillir des fonds auprès de la Fondation des maladies du cœur. Il utilise donc des huiles de première pression, surveille l'indice glycémique des plats qui composent sa carte et a déjà organisé un festival gastronomique biovégétarien avec le chef niçois Jean Montagard, événement qui a connu un grand succès : « Comme les gens mangent de plus en plus souvent au restaurant, nous, les chefs, avons la responsabilité de leur offrir une cuisine santé. J'essaie d'apporter ma toute petite contribution... »

Jean-Claude Crouzet prouve avec brio qu'on peut faire les choses différemment tout en régalant ses convives. En témoignent des plats comme le ragoût de Saint-Jacques au Noilly Prat et son antipasto de légumes primeur à la coriandre, les noisettes de porc duBreton marinées au soya et orange avec ragoût d'orge perlé au céleri braisé et poireaux frits, le tronçon de magret de canard laqué à la marmelade d'orange et sa compote de figues au porto sur salade de légumes d'automne, ou le pavé de saumon, mousse de maïs sucré, beurre de noisettes, poire d'Anjou caramélisée avec coulis de pois mange-tout.

Photo : Archives Le Soleil

Photo : Archives Le Soleil

Les événements spéciaux organisés par le chef Crouzet ont contribué à maintenir l'intérêt de la clientèle locale pour la cuisine fraîche qu'il pratique à l'Astral.

Jean-Claude Crouzet

Photo: Louis Perron

« L'été, nous encourageons exclusivement nos artisans locaux et nous essayons de faire une cuisine aussi régionale que possible. »

Achat local et festivals

S'il admet qu'un grand hôtel comme le Loews Le Concorde ne pourrait servir 600 couverts de ce type tous les jours et doit aussi proposer des buffets et des plats plus familiaux, Jean-Claude Crouzet s'estime privilégié de pouvoir gérer lui-même ses commandes, au lieu de devoir passer par un service centralisé, comme c'est souvent le cas dans les chaînes hôtelières. Entièrement autonome dans le choix de ses fournisseurs, il s'approvisionne le plus possible chez les producteurs de la région : « J'achète les légumes de M. Leblond, le veau de Charlevoix, les gibiers et les fromages du coin. L'été, nous encourageons exclusivement nos artisans locaux et nous essayons de faire une cuisine aussi régionale que possible. »

Ce diplômé du lycée hôtelier de Nice, qui a travaillé pendant dix ans au Centre Sheraton de Montréal avant de s'installer à Québec, a aussi poursuivi à l'Astral la tradition des festivals, une façon originale de renouveler l'inspiration de son équipe, avec l'apport de chefs cuisiniers invités : « Quatre à cinq fois par année, je lance un de ces événements gastronomiques qui favorisent les échanges d'idées et de savoir-faire tout en donnant à ma brigade la chance de découvrir des techniques et des approches différentes des miennes. » Une sorte de formation continue, en somme. Ces dernières années, le Festival des Îles-de-la-Madeleine, celui des agrumes, du gibier ou le Festival Huron-Wendat ont été autant d'événements spéciaux organisés par le chef Crouzet qui ont aussi contribué à maintenir l'intérêt de la clientèle locale pour la cuisine fraîcheur qu'il pratique à l'Astral.

Photo : Archives Le Soleil

Millefeuille de filet de veau de Charlevoix

au Provolone,
crème de tapenade à l'estragon,
polenta aux herbes

4 portions

Photo : Gracieuseté de Loews Le Concorde

Ingrédients tapenade

...

100 g (3,5 oz)	d'olives noires dénoyautées
2	anchois
10 ml (2 c. à thé)	de câpres
20 ml (4 c. à thé)	d'huile d'olive extra-vierge
1	branche de thym frais
1	gousse d'ail dégermée

Ingrédients polenta

...

400 ml (1 2/3 tasse)	de fond de volaille
200 g (7 oz)	de polenta (semoule de maïs)
30 ml (2 c. à soupe)	de fines herbes fraîches hachées
200 b (7 oz)	de Provolone en tranches (divisé)
	sel et poivre au goût

Jean-Claude Crouzet

Ingrédients filet de veau et sauce

• • •

720 g (1 3/4 lb)	de filet de veau de Charlevoix, paré
45 ml (3 c. à soupe)	de beurre
125 ml (1/2 tasse)	de crème 35 %
125 ml (1/2 tasse)	de demi-glace de veau
1	branche d'estragon frais
1	grosse tomate Savoura, en petits dés
	quelques légumes de chez Allard
	sel et poivre au goût

Préparation de la tapenade

• • •

Au robot ou au mélangeur, broyer les ingrédients de la tapenade jusqu'à l'obtention d'une pâte à tartiner. Réserver.

Préparation de la polenta

• • •

Dans une grande casserole, amener le fond de volaille à ébullition. Y jeter la polenta en pluie, saler et poivrer. Baisser le feu et laisser frémir en remuant constamment une dizaine de minutes. Attention aux éclaboussures.

Ajouter les herbes fraîches à la polenta. Hacher la moitié du Provolone et l'ajouter. Bien mélanger. Étendre sur une plaque huilée en pressant légèrement. Réserver.

Préparation du filet de veau et de la sauce

• • •

Préchauffer le four à 180 °C (350 °F).

Saler et poivrer les filets de veau de Charlevoix. Les saisir au beurre dans une poêle chaude. Déposer ensuite dans un plat allant au four et cuire 15 minutes, pour une cuisson rosée. Entre-temps, réchauffer la polenta au four. La retirer du four et la découper à l'aide d'emporte-pièces de forme ronde, de préférence.

Dans une petite casserole, verser la crème, la demi-glace, le poivre du moulin et amener à ébullition.

Ajouter la tapenade au goût et l'estragon frais. Laisser mijoter quelques minutes.

Montage

• • •

Chauffer le four à Broil.

Détailler la viande en grenadins d'une épaisseur d'environ 2,5 cm (1 po). Dans un plat allant au four, créer quatre millefeuilles en alternant un morceau de polenta, un grenadin de veau, puis une tranche de Provolone. Répéter l'opération une seconde fois, en terminant avec le fromage. Placer sous le grill deux minutes pour réchauffer. Transférer dans des assiettes de service chaudes. Napper de sauce et garnir de dés de tomates Savoura et de légumes.

ALCOOL D'ACCOMPAGNEMENT
Château Grand Moulin
Vieilles vignes Corbières
Code SAQ : 721043

Notes de dégustation d'Anne L. Desjardins
Un des meilleurs rapports qualité-prix sur le marché, ce vin savoureux du Languedoc-Roussillon créé par le très sympathique vigneron Jean-Noël Bousquet est aussi un des plus faciles à marier en cuisine. Composé à 50 % de syrah, 20 % de carignan, 20 % de grenache et 10 % de mourvèdre, il possède des tanins souples, avec une touche de baies rouges, de réglisse et de café évocatrices de ces terres de soleil. Excellent potentiel de garde.

Roulades de caribou

au jambon de Bayonne et
raclette Griffon, pommes rattes au beurre
à la fleur de sel

4 portions

Ingrédients

...

4	tranches de caribou (fesse) de 160 g (6 oz) en escalopes
4	tranches de jambon de Bayonne (ou de prosciutto)
160 g (6 oz)	de fromage à raclette Griffon tranché
4	brins de persil haché
	poivre du moulin au goût
45 ml (3 c. à soupe)	de beurre doux
45 ml (3 c. à soupe)	d'huile végétale
16	petites pommes de terre rattes
	fleur de sel de Camargue au goût
30 ml (2 c. à soupe)	d'échalote grise hachée
125 ml (1/2 tasse)	de vin rouge corsé
375 ml (1 1/2 tasse)	de fond brun

Préparation

...

Sur chaque morceau de caribou, disposer une tranche de jambon de Bayonne et le quart du fromage à raclette Griffon. Ajouter un peu de persil haché et du poivre du moulin. Rouler et ficeler ou piquer d'un cure-dent afin de tenir ensemble.

Préchauffer le four à 200 °C (400 °F).

Dans une poêle bien chaude, saisir la roulade de caribou sur toutes les faces dans moitié beurre et moitié huile. Mettre ensuite dans un plat allant au four et terminer la cuisson pendant environ 8 minutes. Retirer du four et réserver au chaud.

Déposer les pommes de terre rattes dans un chaudron rempli d'eau froide salée. Amener à ébullition. Cuire de 2 à 3 minutes, égoutter et sauter au beurre. Assaisonner de sel de Camargue et poivre noir. Réserver au chaud.

Préparation de la sauce

...

Dans la poêle qui a servi à sauter les escalopes, suer l'échalote. Déglacer au vin rouge. Ajouter le fond brun et réduire de moitié à feu moyen-vif. Napper les escalopes et servir avec les pommes de terre.

ALCOOL D'ACCOMPAGNEMENT
Cabernet-sauvignon
Château Reynella McLaren Valley 2004
Code SAQ : 00510636

Notes de dégustation d'Anne L. Desjardins
Issu de la plus vieille entreprise vinicole d'Australie, ce superbe vin bien charpenté fabriqué avec des raisins en provenance de McLaren Vale, tout près d'Adélaïde, a des tanins serrés qui suggèrent un potentiel de garde élevé. En bouche, on goûte le cassis et on perçoit bien les habituelles notées boisées de cèdre et le cuir, qui accompagneront très bien le caribou dans sa sauce corsée.

Jean-Claude Crouzet

Crostini de Pied-De-Vent

mariné au vin de glace, buisson de mâche et fleurs des Éboulements

4 portions

Ingrédients

...

280 g (10 oz)	de fromage Pied-De-Vent tranché en fines lamelles
250 ml (1 tasse)	de vin de glace
1	petite baguette ou ficelle coupée sur la longueur en 2 et dans son épaisseur en 4. Griller chaque tranche dans un grille-pain 5 minutes avant de servir
250 ml (1 tasse)	de chanterelles fraîches
105 ml (7 c. à soupe)	d'huile d'olive (divisée)
45 ml (3 c. à soupe)	de vinaigre balsamique réduit
	sel et poivre du moulin au goût
375 ml (1 1/2 tasse)	de mâche
	pétales de fleurs des Éboulements ou de votre jardin (capucine, souci, pensée, etc.) pour garnir

Préparation

...

Mettre les lamelles de Pied-De-Vent à mariner 24 heures dans le vin de glace au réfrigérateur.

Préchauffer le four à 200 °C (425 °F). Égoutter le fromage en prenant soin de conserver la marinade. Le disposer sur les crostini. Griller au four environ 5 minutes.

Dans une casserole, faire réduire la marinade à feu moyen jusqu'à consistance sirupeuse. Saler, poivrer et ajouter le vinaigre balsamique. Réserver.

Sauter les chanterelles dans l'huile d'olive à feu moyen, puis assaisonner. Réserver au tiède.

Au fouet et en battant constamment, verser l'huile d'olive en un mince filet sur la réduction de vin de glace et vinaigre balsamique.

Montage

...

Dans chaque assiette, disposer un petit buisson de mâche. Parsemer de morceaux de chanterelles.

Disposer les crostini bien chauds en les faisant se croiser dans l'assiette. Arroser de vinaigrette et parsemer de fleurs.

ALCOOL D'ACCOMPAGNEMENT
R.H. Philips Chardonnay
Code SAQ : 00594457

Notes de dégustation d'Anne L. Desjardins
Comme tous les vins de cette importante maison californienne fondée en 1981 de la région des Dunnigan Hills, ce chardonnay est un vin facile à boire et axé sur le fruit. L'utilisation modérée de fûts de chêne confère à ce vin des notes de caramel qui complètent bien ses arômes de poire mûre et rehausseront le goût du fromage.

Marie-Chantal Lepage
Un trésor national pour Québec

Photo : Archives Le Soleil

Château Bonne Entente

À Québec, Marie-Chantal Lepage est un trésor national : seule femme chef, elle a su gravir un à un tous les échelons de la profession, jusqu'à décrocher en juin 2005 le poste de chef des cuisines du Château Bonne Entente, membre de la chaîne *Leading Hotels of the World*. La direction ne s'y est pas trompée, donnant à Mme Lepage toute latitude pour créer des menus aux accents du monde, avec une abondance de produits d'ici. La carte des vins est à l'avenant, raflant régulièrement le grand prix d'excellence du *Wine Spectator*.

Le restaurant Monte Cristo du Château Bonne Entente, à Québec

Marie-Chantal Lepage

Son resto *lounge* Le Monte Cristo propose une cuisine d'auteur à base de petits plats de type entrées, que les convives composent selon leur appétit : risotto aux champignons sauvages et fromage Perron quatre ans; pétoncle poché au saké, algues wakamé et tomate translucide; crevette géante en croûte de polenta, purée de pois et huile de safran; râble de lapin accompagné de pruneaux macérés au porto, épinards et jambon de Parme; poêlée de foie gras avec tatin de betteraves jaunes et microlaitues; tartare de canard, espuma au wasabi et œuf de caille poché; strudel aux pommes, courge musquée, glace à l'anis et sirop de prune au cidre.

Saveurs du monde et produits d'ici

Auteure d'un livre de recettes sur ce thème des petites portions, Marie-Chantal Lepage dit apprécier une cuisine dont l'esprit reflète l'ouverture des frontières : « J'ai toujours été passionnée par les produits du Québec et de ma région. Je les utilise dans tous mes plats et j'en fais la promotion lors de mes voyages à l'étranger. Mais j'aime les marier avec des saveurs internationales dont la variété ouvre encore plus grandes les portes de la création aux cuisiniers. C'est l'approche que nous avons choisie de prioriser au Château Bonne Entente. » Avec son équipe, elle a aussi conçu un menu éclectique pour le nouveau McLounge de type New Yorkais de l'hôtel.

Elle est la seule femme au Québec à diriger une brigade de 40 cuisiniers, puisque ses consœurs de même calibre, telles Anne Desjardins (L'Eau à la bouche), Denise Cornellier (traiteur) ou Diane Tremblay (Le Privilège) ont opté pour une carrière de chef-propriétaire, jugeant plus facile de définir elles-mêmes les règles du jeu dans ce monde réputé pour son machisme. Marie-Chantal Lepage, elle, voulait réussir sur le même terrain que ses collègues masculins, avec une détermination forgée par ses premières expériences outaouaises auprès de chefs français grincheux de l'hôtel Château de la Chaudière et du Café Henri Berger : « Dans un sens, mes premiers patrons sont responsables de mon succès : ils m'ont tellement poussée à bout que j'ai décidé de prouver au monde entier qu'une femme chef peut atteindre les sommets, et pas seulement en pâtisserie! J'ai persévéré à cause d'eux et parce que je voulais tout apprendre de ce métier qui me donne encore de merveilleux papillons dans le ventre. »

« J'AIME MARIER LES PRODUITS DU QUÉBEC AVEC DES SAVEURS
INTERNATIONALES DONT LA VARIÉTÉ OUVRE ENCORE PLUS
GRANDES LES PORTES DE LA CRÉATION AUX CUISINIERS. »

Au début des années 80, le regretté chef Daniel Baillard a eu l'idée audacieuse d'offrir aux cuisiniers le summum de la fraîcheur en matière de fleurs comestibles et minilaitues de garniture en leur livrant en cuisine des caissettes de ces verdurettes vivantes, qui poussent sur terreau. Fines Herbes Par Daniel était née et révolutionnait la présentation des plats sur assiette avec 80 variétés différentes. Aujourd'hui, l'entreprise compte plusieurs antennes, qui fonctionnent toutes de façon autonome. Celle de l'île d'Orléans a été ouverte au début des années 90 par André Gosselin et ses associés pour approvisionner les restaurants de Québec, Charlevoix, du Saguenay–Lac-Saint-Jean et de l'Estrie. « Le but, c'est vraiment d'assurer aux restaurateurs un approvisionnement constant et à l'année en verdures et fines herbes d'une fraîcheur irréprochable, que les chefs coupent à la toute dernière minute pour garnir leurs assiettes », d'expliquer M. Gosselin, toujours à la recherche de nouvelles variétés pour épater ses clients. Cultivées sans fongicides, herbicides ni pesticides, ces petites pousses raffinées peuvent passer directement du terreau à l'assiette, sans lavage préalable, qui les abîmerait. Hormis le basilic, qui est le champion toutes catégories des ventes de l'entreprise, Fines Herbes Par Daniel se spécialise dans les raretés, comme l'apazote, le minichou de Savoie, les pousses de maïs, la poirée, l'hysope, les pousses de lentilles, le ficoïde glacial, le tatsoï, la pimprenelle ou la bibette. Nombre de ces végétaux aujourd'hui cultivés par Fines Herbes Par Daniel proviennent d'ailleurs, de demandes précises des chefs eux-mêmes, car l'entreprise s'efforce d'être à l'écoute de cette clientèle très spéciale, qu'elle souhaite servir selon ses besoins spécifiques. En règle générale, toutes ces belles garnitures cultivées en serres dans des « condos » de cinq étages de haut pour maximiser l'espace et réduire les coûts de chauffage se conservent deux semaines dans leur terreau d'origine, entreposées dans les chambres froides des cuisines d'hôtels et de restaurants.

Photo : Louis Perron

Photo : Louis Perron

Photo : Jean L. Desjardins

André Gosselin, de Fines Herbes Par Daniel à l'île d'Orléans

Serge Bruyère comme mentor

Mme Lepage a ensuite pu cheminer aux côtés du regretté Serge Bruyère, un solide mentor, qui a vraiment lancé sa carrière. Puis, après un premier séjour au Château Bonne Entente, elle travaillera à la Bastille, Chez Bahuaud et au Melrose de Mario Martel, avant de diriger les cuisines du Manoir Montmorency pendant 12 ans. « J'ai mis tout mon cœur dans cette belle aventure qui m'a permis de créer une fine cuisine basée sur des ingrédients régionaux. » Marie-Chantal Lepage en profitera pour faire de fréquentes tournées au Québec et rencontrer les producteurs dans leur milieu. « Je voulais bien les connaître pour pouvoir parler d'eux en connaissance de cause et les représenter adéquatement lors de mes voyages de promotion à l'étranger », confiera-t-elle simplement. Ses tournées au Japon, au Liban, au Mexique, au Venezuela, à Chicago, Detroit, New York et San Francisco la sacreront ambassadrice du Québec gourmand. Son implication s'étend aussi à la Fondation Serge-Bruyère, qu'elle a contribué à créer. Cet organisme, mis sur pied en 2004, veut honorer la mémoire de ce grand cuisinier de Québec en encourageant la relève et le développement d'une cuisine fraîcheur de proximité. En 2007, Marie-Chantal Lepage succédait au chef Jean Soulard à la présidence.

L'amitié des producteurs

Sa complicité avec les producteurs fait aussi vivre à Marie-Chantal Lepage de belles amitiés, comme celle qu'elle partage avec l'agroéconomiste et serriste Jacques Demers, de Saint-Nicolas, qui cultive des fraises d'automne et des tomates. En 2005, ce dernier a développé un cultivar importé de Hollande, la Bella, une tomate de type cocktail qui a tellement emballé la chef du Château Bonne Entente lorsqu'elle l'a goûtée qu'elle a convié des confrères à venir la « vendanger » aux serres Demers, avec la complicité du patron. « Les Bella se dégustent comme des fruits. Elles ont une acidité parfaite et une texture crémeuse qui en fait des tomates idéales à travailler à cru, note Mme Lepage. Mais surtout, je voulais partager cette découverte avec les autres chefs. Qu'ils comprennent le processus complet de la culture des tomates de serre et l'évolution de ce cultivar unique au Québec. » Cette initiative fut un gros coup de pouce pour l'entreprise familiale d'une quarantaine d'employés, pour qui l'avenir réside dans le haut de gamme. « L'appui des professionnels de cuisine est une étape cruciale de la commercialisation d'un produit de niche parce qu'ils deviennent des ambassadeurs s'ils sont convaincus de sa valeur », explique M. Demers.

Son parcours sans faute des 25 dernières années place donc la chef des cuisines du Château Bonne Entente à la tête d'une grosse équipe de cuisiniers, avec quatre adjoints de talent : Jean Barbeau, anciennement de chez Serge Bruyère, Philippe Robitaille, autrefois chef-propriétaire de La Camarine, Frédéric Trempe, qui a passé dix ans au Saint-Amour, et Patrice Schmidt, jadis chef à la Bastille, chez Bahuaud. « J'ai une brigade tellement chevronnée que j'ai l'impression que tout baigne toujours dans l'huile, peu importe l'ampleur des événements ou projets spéciaux que nous avons à l'horaire », raconte celle qui a remporté le titre de Chef de l'année au Québec en 2000, puis le grand prix du MAPAQ pour l'implication des femmes en agroalimentaire, en 2005. À l'instar de ses collègues Jean Soulard et Jean-Claude Crouzet, Marie-Chantal Lepage considère que la vie d'hôtel est idéale pour un chef d'expérience en raison des moyens considérables mis à sa disposition et pour le plaisir de gérer une importante brigade de cuisiniers qualifiés.

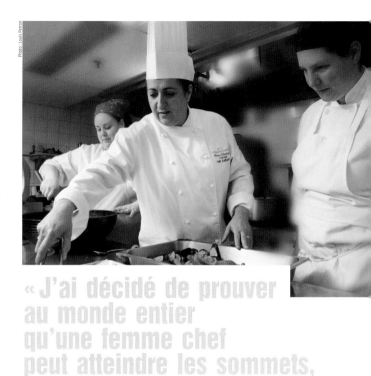

« J'ai décidé de prouver au monde entier qu'une femme chef peut atteindre les sommets, et pas seulement en pâtisserie ! »

En compagnie de Jacques Demers, aux Serres Demers de Saint-Nicolas

Ingrédients

...

2	pommes Granny Smith
20 ml (1 c. à thé + 1 c. à soupe)	d'huile d'olive extra-vierge Orphée (divisée)
45 g (3 c. à soupe)	de parmesan Reggiano
5 g (1 c. à thé)	de sel d'ail
5 g (1 c. à thé)	de poivre noir en grains
5 g (1 c. à thé)	de cardamone
5 g (1 c. à thé)	de poudre de cari
5 g (1 c. à thé)	de paprika
10 g (2 c. à thé)	de chapelure de pain
5 g (1 c. à thé)	d'épices à steak
2	longes d'agneau
	huile végétale pour griller
1/3	de poivron rouge
1/2	échalote grise séchée, hachée finement
45 ml (3 c. à soupe)	de sauce hoisin
	poivre de Sichuan au goût
	sel au goût

Préparation

...

Couper les pommes en deux, enlever le cœur et émincer à l'aide d'une mandoline à 0,5 cm d'épaisseur (1/4 de po). Mélanger les pommes avec 5 ml (1 c. à thé) d'huile d'olive, le sel et le poivre. Faire des copeaux de parmesan à l'aide d'un économe. Réserver.

Mélanger le sel d'ail, le poivre noir en grains, la cardamone, la poudre de cari, le paprika, la chapelure de pain et les épices à steak et concasser partiellement au moulin à café. Enrober les longes d'agneau de ce mélange. Dans une poêle à feu vif, bien les saisir de tous les côtés dans l'huile. Laisser reposer quelques minutes sur une planche à découper.

Couper le poivron rouge en fine julienne. Mélanger avec l'échalote sèche, saler et poivrer, puis ajouter le restant d'huile d'olive. Réserver.

Montage

...

Dans quatre assiettes, étaler les tranches de pommes. Garnir le dessus de copeaux de parmesan. Couper l'agneau en fines tranches. Les déposer sur les pommes et le parmesan. Faire deux traits de sauce hoisin sur le dessus du montage et garnir de julienne de poivron rouge.

Tataki d'agneau en croûte d'épices

avec étalé de pommes et parmesan sauce hoisin au poivre de Sichuan vert

4 portions

ALCOOL D'ACCOMPAGNEMENT
R. H. Phillips Syrah
Code SAQ : 00576272

Notes de dégustation d'Anne L. Desjardins
Pour tenir tête à la croûte d'épices, au poivre de Sichuan et au sucré de la sauce hoisin tout en rendant pleinement justice à la délicate pièce d'agneau servie à peine cuite, il fallait l'exubérance de cette syrah californienne. Riche en fruit et en alcool, ses arômes de café et de cerise complétés par une note de tabac offrent ici un équilibre remarquable.

Millefeuille de tomates Bella,

carpaccio de concombre, granité de basilic,
champignon portobello confit et émulsion
au poivron rouge

4 portions

Ingrédients millefeuille

...

4	tomates Bella
4	fromages bocconcini
15 ml (1 c. à soupe)	d'huile d'olive extra-vierge Orphée
16	feuilles de basilic
	poivre du moulin au goût
	fleur de sel au goût

Ingrédients carpaccio de concombre

...

1	gros concombre anglais
5 ml (1 c. à thé)	d'huile d'olive extra-vierge Orphée
	fleur de sel au goût
	poivre du moulin au goût

Ingrédients champignons portobello confits

...

4	champignons portobello
200 ml (4/5 tasse)	d'huile de canola Orphée
4	gousses d'ail écrasées
5	branches de thym

Ingrédients émulsion au poivron rouge

...

2	poivrons rouges
20 ml (4 c. à thé)	d'huile d'olive extra-vierge Orphée
	sel et poivre au goût

Ingrédients granité de basilic

...

200 ml (4/5 tasse)	de sirop simple (volume égal d'eau et de sucre)
300 ml (1 1/4 tasse)	d'eau Perrier
45 ml (3 c. à soupe)	de vodka
45 ml (3 c. à soupe)	de vin blanc sec
1	botte de basilic frais

Préparation du millefeuille

· · ·

Couper les tomates en cinq tranches parfaites sur le sens de la largeur et faire de même pour les bocconcini. Étaler les tranches sur un plan de travail, assaisonner et badigeonner d'huile d'olive. Pour le montage, alterner une tranche de tomate, de basilic et de bocconcini, et répéter l'opération jusqu'à en faire un millefeuille qui se tienne bien.

Préparation du carpaccio de concombre

· · ·

Couper le concombre à la mandoline en tranches de 9 cm (3,5 po). Prévoir deux tranches par personne. Les disposer en carré dans l'assiette. Badigeonner d'huile d'olive, saler et poivrer. Réserver.

Préparation des champignons portobello confits

· · ·

Préchauffer le four à 150 °C (300 °F).

Retirer les pieds des champignons et les réserver pour un usage ultérieur. Brosser les têtes légèrement, puis étaler dans un petit plat de pyrex. Recouvrir d'huile de canola. Ajouter l'ail écrasé et le thym. Cuire au four 15 minutes.

Couper une fine tranche sur le sens de l'épaisseur pour que le champignon se tienne bien à plat.

Préparation de l'émulsion au poivron rouge

· · ·

Chauffer le four à 180 °C (350 °F).

Placer les poivrons au centre d'une feuille de papier d'aluminium et en faire une papillote. Cuire au four 30 minutes. Retirer de la papillote et passer au mélangeur avec l'huile d'olive, du sel et du poivre. Réserver.

Préparation du granité de basilic

· · ·

Au mélangeur, liquéfier à haute vitesse le sirop, l'eau Perrier, la vodka, le vin blanc sec et le basilic pendant 1 minute. Verser dans un plat et placer au congélateur 4 heures, en remuant le granité toutes les heures à la fourchette. Cela lui donnera l'apparence de cristaux grossiers. Réserver au congélateur.

Montage

· · ·

Dans quatre assiettes rectangulaires, déposer un peu d'émulsion de poivron rouge, un mille-feuilles, un champignon confit et le carpaccio de concombres. Accompagner d'une verrine de granité de basilic.

ALCOOL D'ACCOMPAGNEMENT
**Agioritikos Tsantalis
vins de pays Thessalikos 2006**
Code SAQ : 00861856

Notes de dégustation d'Anne L. Desjardins
Ce vin de pays original et vif est très représentatif du potentiel du terroir grec. Légèrement sucré à l'attaque, il laisse par la suite poindre une belle fraîcheur sur le fruit et une excellente minéralité qui seront tout à fait en mesure de mettre en valeur cette création originale dont l'inspiration est, à l'instar du vin, méditerranéenne.

Déclinaison de betteraves

4 portions

Ingrédients carpaccio de betteraves jaunes

...

2	betteraves jaunes moyennes
	vinaigre blanc au goût
	fleur de sel et poivre du moulin au goût
5 ml (1 c. à thé)	d'huile d'olive

Ingrédients minibetteraves Chiogga marinées

...

5	minibetteraves Chiogga
100 ml (1/3 tasse)	de vinaigre de vin rouge
45 g (3 c. à soupe)	de sucre
20 g (4 c. à thé)	d'épices à marinade
1/4	d'oignon rouge
5	branches d'estragon frais
60 g (1 tasse)	de roquette

Marie-Chantal Lepage

Ingrédients gaspacho de betteraves
…

100 ml (1/3 tasse)	de vin rouge sec
100 g (3,5 oz)	de fruits rouges surgelés ou frais (fraises, framboises ou canneberges)
150 g (3/4 tasse)	de sucre blanc
2	betteraves rouges moyennes cuites
20 ml (4 c. à thé)	de vinaigre de xérès
15 ml (1 c. à soupe)	d'huile d'olive
30 ml (2 c. à soupe)	de vodka
	crème sure au goût

Préparation du carpaccio de betteraves jaunes
…

Cuire les betteraves dans de l'eau salée et vinaigrée environ 20 minutes, jusqu'à ce qu'elles soient tendres. À la mandoline, couper de fines tranches et les disposer dans l'assiette. Badigeonner d'huile d'olive. Saler et poivrer.

Préparation des minibetteraves Chioggia marinées
…

Cuire les minibetteraves dans de l'eau salée jusqu'à ce qu'elles soient tendres. Peler et réserver. Pour la marinade, faire chauffer le vinaigre de vin rouge, le sucre, les épices à marinade dans un chaudron. Porter à ébullition, ajouter l'oignon, l'estragon, la betterave précuite, puis retirer du feu. Laisser mariner 12 heures au réfrigérateur pour un meilleur résultat. Pour la présentation, couper les minibetteraves en quartiers et les mélanger avec la roquette et quelques gouttes de marinade.

Préparation du gaspacho de betteraves
…

Dans une casserole à feu moyen, réduire le vin de moitié avec les fruits rouges et le sucre. Verser tous les ingrédients au mélangeur, excepté la vodka et la crème sure. Pulser en ajoutant de l'eau en quantité suffisante pour obtenir la texture voulue. Passer ensuite au chinois, saler et poivrer et garnir avec la crème sure et la vodka.

ALCOOL D'ACCOMPAGNEMENT
Deinhard pinot blanc Qba Pfalz 2006
Code SAQ : 00271072

Notes de dégustation d'Anne L. Desjardins
Pour appuyer le sucré et l'acide des betteraves marinées, il fallait un blanc généreux, doté d'un bon niveau de sucres résiduels. Ce vin allemand d'une grande maison offre exactement les qualités recherchées. Pulpeux et rond en bouche, il s'impose avec des notes persistantes d'abricot et d'amandes, et pourrait convenir aussi bien à des mets d'inspiration asiatique légèrement épicés qu'à un plat de légumes grillés ou de volaille rôtie.

Heinrich Meesen

Le chef ludique au grand cœur

Photo : Louis Perron

Château **Laurier**

Photo : Archives Le Soleil

Heinrich Meesen

Depuis qu'il a accepté l'offre du Château Laurier de créer un service des banquets haut de gamme, le chef Heinrich Meesen a l'impression d'être payé pour s'amuser. « On me demande d'être aussi créatif et original que possible parce que notre but, c'est d'en mettre plein la vue au client et de bâtir la renommée de l'hôtel à partir de sa table. C'est du travail, mais je m'amuse beaucoup avec ma brigade. » Les photos fichées sur le babillard de son bureau sont éloquentes. On y voit de spectaculaires assortiments de plats : tartare de bœuf avec gelée de pommes de terre bleues à l'huile de truffe dans des cornets de plexiglas, salade César revisitée qui flirte avec les préceptes postmodernes de la gastronomie moléculaire, *shooters* avec trois variétés de melon, thon frais emballé dans des cartons de mets chinois pour emporter, granité d'ortie biologique d'un vert éclatant. « Avec le directeur des banquets, Guy Michaud, nous nous lançons de gros défis sur le plan de la présentation, avec des supports originaux pour mettre en valeur nos créations », explique le chef Meesen. Cette approche, à des années-lumière des services de banquet traditionnels, lui fournit donc plus que jamais l'occasion d'exploiter son tempérament ludique et créatif.

Flux migratoire

Depuis 25 ans qu'il a migré de son Toronto natal, où il a étudié au George Brown College, la carrière de ce fils d'immigrants dont la mère est suisse et le père allemand n'a cessé de s'enrichir de postes prestigieux et d'amitiés durables. D'abord sous-chef au Hilton Québec sous la houlette de Jean Soulard, puis au Loews Le Concorde avec M. Nanak Chand Vig et au Manoir du Lac Delage avec José Mariello, il a dirigé pendant cinq ans les cuisines du Manoir Richelieu où il a connu Jean-François Pilot, producteur maraîcher aux Jardins du Centre, qui était à l'époque maître d'hôtel. De retour au Lac-Delage pendant cinq ans comme chef, il plantera par la suite sa crémaillère au Château Mont Sainte-Anne et deviendra le chef attitré des skieurs, qu'il nourrira de robustes plats régionaux.

Initier les clients au terroir

Chaque fois qu'il prend les rênes des cuisines d'un nouvel établissement hôtelier, le chef Meesen s'empresse d'ajuster la carte pour y mettre en vedette le plus grand nombre possible de producteurs locaux : « Je veux rendre les clients complices en leur expliquant ce qu'ils mangent, pourquoi c'est différent et si intéressant. Je me dis qu'en piquant leur curiosité et en flattant leur palais, ils apprécieront davantage leur séjour chez nous et certains iront ensuite s'approvisionner auprès des artisans, ce qui aidera mes fournisseurs. » Cet homme attachant considère qu'il fait simplement son devoir de cuisinier en amenant les gens à découvrir les ressources locales. Lui-même travaille fidèlement avec une bonne trentaine de producteurs d'ici, dont le Musée de l'abeille, les fromagers Éric Proulx, Maurice Dufour, La Laiterie Charlevoix, les vignobles et cidreries de la Côte-de-Beaupré et de l'île d'Orléans, le cassis de la famille Monna et les belles racines biologiques de son ami Marc Bérubé, de la Ferme des Monts, dans Charlevoix.

« JE VEUX RENDRE LES CLIENTS COMPLICES EN LEUR EXPLIQUANT CE QU'ILS MANGENT, POURQUOI C'EST DIFFÉRENT ET SI INTÉRESSANT. »

Photo : Anne L. Desjardins

Lavage de la croûte du fromage Hercule de la Laiterie Charlevoix

Photo : Archives Le Soleil

Les complices des chefs

Maison Gourmet

Dans les vastes entrepôts de la succursale de Québec de Maison Gourmet, des produits fins en provenance des quatre coins du monde destinés spécifiquement à la restauration fine et l'hôtellerie s'alignent jusqu'au plafond : sacs géants de morilles séchées, champignons sauvages de Gaspésie, croustades pur beurre pour canapés, pâte à choux, vinaigre balsamique vieilli, olives d'Espagne, fleur d'ail, sauce tomate maison, vin à cuisson, purée de fruits pur fruit pour la pâtisserie, chocolat haut de gamme contenant différents grades de cacao. Pour tout gourmand qui aime cuisiner, il y a là de quoi rêver de somptueuses agapes, surtout lorsque le directeur, Louis Aubert, lui-même chef cuisinier, offre un tour guidé des lieux : « Avec 900 produits secs ou de conserve en inventaire, dont environ 20 % en provenance du Québec et un important roulement constitué de nouveautés, nous voyons d'abord notre travail comme celui de conseillers auprès des chefs. » Les acheteurs, eux-mêmes issus du milieu de la restauration, visitent ces clients très spéciaux chaque semaine. Maison Gourmet teste chaque nouveau produit et offre aussi des ateliers de création culinaire destinés aux professionnels. Conçus par des chefs pour des chefs, ils sont destinés à favoriser les échanges entre collègues et à aiguiser la créativité, tout en familiarisant les cuisiniers avec de nouvelles gammes de produits. Récemment, l'entreprise —fondée en 1990 et qui a son siège social à Toronto—, recevait le chef Franck Michel, meilleur ouvrier de France 2004 en pâtisserie et champion du monde 2006 en pâtisserie (équipe de France) pour un atelier sur la sculpture du chocolat. « Nous sommes des artisans de la réussite des chefs, ce qui est un honneur et une grosse responsabilité », confie M. Aubert, qui visite de nombreux salons spécialisés chaque année pour dénicher des perles rares. « C'est pourquoi nous essayons d'être présents auprès d'eux de différentes façons et nous avons développé de solides liens de complicité. »

Thierry Rey Lescune et Louis Aubert

En compagnie de Geneviève Ajas et Yolande Klein, des Canardises, à Sainte-Anne-de-Beaupré

Bruno Martel et Luce Milhomme, du Domaine du Mérifick à Shannon

Un contact direct avec les producteurs

En 2007, Guy Michaud et le Château Laurier proposaient donc au chef Meesen un défi à sa mesure en lui donnant carte blanche pour inventer un type de cuisine audacieux et visuellement spectaculaire destiné exclusivement à son service de banquets haut de gamme. Le chef a accepté, non sans s'être assuré de pouvoir continuer de s'approvisionner en produits de niche, notamment auprès de Bruno Martel, du Domaine du Mérifick, à Shannon, de qui il achète son cerf rouge, ou de l'équipe des Canardises, à Sainte-Anne-de-Beaupré, dont il apprécie les magrets et les beaux foies gras. Geneviève Ajas, la copropriétaire, ne tarit pas d'éloges pour ce chef inventif et généreux, toujours prêt à s'adapter aux exigences de sa production : « L'autre jour, je me plaignais à lui du fait que les clients achetaient beaucoup de cuisses confites et que je risquais de me retrouver avec trop de magrets. Il m'a tout de suite suggéré de les lui envoyer et il a créé un superbe tartare de canard pour son menu, ce qui facilitera grandement à l'avenir le roulement de mon inventaire. »

Ces producteurs apprécient également que le chef Meesen les appelle lui-même pour passer ses commandes. « C'est un des cuisiniers les plus à l'écoute des cultivateurs que je connaisse et il accepte toujours nos propositions, même si ça l'oblige à des acrobaties avec son menu », relate Jean-François Pilot, des Jardins du Centre. Pour Heinrich Meesen, cette attitude d'ouverture est inséparable de ses fonctions et ne commande aucune gratitude particulière : « C'est pas la peine de se vanter qu'on encourage les artisans, si on ne respecte pas leurs contraintes. C'est eux qui connaissent leur calendrier de récoltes ou d'abattage. »

« Nous nous lançons de gros défis sur le plan de la présentation, avec des supports originaux pour mettre en valeur nos créations. »

Photo : Anne L. Desjardins

Champ de cassis à l'île d'Orléans

La main à la pâte

Le chef admet aussi candidement que, même s'il a toujours œuvré dans de grands établissements hôteliers, il n'aime pas «brasser de la paperasse» pour autant et s'organise pour passer 80 % de son temps en cuisine : «J'ai besoin d'avoir les deux mains dans la pâte, avec mes gars, et de développer des idées différentes pour les menus et les présentations. C'est la même chose avec mes fournisseurs.» Car au-delà de l'adrénaline et du plaisir d'exploiter sa fibre créatrice, c'est d'abord pour ces contacts humains privilégiés que le chef Meesen dit rechoisir chaque jour son métier avec enthousiasme depuis plus de 25 ans.

« C'est pas la peine de se vanter qu'on encourage les artisans, si on ne respecte pas leurs contraintes. »

Photo : Anne L. Desjardins

Marc Bérubé cueillant du cassis à la Ferme des Monts

Caille royale
de l'île d'Orléans

farcie au riz sauvage, asclépiades, fleur
d'ail, glace de viande
à la chicoutai

4 portions

Ingrédients

...

1	échalote sèche hachée (divisée)
60 ml (4 c. à soupe)	d'huile d'olive extra-vierge Orphée (divisée)
1	tomate Savoura mondée coupée en dés
5 ml (1 c. à thé de chaque)	origan, persil, basilic frais, hachés
8	petites asclépiades coupées en deux
100 ml (1/3 tasse)	de riz sauvage canadien biologique bien cuit
15 ml (1 c. à soupe)	de chapelure
10 ml (2 c. à thé)	de fleur d'ail
20 ml (4 c. à thé)	de compote de chicoutai
4	cailles royales désossées de la Ferme Orléans
15 ml (1 c. à soupe)	de beurre fondu
45 ml (3 c. à soupe)	de liqueur de chicoutai
250 ml (1 tasse)	de demi-glace
	pincée de paprika, légumes du marché vapeur, fines herbes fraîches pour garnir
	sel et poivre du moulin au goût

Heinrich Meesen

Préparation

...

Dans une poêle, faire revenir la moitié de l'échalote dans la moitié de l'huile d'olive à feu moyen-doux. Ajouter la tomate, les fines herbes fraîches et les gousses d'asclépiades. Retirer du feu et laisser refroidir.

Dans un bol, mélanger le riz, la chapelure, la fleur d'ail, la compote de chicoutai et l'appareil de tomate et d'asclépiade.

Préchauffer le four à 180 °C (350 °F).

Mettre les cailles sur une planche, saler et poivrer les cavités. À l'aide d'une petite cuillère à crème glacée, ajouter une boule de farce dans chacune. Refermer les cailles par les pattes et les retourner en maintenant les cuisses à l'aide d'un morceau de papier parchemin de 2,5 cm (1 po) de largeur, badigeonné d'huile d'olive. Ceci leur permettra de garder leur forme.

Placer les cailles sur une lèchefrite recouverte de papier parchemin et les badigeonner de beurre fondu. Saler, poivrer et parsemer de paprika. Mettre au four 10 minutes, puis éteindre le four et les y laisser reposer cinq minutes de plus.

Dans une poêle, faire revenir le reste de l'échalote sèche dans le reste de l'huile d'olive. Déglacer avec la liqueur de chicoutai. Réduire de moitié à découvert sur feu moyen-vif, puis ajouter la demi-glace. Baisser le feu et laisser mijoter 10 minutes à feu moyen-doux.

Montage

...

Mettre les cailles dans le centre des assiettes chaudes, ajouter les légumes du marché cuits à la vapeur. Verser la sauce autour, puis garnir avec une tige d'herbes. Servir aussitôt.

ALCOOL D'ACCOMPAGNEMENT
Jackson-Triggs Okanagan
Cabernet-Shiraz Grand Reserve
Code SAQ : 10327613

Notes de dégustation d'Anne L. Desjardins
Voici un des vins qui m'ont fait tomber amoureuse du vignoble de la vallée de l'Okanagan. Merveilleusement équilibré et ample, il est typique du meilleur style « BC »: d'un rouge tirant sur le violacé et bien pourvu en alcool autant qu'en fruit, il a une rondeur qui le rend extrêmement facile à marier avec les mets, en particulier le gibier à poil ou à plumes et les charcuteries. Il peut aussi attendre plusieurs années en cellier, si désiré.

Potage de courge « Golden nugget »

de la Ferme des Monts, garniture de pépins de courge et pommes au garam masala

4 portions

ALCOOL D'ACCOMPAGNEMENT
Vignoble Domaine Royarnois Le Roselin
Vin rosé
Code SAQ : 10521491

Notes de dégustation d'Anne L. Desjardins
Ce vin produit à Cap-Tourmente est une des plus belles réussites du vignoble québécois. Avec sa ravissante robe saumonée, il exhale de séduisants arômes de fleurs et de fruits exotiques. Excellent avec de nombreuses combinaisons de saveurs, il saura commencer le repas de belle manière et appuyer le garam masala autant que la courge légèrement sucrée. Pourquoi ne pas le servir d'abord en apéro, puis poursuivre sur cette belle lancée en ouvrant le repas avec ce rosé?

Ingrédients potage

...

2	courges Golden Nugget d'environ 300 g (9 oz) chacune
45 ml (3 c. à soupe)	de beurre
1	échalote sèche hachée
200 g (7 oz)	de pommes de terre Baltica épluchées en petits dés (2 moyennes)
30 ml (2 c. à soupe)	de sirop d'érable
45 ml (3 c. à soupe)	de crème 15 %
800 ml (3 tasses)	de fond de légumes (voir ci-dessous)

Ingrédients fond de légumes

...

1	carotte hachée
1	oignon moyen en cubes
1	branche de céleri hachée, avec les feuilles
1	petit poireau haché
1	feuille de laurier
1	tige de livèche (facultatif)
2 ml (1/2 c. à thé)	de muscade fraîchement râpée
10 ml (2 c. à thé)	de base de bouillon Maggi
15 g (1 c. à soupe)	de sel
5 g (1 c. à thé)	de poivre concassé

Ingrédients garniture

...

1	pomme coupée
5 g (1 c. à thé)	de beurre
2,5 g (1/2 c. à thé)	de sucre
2 g (1/2 c. à thé)	de garam marsala

Préparation

...

Laver l'extérieur des courges. Couper chaque courge en deux sur le long, retirer les fibres et les graines et les réserver pour la garniture.

Mettre tous les ingrédients du fond de légumes dans une grande marmite avec 1 litre (4 tasses) d'eau. Amener à ébullition, réduire la chaleur, ajouter les quatre moitiés de courge et laisser mijoter une trentaine de minutes, jusqu'à ce que les légumes soient tendres.

Quand la chair de courge est cuite, retirer les 4 moitiés et les laisser refroidir à la température de la pièce suffisamment pour pouvoir les manipuler. Retirer ensuite la chair à l'aide d'une cuillère et la réserver pour le potage.

Entre-temps, passer le fond de légumes au chinois ou au mélangeur et réserver.

Dans la marmite ayant servi à faire le fond de légumes, ajouter le beurre et faire revenir l'échalote quelques minutes. Ajouter les pommes de terre et cuire à feu moyen en brassant constamment pendant 5 minutes. Ajouter la courge et le fond de légumes. Amener à ébullition, puis réduire le feu et laisser mijoter à découvert 10 minutes de plus. À l'aide du mélangeur à main, réduire le potage en purée pour obtenir une belle texture crémeuse. Réserver au chaud.

Entre-temps, préparer les garnitures. Chauffer le four à 160 °C (300 °F). Laver et assécher les graines de courges, ajouter un peu d'huile végétale et de sel et bien mélanger. Étendre ensuite sur une tôle à biscuits et cuire au four 25 minutes, en remuant à trois reprises. Laisser refroidir à la température de la pièce quelques minutes pendant que vous préparez les pommes.

Éplucher la pomme et la couper en dés. Les faire revenir dans le beurre. Ajouter le sucre, puis le garam masala.

Montage

...

Au moment de servir, ajouter le sirop d'érable et la crème au potage, réchauffer, puis rectifier l'assaisonnement. Hacher un peu des graines de courge rôties. Verser la soupe dans des bols chauds, garnir de graines de courges et de pommes au garam masala. Servir.

Henrich Meesen

Carpaccio de magret de canard
des Canardises, copeaux de foie gras,
émulsion de cassis de l'Isle ensorceleuse
de Bernard Monna
aromatisée de baies de genièvre
et d'huile de livèche

4 à 6 portions

Ingrédients carpaccio

• • •

1	magret de canard des Canardises partiellement dégraissé
10 ml (2 c. à thé)	de sirop d'érable (divisé)
60 g (1 tasse)	de pousses de moutarde Vertigo
100 g (3,5 oz)	de foie gras de canard congelé
30 ml (2 c. à soupe)	d'huile de livèche
4 à 6	fleurs de capucine ou de souci
	fleur de sel et poivre du moulin au goût

Ingrédients émulsion de cassis

• • •

1/2	échalote française séchée, hachée
15 ml (1 c. à soupe)	de crème de cassis de l'Isle ensorceleuse
60 g (2 oz)	de cassis
60 ml (4 c. à soupe)	d'huile de pépin de raisin
5	baies de genièvre écrasées

Ingrédients huile de livèche

• • •

30 g (1 oz)	de feuilles de livèche
90 ml (6 c. à soupe)	d'huile de pépin de raisin
	quelques gouttes de jus de citron frais
	sel et poivre au goût

Préparation du carpaccio

• • •

Badigeonner le magret de canard partiellement dégraissé avec la moitié du sirop d'érable.

Faire chauffer un poêlon de fonte à feu vif. Lorsqu'il est très chaud, y faire caraméliser le magret du côté peau jusqu'à ce qu'il prenne une teinte foncée, presque noire. Retirer le magret de la poêle en prenant soin de conserver environ 5 ml (1 c à thé) du gras de canard.

Déposer le magret sur une pellicule plastique. Rouler le magret en rond dans la pellicule plastique assez serré et le placer au congélateur pendant 24 heures.

Préparation de l'émulsion de cassis

• • •

Dans le même poêlon de fonte, faire suer l'échalote sèche dans 5 ml (1 c. à thé) de gras de canard à feu moyen, puis déglacer avec la crème de cassis et le cassis. Laisser mijoter 2 minutes et retirer du feu. Mettre dans un récipient. Avec un mélangeur à main, émulsionner le mélange en ajoutant l'huile de pépin de raisin progressivement, en un mince filet continu. Saler, poivrer, puis ajouter les baies de genièvre et le reste du sirop d'érable. Réserver.

Préparation de l'huile de livèche

• • •

Faire chauffer la moitié de l'huile dans un faitout et ajouter les feuilles de livèche. Retirer du feu. Brasser les feuilles, puis ajouter le reste de l'huile et de jus de citron. Réduire en purée à l'aide du mélangeur à main. Passer l'huile dans un chinois très fin ou la filtrer à travers un coton fromager.

Montage

• • •

Laisser dégeler le magret de canard au frigo de 2 à 3 heures. Le couper en tranches minces de 0,5 cm (3/8 de po).

Faire se chevaucher 5 à 6 tranches de magret dans chaque assiette. Ajouter un filet d'émulsion de cassis sur la viande et déposer une poignée de pousses Vertigo au centre. Sortir le foie gras du congélateur et le tailler en copeaux à l'aide d'un économe. Disposer trois copeaux par assiette. À la dernière minute, parsemer de fleur de sel et de poivre du moulin. Arroser les pousses et la viande d'un filet d'huile de livèche et garnir avec les fleurs comestibles. Servir immédiatement.

ALCOOL D'ACCOMPAGNEMENT
Château Cap de Merle 2005
Code SAQ: 276683

Notes de dégustation d'Anne L. Desjardins
Avec ses arômes de cassis et sa robe d'un rouge profond, ce vin du Bordelais est un mariage d'amour avec le canard et sa sauce capiteuse. Ses tanins, bien que présents tout au long de la dégustation, révèlent un bon potentiel de vieillissement, mais demeurent assez souples. Il est composé à 60 % de merlot et à 40 % de cabernet franc, ce qui lui confère une fraîcheur parfaite pour accompagner le foie gras.

Nanak Chand Vig
Le chef humaniste

Photo : Louis Perron

Manoir
Victoria

Assis dans la somptueuse salle à manger de style victorien du Manoir Victoria, Nanak Chand Vig se laisse étreindre par une formidable émotion qui bloque le passage des mots quand vient le moment de parler de ses trois enfants. L'aîné est policier, la seconde, une juriste spécialiste du droit des femmes, et la cadette, une chercheuse dans le domaine des religions, qui maîtrise parfaitement le sanskrit. « Je viens d'une famille de 11 enfants et nous vivions dans un petit village du nord de l'Inde, tout près du Temple d'or. Nous étions très pauvres, même si nous n'avons jamais manqué de rien, et je n'avais aucun talent pour l'école. Alors, ça me rend très fier de voir mon fils et mes filles instruits, bilingues, financièrement à l'aise et si engagés dans leur communauté! » Cette tendresse, M. Vig la ressent aussi pour ses employés et ses collègues, qu'il a la réputation de traiter comme des membres de sa famille, et dont la plupart sont avec lui depuis des années.

Une discrète influence à Québec

Cet homme très discret et fort généreux, qui avoue avoir toujours la même passion pour son métier, même après 30 ans, a eu une influence marquante sur plusieurs cuisiniers de Québec, dont le chef Heinrich Meesen. «Il a vraiment été un mentor pour moi. Toujours prêt à nous aider, professionnellement et personnellement, il avait un merveilleux sens de l'humour qui transformait le travail en partie de plaisir», se souvient le chef du Château Laurier, qui applique aujourd'hui ces règles de respect d'autrui et de tolérance dans ses propres cuisines.

Parfaitement intégré à la société d'accueil qui lui a si généreusement ouvert les bras au milieu des années 70, M. Vig se dit reconnaissant de tout ce que la vie a pu lui apporter, en particulier sa famille et sa profession. Le chemin parcouru lui donne parfois le vertige, lui qui a quitté son village de Baba Bakala à l'âge de 17 ans pour suivre un apprentissage de trois ans dans un grand hôtel européen, avant de s'envoler pour Toronto, d'y rencontrer sa femme, Diane Bégin, elle aussi dans l'hôtellerie, puis de venir s'installer à Québec pour ne plus repartir : «J'ai travaillé en Inde, à Toronto, Montréal, en Allemagne, en Jordanie et en Angleterre, mais je suis toujours revenu à Québec, où je me sens vraiment chez moi. »

> «J'AIME POUVOIR CHANGER LA TABLE D'HÔTE, L'ADAPTER AUX ARRIVAGES SAISONNIERS ET CHOISIR TOUTES SORTES DE BEAUX PRODUITS. »

Photo : Anne L Desjardins

Les Serres de tomates Savoura

Les complices des chefs
Allard Fruits et légumes

Pour les chefs, le travail du grossiste est essentiel, car il leur permet de recevoir des denrées variées en provenance de différents producteurs. Jean-Pierre Angers, propriétaire d'Allard Fruits et légumes, et son fils Jean-Sébastien comptent parmi ces complices importants sans lesquels les cuisiniers ne pourraient pas faire une cuisine aussi intéressante. Leur responsabilité consiste à ratisser les marchés locaux et étrangers à la recherche des meilleurs produits maraîchers. Ils distribuent par exemple les fruits et légumes des Jardins du Centre des Éboulements à l'extérieur de la région de Charlevoix, acheminent les patates douces, les asperges ou les carottes bleues des producteurs de l'île d'Orléans et rendent disponibles à leurs clients des échalotes sèches de la région de Saint-Hyacinthe autant que des mûres du Pérou. «Sans le travail de distributeurs comme Jean-Pierre Angers et ses partenaires, qui s'intéressent aussi aux produits de niche et possèdent un vaste réseau, mes légumes ne pourraient jamais se rendre jusque sur les tables des grands hôtels et des restaurants en un temps record», précise Jean Leblond, le jardinier des chefs. L'équipe d'Allard Fruits et légumes a donc développé une intéressante expertise auprès des chefs de cuisine et elle est toujours à l'affût de fruits et légumes rares susceptibles de les intéresser. Le grossiste en fruits et légumes est donc un maillon essentiel de la chaîne qui débute avec le producteur, se poursuit avec le chef et se termine dans l'assiette du client.

Photo : Louis Perron

Jean-Pierre Angers, Jean Fournier et Jean-Sébastien Angers, de Allard Fruits et légumes, à Québec

Photo : Louis Perron

Avec Marie Gosselin, de Savoura

Chef-propriétaire à l'hôtel

En 1993, un collègue, Jean Déry, propose à Nanak Chand Vig de devenir chef-propriétaire des deux restaurants de l'hôtel Manoir Victoria, dans le Vieux-Québec, en formant un trio d'associés avec leur ami Pierre Lemelin, alors directeur de la restauration au Loews Le Concorde. Cette offre tombe à point nommé pour M. Vig, qui avait déjà une carrière bien remplie passée entre autres au Hilton Québec, où il a été sous-chef de Jean Soulard, puis chef des cuisines du Loews Le Concorde, de 1986 à 1992. « J'apprécie la liberté totale que me permet mon statut de patron, confie-t-il. Ce changement de cap a été la meilleure décision de ma vie. J'aime pouvoir changer la table d'hôte, l'adapter aux arrivages saisonniers et choisir toutes sortes de beaux produits qui font plaisir aux clients sans devoir rendre de comptes sur mon *food cost*. » Mais tout n'est pas parfait pour autant, puisque 80 % de la clientèle de la table gastronomique du Manoir Victoria provient de l'hôtel. « Ça me désole, parce que j'aimerais beaucoup que les gens de Québec fréquentent aussi notre restaurant et qu'ils s'y sentent chez eux, admet M. Vig. Mais nous avons des contraintes qui nuisent à notre visibilité, comme l'absence de fenêtres donnant directement sur la rue. »

« Ils me donnent toujours des ingrédients de la meilleure qualité, parce qu'ils savent que je ne servirais pas à ma clientèle ce que je ne mangerais pas moi-même. »

Photo : Archives Le Soleil

Une cuisine romantique

Pourtant, les lieux sont magnifiques, romantiques à souhait, et la cuisine est à l'avenant. « Notre décor et les qualifications de notre personnel de salle m'ont donné l'idée de remettre au goût du jour certains éléments oubliés d'une cuisine française élégante qui se pratique sur guéridon, comme le Châteaubriand et sa bouquetière de légumes ou l'entrecôte flambée au poivre vert. » Mais tout classiques qu'ils soient, chacun de ces plats porte aussi la touche de M. Vig et permet de découvrir un peu d'une culture culinaire millénaire qui fait sa fierté et dont il croit qu'elle lui confère une longueur d'avance sur les autres cuisiniers : « J'utilise des épices que je fais venir directement de l'Inde pour préparer le carré d'agneau en croûte tandoori. Je remplace aussi la crème et le beurre par du yogourt et je me sers souvent d'un mélange d'assaisonnements typique de mon pays, le garam masala. » Le parfait de foie gras s'accompagnera d'un chutney de mangues, les rillettes de saumon sont rehaussées par de la coriandre fraîche et la célèbre soupe indo-britannique de lentilles Mulligatawny se retrouve régulièrement au menu. « Mais ce sont des ajouts discrets » précise le chef.

En plus de la table gastronomique du Manoir, Nanak Chand Vig dirige le Pub Saint-James, une institution à Québec, qui ouvre sur la rue Saint-Jean. On y offre une cuisine de type bistrot, avec confit de canard, demi-carré d'agneau, escalope de saumon, complétée par un populaire bar à pâtes, des pizzas et les incontournables bières pression. Du côté des approvisionnements, le patron fait confiance à deux partenaires privilégiés, Gibiers Canabec pour les viandes, et Allard Fruits et légumes, qui l'assurent de produits de qualité en provenance du Québec : « Avec ces deux fournisseurs de longue date, je n'ai jamais à m'inquiéter : ils me donnent toujours des ingrédients de la meilleure qualité, parce qu'ils savent que je ne servirais pas à ma clientèle ce que je ne mangerais pas moi-même. » Présent tous les jours en cuisine pour épauler les membres de sa brigade, M. Vig tient aussi à faire ses commandes lui-même pour le simple plaisir de conserver des contacts privilégiés avec ceux qui contribuent depuis longtemps au succès de sa table.

Céline Fortin, éleveuse de lapins à Saint-Lambert et complice du chef Chand Vig

Parmi les fournisseurs du Manoir Victoria, les sœurs Élaine et Élisabeth Bélanger

Carpaccio de tomates Savoura

aux bocconcini et
à l'huile d'olive Orphée

4 portions

Nanak Chand Vig

Ingrédients tapenade

...

15 ml (1 c. à soupe)	d'huile d'olive Orphée extra-vierge
45 ml (3 c. à soupe)	d'olives noires
2	filets d'anchois
2	échalotes sèches, hachées
30 ml (2 c. à soupe)	de câpres
	sel et poivre au goût

Ingrédients vinaigrette

...

15 ml (1 c. à soupe)	de moutarde de Dijon
1	échalote sèche hachée
	jus d'un citron
45 ml (3 c. à soupe)	de vinaigre balsamique
30 ml (2 c. à soupe)	de sauce soya
200 ml (3/4 tasse)	d'huile d'olive extra-vierge Orphée
	sel et poivre au goût

Ingrédients salade

...

8	tomates Savoura bien mûres
	jus de 1/2 citron
400 g (14 oz)	de fromages bocconcini
4	croûtons de pain grillé
60 ml (4 c. à soupe)	de tapenade d'olives
30 ml (2 c. à soupe)	de ciboulette hachée
	sel et poivre au goût
	feuilles de basilic en fines herbes au goût

Préparation de la tapenade

...

Mélanger tous les ingrédients de la tapenade dans un robot culinaire et hacher finement. Réserver.

Préparation de la vinaigrette

...

Confectionner la vinaigrette en mélangeant tous les ingrédients sauf l'huile d'olive. Ajouter l'huile d'olive au fouet en un mince filet en battant constamment pour bien émulsionner. Réserver.

Préparation de la salade

...

Émincer les tomates et le fromage bocconcini en tranches très fines et régulières. Mélanger délicatement les tranches de fromage avec un peu de vinaigrette.

Montage

...

Placer les tomates en rosace sur chaque assiette et les assaisonner de sel, poivre et jus de citron. Au centre, placer un croûton de pain et y déposer 15 ml (1 c. à soupe) de tapenade. Alterner les tranches de fromage entre les tranches de tomates et la tapenade.

Arroser les tomates avec le reste de la vinaigrette. Parsemer de ciboulette hachée finement et décorer avec des feuilles de basilic ou des fines herbes.

ALCOOL D'ACCOMPAGNEMENT
Jacksons-Triggs Okanagan Valley Chardonnay
Code SAQ : 10302555

Notes de dégustation d'Anne L. Desjardins
Voilà un excellent compagnon pour les tomates au fromage frais et les anchois, avec sa robe d'une jaune paille soutenu et sa texture bien grasse en bouche. Notes d'ananas et de pomme verte rehaussées par une touche boisée discrète. Longue finale élégante.

Mignons et ris de veau

de Charlevoix aux pommes

4 portions

Ingrédients ris de veau

...

200 g (7 oz)	de ris de veau de Charlevoix blanchis et coupés en 8 escalopes

Ingrédients duxelles

...

500 ml (2 tasses)	de champignons frais
30 ml (2 c. à soupe)	d'échalote sèche, hachée
30 ml (2 c. à soupe)	de thym frais haché
30 ml (2 c. à soupe)	de beurre
30 ml (2 c. à soupe)	de cidre de l'île d'Orléans (Bilodeau ou Joe Giguère)
60 ml (4 c. à soupe)	de fromage de chèvre frais Tourilli ou de fromage à la crème

Ingrédients mignons de veau

...

12	mignons de veau de Charlevoix de 50 g (2 oz) chacun
30 ml (2 c. à soupe)	d'huile d'olive
1/2	oignon émincé
250 ml (1 tasse)	de mirepoix (carotte, céleri, oignon, hachés)
500 ml (2 tasses)	de cidre
3	pommes à cuire épépinées, en quartiers
45 g (3 c. à soupe)	de beurre
45 g (3 c. à soupe)	de sucre blanc
250 ml (1 tasse)	de demi-glace
80 ml (1/3 tasse)	de yaourt nature
30 ml (2 c. à soupe)	de coriandre fraîche, hachée
	sel et poivre au goût

Préparation des ris de veau

• • •

Dégorger les ris de veau à l'eau froide jusqu'à ce qu'ils soient devenus blancs. Les mettre dans une casserole, les couvrir d'eau froide salée et placer la casserole sur le feu. Remuer fréquemment avec une cuillère. Dès les premiers signes d'ébullition, rafraîchir à l'eau courante. Égoutter les ris, les parer, les mettre sous presse.

Préparation de la duxelles

• • •

Hacher les champignons. Dans une poêle, faire suer avec l'échalote hachée et le thym frais dans le beurre. Ajouter 30 ml (2 c. à soupe) de cidre et de fromage. Laisser fondre le fromage. Bien mélanger avec les champignons. Réduire et assaisonner. Réserver au chaud.

Préparation des mignons de veau

• • •

Préchauffer le four à 150 °C (300 °F).

Assaisonner les mignons et les ris de veau. Dans une poêle, chauffer un peu d'huile et colorer la viande des deux côtés. Retirer de la poêle et déposer la viande sur l'oignon émincé dans un plat allant au four. Couvrir et cuire au four quelques minutes.

Pendant ce temps, dans le même poêlon, colorer légèrement la mirepoix, puis déglacer avec le cidre. Laisser mijoter 10 minutes. Passer dans un tamis recouvert d'étamine (coton fromager). Remettre sur le feu et faire réduire à feu moyen-vif à découvert jusqu'à l'obtention d'un sirop clair. Réserver.

Dans un autre poêlon, à feu moyen-vif, caraméliser les quartiers de pommes dans le beurre et le sucre. Déglacer le poêlon avec le sirop de mirepoix réservé, ajouter la demi-glace et le yaourt et réduire jusqu'à la consistance désirée.

Montage

• • •

Retirer la viande du four. Sur chaque médaillon, déposer une cuillère de la duxelles de champignons, puis une tranche de ris de veau. Répéter cette séquence deux fois en terminant avec le veau. Napper de sauce et parsemer avec la coriandre hachée.

ACCOMPAGNEMENT ALCOOL
Chardonnay Woodbridge
Code SAQ : 00099408

Notes de dégustation d'Anne L. Desjardins
Avec leur texture crémeuse et leurs champignons fondants, ces mignons de veau appellent un vin blanc légèrement gras, avec des notes aromatiques boisées et de fruits exotiques. Ce chardonnay californien correspond exactement à cette description. Il offre aussi, en prime, une finale soutenue, idéale pour appuyer la sauce et la duxelles.

Nanak Chand Vig

Râbles de lapin
sur polenta et pommes caramélisées

4 portions

Ingrédients

...

375 ml (1 1/2 tasse)	de jus de pomme (divisé)
60 g (4 c. à soupe)	de semoule de maïs (polenta)
1	noix de beurre doux
4	râbles de lapin
	huile d'olive et beurre pour cuisson
250 ml (1 tasse)	de vin rouge sec
60 ml (4 c. à soupe)	de crème 35 %
2	pommes
60 g (4 c. à soupe)	de sucre blanc ou de cassonade
	sel et poivre au goût

Montage

...

Trancher les râbles en trois. Déposer les pommes caramélisées dans l'assiette, mettre une cuillère de polenta sur chaque tranche de pomme et déposer les morceaux de lapin sur la polenta. Napper avec la sauce. Servir avec des légumes au beurre.

Préparation

...

Dans une casserole, porter à ébullition les deux tiers du jus de pomme. Dans un bol, bien mélanger à l'aide d'une cuillère de bois le reste du jus de pomme et la semoule de maïs. Incorporer le mélange froid dans la casserole, ajouter une noix de beurre doux, saler et poivrer. Cuire à feu moyen à découvert pendant environ 10 minutes sans cesser de remuer. Garder au chaud.

Bien parer les râbles de lapin.

Préchauffer le four à 180 °C (350 °F).

Saler et poivrer les râbles, les rouler bien serré dans une feuille de papier d'aluminium pour leur donner une forme régulière. Cuire au four de 15 à 20 minutes. Sortir du four et laisser reposer tels quels.

Retirer les râbles du papier d'aluminium. À la poêle chaude, les colorer légèrement dans de l'huile d'olive et du beurre. Terminer la cuisson à feu doux, puis réserver au chaud.

Retirer le gras de la poêle, déglacer avec le vin rouge et laisser réduire de moitié. Ajouter la crème et réduire encore jusqu'à la consistance désirée.

Peler les pommes et retirer les cœurs. Trancher en 12 rondelles. Enrober dans le sucre blanc ou la cassonade. Chauffer à feu moyen-vif le beurre, ajouter les tranches de pomme et bien caraméliser de chaque côté. Réserver au chaud.

ALCOOL D'ACCOMPAGNEMENT
Merlot-pinotage Kumala Western Cape
Code SAQ : 10489743

Notes de dégustation d'Anne L. Desjardins
Ce vin abordable et facile à boire en provenance d'Afrique du Sud offre une magnifique couleur rouge-violet soutenue et des arômes de menthe et d'épices. L'assemblage de merlot et de pinot noir permet d'obtenir des tanins équilibrés, quoique présents, qui sont arrondis par l'omniprésence du fruit, qui évoque des baies rouges. Parfait avec du lapin grillé en sauce au vin rouge. Il serait aussi excellent avec une sauce moutarde ou de l'agneau.

Les petits fruits enivrants

Les visiteurs qui découvrent la région de Québec sont ébahis de constater la diversité des alcools fins qu'on y produit artisanalement. Aux cidres secs et pétillants s'ajoutent des cidres de glace et mistelles de pommes parmi les meilleurs qui se font dans la province et qui tirent jusqu'à 20 degrés d'alcool. Mais les producteurs ne s'arrêtent pas en si bon chemin, utilisant aussi l'érable et les fruits patrimoniaux de leurs vergers pour parfumer ces cidres et créer d'autres mistelles à base de petites prunes, d'amélanches ou de baies de leurs champs : framboises, fraises, bleuets, cassis. Et que dire des vins élevés sur la Côte-de-Beaupré et l'île d'Orléans? Ces deux locations jouissent d'un microclimat unique qui protège la vigne contre les écarts de température trop marqués. Aux traditionnels blancs, rosés et rouges à base de vignes hybrides de qualité, dont le célèbre cépage Vandal-Cliche, s'ajoutent des vins de glace produits selon les règles de l'art. Et le tableau ne serait pas complet si l'on mettait de côté les brasseries artisanales du quartier Saint-Roch, de l'île d'Orléans ou de Baie-Saint-Paul, dans Charlevoix.

Bernard Monna, le visionnaire de l'île d'Orléans

« Minigo, l'Isle ensorceleuse », comme l'appelaient les Premières Nations; « Isle de Bacchus », « Berceau de l'Amérique française », on n'a pas fini de lui trouver des qualificatifs poétiques pour tenter d'exprimer le charme un peu mystérieux de ses « quarante-deux milles de choses tranquilles », comme l'avait si bien résumée le grand Félix Leclerc, qui en avait fait son refuge. Si l'île d'Orléans est le paradis maraîcher de la région de Québec, elle est aussi le berceau de sa production de boissons alcoolisées à base de petits fruits. À commencer par la célèbre crème de cassis de Bernard Monna.

Photo : Louis Perron

Le cassis est un cousin de la groseille. Son goût prononcé et peu sucré le destine inévitablement à la transformation. Comme toutes les baies, il est très fragile et doit être traité immédiatement après la cueillette. Il déborde de nutriments protecteurs: vitamine C, fibres, potassium, calcium, magnésium, composés phénoliques et pigments anthocyaniques, des substances antioxydantes qui exercent un effet salutaire sur la circulation sanguine, protègent le cœur et combattent l'inflammation. Un plant ne commence à donner des fruits que quatre ans après avoir été mis en terre et sa longévité est de 10 à 14 ans. Cette petite plante nordique qui croît et se répand facilement existe aussi à l'état sauvage sur l'Île d'Orléans, où le type de sol bien drainé et riche en matières organiques lui est favorable. Le fleuve a un effet protecteur contre les gelées printanières hâtives, qui sont l'ennemi juré du cassis et expliquent en partie sa rareté sur notre territoire.

Sculpteur et peintre de métier, Bernard Monna est arrivé de France il y a quelque 35 ans, à la recherche d'un endroit inspirant pour établir son atelier et élever sa famille. À l'époque, rares étaient les « étrangers » qui venaient s'y établir. Avec ses 300 familles de souche, on se passait plutôt le savoir-faire agricole de génération en génération. Mais pour M. Monna, la découverte d'une vaste terre située à Saint-Pierre a été un coup de foudre. On y retrouve aujourd'hui une importante plantation de cassis, l'économusée de la liquoristerie et la prospère petite entreprise Cassis Monna et filles.

L'aventure du cassis

Photo : Archives Le Soleil

Il y a 60 ans, tous les cultivateurs plantaient du cassis dans leur cour, qu'on appelait « gadelle noire ». Mais cette baie bourrée de saveurs a fini par tomber en désuétude au Québec, supplantée par les fraises, les framboises et les bleuets. C'était avant que Bernard Monna ne vienne changer la donne. « Lorsque je me suis installé sur l'île, mes parents, paysans des Cévennes, m'avaient encouragé à planter du cassis parce qu'il donne d'excellentes confitures et de délicieux sirops, mais aussi parce qu'ils le voyaient comme le fruit de l'avenir », relate ce dernier. Ils ne croyaient pas si bien dire, puisque leur fils a fini par se passionner pour ces petits fruits rouges tellement foncés lorsque mûrs qu'ils en deviennent noirs.

Parti de 12 plants, Bernard Monna s'est rendu célèbre avec sa crème de cassis de l'Isle ensorceleuse, qui a gagné en 1995 la médaille d'or à la compétition internationale de liqueurs de Ljubljana, en Slovénie, lorsque présentée par la SAQ. Il fabrique aussi du sirop, deux alcools apéritifs et un vin fortifié, Le Capiteux. Semblable à un porto, il a un potentiel de garde comparable et se révèle délicieux avec un fromage bleu ou du chocolat. Le hasard ne pouvait d'ailleurs mieux faire les choses, puisque les ancêtres de M. Monna ont justement exercé le métier de liquoristes pendant plusieurs générations.

Photo : Anne L. Desjardins

Le Café du Monde

Photo : Archives Le Soleil

Il n'y a pas plus parisien que ce bistrot stratégiquement situé les pieds dans l'eau, à l'espace Dalhousie du Vieux-Port de Québec. Doté d'une magnifique terrasse qui permet de jouer à voir et être vu tout en lorgnant du côté des navires de croisière qui accostent à deux pas, l'endroit est un des repaires favoris des gens d'affaires et de la faune artistique de la capitale. Le décor est l'exacte réplique d'une brasserie Rive-Gauche, avec ses larges ardoises, ses zincs, ses chaises cannelées et ses tables rondes, ses tuiles noires et blanches et ses serveurs qui portent le pantalon noir et le long tablier blanc, uniforme universel de la confrérie des garçons (et des filles!) de café. Et que dire du menu de cette institution de Québec qui vient de fêter son 20e anniversaire? Aucun doute : on est en France : soupe à l'oignon gratinée ou au poisson et sa rouille; fondant de foies de canard et sa garniture de raisins; os à moelle, bouillon et sel de Guérande; moules et frites déclinées de toutes sortes de façons avec mayonnaise maison; tartare de bœuf; ris de veau à l'orange; saucisse Toulouse aux deux moutardes et foie de veau... à l'anglaise! Si la cuisine est d'inspiration parisienne, les ingrédients de ces classiques, eux, proviennent bel et bien en grande partie de la région de Québec : du canard aux légumes frais, en passant par les petits fruits et les produits de l'érable. Les patrons du Café du Monde et le chef des cuisines ont toujours eu à cœur de contribuer au développement agroalimentaire de leur région. La carte des vins est à l'avenant, avec un cellier ultramoderne qui compte quelque 2 000 crus, dont plusieurs importations privées exclusives. Le Café du Monde a d'ailleurs été le premier restaurant de Québec à offrir le vin au verre.

Pour en savoir plus :
84 rue Dalhousie, voisin du Terminal de croisières
Quartier du Vieux-Port de Québec
www.lecafedumonde.com
Téléphone : 418 692-4455

Photo: Louis Perron

Une relève assurée

Bernard Monna a transmis son savoir-faire et son amour du cassis à plusieurs proches. À commencer par ses filles Anne et Catherine, qui ont pris la relève de la fabrication et de la mise en marché du sirop et des alcools de cassis, tout en concrétisant avec leur père un vieux rêve : créer le premier économusée de la liquoristerie en Amérique du Nord. Leur petit bistrot, La Monnaguette, adjacent au musée, offre une cuisine simple tout cassis. Bernard veille toujours aux cultures, monté sur sa vendangeuse, qu'il a lui-même adaptée pour la récolte du cassis...

Dans le champ d'en face, son ami Vincent Noël cultive lui aussi du cassis, qu'il vend en partie à la Maison des Futailles (filiale de la SAQ) pour la production d'une liqueur de cassis basée sur la recette de Bernard Monna. C'est d'ailleurs Bernard qui lui a proposé de se lancer dans cette culture, en plus de son travail de producteur agricole : « J'ai débuté il y a 16 ans pour aider Bernard et je suis maintenant vendu à la cause du cassis, plaide Vincent Noël, à cause de son goût, de son potentiel en transformation et de ses qualités nutritionnelles. Mais il y a encore beaucoup de travail de sensibilisation à assumer pour mieux le faire connaître. » Ses quatre hectares de production comptent des variétés qui viennent de Finlande, de Suède et d'Écosse, les mêmes que celles de Bernard Monna. « Nous les avons sélectionnées pour leur résistance aux maladies, comme le Titania, le Ben Nevis et le Ben Lomond, et pour leur capacité à produire beaucoup de jus, avec un arôme prononcé. » Hormis Bernard Monna et Vincent Noël, qui sont les deux plus importants producteurs de cassis au Québec, leur voisine Liz Ouellet en cultive également, de même que le Moulin du Petit pré, sur la Côte-de-Beaupré, et un agriculteur de Compton, dans les Cantons-de-l'Est. Dans Charlevoix, la Ferme des Monts a également une petite production de cassis biologique, vendu aux chefs de la région.

Cidre, cidre de glace et mistelle : l'or liquide des pomiculteurs

Avec la culture de la fraise, la pomiculture est une des activités les plus répandues sur l'île d'Orléans et sur l'Isle-aux-Coudres, dans Charlevoix. Mais dans les années 90, la chute des prix des pommes a forcé les agriculteurs à chercher d'autres débouchés pour écouler leur production. Encouragés par l'exemple de leurs collègues des Cantons-de-l'Est et de la Montérégie, ils ont décidé de se recycler dans la transformation, en choisissant un produit à haute valeur ajoutée : le cidre.

La production de cidre

Comme pour les cépages du vin, chaque variété de pomme donnera un cidre d'une personnalité différente. On peut donc procéder à des assemblages qui donneront toutes sortes de types de cidres, plus ou moins secs, plus ou moins parfumés. Le sol, le climat et le moment de la cueillette auront également une influence sur le produit fini. Après la cueillette, on lave les pommes, on les broie pour en extraire le jus, puis on débourbe en laissant le jus obtenu reposer quelques jours. Puis, vient l'ajout des levures destinées à transformer le sucre des pommes en alcool par un processus de fermentation dans des cuves d'acier inoxidable. Pour obtenir un mousseux, on provoque une seconde fermentation qui permet au gaz carbonique de se développer. Dans le cas du cidre de glace, les pommes sont récoltées lorsque gelées à une température variant de –12 °C à –15 °C. Pressées à froid, comme les raisins, elles permettent d'extraire un jus très concentré en sucre, qui est ensuite mis à fermenter en barriques pendant 9 à 16 mois. Le cidre de glace est un des plus gros succès de l'agroalimentaire québécois, avec 1,5 millions de bouteilles produites annuellement. Règle générale, le cidre est fait pour être bu dans l'année suivant sa mise en bouteille.

Photo: Archives Le Soleil

Cidrerie Verger Bilodeau

Photo : Louis Perron

Micheline L'Heureux et son conjoint Benoît Bilodeau sont les premiers pomi-culteurs de l'île d'Orléans à s'être lancés dans la production de cidre, en 1995. « Nous avons tout simplement répondu à la demande de notre clientèle », explique Mme L'Heureux. La ferme est aussi réputée pour son jus, son beurre, son sirop, ses gelées, ses tartes et son vinaigre de pommes. Le verger de six acres (aussi ouvert à l'autocueillette) compte des pommes McIntosh, Cortland, Spartan, Empire, et aussi un peu de Paula Red.

En 1982, le couple L'Heureux-Bilodeau achetait une grande terre à Saint-Pierre-de-l'île-d'Orléans. Pendant les 12 années suivantes, ils ont bâti maison et planté 3 500 pommiers, montant progressi-vement leur entreprise familiale. Aujourd'hui, un tiers de la production est consacré à la fabrication de cidres et de mistelles. « Nos clients nous demandaient de faire du cidre parce qu'ils en avaient goûté en Montérégie, où Michel Jodoin avait commencé à en produire », se souvient Micheline L'Heureux, qui s'implique à temps plein depuis ses débuts. « Mais j'étais quand même réticente, parce que l'aventure ratée de cidres comme Le grand sec d'Orléans avait fait une très mauvaise réputation à cet alcool, et la côte nous parais-sait ardue à remonter. » Toujours à la recherche de nouveaux débouchés pour son verger, elle décide néanmoins de faire le grand saut et s'inscrit à différentes forma-tions intensives, notamment à l'Institut de technologie agricole de Saint-Hyacinthe, puis auprès d'Alain Caillaud, viniculteur-conseil réputé. « C'est un secteur qui exige beaucoup de minutie et de précision et où il n'y a aucune place pour l'improvisa-tion », explique son conjoint, Benoît Bilodeau, qui vient de prendre sa retraite afin de s'investir à temps plein au verger et à la cidrerie. La production annuelle de 20 000 bouteilles comprend toute la gamme des alcools de pomme. Au cidre mousseux fait selon la méthode traditionnelle (sans ajout de gaz carbonique), s'ajoutent un cidre léger, un à base de sirop de fraise et un autre à l'érable. Le Nectar de glace est un cidre de glace parfaitement équilibré en sucre et en acidité, qui accompagne bien le foie gras et les rillettes. Le Fascination est une mistelle de pomme aux framboises (liquoreux à 18° d'alcool) qui se sert très froide, à l'apéro ou en digestif. Dans la même gamme, on trouve le Reflet de cassis et le Framboisier, deux autres mistelles qui sont excellentes pour flamber, mariner, servir en granité ou telles quelles avec les fromages et le foie gras. La relève semble assurée chez les Bilodeau, dont les deux enfants, Josée et Claude, ont toujours manifesté un intérêt marqué pour l'entreprise familiale et donnent un solide coup de main à leurs parents.

Photo : Archives Le Soleil

Photo : Archives Le Soleil

Photo : Archives Le Soleil

Ce grand hôtel de destination situé au pied des pentes du Mont Sainte-Anne a pris il y a quelques années une tangente gastronomie tout à fait bienvenue des sportifs qui le fréquentent. Stimulé par la famille Roy, les nouveaux propriétaires qui sont des amateurs de bonne chère et qui habitent la région, le chef Simon Renaud et sa brigade consacrent beaucoup de temps à créer une carte à la fois nourrissante et représentative de la richesse du terroir environnant. On utilise le canard des Canardises pour concocter magrets rôtis, crème brûlée au foie gras, rillettes ou moules sauce périgourdine aux copeaux de foie gras. On prépare des burgers à base de fromage Brie de Portneuf et de tomates Lacoste de Charlevoix. On travaille les beaux légumes de la Ferme du Bon Temps. On propose une planche de produits du terroir qui met à l'honneur diffé-rentes spécialités de la Côte-de-Beaupré. La fondue au fromage possède un solide accent québécois, tandis que le cerf vient de Boileau et qu'on sert des vins, cidres, mistelles et hydromels de la région. Sans parler des fruits et des légumes qui viennent aussi du triangle île d'Orléans, Côte-de-Beaupré, Charlevoix. S'il est très rare qu'un grand hôtel investisse autant dans la mise en valeurs des produits locaux, il faut dire que le Château Mont Sainte-Anne a fait le pari d'adopter une identité fortement régionale qui semble très bien le servir. Il fait ainsi la preuve que l'on peut travailler de pair avec les petits producteurs et transformateurs artisans tout en étant rentable. Avec ce virage audacieux, ce prestigieux centre de villégiature démontre aussi qu'une fine cuisine bien identifiée à ses sources est un atout de taille dans un plan d'affaires et contribue à se démarquer de la concurrence.

Pour en savoir plus :
500, boulevard du Beau-Pré, Beaupré
Téléphone : (1 800) 463-4467 • 418 827-5211
www.chateaumsa.com

Cidrerie Verger Joe Giguère

Joe Giguère est un tout petit producteur qui fait les choses différemment. Soudeur récemment retraité, il se consacre depuis 1988 à sa nouvelle passion, la cidriculture. Sur les terres de Sainte-Famille que lui a léguées son père il y a près de 40 ans, M. Giguère cultive maintenant 18 variétés de pommiers. Avec l'aide de son ami liquoriste Bernard Monna, il s'est lancé dans la fabrication d'un cidre de glace fortifié à l'alcool, qu'on appelle une mistelle. D'une belle couleur ambrée et dotée d'un parfait équilibre entre les sucres résiduels et l'acidité, il l'a baptisée humoristiquement «Un goût de péché». Tant qu'à jouer avec la symbolique judéo-chrétienne tournant autour de la pomme, autant y aller à fond, blague ce bon vivant, qui vend la quasi-totalité de sa production annuelle de 6 000 bouteilles à son domaine. Son cidre de glace qui tire à 18° d'alcool est fait à partir d'un assemblage de 10 variétés de pommes. Mais, contrairement à d'autres producteurs qui cueillent les pommes gelées directement sur l'arbre, M. Giguère a choisi de les récolter à l'automne, lorsqu'elles sont au meilleur de leur forme, et de les laisser en atmosphère contrôlée: «Quand survient un gel solide, à –30 °C, je sors les pommes dehors deux jours, en même temps que le jus que j'ai déjà pressé. On atteint de la sorte une bonne concentration en sucres.» C'est au terme de cinq ans d'efforts que Joe Giguère a réussi à trouver la recette optimale pour sa mistelle de glace. Il ajoute ensuite des levures et procède à la fermentation en cuves, qui dure deux semaines, avant l'ajout d'alcool, puis la clarification, qui conférera la couleur ambrée désirée au produit. Le processus entier de fabrication du cidre de glace prend moins de six mois.

Domaine Steinbach et Domaine de La Source à Marguerite

Deux autres producteurs de cidre comptent parmi les gros joueurs de l'île d'Orléans. Le Domaine Steinbach est situé à Saint-Pierre, tandis que le Domaine La Source à Marguerite, le dernier-né, a pignon sur rue à Sainte-Famille. Le domaine Steinbach est une entreprise agrotouristique qui fabrique différents produits, dont les pâtés, terrines, moutardes, gelées et confits d'oignon, qui sont vendus à la charmante boutique adjacente à un centre d'interprétation. Il est la propriété de Claire et Philippe Steinbach, une rédactrice professionnelle et un électrotechnicien qui ont quitté leur Belgique natale il y a une dizaine d'années pour venir s'installer à l'île d'Orléans avec leurs trois enfants. Le Domaine possède un verger de 4 000 pommiers de culture biologique qui s'étalent en pente douce côté fleuve et qui font face à Château-Richer. À l'instar de Joe Giguère, Philippe Steinbach préfère cueillir ses pommes à maturité et en extraire le jus, qu'il fait ensuite geler pour en recueillir le précieux nectar transformé en cinq cidres fort différents, dont l'un est au cassis et le second à la framboise. Le digestif Tourlou aromatisé à l'érable contient 18 % d'alcool, tandis que le cidre Cristal de glace est très apprécié avec les desserts au chocolat ou à la crème.

Le Domaine de La Source à Marguerite est situé sur une terre de 63 hectares, à Sainte-Famille de l'île d'Orléans, dont 11 sont en vergers (pommes, poires, prunes) et trois en vignes (une douzaine de cépages hybrides). Originaires de Montréal, Diane Dion et Conrad Brillant ont acheté cette grande terre, la Ferme Normandie, en octobre 2001 en guise de projet de retraite, avec le désir d'y faire pousser de la vigne et de fabriquer différents alcools à partir des quelque 34 variétés de pommes du verger.

Planté à l'origine par l'ancien propriétaire, on y retrouve des cultivars rares, comme la Blanche, la Geneva ou la Vista Bella qui permettent de créer des cidres forts, apéritifs ou liquoreux d'assemblage. Plusieurs sont aromatisés avec des fruits qui poussent au domaine, comme la poire Kiefer ou la prune de Damas. L'immense grange a été convertie en cidrerie et on a bâti un entrepôt à atmosphère contrôlée. On y produit une variété de 11 cidres, de même qu'une mistelle de raisin et un vin rouge, complétés par des produits transformés de la pomme. L'entreprise a beau être jeune, elle n'en gagne pas moins déjà des prix lors de la Coupe des Nations du Festival de la gastronomie de Québec, une compétition ouverte aux producteurs d'alcools fins du Québec. Le Domaine de la Source à Marguerite tire son nom d'une légende du village de Sainte-Famille selon laquelle vers 1685, Mère Marguerite Bourgeois y aurait fait surgir une source afin de subvenir aux besoins des sœurs qui y enseignaient, laquelle ne s'est jamais tarie depuis.

Photo : Anne L. Desjardins

Les nectars charlevoisiens de Cidres et Vergers Pedneault

Quand on arrive à l'Isle-aux-Coudres, il suffit de monter la grande côte pour se retrouver sur les terres ancestrales des Pedneault, où huit générations se sont employées à cultiver la terre, puis à planter des arbres fruitiers. Un patrimoine que Michel Pedneault a su prendre très au sérieux et qu'il s'ingénie à faire fructifier avec passion, entouré des membres du clan, dont son neveu Éric Desgagnés, qui travaille de très près avec lui. Cette passion, c'est d'abord celle de la pomiculture, qui court dans la famille depuis 1918 et à laquelle s'est rapidement ajouté le métier de pépiniériste. Les vergers de l'exploitation totalisent aujourd'hui 1 200 pommiers de 25 variétés, dont certaines très anciennes, comme la Baldwin, la Duchesse ou la Wealthy, de même que des variétés hybrides rares, telles que la Greening, une pomme à cuire de couleur cuivrée qu'on cueille après les premiers gels. Forts d'un intéressant patrimoine et d'une documentation variée, les Vergers Pedneault ont aussi mis sur pied l'Économusée de la pomiculture. On produit donc d'excellents jus, des beurres, des compotes, du vinaigre de cidre non pasteurisé, en plus d'offrir l'autocueillette.

Photo : Anne L. Desjardins

L'autre grande passion qui court dans la famille, c'est celle des alcools de fruits, que Michel Pedneault a appris à fabriquer dès 1998 avec l'aide du spécialiste vinicole Alain Caillaud, qui a aussi aidé le Verger Bilodeau, de l'île d'Orléans. Michel Pedneault y a vu un univers de possibilités nouvelles et originales pour ses arbres fruitiers et la possibilité d'obtenir une intéressante valeur ajoutée sur ses récoltes. Car on n'est pas que pomiculteur chez les Pedneault : on a aussi un verger ancien d'arbres fruitiers qui comprend 165 poiriers (Clapp Favorite, Beauté flamande), des pruniers, des cerisiers, de même que des amélanchiers, des coudriers et des argousiers, ces petits fruits orange riches en antioxydants, qui serviront à aromatiser certains des alcools de fruits à venir. Michel Pedneault fabrique aujourd'hui plus d'une vingtaine de variétés de cidres, de cidres apéritifs et de mistelles aromatisées aux prunes, aux poires et aux petites poires (amélanches), qui poussent aussi à l'état indigène sur l'Isle-aux-Coudres. La Grande Glace, un liquoreux à 20 % d'alcool qui se compare au porto blanc, est un des meilleurs vendeurs et rafle régulièrement les honneurs dans les compétitions.

La Mangue verte

Photo : Archives Le Soleil

Ouverte en septembre 2006 et située dans le nouveau Centre d'affaires Lebourgneuf, La Mangue verte réunit sous un même toit une pâtisserie, une chocolaterie, une boulangerie, une cafétéria branchée et un service de traiteur. Le concept est unique à Québec et a été imaginé par les deux jeunes propriétaires, Lysanne Gingras, diplômée en gestion hôtelière de Mérici, et son conjoint, Jean-Michel Tinayre, un chef-pâtissier réputé qui a quitté sa magnifique île de la Réunion natale par amour pour sa belle Québécoise. Tous deux tenaient à créer un établissement à leur image : audacieux et polyvalent, qui saurait faire un clin d'œil aux origines du chef : d'où le choix rafraîchissant de « La Mangue verte ». Le menu joue à fond cette carte gourmande et santé doublée d'un brin d'exotisme en offrant différentes options : menu matin, menu verdure et jus fraîcheur, menu soutenant. On pourra ainsi choisir différentes options, aussi disponibles en plats sous vide, comme le poulet en sauce aigre-douce à l'ananas ou safrané à la créole, les crevettes tigrées sauce gingembre et miel ou en aigre-doux, opter pour un tartare de saumon frais avec fritelles et verdures au sésame ou préférer un sandwich santé et des jus frais faits sur place. Le service de traiteur de La Mangue verte permet d'organiser un cocktail dînatoire, un repas de groupe ou une soirée intime d'un genre différent grâce à son menu froid et chaud qui comprend des bouchées comme le croustillant braisé d'agneau et mayo canneberge, le poulet au miel laqué en brochette, le conique de thon et avocat, la dinde fumée persillée sur pain ciabatta maison, le maki de homard et vert feuillage ou les *won ton* de rillettes de thon. Les pâtisseries, qui ont déjà grande réputation partout en ville, sont souvent des créations uniques et inspirées, qui explosent en bouche avec leurs saveurs de mangue, de caramel salé, de chocolat noir grand cru ou de noix de coco fraîche. À découvrir !

Pour en savoir plus :
6655, boul. Pierre-Bertrand, Québec
Téléphone : 418 626-4434
www.lamangueverte.com

Le fruit d'abord!

Ce qui caractérise les alcools de petits fruits de M. Pedneault, c'est un parfait équilibre entre le goût du fruit et sa teneur en sucre. « Il est très facile de produire des alcools de fruits très sucrés, explique-t-il, parce que le sucre, dans un cidre de glace, c'est ce qui ressort naturellement. Le défi, c'est plutôt d'arriver à équilibrer cette composante et de rendre l'arôme du fruit plus présent, plus subtil, en réduisant la présence du sucre, qui donne cet intense parfum de caramel brûlé. J'essaie d'abord d'établir le goût du fruit, de l'amener à son plein potentiel. Ça demande du temps, de la patience et beaucoup d'essais et d'erreurs. » Ce qu'il aime de ce défi? Passer son temps à apprendre et à chercher des moyens de s'améliorer: « C'est une grande fierté quand j'arrive à mettre au point une nouvelle recette qui plaît aux clients et qui devient un succès, comme notre apéritif La Petite Poire, aromatisé à l'amélanchier, et notre mistelle de pommes et d'amélanchier, Le Mam'zelle Marie-Anne. Et puis, c'est vraiment intéressant de travailler en collaboration avec différents centres de recherche, comme celui de La Pocatière, pour améliorer nos variétés et en développer de nouvelles. » M. Pedneault croit que ses parents et grands-parents seraient fiers du travail accompli afin de rentabiliser ce secteur longtemps déficitaire de la pomi-culture, au lieu de laisser les vergers tourner à l'abandon.

Le fruit de la vigne
Vignoble Isle de Bacchus

C'est Jacques Cartier qui avait baptisé l'Île d'Orléans « l'Isle de Bacchus », en raison de l'abondance de vignes sauvages de type Riparia qui y poussaient. Et voilà que Donald Bouchard, un passionné de vins qui habite Saint-Pierre depuis 1972, se laisse emporter par son enthousiasme et décide de planter des vignes sur sa propriété qui domine le fleuve, histoire de ne pas faire mentir la réputation que le découvreur du pays avait faite à « son » île. Nous sommes en 1982. C'est comme ça qu'est né le premier vignoble du secteur, L'Isle de Bacchus, auquel s'ajoutera celui de Sainte-Pétronille, en 1990. Dans la belle ancestrale qui date de 1750, M. Bouchard a aussi créé un gîte du passant, La maison du vignoble, qui porte d'autant mieux son nom que les caves à vin ont été construites à même les fondations de pierre. La première salle sert à la vinification, la seconde à l'élevage des vins. L'équipement ultramoderne permet l'arrivée du moût par simple gravité en période de vendanges, un traitement qui préserve mieux les caractéristiques du raisin.

Photo : Archives Le Soleil

Le vignoble de l'Isle de Bacchus compte cinq hectares répartis en quatre terrasses qui descendent en pente douce jusqu'au fleuve, qu'il domine d'environ 30 mètres. Son orientation sud–sud-ouest lui confère un microclimat idéal, puisqu'on n'enregistre pas de gel digne de ce nom de la mi-mai à la mi-octobre, ce qui permet aux raisins de prendre toute leur maturité avant les vendanges. M. Bouchard et son fils Alexandre achètent aussi le raisin d'un cultivateur de l'île, amenant la production du vignoble à 25 000 bouteilles. Ils ont choisi de faire une taille dite Guillot, à l'européenne, à 30 cm du sol. Cela permet d'utiliser la neige comme isolant des pieds de vigne l'hiver tout en aidant les raisins à mûrir au maximum en tirant parti de la chaleur du sol l'été.

Le vignoble compte son propre laboratoire, résultat d'une expertise glanée au fil de nombreux voyages et de stages à l'étranger. M. Bouchard s'est associé avec son fils Alexandre pour produire trois vins à la personnalité bien distincte: un blanc, Le 1535, un rouge, Le Village des Entre-Côtes, et un rosé sec, Le Saint-Pierre. Faits à partir des cépages hybrides Vandal-Cliche, Sainte-Croix, Foch, Éona et Michurinetz, ce sont tous des vins d'assemblage, une technique que M. Bouchard privilégie parce qu'elle favorise une plus grande complexité des arômes. Si ces vins à boire jeunes n'ont pas la prétention d'atteindre à la renommée des vins européens, en revanche le vin de glace le Jardin de givre de l'Isle de Bacchus a mérité récemment une des deux

Photo : Louis Perron

seules médailles Grand Or, honneur partagé avec un autre vignoble québécois, lors d'une compétition internationale qui présentait près de 2 000 bouteilles. M. Bouchard attribue cette victoire des vins de glace québécois sur les vins ontariens ou de Colombie-Britannique au fait que notre raisin jouit de moins de journées d'ensoleillement pour parvenir à maturité. Il est donc moins sucré et plus acide, ce qui donne un vin mieux équilibré en sucres résiduels.

Le Vignoble de Sainte-Pétronille

En 2003, Louis Denault et Nathalie Lane ont troqué leurs habits respectifs d'ingénieur et de comptable agréée citadins pour devenir vignerons à plein temps en rachetant le superbe Vignoble de Sainte-Pétronille. Même s'ils travaillent toujours très dur, le jeune couple qui a l'entreprenariat dans le sang a enfin pu réaliser son rêve d'offrir une meilleure qualité de vie à ses trois enfants, tout en ayant la chance de les avoir près d'eux. L'endroit est carrément idyllique, avec sa perspective imprenable sur le fleuve et les chutes Montmorency, sa grande maison campée tout au bout et ses terres de 25 hectares, dont cinq plantés en cépages hybrides. Le vignoble compte 10 000 ceps et les plus vieilles vignes de Vandal-Cliche jamais plantées au Québec. Les autres variétés sont l'Eona, le Sainte-Croix et quelques-unes dites « à numéro », développées par des agronomes du Minnesota. Depuis que le tandem Denault-Lane l'a repris en mains, le Vignoble Sainte-Pétronille a subi une solide cure de rajeunissement de son chai, avec l'achat de cuves d'inox et de barriques neuves, d'un pressoir

Aliments de santé Laurier

S'il y a une épicerie que le reste de la province envie à Québec, c'est bien ce haut lieu de la cuisine santé qu'est le supermarché Aliments de santé Laurier. Créé par Lyse Matton Boivin en 1971 dans un petit local de 250 pieds carrés, l'entreprise n'a cessé d'évoluer au gré de la demande de la clientèle et des tendances. Aujourd'hui, ce commerce spécialisé en santé naturelle situé à Place Laurier jouit d'un espace de 15 000 pieds carrés joliment aménagé, offrant quelque 22 000 produits différents, ce qui en fait le plus vaste établissement du genre au Canada. La fille de Mme Matton Boivin, Élaine, travaille depuis 1995 aux côtés de sa mère et, à titre de vice-présidente, contribue à élargir la gamme des produits et des services offerts tout en assumant le volet marketing et communications. Chez Aliments de santé Laurier, le choix est vaste pour se concocter des repas savoureux et sains à partir d'ingrédients dont la plupart sont biologiques ou issus de l'agriculture écologique : fruits, légumes et viandes, vaste assortiment de thés, tisanes, cafés, chocolat (biologiques et équitables), fines herbes, céréales de grains entiers, noix et graines oléagineuses, produits de beauté naturels, livres et musiques du monde. L'épicerie offre aussi un intéressant assortiment de mets cuisinés, du fromage, du pain au levain, de la bière et du vin. Parmi la gamme des services disponibles, outre le bistrot qui sert des repas complets, les clients ont accès à des ateliers de cuisine, des conférences variées, des consultations avec la nutritionniste-conseil Hélène Baribeau, de même que des soins de beauté à base d'extraits de plante. Enfin, cette entreprise très impliquée dans sa communauté a toujours valorisé la production de niche des artisans de la région. Raymonde Tremblay y vend sa viande d'émeu, on y retrouve le porc et le poulet des Viandes biologiques de Charlevoix et une vaste gamme de produits maraîchers ou transformés qui répondent aux impératifs d'une alimentation saine.

Pour en savoir plus :
Aliments de santé Laurier, 2700, boul. Laurier, Québec
Téléphone : 418 651-3262
www.alimentssante.com

et d'équipement de ferme. On a replanté des centaines de pieds de vigne et retiré ceux qui ne donnaient pas un rendement satisfaisant. La nouvelle salle de dégustation avec boutique intégrée est très accueillante, avec son coin bistrot et une grande terrasse dont la vue est à couper le souffle. C'est Nathalie qui gère l'aspect mise en marché, tandis que son conjoint se charge de la production.

Un des objectifs de Louis Denault et Nathalie Lane, c'était de créer des produits à valeur ajoutée à partir des fruits de leur vignoble, comme cette mistelle de raisin, fabriquée depuis 2004, qui est devenue une spécialité, en même temps qu'un gros succès commercial. La production annuelle atteint 4 000 litres. Son goût et un taux d'alcool à 17 % la rapprochent d'un Pineau de Charente. Le Vignoble de Sainte-Pétronille est un des seuls établissements producteurs dans la province. C'est aussi le seul vin du domaine qui vieillit deux mois en fût de chêne, les autres étant élevés en cuves d'inox.

Louis Denault a aussi créé tout récemment un vin de glace à partir du cépage Vandal-Cliche, avec un résultat assez prometteur pour l'inciter à poursuivre l'expérience et à en commercialiser une plus grande quantité dans les années à venir. Avec un taux d'acidité élevé, ce jeune vin est lui aussi beaucoup moins sucré que le *Icewine®* ontarien et révèle un bon potentiel de vieillissement, ce qui est aussi un gage de qualité. « Nous vendons la quasi-totalité de notre production au vignoble. Ça permet aux visiteurs de goûter, de comparer l'évolution d'une année à l'autre et de profiter d'une belle expérience agrotouristique », constate Nathalie Lane qui confirme que le Vignoble de Sainte-Pétronille ne compte pas développer plus avant leur gamme. « Avec un blanc, un rouge, un peu de rosé, notre mistelle de raisin et le vin de glace, nous sommes satisfaits et nous allons plutôt travailler à améliorer la qualité et le potentiel de vieillissement de nos vins. »

Le cépage Vandal-Cliche

Il s'agit d'un cépage blanc créé par un agronome de l'Université Laval, M. Joseph Vandal, qui a travaillé pendant 30 ans à mettre au point le premier raisin à vin développé spécifiquement pour résister sans buttage aux hivers et aux sols de la région de Québec. Par la suite, l'agronome Mario Cliche, de l'Institut de technologie agricole de Saint-Hyacinthe, a poursuivi les recherches sur ce cépage. De sorte que le Vandal-Cliche représente 50 ans de clonage et d'hybridations successives pour en améliorer la qualité et la rusticité et en faire un cépage entièrement adapté au sol et aux hivers spécifique de la région de Québec. Pour le couple Roy-Harnois, il s'agit d'une source de fierté qui a été en grande partie responsable de leur choix de planter de la vigne sur leurs terres de Cap-Tourmente.

Le Domaine Royarnois

Pratiquer le métier de vigneron au nord du 46e parallèle, c'est opter pour une vie d'agriculteur sur la corde raide. C'est pourtant le choix qu'ont fait Roland Harnois et Camille Roy en 1992, en créant cet établissement vinicole du Cap-Tourmente, un exploit doublé d'un acte de foi solidement documenté...

Avec 14 hectares de vignes en culture, pour une production annuelle de 2500 caisses, le splendide domaine seigneurial situé au Cap-Tourmente totalise 273 hectares, ce qui en fait une des plus grosses exploitations vinicoles de la province et aussi la plus septentrionale. A l'instar de la plupart de leurs collègues québécois, Les Roy-Harnois se concentrent sur la plantation de vignes hybrides adaptées à nos latitudes et capables de produire des raisins de qualité. C'est à ces conditions que l'ingénieur-chimiste et œnologue autodidacte Roland Harnois a accepté de tenter l'aventure du vin, après une carrière bien remplie de bâtisseur d'usines. Il croit que les obstacles climatiques à la production de vignes à vin de grande qualité sont sur le point d'être levés par les scientifiques qui travaillent sur l'hybridation. « Mais il faut voir à long terme. Un vignoble, sous nos latitudes, c'est un projet qui ne devient rentable qu'au bout d'une génération. »

Ce robuste octogénaire se lève toujours aux aurores pour prendre soin de ses vignes, tandis que sa femme Camille s'occupe de commercialisation. Plusieurs grands restaurants de Québec ont d'ailleurs choisi de mettre ses vins sur leur carte, une autre grande source de fierté. Mme Roy considère que les dégustations à l'aveugle font beaucoup plus pour la réputation d'un vin que n'importe quelle publicité. C'est pourquoi elle participe à de nombreux Salons et foires vinicoles pour faire connaître ses produits. Fort heureusement, elle et son mari voient l'avenir avec optimisme parce la relève est solide, plus compétente et mieux formée que jamais. «Je me dis qu'avec le temps, il n'y a pas de raisons pour que nous n'arrivions pas, comme les Français, à produire des vignes acclimatées à notre réalité et des vins excellents, souligne Camille. Exactement comme pour les fromages.»

Photo : Anne L. Desjardins

Les quatre vins du Domaine Royarnois ont un degré d'acidité assez élevé et une belle complexité, typiques des vins de climat frais. Camille Roy et Roland Harnois savent qu'ils n'obtiendront jamais de rouges costauds, comme ceux du sud de la France ou d'Australie. Ils visent plutôt la finesse des productions d'Alsace ou de Bourgogne, par exemple. D'ailleurs, leur blanc du Petit Cap a des notes de fleurs et de fruits qui évoquent le cépage allemand Gewürztraminer, tandis que leur Blanc de Montmorency, bien sec, a des parentés avec un Pinot gris. Le Rouge de Montmorency rappelle certains Beaujolais. Le Roselin, un de leurs gros vendeurs, est un agréable rosé demi-sec dont la belle couleur foncée est due aux capacités teinturières du raisin Sainte-Croix, un hybride produit au Minnesota.

Le vignoble Moulin du Petit Pré

La Côte-de-Beaupré est reconnue pour sa production horticole depuis les débuts du Régime Français. Les caveaux à légumes qui subsistent le long du chemin du Roy, entre Beauport et Sainte-Anne-de-Beaupré, témoignent de ce précieux héritage. Seul vignoble commercial établi dans ce secteur, le vignoble Moulin du Petit Pré tire son nom du moulin seigneurial situé en contrebas, dont la construction remonte à 1695 et qui abrite le chai et la boutique. Le vignoble est aussi le plus récent de la région, puisqu'on y a planté les premières vignes en 1997, soit cinq hectares de cépage Vandal-Cliche, un peu de Sabrevois et plusieurs ceps expérimentaux. Le vignoble compte aussi trois hectares de petits fruits en production (framboises, cassis, mûres, amélanches), qui entrent dans la fabrication de ses mistelles et vins

Photo : Archives Le Soleil

de fruits. Les rangées de ceps sont plantées en orientation nord-sud et le palissage en Geneva double rideau favorise l'aération des raisins et une exposition maximale aux rayons solaires. On vise ainsi une maturation plus égale et plus hâtive des fruits. La vue sur le fleuve et l'île d'Orléans y est magnifique. Le vignoble produit toute une gamme de vins blancs et aussi un rouge en très petite quantité.

Photo : Archives Le Soleil

Avec quatre restaurants Le Cochon Dingue, plus la pâtisserie artisanale-salon de thé Le Petit Cochon Dingue, on peut dire que l'on a affaire à une véritable bannière de restaurants gourmands qui sont une des signatures de la capitale. Inspiré des sympathiques troquets français, Le Cochon Dingue a pignon sur rue à Québec depuis 1979. C'est en 1987 que les actuels propriétaires, France et Jacques Gauthier, font l'acquisition de l'établissement qui deviendra la maison-mère, boulevard Champlain, dans le quartier du Vieux-Port. Bientôt s'ajouteront Le Cochon Dingue du quartier Montcalm, puis celui de Sillery et, tout récemment, le Cochon Dingue Lebourgneuf, premier restaurant de la bannière à sortir du centre-ville. Le petit Cochon Dingue, lui, offre pains maison, viennoiseries et desserts « cochons » qui ont fait la renommée de la maison, à consommer sur place ou pour emporter. Les quatre restos Le Cochon Dingue célèbrent la gourmandise dans un décor chaleureux et unique à chaque établissement. Spécialiste des brunchs, qu'il a grandement contribué à populariser, Le Cochon Dingue ne lésine pas sur la qualité, proposant des rôties à base de pain bio et un célèbre pot de chocolat chaud concocté avec du chocolat belge à 64 % de cacao, des crêpes, des caquelons d'œufs ou des pains dorés qui sont des créations de la maison. Parmi les plats-vedettes du midi et du soir, on notera les coups de cœur à l'européenne, dont la salade niçoise, le baluchon d'escargots, le steak-frites, la célèbre tartiflette savoyarde ou le croque-monsieur. Les recettes à la québécoise abondent aussi, comme le saumon fumé maison, le pot-en-pot de la mer, les côtes de porc fumées au bois d'érable, le burger de porc haché maigre, la tarte au sucre à la crème, le gâteau fromage praliné au caramel ou le décadent pouding chômeur.

Pour en savoir plus :
46, boul. Champlain 418 692-2013
46, boul. René-Lévesque ouest 418 523-2013
1326, rue Maguire 418 684-2013
1550, Lebourgneuf 418 628-2013
6, rue Cul-de-Sac
www.cochondingue.com

François Blais, Le Panache, Auberge Saint-Antoine

Frédéric Boulay, Le Saint-Amour

Mario Chabot, Auberge des 3 canards

Chapitre 3

Ceux qui montent

Les chefs dont vous ferez la connaissance dans le présent chapitre se situent dans la tranche des 25 à 35 ans. Considérés comme l'avenir de la profession par leur talent confirmé et leur leadership, ils sont au sommet de leur forme physique et avouent apprécier la poussée d'adrénaline du coup de feu d'un samedi soir. Dotés d'un solide esprit de compétition qui les pousse à vouloir se surpasser, ces jeunes professionnels ont été formés dans d'excellentes écoles et ils ont eu le flair de poursuivre leur apprentissage auprès de mentors de grande réputation. Ces mentors leur ont inculqué la rigueur, le sens de l'organisation, l'amour des beaux produits et le respect de leurs fournisseurs. Des fournisseurs qu'ils traitent souvent en amis, sachant que, sans eux, il n'y aurait pas de grande cuisine. Toujours à l'affût des dernières tendances, les chefs de la génération montante aiment aussi voyager et savent s'entourer d'une brigade de passionnés qui, comme eux, cherchent constamment à exprimer une créativité en ébullition, histoire de mieux séduire leur clientèle...

...

Jonathan Côté, Maison d'affinage Maurice Dufour

Christian Lemelin, Toast!

Stéphane Modat, L'Utopie

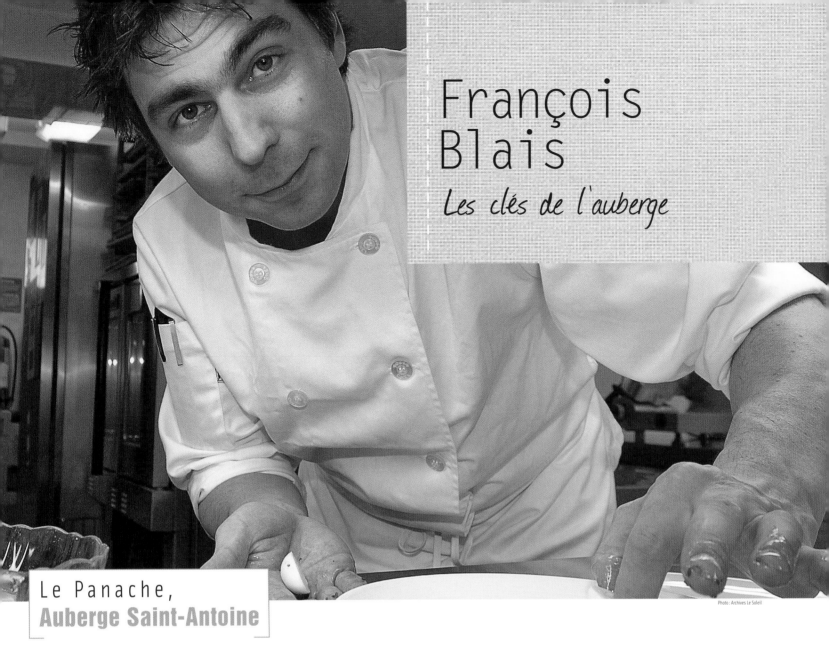

François Blais
Les clés de l'auberge

Le Panache,
Auberge Saint-Antoine

D e son propre aveu, François Blais vit un rêve éveillé depuis
qu'il a décroché en 2004 le poste de chef des cuisines du
nouveau restaurant Le Panache de l'Auberge Saint-Antoine,
après une dizaine d'années dans le métier. Membre du réseau
Relais & Châteaux et considéré comme l'un des meilleurs établissements hôteliers au monde par plusieurs magazines spécialisés, l'Auberge
Saint-Antoine est un hôtel-musée de 95 chambres situé sur un des
sites archéologiques les plus riches en Amérique du Nord. Une impressionnante collection d'artefacts découverts lors des rénovations est
intégrée dans le décor et côtoie des éléments de design très modernes,
comme des chaises de plexiglas, des luminaires de verre dépoli ou de
l'acier inox.

François Blais

Une cuisine au fort accent québécois

Pour François Blais, le concept même du Saint-Antoine, fondé sur l'héritage de la Nouvelle-France et des Premières Nations, a été une source importante d'inspiration lorsqu'est venu le moment de créer la carte du Panache. «Avec la famille Price, qui est propriétaire de l'Auberge, nous avons rapidement défini la mission du Panache, relate-t-il : faire une cuisine créative d'inspiration canadienne-française pour mieux faire ressortir la qualité des produits d'ici. Une fois ce consensus établi, j'ai eu carte blanche.» Hachis parmentier de lièvre du Québec sur fondue de poireau, homard des Îles-de-la-Madeleine avec ragoût de lentilles, macaroni au cheddar de l'Isle-aux-grues, gigue de cerf des Appalaches et son ragoût de racines aux chanterelles sont quelques exemples de cette gastronomie d'un terroir revisité. François Blais n'utilise que des produits frais, à commencer par les dizaines de variétés de légumes qui poussent sur les terres des Price, à l'île d'Orléans, et qui permettent au Panache d'être autonome six mois durant. «Je n'ai même pas de congélateur!» s'exclame celui qui a passé 18 mois à dessiner et à aménager les deux cuisines avec une équipe de concepteurs chevronnés. Malgré les contraintes imposées par l'exiguïté de ces lieux historiques, tout répond à de hauts standards de qualité : frigos sur tiroir, comptoir d'acier inox, chaudrons de cuivre, salamandre à infrarouges, rôtisserie importée de France.

Aménagé dans ce qui était autrefois l'entrepôt de vaisselle Vallerand, à un jet de pierre des quais du Vieux-port de Québec, le restaurant a gardé un décor où les épais murs de pierre, les poutres équarries et l'ancien monte-charge confèrent son cachet à l'ensemble. Pas de fleurs séchées ici ni de rideaux de dentelle. L'assiette est à l'avenant : sobre et simple.

> «LA MISSION DU PANACHE : FAIRE UNE CUISINE CRÉATIVE D'INSPIRATION CANADIENNE-FRANÇAISE POUR MIEUX FAIRE RESSORTIR LA QUALITÉ DES PRODUITS D'ICI.»

Avec Amélie Leclerc, productrice

Photo : Archives Le Soleil

Les complices des chefs
Le Fumoir Charlevoix

Parce qu'il aimait la bonne chère et voulait être patron d'une entreprise familiale, Yves Dallaire a installé un fumoir artisanal de calibre professionnel tout à côté de sa grande maison de Sainte-Mathilde, près de La Malbaie. C'était en 1999. Aujourd'hui, ce perfectionniste approvisionne de nombreux chefs cuisiniers en poissons fumés frais au moelleux incomparable, et ce, jusqu'à Montréal. La fraîcheur y est pour beaucoup. La technique de saumurage aussi, qui restera secrète. Yves Dallaire a d'abord pris soin de monter un réseau de fournisseurs triés sur le volet : «Pour le saumon, je fais affaire avec des fermes d'élevage du Nouveau-Brunswick et de Nouvelle-Écosse, comme Sterling et Heritage, qui produisent un saumon de bonne taille et de qualité supérieure selon des normes très rigoureuses sur le plan environnemental.» L'esturgeon lui vient de son copain Donald Lachance, de Montmagny. «Il pêche l'esturgeon noir, pas le jaune, que je fume à chaud parce qu'il faut d'abord le cuire, comme l'anguille», souligne M. Dallaire, soucieux d'encourager les gens de son coin de pays. Cette anguille est aussi bien différente de celle qu'on trouve habituellement sur le marché. Pêchée par Daniel Girard, de Saint-Irénée, dans Charlevoix, elle est petite et argentée, avec une chair blanche, fine et beaucoup moins grasse. Quand Yves Dallaire a lancé le Fumoir Charlevoix, aidé de sa femme Marie-Claude Demers et de leurs deux enfants, il s'était donné un objectif de production hebdomadaire d'une centaine de kilos. L'objectif est atteint, les chefs sont bien servis, tout autant que la clientèle du marché de détail, qui peut retrouver ces excellents poissons dans différents points de vente. «Nous ne tenons pas à augmenter le volume parce que nous voulons conserver notre qualité de vie. Sinon, ça n'aura servi à rien de lancer notre propre entreprise», résume M. Dallaire avec philosophie.

Photo : Louis Perron

François Blais et Yves Dallaire

Fidèle aux fournisseurs

Ce goût de François Blais pour la mise en valeur des produits d'ici ne date pas d'hier. Déjà, à ses débuts comme chef, à L'Auberge du Canard huppé, sur l'île d'Orléans, il avait établi des liens privilégiés avec Yves Dallaire, du Fumoir Charlevoix, dont l'excellent saumon, l'esturgeon et l'anguille fumés figuraient en bonne place sur sa carte. Dix ans plus tard, ce fournisseur privilégié livre chaque semaine ses poissons à son ami chef, non sans prendre le temps de discuter avec lui de ses besoins et des dernières nouvelles du monde de la restauration. Raymonde Tremblay, de L'Émeu de Charlevoix, est une autre partenaire à qui François Blais est resté fidèle, et dont il a contribué à faire connaître la belle viande qui se consomme de préférence saignante ou crue, en tataki ou en tartare. S'il croit à l'importance d'un lien de confiance comme celui qu'il a établi avec Denis Ferrer, du Cerf de Boileau, ou Marie-Josée Garneau et Sébastien Lesage, de la Ferme du Canard Goulu, François Blais ne se prive pas pour expérimenter avec les nouveautés qu'on lui offre. C'est ainsi qu'il a été enthousiasmé par les micropousses de la jeune compagnie Vertigo, de Saint-Ferréol. Il apprécie le travail de Verger Bilodeau, sur l'île d'Orléans, qui lui fournit entre autres de la moutarde aromatisée à la pomme, et il ne saurait se passer des pétoncles géants vivants que Pec-Nord produit sur la Basse-Côte-Nord.

Marie-Josée Garneau, de la Ferme du Canard Goulu

Mario Pilon, éleveur-boucher, Eumatimi

François Blais

Photo : Archives Le Soleil

L'Auberge Saint-Antoine, au 8 rue Saint-Antoine, à Québec

L'influence des mentors

Il faut dire que François Blais est allé à bonne école. À grande école, même. En plus d'un diplôme en cuisine d'établissement et en cuisine actualisée du Centre de formation professionnelle Fierbourg, il n'a travaillé que dans des maisons réputées, comme la Pinsonnière, à Cap-à-l'Aigle. « C'est le chef de la Pinsonnière qui m'a initié au monde des maraîchers et des fournisseurs locaux. J'ai été mordu pour la vie. J'avais la possibilité de visiter leurs jardins, pieds nus dans la terre grasse, se souvient-il. Ou bien j'allais faire un tour dans les entrepôts frigorifiques, voir comment on travaillait l'agneau ou le veau de Charlevoix. » Marqué par ses premières expériences, le jeune homme a vite compris l'importance des mentors, choisis pour leur engagement envers la cuisine régionale. À preuve : c'est auprès de Richard Duchesneau, jadis de l'Auberge du Mange-Grenouille, au Bic, puis d'Anne Desjardins, de l'Eau à la bouche, à Sainte-Adèle, que la carrière de François Blais a pris son envol. Sans parler de son passage chez Serge Bruyère ou au Galopin, auprès du chef Mario Martel.

En 1999, François Blais remportait le titre d'Apprenti cuisinier de l'année : « On peut dire que j'ai eu la chance d'entreprendre ma carrière auprès de chefs qui m'ont communiqué le feu sacré et de qui j'ai énormément appris. » Il n'est pas prêt d'oublier son séjour de deux ans comme sous-chef de Daniel Vézina, au laurie raphaël, un des cuisiniers les plus généreux qu'il ait connu. « Aujourd'hui, j'essaie à mon tour de transmettre à mon équipe cette passion pour le métier qui donne des papillons dans le ventre et qui nous amène à nous dépasser, résume le chef du Panache. Mais comme mon travail consiste désormais à gérer plutôt qu'à être sur la ligne de feu, je vois mon rôle comme celui d'un passeur, une personne-ressource. Si mes cuisiniers ont besoin de moi, je suis là, mais j'essaie de leur laisser la place. »

Photo : Louis Perron

Dégustation de saumon

du Fumoir Charlevoix

4 portions

Ingrédients

. . .

1	grosse betterave jaune
2	gousses d'ail (divisées)
1	branche de sarriette
3	panais
5	pommes Granny Smith
30 ml (2 c. à soupe)	de vinaigre de cidre
30 ml (2 c. à soupe)	d'huile de noisette
1	échalote sèche
15 ml (1 c. à soupe)	de vinaigre de chardonnay
	jus de 1 citron
60 ml (4 c. à soupe)	d'huile de pépin de raisin
12	brins de ciboulette
30 ml (2 c. à soupe)	de crème 35 %
1	pomme de terre Yukon Gold
360 g (12 oz)	de saumon du Fumoir Charlevoix (divisé)
60 g (2 oz)	de fromage blanc frais
	sel et poivre au goût

François Blais

Préparation

À faire la veille

...

Préchauffer le four à 180 °C (350 °F).

Cuire la betterave jaune en papillote dans du papier d'aluminium avec une gousse d'ail et la sarriette environ 1 heure, ou jusqu'à ce qu'elle soit tendre. Peler et couper en fine brunoise. Réserver au froid.

Passer les panais et 3 pommes à l'extracteur à jus. Verser le jus dans une casserole et réduire de moitié, à découvert, sur feu doux. Retirer du feu et refroidir. Ajouter le vinaigre de cidre et monter comme une mayonnaise au fouet en versant l'huile de noisette en un mince filet sans cesser de battre. Rectifier l'assaisonnement et réserver au froid.

Hacher finement l'échalote et la gousse d'ail restante, ajouter le vinaigre de chardonnay, un peu de jus de citron, l'huile de pépin de raisin, les queues de ciboulette hachées et rectifier l'assaisonnement. Cette vinaigrette servira pour le tartare. Confectionner une aigrelette en montant légèrement la crème au fouet en poivrant légèrement. Ajouter quelques gouttes de jus de citron et réserver au froid.

Chauffer le four à 120 °C (250 °F).

Tailler la pomme de terre pour lui donner une forme rectangulaire, puis couper en tranches très minces. Disposer sur des tôles à biscuits de manière que les tranches ne se touchent pas. Cuire au four environ 1 heure, en tournant à l'occasion, ou jusqu'à ce que les chips soient dorées et croustillantes. Réserver.

À faire le jour même

...

Couper dans le premier tiers du filet de saumon fumé des cubes d'environ 30 g (1 oz) et les retrancher ensuite en 3 parties égales. Tartiner ces morceaux de fromage blanc, poivrer, saupoudrer de ciboulette et terminer avec une chip. Empiler les tranches de façon à former un petit millefeuille, puis le déposer sur le bout d'une longue assiette rectangulaire.

Dans le second tiers du saumon fumé, tailler de fines tranches.

Mélanger la brunoise de betterave jaune avec la vinaigrette au panais et rectifier l'assaisonnement. Former en quatre quenelles à l'aide de deux cuillères. Déposer une quenelle au centre de chaque assiette et recouvrir d'une fine tranche de saumon préalablement taillée dans le second tiers du saumon. Badigeonner légèrement de vinaigrette au panais.

Couper ensuite le reste du saumon en petits cubes. Mélanger avec la vinaigrette du tartare et rectifier l'assaisonnement. Dresser finalement une petite quantité de ce mélange à l'extrémité de l'assiette et garnir de crème aigrelette, puis d'un peu de verdurette. Servir.

ALCOOL D'ACCOMPAGNEMENT
Estancia Pinot noir
Code SAQ : 10354232

Notes de dégustation d'Anne L. Desjardins
Rarement aura-t-on vu un pinot noir californien aussi attrayant à prix aussi raisonnable. Vinifié dans le respect de la tradition bourguignonne, qui consiste à manipuler le raisin aussi délicatement que possible et à ne pas forcer la note sur le chêne, ce vin très élégant présente des arômes subtils de cerise rouge, de cuir et d'épices. Tanins irréprochables qui promettent un bon potentiel de garde, fruit bien mûr qui explose en bouche et finale persistante qui facilitera autant l'accord avec le gras légèrement salé du saumon fumé qu'avec le sucre des betteraves.

Légumes racines de mon jardin

et poitrine de porc braisée

4 portions

Ingrédients

...

120 g (4 oz)	de poitrine de porc frais
45 g (3 c. à soupe)	de mirepoix fine (céleri, carotte, oignon et poireau coupés)
1	feuille de laurier
1	branche de thym frais
1	branche de persil frais
100 ml (3/4 tasse)	de fond brun de volaille
4	carottes jaunes
4	carottes rouges
4	carottes oranges
4	minirabioles
4	topinambours
4	minibetteraves jaunes
4	minibetteraves Chioggia
	sel et poivre au goût

Photo: Archives Le Soleil

Préparation

...

Préchauffer le four à 160 °C (300 °F).

Dans une cocotte allant au four, colorer doucement et à feu très doux la poitrine de porc, côté gras. Ajouter la mirepoix, le bouquet garni, l'assaisonnement, puis mouiller avec le fond de volaille.

Mettre au four 3 heures, ou jusqu'à ce que la chair du porc soit tendre et moelleuse. Réserver la viande au chaud et récupérer le jus de cuisson pour y cuire les légumes racines entiers.

Dans un plat peu profond allant au four, verser le jus de cuisson. Déposer les légumes et cuire au centre du four jusqu'à ce qu'ils soient tendres tout en étant encore légèrement croquants. Rectifier l'assaisonnement.

Montage

...

Déposer un morceau de porc et un légume de chaque variété sur une assiette bien chaude.

ALCOOL D'ACCOMPAGNEMENT
Deinhard Pinot gris, Allemagne
Code SAQ : 00473595

Notes de dégustation d'Anne L. Desjardins
Ici, je me suis laissée guider par le fondant légèrement sucré des racines, relevées en souplesse par une réduction de fond de volaille. Ce pinot gris allemand très aromatique et légèrement fruité a des arômes de miel et d'ananas qui conviennent très bien aux légumes d'hiver braisés. Son acidité modérée et une bonne longueur en bouche permettent aussi de l'accorder avec une viande blanche comme cette poitrine de porc caramélisée.

François Blais

Hachis parmentier d'émeu
de Charlevoix gratiné
au fromage de chèvre

4 portions

Ingrédients
...

20 g (0,75 oz)	de lard salé en petits cubes
240 g (8 oz)	de cubes d'émeu de Charlevoix à mijoter
1	gousse d'ail hachée
50 g (3 c. à soupe)	de mirepoix fine (céleri, carotte, oignon et poireau)
1	bouquet garni (thym, persil, laurier, poivre en grains)
100 ml (3,5 oz)	de vin rouge sec
200 ml (7 oz)	de fond d'émeu ou de gibier brun
1	grosse pomme de terre Yukon Gold, pelée
1/2	céleri-rave de taille moyenne, épluché
	beurre et lait ou crème au goût, pour la purée
1	poireau émincé finement
30 g (1 oz)	de beurre
160 g (5 oz)	de fromage de chèvre frais Tourilli
	sel et poivre au goût

Préparation
...

Préchauffer le four à 160 °C (300 °F).

Faire fondre les petits cubes de lard salé dans une casserole allant au four. Colorer doucement l'émeu dans ce gras de lard. Ajouter l'ail, la mirepoix et le bouquet garni. Déglacer au vin rouge, puis mouiller avec le fond et rectifier l'assaisonnement. Braiser la viande au four à couvert environ 3 heures, ou jusqu'à ce qu'elle s'effiloche facilement.

Filtrer le jus de cuisson et assaisonner. Réserver. Ce jus servira de sauce.

Cuire la pomme de terre et le céleri-rave à l'eau bouillante salée. Réduire en purée bien sèche avec un peu de beurre et de lait ou de crème. Rectifier l'assaisonnement et réserver.

Préchauffer le four à Broil. Faire tomber le poireau au beurre à feu très doux. Effilocher la viande d'émeu. Mélanger la viande et le poireau et rectifier l'assaisonnement. Partager la viande dans quatre petits moules allant au four, remplir avec la purée et terminer avec une couche de fromage de chèvre. Passer sous le grill jusqu'à belle coloration.

Servir dans des assiettes creuses avec le jus de cuisson.

ALCOOL D'ACCOMPAGNEMENT
**Saint-Chinian Roquebrun,
Les Fiefs d'Aupenac Caves de Roquebrun**
Code SAQ : 10559166

Notes de dégustation d'Anne L. Desjardins
Voilà un vin agréable comme le microclimat dont il est issu, qui lui fournit 300 jours d'ensoleillement par année. Lauréat de plusieurs prix, il possède une robe grenat profond et se compose à 60 % de syrah, 20 % de grenache noir et 20 % de mourvèdre. Au nez, on perçoit immédiatement cacao et épices, tandis qu'en bouche, la rondeur de la syrah se révèle dans toute sa générosité, avec des saveurs de mûres bien présentes. Excellent à déguster avec le gibier, l'agneau et les mijotés, comme ce hachis parmentier d'émeu.

Frédéric Boulay
Un prénom à retenir

Le Saint-Amour

Frédéric Boulay avait 12 ans lorsqu'il a commencé à travailler sous les ordres de son père Jean-Luc. D'abord plongeur, il a gravi les échelons au fil des ans, avouant beaucoup aimer la fonction de garde-manger (entrées froides). «J'ai toujours apprécié le mélange d'adrénaline et de performance exigé par ce poste, autant que la créativité et la minutie qu'il requiert», confirme ce diplômé du Collège Mérici qui a abondamment voyagé et fait de nombreux stages en France avant de reprendre la direction des cuisines de ce réputé établissement du Vieux-Québec. Pas moins de 80 employés évoluent dans le décor chic du Saint-Amour, où bois précieux et murs de pierre enjolivent les salons privés et le jardin d'hiver. L'équipe de cuisiniers a une moyenne d'âge de 27 ans et compte des figures brillantes, dont Nicolas Drouin, récemment diplômé de l'École hôtelière de la Capitale, qui a remporté trois médailles d'or au Mondial des Métiers 2007 et le titre d'Apprenti de l'année 2007 au Québec, ou le chef pâtissier Éric Lessard, qui revient d'une formation dans plusieurs maisons européennes, dont Valrhona, et auprès du meilleur ouvrier de France. De son côté, le sous-chef Benoît Larochelle travaille au Saint-Amour depuis des années. Ami d'enfance du chef, il est considéré comme un irremplaçable bras droit.

Verrière du Saint-Amour

Frédéric Boulay

Pendant que le père développe le service de traiteur et supervise le travail des cuisiniers de jour, le fils gère la cuisine et se retrouve sur la ligne de feu, parmi sa brigade, le soir. « Je sais que plusieurs chefs gèrent leur établissement et se réservent le travail d'aboyeur durant le service, constate Frédéric Boulay. Mais moi, comme mon père, j'ai besoin d'être au milieu de l'action, avec les gars, quand ça commence à barder. Ça soude la camaraderie, tout en me permettant de demeurer alerte. »

Bagage européen

Malgré son jeune âge, Frédéric Boulay cumule un bagage impressionnant, du fait de ses débuts hâtifs dans la profession et de nombreux voyages de perfectionnement en France : « Mon père était heureux à l'idée que la relève soit assurée, mais il m'a aussi donné l'occasion de faire d'abord mon tour du monde et d'aller voir ailleurs de quel bois les cuisiniers se chauffent, pour apprendre d'autres savoir-faire et développer mon potentiel. » Le jeune chef s'est donc retrouvé pendant six mois à travailler aux côtés du ténor Michel Bras, dont le restaurant de Laguiolle est un des plus réputés au monde. Il a fait un stage de quatre mois à La Lorraine, au Luxembourg, au Louis XV d'Alain Ducasse et chez Robuchon, à Monaco, un autre à Cannes, chez Christian Willer, à La Palme d'or, puis chez Alain Lurcat, qui a repris le légendaire restaurant de Roger Vergé, en banlieue de Nice, non sans avoir aussi fait un détour par chez Jacques Chibois, à la Bastille Saint-Antoine.

« J'AI TOUJOURS APPRÉCIÉ LE MÉLANGE D'ADRÉNALINE ET DE PERFORMANCE EXIGÉ PAR CE POSTE, AUTANT QUE LA CRÉATIVITÉ ET LA MINUTIE QU'IL REQUIERT. »

Frédéric et Jean-Luc Boulay

Marie Gosselin, Savoura

Photo : Archives Le Soleil

Conçu à l'origine comme un appareil à usage domestique, cette petite merveille multifonctions a été rapidement adoptée par les chefs cuisiniers pour sa grande polyvalence, la puissance de son moteur de 500 watts, sa précision et sa facilité d'exécution. À la fois mixeur, fouet, batteur, pétrisseuse, hachoir, saucier, mijoteuse, cuit-vapeur ultra-rapide, sorbetière et balance, il permet de sauver un temps précieux, d'autant plus que même les opérations de cuisson s'accomplissent en quelques secondes ou quelques minutes seulement. On peut peser des grains, puis les moudre pour en faire de la farine, ajouter le mélange d'œufs et de liquide, mélanger, puis pétrir la pâte et la cuire en quelques instants dans le même bol pour obtenir un délicieux pain. On peut confectionner de la poudre d'amande ou du sucre glace, monter des blancs d'œufs en neige, râper du fromage, hacher des fines herbes ou de l'oignon en cinq secondes. De nombreux chefs utilisent le Thermomix pour confectionner des soupes, des terrines tout en un ou des sorbets à la texture parfaite : après avoir pesé les ingrédients, le chef les hache, puis les émulsifie à l'aide de la fonction turbinage, avant de les cuire à la vapeur ou de les refroidir rapidement. Enfin, les sauces, mousses et mayonnaises deviennent un jeu d'enfant et sont confectionnées en une seule opération en plaçant tous les ingrédients dans le bol du Thermomix, qui se charge de malaxer les ingrédients, de les cuire et de les turbiner, si nécessaire. Faire un tartare à partir d'une pièce de viande coupée en gros morceaux ou de filets de poisson ne prend que quelques secondes et préparer tous les éléments d'une lasagne, sauce à la viande comprise, qu'une quinzaine de minutes, grâce à la fonction de mijotage inversé. On peut réaliser une tarte au citron meringuée en trois opérations simples qui durent au total une dizaine de minutes.

Frédéric Boulay admire la rigueur des chefs de l'Hexagone, qu'il considère comme des samouraïs parce qu'ils vouent leur vie à la gastronomie et qu'ils demeurent les maîtres à penser de la haute cuisine. «Tous les grands chefs étrangers, de Thomas Keller à Ferran Adriá, sont les premiers à reconnaître l'influence des Pierre Gagnaire ou Alain Passard et à aller se ressourcer en France», affirme-t-il, ajoutant qu'il aime aussi leur capacité à faire une cuisine à la fois gourmande, savoureuse et raffinée. Après son père, ces hommes sont les modèles de Frédéric Boulay, qui a aussi hérité d'eux une grande fierté pour son métier : «mais il reste encore beaucoup de chemin avant qu'il soit reconnu chez nous à sa juste valeur.»

La qualité sans compromis

Ses fournisseurs, Frédéric Boulay les choisit d'abord pour la qualité de leurs produits plutôt que pour leur provenance. Et, à ce chapitre, il a la réputation d'être intraitable, à l'instar des maîtres qui l'ont marqué. «Si un pétoncle surgelé offre une qualité supérieure, je n'hésiterai pas à l'utiliser, pas plus que je n'hésiterai à acheter des champignons sauvages surgelés importés d'Italie, qui sont irréprochables, plutôt que des canadiens. Profiter d'ingrédients surgelés supérieurs qui ont été préparés au *top* de leur fraîcheur au lieu d'utiliser du frais trop souvent périmé, c'est ce que Ducasse, Bras et Robuchon font eux-mêmes», soutient Frédéric Boulay, qui a lui-même un surgélateur dans sa cuisine.

Rhéa Loranger, Nicolas Turcotte de Pigeonneaux Turlo

Photo : Archives Le Soleil

« L'été, j'achète à une trentaine de producteurs différents, tandis que l'hiver, je passe par les distributeurs. »

Photos : Anne L. Desjardins

Frédéric Boulay

Le chef du Saint-Amour a malgré cela un lien privilégié avec de nombreux producteurs de sa région, comme le Domaine du Mérifick, de Shannon, dont le cerf est d'une grande tendreté, ou la seule ferme d'élevage de pigeons au Québec, Pigeonneaux Turlo, en Beauce. Il travaille le bœuf Angus de la Ferme Eumatimi, le canard de la Ferme du Canard Goulu, les ris de veau du Québec et le caribou du Grand-Nord, lorsque disponible : « J'utilise de nombreux fromages québécois, je travaille surtout les huîtres de Pec-Nord, j'achète du crabe des neiges du Bas-du-fleuve, du saumon de la Baie de Fundy et du beau flétan frais québécois. »

Une cuisine gourmande

La cuisine raffinée de Frédéric Boulay, fondée sur des saveurs franches et contrastées, est aussi réputée pour ses larges portions et son impressionnante variété de légumes. Ses préférés incluent la bette à carde, les gros poireaux de l'île d'Orléans, les haricots fins, les oignons cippolini, le chou-fleur de couleur, toutes les variétés de champignons, les betteraves, les salsifis, la patate sucrée et les micropousses de Fines Herbes Par Daniel ou de chez Vertigo : « L'été, j'achète à une trentaine de producteurs différents, tandis que l'hiver, je passe par les distributeurs, comme Allard Fruits et légumes, qui s'assurent de débusquer la meilleure qualité. » Autre bagage hérité de France : la cuisson sous vide et les technologies de pointe, comme la turbineuse Paco Jet, qui permet de faire glaces et granités parfaits à la minute, le Thermomix, un robot qui aide à économiser du temps, ou la surgélation, qui préserve saveur, texture, couleur et valeur nutritive des mets. Pour Frédéric Boulay, si le Saint-Amour fait des miracles avec sa petite brigade et arrive à produire de gros volumes de haute qualité pour son service de traiteur, c'est grâce à ces technologies, dont il dit ne plus pouvoir se passer.

André Gosselin, Fines Herbes Par Daniel

Carpaccio de cerf mariné et acidulé

du Domaine du Mérifick avec matignon
de légumes de saison au fromage
Le Migneron et pesto de tomates séchées,
fines verdurettes, crostini et vinaigrette
aigre-douce au miel d'Anicet et à la
moutarde au moût de raisins

4 portions

Ingrédients

...

15 ml (1 c. à soupe)	de vinaigre balsamique
2 ml (1/2 c. à thé)	de pesto de basilic
30 ml (2 c. à soupe)	d'huile de pépin de raisin
400 g (14 oz)	de fines tranches de cerf cru
50 g (environ 1/2)	poivron rouge, moyen
50 g (environ 1/2)	poivron jaune, moyen
50 g (environ 1/2)	d'aubergine
50 g (environ 1/2)	de courgette
50 g (environ 5)	de champignons shiitake
50 g (environ 1)	de champignon portobello
	huile d'olive pour faire sauter
60 ml (4 c. à soupe)	de fromage Le Migneron
5	feuilles de persil plat
5	tiges de ciboulette
5	feuilles de basilic
10 ml (2 c. à thé)	de pesto de tomates séchées
5 ml (1 c. à thé)	de vinaigre de vin blanc
5 ml (1 c. à thé)	de miel d'Anicet
10 ml (2 c. à thé)	de moutarde de Dijon Orphée
10 g (1 poignée)	de micropousses de laitue bio Vertigo
45 ml (3 c. à soupe)	de petits croûtons (crostini)
	sel et poivre au goût

Frédéric Boulay

Préparation

• • •

Mélanger au fouet le vinaigre balsamique, le pesto de basilic et l'huile de pépin de raisin pour faire une vinaigrette. Réserver.

Disposer 100 g (3,5 oz) de cerf finement tranché dans chacune des assiettes (carpaccio de forme carrée).

À l'aide d'un pinceau, badigeonner légèrement le cerf avec la vinaigrette, saler et poivrer, puis réserver.

Couper en brunoise les poivrons, aubergines, courgettes et champignons et les faire sauter à la poêle dans de l'huile d'olive. Rectifier l'assaisonnement. Couper le fromage en brunoise et l'ajouter aux légumes sautés, avec le persil, la ciboulette, le basilic et le pesto de tomates séchées.

Bien mélanger l'appareil et en disposer 75 ml (5 c. à soupe) par personne dans un emporte-pièces au centre du carpaccio.

Préparer la vinaigrette au miel d'Anicet en mélangeant le vinaigre de vin blanc, le miel et la moutarde de Dijon Orphée et dresser un fin filet sur le carpaccio.

Ajouter les micropousses sur le matignon de légumes et y déposer quelques crostini. Servir.

ALCOOL D'ACCOMPAGNEMENT
Château Reynella, McLaren Valley Shiraz
Code SAQ : 00927616

Notes de dégustation d'Anne L. Desjardins
Voici ce qui se fait de mieux en matière de shiraz australien. Produit par la plus vieille maison d'Australie du sud dans la vallée qui a vu naître les premiers vignobles du pays, ce vin a une somptueuse robe violet foncé et une jambe bien grasse. Vieilli 18 mois en fûts de chêne américain, il a de l'amplitude, des tanins souples et assez de fruit mûr pour séduire l'amateur de rouges costauds intelligemment charpentés. Au nez, du cuir, du cassis, des champignons. En bouche, c'est la fête, surtout avec ce gibier en carpaccio qui explose de saveurs contrastées.

Huîtres Chiasson de Pec-Nord

aux trois écumes

4 portions

Ingrédients

...

10 ml (2 c. à thé)	de poivre rose
500 g (18 oz)	de gros sel
12	huîtres Chiasson de Pec-Nord
100 ml (1/3 tasse + 1c. à soupe)	de jus de cantaloup passé au tamis fin
8,4 g (1 oz)	de lécithine de soya (divisée)
0,6 g (pincée)	d'agar-agar (gélatine végétale) (divisée)
30 ml (2 c. à soupe)	de cantaloup
125 ml (1/2 tasse)	de purée de fraises passée au tamis
200 ml (4/5 tasse)	d'eau (divisée)
16 ml (1 c. à soupe + 1 pincée)	de sucre
30 ml (2 c. à soupe)	de fraises
90 ml (1/3 tasse)	de jus de fenouil passé au tamis fin
10 ml (2 c. à thé)	de jus de citron passé au tamis fin
30 ml (2 c. à soupe)	de fenouil

Préparation

...

Note : il est préférable d'utiliser une balance pour obtenir des mesures exactes.

Concasser le poivre rose et le mélanger avec le gros sel. Ériger ensuite trois petites pyramides par assiette.

Ouvrir les huîtres, les nettoyer et déposer une huître sur écale sur chacune des pyramides.

Mélanger le jus de cantaloup, 1 g de lécithine de soya et 0,2 g d'agar-agar et mixer à l'aide d'un mélangeur à main ou d'un mélangeur ordinaire jusqu'à l'obtention de bulles consistantes. Couper le cantaloup en fine brunoise. Déposer sur une des trois huîtres, puis la napper avec les bulles de melon.

Mélanger ensuite 125 g de purée de fraises filtrée, 1,2 g de lécithine de soya et 0,2 g d'agar-agar, la moitié de l'eau et 14 g de sucre et mixer jusqu'à l'obtention de bulles consistantes. Couper les fraises en fine brunoise. Déposer sur une des trois huîtres, puis la napper de bulles de fraises.

Mélanger le jus de fenouil et le jus de citron, 1,2 g de lécithine de soya, 0,2 g d'agar-agar, 2 g de sucre et le reste de l'eau et mixer jusqu'à l'obtention de bulles consistantes. Couper le fenouil en fine brunoise. Déposer sur l'huître, puis la napper de bulles de fenouil.

ALCOOL D'ACCOMPAGNEMENT
Château de Roquetaillade La Grange 2006
Code SAQ : 240374

Notes de dégustation d'Anne L. Desjardins
Ce vin blanc bordelais d'appellation Graves est fait à 70 % de sémillon, 15 % de sauvignon et 15 % de muscadelle, ce qui lui confère une personnalité généreuse. Il est élevé quatre à six mois en fûts de chêne avant d'être embouteillé. Sec et gras, bien que pas très corsé, avec des arômes de fleur, de pamplemousse et d'orange, il déborde de fruit en bouche. Un complément idéal pour ces huîtres...

Tomates Savoura farcies de crabe des neiges

au quinoa biologique et au gingembre sauvage, pousses biologiques, fleurs et contrastes d'émulsions

4 portions

Ingrédients

• • •

4	tomates Savoura
30 ml (2 c. à soupe)	d'avocat mûr
125 ml (1/2 tasse)	d'huile de pépin de raisin (divisée)
30 ml (2 c. à soupe)	de maïs en grains cuits
30 ml (2 c. à soupe)	d'olives noires hachées
150 g (5,4 oz)	de crabe des neiges, égoutté
10 ml (2 c. à thé)	de mayonnaise
20 ml (4 c. à thé)	de dés d'orange
5 ml (1 c. à thé)	d'oignon très finement haché
1 ml (1/4 c. à thé)	de gingembre confit haché
1 ml (1/4 c. à thé)	d'ail haché
15 ml (1 c. à soupe)	de quinoa biologique cuit
3 à 4 feuilles	de coriandre fraîche ciselée
3 à 4 feuilles	d'estragon frais
5 ml (1 c. à thé)	de pâte de tomates
1 (pour chacun)	pincée chacun de sel, poivre et piment d'Espelette
500 ml (2 tasses)	de micropousses biologiques Vertigo
	fleurs pour garnir
	poivre et sel au goût

Préparation

• • •

Monder les tomates, les immerger dans l'eau bouillante pendant 5 secondes. La refroidir ensuite dans l'eau glacée et enlever la peau. À l'aide d'un couteau d'office, évider la tomate et l'assaisonner. Réserver.

Préparer les émulsions de légumes. Mixer d'abord l'avocat avec 30 ml (2 c. à soupe) d'huile de pépin de raisin et ajuster avec de l'eau pour une consistance ni trop épaisse ni trop liquide. Faire la même opération avec le maïs et les olives noires. Réserver les trois préparations au frais.

Bien égoutter le crabe et mélanger avec le reste des ingrédients, sauf les pousses biologiques, puis assaisonner.

Farcir la tomate avec la salade de crabe, garnir de micropousses biologiques, décorer avec des fleurs délicates et dresser les émulsions de légumes autour de la tomate.

ALCOOL D'ACCOMPAGNEMENT
Robert Mondavi Woodbridge
Sauvignon blanc
Code SAQ : 00040501

Notes de dégustation d'Anne L. Desjardins
Voilà une autre réussite à prix d'ami de la maison Mondavi. La fermentation sur lie apporte une intéressante profondeur à ce sauvignon blanc à la fois bien sec et de texture crémeuse, doté d'une acidité moyenne. En bouche, cela se traduit par d'intéressantes superpositions de saveurs où la citronnelle, le melon et la pêche le disputent aux fruits citrins. Finale florale bien appuyée qui donne un équilibre parfait et fera de ce vin un allié incontournable du crabe et de la tomate.

Mario Chabot
Réflexion et audace conjuguées

Auberge
des 3 canards

Mario Chabot est une de ces jeunes têtes chercheuses qui font des vagues dans la région de Québec à l'heure actuelle. Non que ce chef né en 1979, qui semble à peine sorti de l'adolescence, soit du type à s'illustrer dans les médias par des coups d'éclat, mais plutôt en raison de l'originalité de ses créations. Sa cuisine dénote une solide recherche des meilleurs accords de saveurs et de parfums et prouve que l'audace nourrie par une réflexion mûrie à point donne souvent de spectaculaires résultats. Il suffit de goûter sa ballottine de lotte au canard fumé et foie gras de la Ferme Basque dans Charlevoix, son saumon fumé maison, les noix de Saint-Jacques à l'émulsion de livèche, la caille farcie aux chanterelles cueillies par le chef lui-même ou sa spectaculaire tarte fine aux pommes et amandes au caramel de beurre salé pour savoir qu'une autre étoile de la gastronomie québécoise est née.

L'Auberge, située au 115, côte Bellevue à La Malbaie

Un relais gourmand

Mario Chabot a choisi d'installer sa jeune famille dans la région de La Malbaie, dans Charlevoix, après avoir été recruté en 2004 par Pierre Marchand, dont l'Auberge des 3 Canards fêtait récemment son cinquantenaire en s'offrant une cure de rajeunissement majeure et le Grand prix du tourisme québécois pour sa gastronomie. Sise sur un promontoire bien dégagé, cette belle dame du début du XXᵉ siècle offre des chambres grand confort et une vue imprenable sur le Saint-Laurent. La salle à manger et le salon, taillés dans des rondins et décorés d'œuvres d'artistes locaux, sont particulièrement bien situés pour apprécier la beauté de l'environnement naturel.

Amoureux de bonne chère, Pierre Marchand travaille de près avec sa fille Hélène depuis plusieurs années à promouvoir l'auberge comme une destination gourmande de haut calibre. À en juger par les honneurs remportés récemment et la fidélité de la clientèle, il a visé juste. Pas peu fier de sa dernière recrue, qui prenait la direction des cuisines en avril 2006, M. Marchand aime bien souligner au passage le sens marqué de l'innovation, la minutie et les capacités de gestionnaire de Mario Chabot. «J'ai toujours misé sur le talent des jeunes cuisiniers et ça m'a fort bien servi, car ce sont eux qui poussent pour que se développe la gastronomie québécoise. »

> « J'AI TOUJOURS MISÉ SUR LE TALENT DES JEUNES CUISINIERS
> ET ÇA M'A FORT BIEN SERVI, CAR CE SONT EUX
> QUI POUSSENT POUR QUE SE DÉVELOPPE
> LA GASTRONOMIE QUÉBÉCOISE. »

Photo : Archives Le Soleil

La famille Pilot possède depuis plusieurs générations des terres très fertiles en bordure du fleuve Saint-Laurent, sur le plateau des Éboulements, dans Charlevoix, où elle faisait pousser des légumes dits conventionnels dans un potager de 30 hectares. Jusqu'au jour où Jean-François Pilot, alors maître d'hôtel au Manoir Richelieu, prit conscience d'un potentiel insoupçonné pour la production maraîchère : celui des chefs de cuisine. Au début des années 90, ces derniers avaient du mal à s'approvisionner en légumes rares ailleurs que chez Jean Leblond ou Marc Bérubé, dont La Métairie du plateau et la Ferme des Monts ne pouvaient suffire à une demande en forte hausse. Jean-François, expert en marketing, proposa donc à son frère, expert en agriculture, de répondre à cette demande en diversifiant la production. L'idée fut assez profitable pour lui permettre de laisser son emploi et faire travailler d'autres membres de la famille. Aujourd'hui, l'entreprise s'est beaucoup diversifiée et cultive quelque 70 variétés de fruits et légumes, dont plusieurs raretés destinées au marché de niche de la restauration haut de gamme. D'ailleurs, la plupart des chefs de Québec et Charlevoix pour qui la fraîcheur et l'originalité sont importantes travaillent ces beaux légumes qui jouissent d'un micro-climat exceptionnel pour leur croissance. Entre la culture des gourganes, des carottes boules, rouges et jaunes, des pommes de terre bleues, du mini-maïs, des betteraves jaunes, des minipâtissons, des rabioles, des fenouils ou des courgettes avec leurs fleurs, la famille Pilot a aussi créé un site agrotouristique qui permet au grand public et aux écoliers de se familiariser avec la production maraîchère, tout en mettant en valeur l'ensemble des produits de la région grâce à une boutique du terroir et un service de distribution. Enfin, Les Jardins du Centre ont mis sur pied avec la complicité du chef Régis Hervé, des Saveurs Oubliées, une cabane à sucre authentique qui propose en saison des repas et diverses activités d'interprétation.

Photo : Anne L. Desjardins

Mario Chabot et Jean-François Pilot

Photo : Louis Perron

Réseautage et achat local

Le principal intéressé lui, a trouvé Aux 3 Canards un défi à sa mesure. Apôtre du réseautage et de l'achat régional, obsédé par la cuisine, à l'instar de plusieurs de ses jeunes condisciples, Mario Chabot pêche, chasse, cueille ses champignons, fait son pain et ses desserts, entretient son jardin de plantes aromatiques et fume lui-même poissons et viandes. Il a aussi développé de fortes connivences avec plusieurs producteurs du coin, tels Isabelle Mihura et Jean-Jacques Etcheberrigaray, de la Ferme Basque dans Charlevoix, dont la qualité des magrets et des foies gras de canard l'enthousiasme, Jean-François Pilot, des Jardins du Centre, qui le fournit en légumes de saison, et avec l'équipe de la Laiterie Charlevoix, dont le fromage Fleurmier (de type camembert) et le Hercule (à mi-chemin entre le gruyère et le comté) figurent dorénavant à la place d'honneur sur sa carte, tout comme les alcools des Vergers Pedneault. En fait, la majeure partie de ses recettes sont fondées sur les denrées locales, lorsque disponibles.

Côté cuisine, Mario Chabot avoue une préférence pour la préparation des abats et la cuisson des poissons, qui lui viennent d'un séjour sur la côte du Finistère et de ses années de travail au restaurant Les Chanterelles du Richelieu, où il a eu la piqûre de la cuisine, avant d'aller travailler à l'Auberge des Trois Tilleuls. C'est de là qu'il s'est retrouvé aux 3 Canards. «Quand je suis arrivé dans Charlevoix, j'ai été frappé par la qualité et l'accessibilité des produits régionaux et l'implication des artisans, confesse le jeune père de famille, aussi amateur de ski de fond et de motoneige. Cette proximité entre les cuisiniers et les fermiers demeure un phénomène à petite échelle au Québec et je remercie la vie de m'avoir amené dans ce lieu magnifique, qui est un peu le berceau de la gastronomie et de l'agrotourisme dans la province.»

« Cette proximité entre les cuisiniers et les fermiers demeure un phénomène à petite échelle au Québec et je remercie la vie de m'avoir amené dans ce lieu magnifique, qui est un peu le berceau de la gastronomie et de l'agrotourisme dans la province. »

Mario Chabot

Isabelle Mihura

Jean-Jacques Etcheberrigaray, de la Ferme Basque

L'importance du mentorat

Mario Chabot fait partie de la Table agro-touristique de Charlevoix et de la Route des Saveurs, où il ne rate pas une occasion de s'impliquer. Lui qui dévore tous les bouquins et magazines spécialisés en cuisine tout en se tenant au fait des derniers équipements disponibles sur le marché, il dit rechercher le contact auprès des cuisiniers d'expérience, qui lui ont toujours permis en cours de carrière de pousser plus loin sa passion de la cuisine. C'est une autre des raisons qui l'ont fait se sentir rapidement chez lui dans la petite communauté des chefs de Charlevoix, qui compte des mentors de la trempe de Jean-Michel Breton (Manoir Richelieu) et Régis Hervé (Saveurs Oubliées), avec qui il entretient des liens privilégiés et qui l'aident à développer son propre style, au même titre que ses échanges avec les Patrick Fregni (Le 51, à Baie Saint-Paul), Dominique Truchon (Auberge des Peupliers, Cap-à-l'aigle) ou le Centre de formation professionnelle de la Malbaie contribuent à le stimuler et à mieux ancrer son sentiment d'appartenance.

Gigolettes de lapin
de la Volière Charlevoix,
sauce aux morilles et minilégumes
des Jardins du Centre

4 portions

Ingrédients lapin et farce
...
2	lapins
160 ml (3/4 tasse)	de porto
4	échalotes sèches, hachées et divisées
2	gousses d'ail hachées finement
1	branche de romarin hachée finement
2	œufs
	sel et poivre au goût

Ingrédients sauce aux morilles
...
20 g (2/3 oz)	de morilles sèches
200 ml (2/3 tasse)	de cognac
750 ml (3 tasses)	de fond de veau
	huile d'olive
	sel et poivre au goût

Ingrédients légumes
...
6	pommes de terre bleues
	noix de beurre
4	betteraves jaunes
4	minicarottes mauves
500 g (1 livre)	de haricots verts fins
1	petite courge spaghetti
1	branche de thym frais hachée

Mario Chabot

Préparation du lapin et de la farce

• • •

Pour désosser le lapin, détacher les cuisses et retirer l'os du haut de cuisse. Réserver au froid. Sectionner les pattes avant et retirer toute la chair pour pouvoir la hacher. Enfin, retirer les filets du dos en longeant la colonne vertébrale, puis récupérer les foies et les rognons. Réserver au froid. Ces opérations peuvent être faites chez le boucher.

Hacher la viande des pattes. Mettre dans un bol avec le porto, 2 des 4 échalotes, l'ail, le romarin, les œufs, puis saler et poivrer. Mélanger le tout et réserver au réfrigérateur.

Préparation des légumes

• • •

Cuire les pommes de terre bleues à l'eau bouillante salée avec la peau pour préserver leur couleur. Lorsqu'elles sont cuites, retirer la peau et passer au presse-purée avec du beurre, sans ajout de lait ou de crème. Saler et poivrer.

Cuire les betteraves à l'eau bouillante salée de 45 à 60 minutes, selon la grosseur. Cuire les carottes et les haricots de la même manière une dizaine de minutes, puis réserver au chaud.

Chauffer le four à 180° C (350° F).

Couper la courge spaghetti en deux, épépiner et badigeonner l'intérieur avec de l'huile d'olive, du sel, du poivre et du thym. Placer sur une tôle recouverte de papier parchemin, face en bas. Percer la peau à quelques endroits avec une fourchette. Cuire au four jusqu'à ce la chair de la courge se défasse en filaments comme des spaghettis, soit de 30 à 45 minutes, selon la grosseur.

Entre-temps, assaisonner l'intérieur et l'extérieur des cuisses de lapin et les farcir avec le mélange de viande hachée. Refermer avec des brochettes de bois ou des brides de métal et de la ficelle destinées à cet usage.

Dans une poêle allant au four, saisir les cuisses de lapin dans un peu d'huile d'olive chaude. Enfourner et cuire 45 minutes, toujours à 180 °C (350 °F). Réduire la température du four à 100 °C (200 °F), et cuire 30 minutes de plus.

Préparation de la sauce aux morilles

• • •

Pendant que le lapin cuit, tremper les morilles séchées dans une tasse d'eau tiède pendant environ 30 minutes. Égoutter les morilles et filtrer leur eau de végétation. Réserver. Dans un petit chaudron, cuire les 2 échalotes restantes dans un peu de beurre. Ajouter les morilles et leur eau filtrée. Faire réduire de moitié à découvert sur feu moyen-vif, puis ajouter le cognac et réduire encore de moitié. Ajouter le fond de veau et réduire une dernière fois de moitié. Saler et poivrer.

Juste avant de servir, cuire les filets, les foies et les rognons de lapin dans une poêle chaude avec un peu d'huile d'olive une dizaine de minutes à feu moyen-vif.

Montage

• • •

Dans chaque assiette chaude, mettre un peu de purée de pommes de terre bleues, une cuisse de lapin farci avec un peu de viande poêlée. Arroser de sauce et garnir avec les légumes.

ALCOOL D'ACCOMPAGNEMENT
Manso de Velasco Torres Curico
Cabernet Sauvignon
Code SAQ : 00904078

Notes de dégustation d'Anne L. Desjardins
Voici un grand cru chilien qui accompagnera à la perfection un gibier à poil comme ce lapin en sauce aux morilles. Issu de très vieilles vignes qui poussent dans un sol pauvre et volcanique, ce vin à la fois puissant et élégant, a des arômes de fruits confiturés, d'épices et de pain rôti. En bouche, il possède des tanins équilibrés, avec une note de prune légèrement mentholée et offre une longue finale. Intéressant potentiel de garde.

Déclinaison de foie gras

de la Ferme Basque en trois façons

4 portions

Ingrédients

...

1 (environ 500 g ou 1 lb)	lobe de foie gras
200 ml (2/3 tasse)	de mistelle Pomme de glace des Vergers Pedneault
1 kg (2,2 lb)	de gros sel
3	branches de basilic pourpre
1	branche de romarin
2	branches de thym
4	langoustines
2	feuilles de papier de riz
	quelques feuilles de mesclun
250 ml (1 tasse)	de crème 35 %
75 g (2,5 oz)	de foie gras
2	jaunes d'œufs
	sel et poivre au goût

Photo: Anne L. Desjardins

ALCOOL D'ACCOMPAGNEMENT
Laroche Viognier De la Chevalière
vin de pays d'Oc
Code SAQ : 00632323

Notes de dégustation d'Anne L. Desjardins

Maintenant que le foie gras est vraiment entré dans les mœurs des Québécois, il est intéressant d'expérimenter des mariages plus originaux qu'avec les seuls liquoreux. Ce Viognier de couleur paille, dont on reconnaît au nez des arômes de fleurs exotiques et de citron confit, est un vin sec, mais suffisamment aromatique pour appuyer la texture moelleuse et le fondant du foie gras. Frais en bouche, il possède une délicate saveur de pêche.

Préparation du foie gras

...

Retirer le foie gras de son emballage et le laisser reposer à la température de la pièce pendant une heure. Dénerver le foie gras et réserver 75 g (2,5 oz) pour la crème brûlée. Poivrer et ajouter la mistelle Pomme de glace sur le foie gras.

Sur un papier film, étaler les 3/4 du foie gras et rouler pour obtenir un boudin de 4 cm (1 1/2 po) de diamètre. Sur un autre papier film, étendre le reste du foie gras et rouler de nouveau pour obtenir un autre rouleau de 2 cm (3/4 po). Réfrigérer les 2 boudins pendant 12 heures.

Retirer les foies gras de leurs papiers film, les placez dans un plat et recouvrir de gros sel. Placer au réfrigérateur pendant 10 heures pour le gros rouleau et 8 heures pour le petit. Retirer ensuite les foies gras du gros sel et bien les éponger avec un essuie-tout. Réserver. Jeter le gros sel.

Préparation du foie gras aux herbes

...

Hacher le basilic, le romarin et le thym. Poivrer le plus gros rouleau de foie gras, puis le rouler dans les herbes hachées. Réserver au frigo.

Préparation des rouleaux de printemps

...

Porter à ébullition une petite casserole d'eau avec une pincée de gros sel, 2 feuilles de laurier, 1 branche de thym. Y plonger les langoustines et cuire 5 minutes. Retirer de l'eau bouillante, refroidir rapidement, éponger et réserver au froid.

Faire ramollir les feuilles de papier de riz à rouleaux impériaux dans de l'eau tiède. Retirer les feuilles de l'eau, les déposer sur une planche de travail et déposer sur chacune quelques feuilles de laitue. Couper le petit rouleau de foie gras en deux dans le sens de la longueur et déposer un morceau sur la laitue. Décortiquer les langoustines en prenant soin d'enlever la veine du dessus. Placer une langoustine sur chaque rouleau de foie gras et rouler très serré.

Préparation de la crème brûlée au foie gras

...

Dans un contenant de 1 litre (4 tasses), mettre la crème, les 75 g (2 oz) de foie gras réservé et les jaunes d'œufs. Saler et poivrer au goût. À l'aide d'un batteur électrique, mélanger le tout et filtrer à travers une passoire fine.

Préchauffer le four à 100 °C (212 °F). Dans des petits ramequins, couler le mélange jusqu'aux trois quarts. Placer les ramequins dans une lèchefrite remplie d'eau à moitié. Enfourner de 20 à 30 minutes. Retirer du four et laisser reposer pendant 1 heure. Pour le service, faire caraméliser le dessus à l'aide d'un chalumeau. Pour plus de saveur, parsemer avec de la fleur de sel.

Montage

...

Couper les rouleaux de printemps en deux morceaux en diagonale et les placer à l'extrémité d'une assiette rectangulaire. Tailler des tranches de 1 cm (1/2 po) d'épaisseur dans le rouleau de foie gras aux fines herbes et les répartir à l'autre extrémité de l'assiette. Au centre, disposer un petit nid de mesclun garni d'une capucine, avec la crème brûlée de foie gras à côté.

Mano Chabot

Duo de fromages Fleurmier et Hercule de Charlevoix

sur carpaccio de canard fumé de la Ferme Basque et perles de citrouille des Jardins du Centre

4 portions

Ingrédients
· · ·

1	petite citrouille
50 g (2 oz)	de cassonade
60 ml (4 c. à soupe)	de sirop d'érable
1	noix de beurre
4	tranches de pain d'épaisseur moyenne
1	fromage Fleurmier de Charlevoix
1	morceau de fromage Hercule de Charlevoix
4	bouquets de laitue, au choix
24	tranches de canard fumé de la Ferme Basque
	quelques raisins rouges pour garnir

Préparation
· · ·

Préchauffer le four à 180° C (350° F).

Peler la citrouille, vider l'intérieur et faire des petites boules dans la chair à l'aide d'une cuillère parisienne.

Mettre les boules de citrouille dans un plat allant au four, ajouter la cassonade, le sirop d'érable et la noix de beurre. Cuire au four de 10 à 15 minutes.

Entre-temps, retirer la croûte des tranches de pain et tailler chacune en deux croûtons. Cuire au four de 5 à 10 minutes, en retournant une fois, ou jusqu'à ce qu'elles soient croustillantes. Lorsque les croûtons sont prêts, déposer dessus en alternance et en les faisant se chevaucher un fin morceau de Fleurmier, puis une tranche d'Hercule, et ainsi de suite.

Montage
· · ·

Chauffer le four à Broil. Disposer en éventail 6 tranches de canard fumé par assiette et un bouquet de laitue. Trancher les raisins en 2 dans le sens de la longueur et les placer sur le canard. Déposer les boules de citrouille à l'érable à côté du canard pour faire un joli monticule. Passer les croûtons sous le grill quelques minutes, jusqu'à ce que le fromage soit fondu. Les répartir dans les assiettes et servir.

ALCOOL D'ACCOMPAGNEMENT
**Chardonnay Inniskillin
Niagara Peninsula 2006**
Code SAQ : 00066266

Notes de dégustation d'Anne L. Desjardins
Contrairement aux idées reçues, plusieurs fromages vont beaucoup mieux avec un vin blanc qu'avec un rouge, dont les tanins se durcissent. Ici, le chardonnay vieilli en fûts de chêne est bien gras, avec une très belle couleur ambrée et des arômes de vanille. En bouche, de la nectarine et de l'abricot, qui feront merveille autant avec le fromage qu'avec la citrouille à l'érable. Ce vin est aussi suffisamment charpenté pour s'entendre avec le canard fumé.

Jonathan Côté
Quand le fromage inspire le chef

Photo : Louis Perron

Né à Baie-Saint-Paul le 24 janvier 1983, Jonathan Côté est un pur produit du terroir charlevoisien. À 16 ans, il découvre le travail de cuisinier au cours d'un emploi d'été. «J'aimais le côté créatif et le défi de produire des mets d'une qualité constante dans un contexte de surchauffe et d'adrénaline», se souvient le jeune homme qui est un sportif confirmé : hockey, soccer, planche à neige. J'ai un tempérament très compétitif, alors il faut que ça bouge!» À 18 ans, après un diplôme d'études professionnelles en cuisine, Jonathan Côté entreprend une carrière qu'il tient à ancrer dans sa région. «Nous avons ici des ressources intéressantes, mais il faut aussi des chefs qui croient à la cause de la gastronomie locale pour qu'elle ait une chance de se développer et d'évoluer», juge-t-il.

Photo : Anne L. Desjardins

Une vision d'avenir régionale

Après avoir travaillé dans un restaurant italien, où il a appris à ne pas lésiner sur la qualité, on l'embauche au pub de la Microbrasserie Charlevoix, puis il occupe le poste de chef à l'Orange Bistro de Baie-Saint-Paul pendant deux ans. Ensuite, c'est le choc culturel, avec un séjour de six semaines en France grâce à l'Office franco-québécois de la jeunesse. « Je me suis retrouvé en Charente Maritime où, en plus d'apprendre le mauvais caractère des chefs français, j'ai découvert ce que le métier de cuisinier pouvait avoir de valorisant, se souvient-il. J'étais ébloui par la qualité des produits frais, je découvrais les terrines, les pâtés, les saucissons. » L'aventure est déterminante, car elle lui entrouvre les portes des plus hautes sphères gastronomiques : « C'est durant ce stage que j'ai vraiment décidé de devenir chef et d'y consacrer le meilleur de moi-même. »

En février 2006, le destin sourit à Jonathan Côté, lorsque l'artisan fromager Maurice Dufour lui offre le poste de chef de son nouvel établissement de restauration situé sur le site même de la Maison d'affinage. « J'ai accepté tout de suite, sachant la passion de Maurice pour la cuisine. Nous avions la même vision, le même intérêt pour la mise en valeur du terroir de Charlevoix. » L'expérience se révèle emballante pour le jeune homme, alors âgé de 22 ans, à qui M. Dufour donnera rapidement carte blanche pour la création d'un menu destiné à mettre en valeur les différents fromages de la maison à l'aide d'ingrédients locaux : « Le plus gros stress, ce sont les événements gastronomiques spéciaux comme l'intronisation annuelle du Chevalier du Migneron ou le lancement du fromage Deo Gracias, en juin 2006, dans la bergerie nouvellement construite, où j'avais dû créer un menu dégustation de neuf services pour des invités triés sur le volet qui ont un palais très fin. » Mais cette pression, la recrue l'apprécie, car elle favorise le dépassement.

> « MAURICE ET MOI, NOUS AVIONS LA MÊME VISION,
> LE MÊME INTÉRÊT POUR LA MISE EN VALEUR
> DU TERROIR DE CHARLEVOIX. »

Les complices des chefs

Les Viandes biologiques Charlevoix

En affaires depuis 2001, Damien Girard et Natasha McNicoll font mentir le cliché qui veut que le biologique ne soit pas rentable pour qui le pratique. Cet éleveur de porcs et de poulets biologiques de Baie-Saint-Paul a le vent dans les voiles tout en axant sa production sur le bien-être animal. Ses bêtes grandissent sur litière dans des enclos où elles peuvent bouger, avec un accès à l'extérieur durant l'été. Les porcs sont engraissés sans antibiotiques ni hormones de croissance et mangent exclusivement de la moulée certifiée biologique tout comme les poulets, qui sont d'une souche européenne dite « rouge », plus rustique et d'une croissance plus lente. Abattus à neuf semaines, ils jouissent d'un espace en enclos trois fois supérieur à celui d'un élevage traditionnel. Dès que la température et les règles du ministère de l'Agriculture sur la grippe aviaire le permettent, ils sont envoyés dehors, en semi-liberté. Damien Girard est agronome, promotion 1987 de l'Université McGill. Fils de cultivateur, il souhaitait s'établir sur les terres ancestrales de Baie-Saint-Paul avec sa famille en créant une entreprise rentable, tournée vers le développement durable. « J'ai grandi sur ces terres. Le biologique a toujours été un choix logique et naturel pour moi, parce que c'est un héritage de mon père, qui n'a jamais utilisé de pesticides ou d'engrais chimiques sur sa ferme laitière. Pourtant, à l'époque, un élevage de 35 à 40 animaux faisait vivre décemment une famille. Il n'y a pas de raison qu'il en soit autrement aujourd'hui. » Chez les Girard, on pouvait boire l'eau du ruisseau; la nappe phréatique n'était pas contaminée. Damien et Natasha tiennent mordicus à ce que leurs enfants et leurs clients puissent faire de même. Une philosophie qui rejoint les valeurs des chefs cuisiniers, qui sont de plus en plus nombreux à les encourager et à apprécier la qualité de leurs découpes de porc et de leurs poulets à chair fine et maigre.

Natasha McNicoll et Damien Girard

Une cuisine sans artifices

Le chef de la Maison d'affinage Maurice Dufour dit de sa cuisine qu'elle est sans artifices : « Si j'inscris sur mon menu "potage de chou-fleur au curcuma" ou "canard sauce orange et porto", je tiens à ce que le client goûte vraiment chacun des ingrédients. J'aime aussi surprendre, comme lorsque j'ai créé un tartare d'omble chevalier de la Pisciculture Smith aux fraises et wasabi pour l'intronisation du Chevalier du Migneron, ou bien en suscitant une explosion de saveurs avec des ajouts inhabituels, comme de la noix de coco et de la menthe fraîche dans un potage à la courge musquée. »

Jonathan Côté croit que le lien avec des producteurs et transformateurs qu'il connaît depuis l'enfance a non seulement une importante valeur économique, mais aussi sociale : « C'est par cet échange que passe la mise en valeur d'un secteur, le maintien des jeunes dans leur région et l'amélioration de la cuisine. » C'est pourquoi le poulet et le porc biologiques de ses amis des Viandes biologiques de Charlevoix figurent en bonne place sur son menu, tout comme le veau de Jean-Robert Audet, les légumes des Jardins du Centre et de la Ferme des Monts, les tomates des Serres Lacoste ou le canard de la Ferme Basque.

La cuisine au fromage pour innover

Bien sûr, la cuisine au fromage présente aussi une foule de défis intéressants pour un curieux de l'espèce de Jonathan Côté. « Ce sont des heures et des heures de travail pour bien comprendre la chimie de chacun et sa réaction à différents ingrédients. » Le chef de la Maison d'affinage considère que le fromage est un médium parfait pour la création culinaire, car on peut le fondre, mélanger plusieurs variétés, le transformer en mousse, en sauce, l'ajouter à du beurre, l'utiliser pour farcir, gratiner, ou simplement rehausser le goût d'un plat.

« Je parle de mes idées à Maurice, il m'en livre de nouvelles en échange. »

L'autre grand plaisir de sa situation de chef dans un site agrotouristique, c'est l'échange direct avec l'artisan affineur Maurice Dufour, un homme qui s'est toujours battu pour la cause gourmande : « Je lui parle de mes idées, il m'en lance de nouvelles en échange. C'est stimulant et ça m'aide à avancer. » Et puisque le restaurant de la Maison d'affinage est fermé l'hiver, Jonathan Côté en profite pour faire d'autres stages chez des grands chefs, dont Laurent Godbout, de Montréal, auprès duquel il a passé deux mois et appris à tirer le maximum de chaque ingrédient, en attendant de voir la clientèle locale et les touristes affluer 12 mois durant à sa table...

Maison d'affinage Maurice Dufour

Filet de porc bio de Charlevoix

au Ciel de Charlevoix, figues et
noisettes, sauce au porto rouge

4 portions

Ingrédients filet de porc

...

200 g (7 oz)	de fromage Le Ciel de Charlevoix
80 g (2,5 oz)	de figues séchées
100 g (3,5 oz)	de noisettes
400 g (12 oz)	de filet de porc
100 ml (1/3 tasse)	d'huile extra-vierge Orphée
	sel et poivre au goût

Ingrédients sauce au porto rouge

...

125 ml (1/2 tasse)	de carottes
125 ml (1/2 tasse)	de poireau
125 ml (1/2 tasse)	de céleri
125 ml (1/2 tasse)	d'oignon
1 kg (2 lb)	d'os de veau
15 ml (1 c. à soupe)	de concentré de tomates
	huile d'olive pour cuisson
125 ml (1/2 tasse)	de vin rouge
1	bouquet garni
200 ml (3/4 tasse)	de porto rouge
	sel et poivre au goût

Jonathan Côté

Préparation du filet de porc

• • •

Préchauffer le four à 200 °C (400 °F).

Dans un robot culinaire, mélanger le fromage, les figues séchées et les noisettes jusqu'à une consistance de pâte.

Ouvrir le filet de porc dans le sens de la longueur à l'aide d'un couteau sans le sectionner complètement.

Donner une forme cylindrique à l'appareil au fromage et en farcir le filet de porc.

Ficeler le filet de porc farci. Dans une poêle allant au four, le saisir à feu vif de tous les côtés dans un peu d'huile d'olive. Assaisonner.Terminer la cuisson au four pendant 15 minutes.

Préparation de la sauce au porto rouge

• • •

Couper les légumes en mirepoix. Dans un grand faitout, faire revenir les os avec les légumes et le concentré de tomates dans un peu d'huile d'olive.

Déglacer au vin rouge, ajouter le bouquet garni, le sel et le poivre et laisser réduire. Passer au chinois ou au tamis. Ajouter le porto, remettre sur le feu et laisser réduire doucement pendant 20 minutes.

Servir avec un risotto et des petits légumes des Jardins du Centre.

ALCOOL D'ACCOMPAGNEMENT
Cave de Rasteau Prestige Rasteau Côtes du Rhône Village
Code SAQ : 00952705

Notes de dégustation d'Anne L. Desjardins
Ce beau vin aux tanins enrobés qui tire 14 % d'alcool est issu d'un des plus anciens domaines de Provence, qui possède 700 hectares de vignes dans un ravissant village du XIIIe siècle, adossé aux dentelles de Montmirail et au mont Ventoux. Ce Côtes du Rhône Village exulte la garrigue grâce à ses parfums de romarin et d'olive noire. En bouche, la saveur de la cerise bien mûre et de l'anis créent une agréable sensation de fraîcheur. Il sera dans son élément avec les figues, le robuste porto de la sauce et le léger piquant du fromage bleu. Par contre, son fruit bien présent permettra de l'harmoniser avec le porc.

Polenta à la Tomme d'Elles

et champignons shiitake

4 à 6 portions

Ingrédients

...

2 l (8 tasses)	d'eau
30 ml (2 c. à soupe)	de sel
100 g (3,5 oz)	de beurre doux
350 g (12 oz)	de semoule de maïs (polenta)
200 g (7 oz)	de fromage Tomme d'Elles (lait de brebis et lait de vache)
5	champignons shiitake
30 ml (2 c. à soupe)	d'huile d'olive Orphée
1	ciboule (échalote verte) hachée

Préparation

...

Dans une grande casserole, porter l'eau, le sel et le beurre à ébullition. Incorporer la polenta en pluie en remuant constamment. Laisser mijoter à feu doux 30 minutes en brassant fréquemment jusqu'à la fin de la cuisson. La polenta sera cuite lorsqu'elle décollera des parois de la casserole.

Retirer du feu et ajouter la Tomme d'Elles.

Entre-temps, faire suer les champignons shiitake dans l'huile d'olive.

Au moment du service, répartir la polenta dans des assiettes chaudes, garnir chaque portion de champignons shiitake et parsemer de ciboule hachée.

ALCOOL D'ACCOMPAGNEMENT
Meia Encosta Dâo
Code SAQ : 00250548

Notes de dégustation d'Anne L. Desjardins
Ce vin portugais à la robe pourpre foncé propose un imbattable rapport qualité-prix et fait preuve d'une intéressante polyvalence. Ses arômes de cassis et de girofle complétés par une saveur intense de fruits rouges bien mûrs et un peu de poivre évoquent certains cépages italiens, comme le primitivo. Il sera délicieux avec de l'agneau braisé au romarin tout autant qu'avec cette polenta d'inspiration sicilienne.

Rouleaux de printemps
au Migneron et poireau, sauce froide aux tomates Lacoste

4 portions

Ingrédients sauce froide aux tomates

• • •

500 g (1 lb)	de tomates Lacoste mûres
15 ml (1 c. à soupe)	de pâte de tomates
10	feuilles de basilic frais
15 ml (1 c. à soupe)	de sucre
30 ml (2 c. à soupe)	de vinaigre de xérès
100 ml (7 c. à soupe)	d'huile d'olive extra-vierge Orphée
	sel et poivre au goût

Ingrédients rouleaux de printemps

• • •

200 g (7 oz)	de poireau émincé
30 ml (2 c. à soupe)	d'huile extra-vierge Orphée
300 g (9 oz)	de fromage Le Migneron
30 ml (2 c. à soupe)	de farine
30 ml (2 c. à soupe)	d'eau
8	petites feuilles de pâte à rouleaux de printemps chinois (*egg rolls*)
	sel et poivre au goût

Préparation de la sauce froide aux tomates

• • •

Couper les tomates en quartiers, retirer les pépins et presser le jus, puis hacher la chair finement. Mélanger les tomates, la pâte de tomates, le basilic, le sucre et le vinaigre de xérès.

Laisser reposer à la température de la pièce quelques heures. Passer le tout au moulin ou au mélangeur (sans trop liquéfier) et verser dans un bol en verre ou en acier inoxydable.

Ajouter l'huile d'olive en un mince filet tout en mélangeant vigoureusement au fouet pour bien émulsionner. Assaisonner au goût. Servir à la température de la pièce avec les rouleaux.

Préparation des rouleaux de printemps

Dans un poêlon, faire suer le poireau dans l'huile d'olive à feu doux, sans coloration, jusqu'à tendreté. Réserver au réfrigérateur.

Enlever la croûte du fromage Le Migneron, puis le râper. Verser dans un bol avec le poireau refroidi.

Assaisonner au goût. Dans un autre bol, mélanger la farine et l'eau. Réserver.

Garnir chaque feuille de pâte à rouleaux de printemps chinois (*egg rolls*) de 35 ml (2 c. à soupe + 1 c. à thé) de farce. Rouler les carrés de pâte en forme de cylindres, en prenant soin d'en badigeonner les extrémités avec le mélange de farine et d'eau. Presser doucement pour bien sceller.

Faire chauffer l'huile d'une friteuse ou dans un chaudron épais jusqu'à 180 °C (350 °F) et y cuire les rouleaux jusqu'à ce qu'ils soient dorés, soit de 2 à 4 minutes. Les retirer de l'huile et les éponger avec un papier absorbant. Servir chaud avec la sauce aux tomates Lacoste.

ALCOOL D'ACCOMPAGNEMENT
EXP Toasted Head Chardonnay
Code SAQ : 00594341

Notes de dégustation d'Anne L. Desjardins
Avec sa fraîcheur et ses notes beurrées, ce chardonnay californien bien sec et gras sera un complément parfait du fromage et des poireaux sautés et il ne se laissera pas rebuter par l'acidité de la tomate et du vinaigre de xérès. D'une belle robe jaune paille soutenue, il a au nez comme en bouche des notes de poire, de caramel et de bois qui sont dues à l'utilisation modérée de chêne américain. La finale est longue et appuyée, ce qui conviendra bien à la saveur prononcée du Migneron.

Christian Lemelin
Quand le succès frappe fort

Toast!

Photo : Archives Le Soleil

C hristian Lemelin est le premier étonné lorsqu'il fait le bilan des quelques années d'existence du populaire restaurant du quartier du Vieux-Port qu'il a créé avec son somme-lier et ami Stéphane D'Anjou en 2003 dans les locaux de l'hôtel-boutique Le Priori, rue du Sault-au-matelot : « Nous sommes partis tellement modestement, sans équipement ni attentes spécifi-ques, moi qui n'avais que 25 ans et aucune crédibilité comme chef pour attirer des cuisiniers d'expérience, en nous disant que nous ne pouvions que nous améliorer. Mais la réalité a été très différente de ce que nous avions prévu. » La réalité, c'est que la clientèle s'est mise à affluer dès les premiers jours dans ce local ingénieusement décoré dans des teintes toniques, avec un design *lounge* parfait pour les jeunes gourmets bran-chés, qui se sont vite passé le mot. « Nous pensions offrir une cuisine de type bistrot, sans prétention, relate Christian Lemelin, avec de belles tartines le midi sur la terrasse et une table d'hôte abordable. Mais nos habitués se sont mis à exiger des produits nobles, du foie gras, du thon frais, de la côte de veau et une cuisine signature. Nous avons donc accédé à leur demande avec plaisir ! »

Photo: Archives Le Soleil

Toast!, situé au 17, rue du Sault-Au-Matelot à Québec

Résultat : le Toast ! est aujourd'hui un des établissements les plus courus de la Capitale, attirant autant les touristes amateurs de fine cuisine qui logent dans les hôtels chic des alentours que les gens d'affaires ou les jeunes professionnels. Stéphane d'Anjou s'est aussi adapté et propose maintenant une carte des vins variée, bien équilibrée entre les importations privées du Nouveau Monde et d'Europe, avec une impressionnante sélection de vins au verre pour faciliter le mariage avec les plats.

Les voyages qui forment le chef

De son côté, Christian Lemelin s'éclate dans la cuisine construite sur deux niveaux récemment réaménagée avec tous les équipements modernes. Formé à l'École hôtelière de la Capitale en cuisine d'établissement et à Fierbourg en cuisine actualisée, cet émule du chef Jean-Luc Boulay, auprès de qui il a travaillé plusieurs années au Saint-Amour, puis au Momento Cartier, a fait du foie gras et de la truffe des spécialités qu'il revisite au gré d'une inspiration qu'il dit puiser dans les cuisines du monde, notamment celle d'Italie. Passionné de voyages, il s'offre chaque année une formation à l'étranger auprès de mentors d'envergure. Après un premier stage en France, il se tourne vers le Nouveau Monde. C'est ainsi qu'en 2005, il est allé se familiariser avec les parfums des Caraïbes auprès du chef Norman Van Aken, de Miami. Puis, il s'est joint à l'automne 2007 à la brigade de Thomas Keller, du French Laundry, dans la vallée de Napa. Au retour, la tête bourdonnante d'idées, le jeune cuisinier originaire de Neufchâtel crée des menus hommage qui séduisent la clientèle en lui donnant une idée de ce qui se fait ailleurs.

« LES PRODUITS BIOLOGIQUES ET NATURELS SONT LES ALLIÉS DES CHEFS PARCE QU'ILS PERMETTENT DE DOSER PARFAITEMENT NOS ARÔMES ET NOS SAVEURS TOUT EN INVENTANT DE NOUVELLES COMBINAISONS. »

Photo : Archives Le Soleil

Lucie Mainguy dans son laboratoire

Les complices des chefs

Les huiles essentielles gastronomiques d'Aliksir

Pendant qu'en Europe, les chefs s'arrachent les huiles essentielles à base d'aromates traditionnels comme le basilic ou la sauge, la région de Québec innove grâce à l'Économusée de l'herboristerie Aliksir, de Grondines. Sa fondatrice, Lucie Mainguy, fabrique des huiles essentielles biologiques destinées à l'aromathérapie et la cosmétologie depuis 1988. Cette druidesse des temps modernes a aussi eu l'idée de pousser l'expérience plus loin en mandatant son conjoint et associé Pierre Boivin, un œnologue expert en marketing, pour développer une gamme d'huiles essentielles gastronomiques destinées spécifiquement au marché des chefs. Le quart environ de ces précieux flacons provient d'herbes indigènes comme le peuplier et le myrique baumier, la graine de carotte sauvage, la comptonie voyageuse ou le thé du Labrador. Fabriquées par distillation, selon des principes identiques à ceux de la parfumerie, ces huiles essentielles d'Aliksir s'inscrivent dans la collection autochtone des 12 Précieuses du Nouveau Monde de la gamme Les Arômes de Saba, aux côtés des collections Précieuses de Méditerranée et d'Europe et Précieuses d'Orient. Plusieurs chefs de la région de Québec, dont Christian Lemelin, se sont montrés intéressés par ces nouveautés qui contribuent à faire une cuisine précise et goûteuse, à base d'ingrédients naturels. Armé de son bâton de pèlerin, Pierre Boivin a entrepris de séduire les grandes toques une par une, non sans avoir aussi pensé à la relève. C'est pourquoi, avec des enseignants du Centre de formation professionnelle Fierbourg, il a créé des ateliers de « parfumerie gastronomique » dans lesquels il explore avec les étudiants les possibilités aromatiques des huiles essentielles en préparant huit plats, dont la ratatouille au peuplier baumier et une glace à la menthe par simple ajout de quelques gouttes d'huile essentielle de menthe poivrée chocolat à une crème glacée à la vanille. Ces expériences permettent aux futurs cuisiniers de découvrir le rôle des arômes dans la perception du goût tout en touchant à la chimie culinaire. Avec ses 50 huiles essentielles gastronomiques, Aliksir compte devenir l'image de marque des concentrés d'épices et d'aromates dans une gamme la plus complète au monde.

Un maillage essentiel

Mais malgré son intérêt marqué pour les arômes d'ailleurs, plus Christian Lemelin avance dans le métier et plus il croit à l'importance d'être fidèle aux produits de sa région. Un habitué des événements de maillage entre chefs et producteurs, comme Toques et terroir de la Fondation Serge-Bruyère, il croit que c'est dans ce contact intime entre deux forces complémentaires que la cuisine prend tout son sens : « C'est notre rôle premier en tant que cuisiniers de mettre en valeur le travail des artisans et de magnifier leurs produits. Ça devient peu à peu la norme au Québec, comme ça l'est en Europe. » En plus d'utiliser le canard du Canard Goulu, certains fromages québécois, les fruits de mer et poissons de l'estuaire du Saint-Laurent et l'agneau d'ici, le chef Lemelin fait ses courses quotidiennement au Marché du Vieux-Port durant la belle saison. Il y retrouve des complices comme la famille Marcoux, qui l'approvisionne en beaux légumes, le Fumoir Atkins, avec sa gamme variée de poissons fumés, ou Éric Floch, de l'échoppe d'épices la Route des Indes, avec qui il discute mariages de saveurs exotiques.

Échoppe La Route des Indes

Huiles essentielles en cuisine

À ce chapitre, d'ailleurs, Christian Lemelin aime bien innover, surtout depuis qu'il a fait la connaissance de Pierre Boivin, de l'herboristerie Aliksir, de Grondines, qui a mis au point avec sa conjointe Lucie Mainguy toute une gamme d'huiles essentielles destinées à la cuisine, dont plusieurs sont fabriquées à base de plantes du terroir québécois. « Ces produits biologiques et naturels sont les alliés des chefs parce qu'ils permettent de doser parfaitement nos arômes et nos saveurs tout en inventant de nouvelles combinaisons, explique Christian Lemelin. Mais il faut leur laisser toute la place pour bien les mettre en valeur. J'ai créé récemment un dessert à l'érable à base d'huile essentielle de peuplier baumier qui a eu beaucoup de succès. » Et quand il fabrique ses célèbres pâtes au basilic, c'est aussi avec de l'huile essentielle d'Aliksir.

Sa cuisine inventive n'hésite pas à mêler la saveur du lapin, de la crevette de Sept-Îles, du parmesan reggiano et de la truffe; celle de l'escolar (un poisson exotique) et du topinambour; ou bien le thon et le bœuf sont servis en carpaccio, unis par des copeaux de foie gras, du canard fumé et des tomates séchées. Mais Christian Lemelin dit respecter la règle de Joël Robuchon selon laquelle trois saveurs dominantes dans l'assiette sont suffisantes et doivent s'unir harmonieusement : « Avant d'ajouter un ingrédient, je me demande toujours ce qu'il va apporter de plus au plat. Avec les années, j'essaie aussi de simplifier ma cuisine pour mettre l'accent sur un produit à peine transformé plutôt que trop apprêté. » Une démarche qui lui a été inspirée par ses plus récents séjours d'étude à l'étranger.

« C'est notre rôle premier en tant que cuisiniers de mettre en valeur le travail des artisans et de magnifier leurs produits. »

Truffes noires

Ingrédients selle d'agneau

· · ·

2	selles d'agneau
500 ml (2 tasses)	d'huile de canola
4	branches de thym de la Ferme Marcoux
4	branches de romarin frais de la Ferme Marcoux
1	branche de sauge fraîche de la Ferme Marcoux
10	feuilles de laurier de la Route des Indes
2	morceaux de 2,5 cm (1 po) d'écorce d'orange
8	baies de genièvre de la Route des Indes
15 ml (1 c. à soupe)	de cumin torréfié au four de la Route des Indes
5 g (1 c. à thé)	de sel truffé de la Route des Indes

Ingrédients ragoût de légumes

· · ·

1	épi de maïs
45 ml (3 c. à soupe)	de beurre (divisé)
675 ml (2 ½ tasses)	de fond de volaille (divisé)
20	gourganes entières de la Ferme Marcoux
6	salsifis de la Ferme Marcoux
20	gouttes d'huile essentielle Aliksir de verge d'or pubérulente
24	chanterelles fraîches, bien nettoyées
1	tige de fleur d'ail de la Ferme Marcoux
60 ml (1/4 tasse)	de vin blanc
125 ml (1/2 tasse)	de crème 35 %
45 ml (3 c. à soupe)	d'huile de truffe de la Route des Indes
	sel au goût

Préparation de la selle d'agneau

· · ·

Parer les selles en amincissant le gras avec la lame d'un couteau. Le gras doit quand même recouvrir la totalité de la pièce de viande. Mariner 2 jours dans l'huile avec le thym, le romarin, la sauge, le laurier, l'écorce d'orange, les baies de genièvre et le cumin. L'huile doit recouvrir la viande en entier.

Chauffer le four à 190 °C (400 °F).

Retirer la viande de l'huile et l'égoutter sur une grille, puis l'assaisonner de sel truffé. Rouler la viande et ficeler le rouleau. Dans une poêle allant au four, saisir à feu vif de tous les côtés. Cuire ensuite au four environ 15 minutes. Sortir du four et laisser reposer 15 minutes.

Préparation du ragoût de légumes

· · ·

Retirer les grains de l'épi de maïs à l'aide d'un couteau et les faire sauter à la poêle avec 30 ml (2 c. à soupe) de beurre. Déglacer à feu moyen-vif avec 125 ml (1 / 2 tasse) de fond de volaille et laisser réduire à sec.

Écosser les gourganes entières et les cuire à l'eau bouillante salée une minute. Les plonger ensuite dans de l'eau glacée. Égoutter.

Peler les salsifis et les hacher en petits morceaux, puis les sauter dans 30 ml (2 c à soupe) de beurre. Ajouter 250 ml (1 tasse) de fond de volaille et laisser réduire à feu moyen-vif jusqu'à ce qu'il n'y ait plus de liquide. Passer au robot culinaire 10 minutes, puis au tamis fin et ajouter l'huile essentielle de verge d'or.

Sauter les chanterelles et la fleur d'ail coupée finement dans 30 ml (2 c. à soupe) de beurre. Ajouter le maïs et les gourganes, déglacer avec le vin blanc et réduire des trois quarts. Ajouter la crème et une pincée de sel. Amener à ébullition et retirer du feu. Terminer avec la sauge ciselée finement.

Selle d'agneau
dans un ragoût de légumes
« retour du marché »

4 portions

Montage

· · ·

Dresser dans quatre assiettes chaudes la purée de salsifis. Disposer le ragoût de légumes tout autour en prenant bien soin de répartir aussi le bouillon. Couper en quatre chacune des selles d'agneau et déposer deux morceaux sur la purée de salsifis. Ajouter un filet d'huile de truffe sur le ragoût. Servir.

Ajouter une poêlée de foie gras sur le dessus, si désiré.

ALCOOL D'ACCOMPAGNEMENT
Cabernet-sauvignon Franciscan Oakville Estate Napa Valley
Code SAQ : 10354603

Notes de dégustation d'Anne L. Desjardins
Avec ce vin complexe d'un beau rouge grenat produit en quantité limitée dans la vallée de Napa, nous voilà dans les ligues majeures, mais à prix intéressant. Au nez, on détecte immédiatement la feuille de cigare, des épices et une note de chocolat tempérés par le bleuet, ce que vient confirmer la dégustation. Corsé et de texture riche, avec des tanins bien affirmés et une très longue finale d'où le fruit n'est pas exclu, il fera des merveilles avec cet agneau confit aux herbes et aux épices.

Homard poché au beurre,
mousseuse fumée de pois mange-tout et hollandaise au myrique baumier

4 portions

Ingrédients mousseuse fumée de pois mange-tout

...

1	oignon de la Ferme Marcoux
2	bulbes d'ail éléphant (divisés)
50 g (2 oz)	de bacon
45 ml (3 c. à soupe)	de beurre
250 ml (1 tasse)	de fond de volaille
150 g (5 oz)	de pois mange-tout
10 ml (2 c. à thé)	de lécithine de soya
250 ml (1 tasse)	de lait 3,25 %
	sel au goût

Ingrédients salade de carottes nantaises raidies

...

50 g (2 oz)	de carottes nantaises de la Ferme Marcoux
3	oignons cippolini
15 ml (1 c. à soupe)	de câpres
1	échalote sèche
2	tranches de bacon
4	grosses pommes de terre rattes
10	tiges de ciboulette de la Ferme Marcoux
30 ml (2 c. à soupe)	huile d'olive extra-vierge Orphée

Ingrédients hollandaise au myrique baumier

...

2	jaunes d'œufs
15 ml (1 c. à soupe)	d'eau
15 ml (1 c. à soupe)	de vin blanc sec
100 g (3,5 oz)	de beurre clarifié
	jus de 1/2 citron frais
4	gouttes d'huile essentielle Aliksir de myrique baumier
	sel au goût

Ingrédients homard

...

125 ml (1/2 tasse)	d'eau
500 g (1 lb)	de beurre salé
4	homards de 500 g (1 lb)

 Christian Lemelin

Préparation de la mousseuse fumée de pois mange-tout

•••

Couper grossièrement l'oignon, un bulbe d'ail éléphant et le bacon et faire suer dans une poêle avec le beurre 15 minutes. Verser le fond de volaille et laisser mijoter 10 minutes.

Ajouter les pois mange-tout coupés en petits morceaux et une pincée de sel. Cuire 5 minutes et passer au mélangeur à grande vitesse. Passer au tamis fin et ajouter la lécithine de soja.

Peler l'autre bulbe d'ail éléphant et le couper en fines tranches à la mandoline pour obtenir des chips. Blanchir dans le lait 1 minute sans faire bouillir et éponger sur du papier absorbant. Faire ensuite frire les tranches d'ail à 125 °C (260 °F) jusqu'à ce qu'elles soient croustillantes, mais non colorées.

Préparation de la salade de carottes nantaises raidies

•••

Laver les carottes et les couper en fines lamelles à l'aide de la mandoline. Blanchir à l'eau salée 30 secondes et refroidir aussitôt. Blanchir aussi les oignons cippolini de la même manière, puis les peler.

Hacher les câpres et l'échalote. Couper le bacon en fines lamelles et le sauter à la poêle jusqu'à ce qu'il soit croustillant. Bien l'égoutter par la suite sur du papier absorbant. Cuire les pommes de terre rattes à l'eau salée (démarrage à froid) et les couper en deux une fois cuites. Ciseler la ciboulette.

Préparation de la hollandaise au myrique baumier

•••

Dans la partie supérieure d'un bain-marie, verser les jaunes d'œufs, l'eau et le vin blanc et cuire au-dessus de l'eau chaude non bouillante en fouettant continuellement.

Une fois la liaison faite, retirer du feu et monter en fouettant avec le beurre clarifié fondu. Terminer avec le jus de citron et le myrique baumier. Ne pas dépasser 4 gouttes, l'huile essentielle étant très concentrée. Conserver dans un endroit tiède.

Préparation du homard

•••

Faire bouillir l'eau, puis couper le beurre en petits morceaux. En dehors du feu, émulsionner l'eau avec un mélangeur à main en incorporant le beurre peu à peu, sans cesser de battre. Conserver le beurre monté à 80 °C (175 °F) et y cuire les homards de 12 à 13 minutes.

Sortir les homards de l'eau et les refroidir. Découper la carapace et en retirer la chair.

Trancher les pommes de terre rattes et les poêler au beurre quelques minutes pour les réchauffer. Saler. Répartir les pommes de terre dans quatre assiettes creuses, puis les morceaux de homard. Chauffer et émulsionner la mousseuse de pois mange-tout à l'aide du pied mélangeur et verser autour du homard. Déposer une cuillère à soupe de sauce hollandaise sur les homards. Mélanger à froid les lamelles de carottes, les oignons cippolini, la ciboulette, les câpres et l'échalote hachée, ainsi que l'huile d'olive et une pincée de sel. Déposer cette salade sur la sauce hollandaise. Parsemer de quelques chips d'ail.

ACCOMPAGNEMENT VIN
Kim Crawford, Marlborough Sauvignon blanc
Code SAQ : 10327701

Notes de dégustation d'Anne L. Desjardins
Cette maison néozélandaise dirigée par une femme qui privilégie les saveurs de fruit dans tous ses vins est en train de se tailler une place enviable dans le monde du vin. Le millésime 2006 de ce sauvignon blanc vif, tout en fraîcheur et aux arômes de pomme verte, d'asperges et d'agrumes s'est d'ailleurs valu la note 91 du magazine *Wine Spectator*. Les fruits de mer demeurent son complément parfait. Ici, les notes herbacées du sauvignon blanc seront parfaitement rehaussées par la mousseuse de pois verts et la hollandaise parfumée à l'huile essentielle de myrique baumier.

Croustillant d'eau d'érable, salade de fruits secs

au « peuplier baumier », panna cotta et
nougatine de pignons

4 portions

Ingrédients *foam* d'eau d'érable

• • •

100 ml (1/3 tasse)	d'eau d'érable
3/4	de feuille de gélatine (ou de sachet de gélatine)
1	bouteille « Espuma » (dans les cuisineries)
2	cartouches de CO_2 (gaz carbonique)

Ingrédients panna cotta

• • •

115 ml (8 c. à soupe)	de crème 35 %
50 ml (3 c. à soupe + 1 c. à thé)	de crème sure
25 g (1 oz)	de sucre glace
1 1/2	feuille de gélatine

Ingrédients caramel blanc au peuplier baumier

• • •

100 g (3,5 oz)	de sucre blanc
60 ml (1/4 tasse)	d'eau chaude
50 ml (1/5 tasse)	de glucose
60 ml (1/4 tasse)	d'eau
7	gouttes d'huile essentielles Aliksir de peuplier baumier
15 ml (1 c. à soupe)	de jus de citron frais

Ingrédients mélange de fruits secs

• • •

30 g (1 oz)	d'épine de vinette séchée* de La Route des Indes
15 g (1/2 oz)	de raisins dorés séchés La Route des Indes
15 g (1/2 oz)	de figues confites séchées La Route des Indes
1	zeste finement haché d'un citron
1	zeste finement haché d'une lime

Ingrédients nougatine de pignons et sucre d'érable

• • •

30 ml (2 c. à soupe)	d'eau
10 ml (2 c. à thé)	de glucose
30 g (1 oz)	de sucre blanc
20 g (0,9 oz)	de sucre d'érable
40 g (1,3 oz)	de noix de pin torréfiées de la Route des Indes

Ingrédients rouleaux croustillants à l'érable

• • •

1	feuille de rouleaux impériaux (won ton)
1	blanc d'œuf
30 g (1 oz)	de sucre d'érable
30 g (1 oz)	de beurre

Note : utiliser une balance pour la mesure des ingrédients.

* L'épine de vinette est un petit fruit rouge de la grosseur d'une airelle qui pousse
au Québec. On peut la remplacer par de la canneberge séchée.

Christian Lemelin

Préparation du *foam* d'eau d'érable

...

Faire réduire l'eau d'érable à 75 %. Détendre la gélatine et la dissoudre dans l'eau d'érable encore tiède. Verser dans la bouteille «espuma» et refroidir au frigo. Fermer la bouteille et injecter les deux cartouches de CO_2.

Préparation de la panna cotta

...

Mélanger 115 ml (1/2 tasse) de crème, la crème sure et le sucre glace. Faire fondre la gélatine dans le 60 ml (4 c. à soupe) de crème chaude et l'incorporer au reste du mélange. Verser sur une petite plaque chemisée de papier film, de façon à obtenir une panna cotta de 1 cm (1/3 po) d'épaisseur. Détailler en 4 rectangles de 3 cm (1 po) par 12 cm (4 po).

Préparation du caramel blanc au peuplier baumier

...

Cuire le sucre, l'eau et le glucose à 150 °C (300 °F). Verser l'eau dessus pour cesser la cuisson. Laisser refroidir et incorporer l'huile essentielle de peuplier baumier et le jus de citron.

Préparation du mélange de fruits secs

...

Préparer le mélange de fruits secs en mélangeant tous les ingrédients. Au moment de servir, incorporer le mélange de fruits secs et les zestes d'agrumes dans le caramel clair.

Préparation de la nougatine de pignons et sucre d'érable

...

Cuire le sucre, l'eau et le glucose à 160 °C (320 °F). Retirer du feu et ajouter le sucre d'érable. Le dissoudre complètement et ajouter les noix de pin. Couler la nougatine sur un papier sulfurisé, puis en déposer un autre dessus. À l'aide d'un rouleau à pâte, faire comme si vous abaissiez une pâte à tarte. Aplatir à 0,5 cm (1/8 po) et détailler en bandes de 0,5 cm (1/8 po) x 12 cm (4 po).

Préparation des rouleaux croustillants à l'érable

...

Préchauffer le four à 170 °C (325 °F).

Couper la feuille de rouleaux impériaux en 4, badigeonner de blanc d'œuf et saupoudrer de sucre d'érable. Rouler autour d'une forme cylindrique solide et beurrée (manche de fouet métallique). Cuire 8 minutes au four. Laisser ensuite reposer à la température de la pièce.

Montage

...

Dans chaque assiette, dresser un rectangle de panna cotta, ajouter 30 ml (2 c. à soupe) de salade de fruits secs au caramel clair de peuplier baumier. Farcir chaque rouleau de *foam* d'eau d'érable et le déposer sur la panna cotta. Déposer une tige de nougatine à cheval sur le rouleau. Servir.

ALCOOL D'ACCOMPAGNEMENT
Inniskillin Icewine Vidal Niagara Peninsula Ontario
Code SAQ : 00551085 375 ml

Notes de dégustation d'Anne L. Desjardins
À tout seigneur, tout honneur : pour ce dessert raffiné, voilà un vin approprié, par le plus important producteur de vins de glace canadien. Favori des desserts à base d'érable et de noix, ce liquoreux d'un doré superbe offre au nez comme en bouche des notes marquées de miel, d'abricot et d'orange. À servir bien frais. Potentiel de garde d'au moins 10 ans.

Photo : Louis Perron

Stéphane Modat
Quand l'utopie est réalisable

L'Utopie

Stéphane Modat

C'est par amour pour la belle Jasmine, qui faisait un stage culinaire dans sa région, que Stéphane Modat a quitté son poste de sous-chef au triple étoilé Michelin Le Jardin des Sens des Frères Pourcel, à Montpellier, pour venir s'établir à Québec en 1999. Aussitôt embauché par Yvan Lebrun, d'Initiale, ce talentueux jeune cuisinier originaire de Perpignan et qui a fait ses études et son apprentissage sur les bords de la Méditerranée a poursuivi au Québec des recherches culinaires entamées en Europe, dans lesquelles les petits éleveurs et transformateurs ont toujours occupé une place privilégiée.

Réciprocité avec les producteurs

Pour Stéphane Modat, cela procède d'une évidente nécessité pour tout chef soucieux de qualité, de fraîcheur et de contribuer à la prospérité de sa communauté. « C'est comme ça qu'on travaille en France et je ne me suis jamais imaginé faire autrement une fois installé au Québec. Une relation privilégiée avec nos fournisseurs permet de développer ensemble des produits adaptés à nos besoins. » De leur côté, les producteurs peuvent sensibiliser les chefs à l'importance de varier leurs commandes. « Si 12 chefs me demandent de l'entrecôte dans la même semaine, je ne pourrai pas les fournir tous, constate Mario Pilon, boucher et éleveur de bœufs Angus de la Ferme Eumatimi. Mais si je fais découvrir à l'un la macreuse, à l'autre les longues côtes et au troisième la bajoue et comment les apprêter pour en tirer le maximum, alors j'écoule l'ensemble de ma production, tandis que les chefs offrent chacun un produit distinctif à leur clientèle. » Mais pour arriver à ce maillage, les principaux intéressés doivent se parler souvent et s'adapter à la réalité de l'autre. Ce que Stéphane Modat accepte toujours avec plaisir.

On ne s'étonnera donc pas que ce père de quatre enfants ait établi des contacts durables et amicaux avec Michelle Cyr et son conjoint Mario, de chez Eumatimi, avec Éric Proulx, fabricant des fromages caprins Tourilli, Marie-Josée Garneau, du Canard Goulu ou Terra Sativa, pour ses légumes biologiques. En avril 2003, il ouvrait son propre restaurant avec deux confrères rencontrés chez Initiale, Bruno Bernier et Frédéric Simon. Le premier officie à titre de maître d'hôtel et le second a été remplacé depuis par le sommelier Frédéric Gauthier. Ils ont choisi un local de la rue Saint-Joseph, dans le quartier Saint-Roch, surnommé le Soho de Québec, avec ses ateliers d'artistes, ses cafés et ses boutiques gourmet.

Une expression artistique

Dès les débuts, L'Utopie a su se poser en leader de la nouvelle gastronomie, avec un décor épuré signé Pierre Bouvier, où les matériaux nobles et un superbe cellier occupant tout un pan de mur constituent un cadre parfait pour mettre en valeur les créations très étudiées du chef Modat. Ce dernier avoue de fortes affinités avec le Français Michel Bras, dont le travail déstructuré a influencé toute une génération de cuisiniers.

Stéphane Modat et ses complices ont cependant su transcender ce type d'influence en inscrivant le goût du risque et l'improvisation au cœur même de leur démarche. Car L'Utopie n'est pas uniquement un restaurant : c'est aussi une tentative d'inscrire la cuisine comme expression artistique dotée de la même force d'évocation que la peinture, le jazz, la poésie ou le théâtre, qu'elle tend à englober, en utilisant la composition et la couleur des arts visuels, l'improvisation comme en musique, les mots comme en littérature et les attributs de la mise en scène sur le plan formel. Le restaurant s'abreuve aussi directement à la source de l'art à l'occasion, comme lorsque Stéphane Modat a créé avec Pierre Bouvier un menu architecture basé sur les grandes œuvres du XXe siècle, qui s'est attiré une presse unanimement élogieuse. Le chef a aussi fait parler de lui en utilisant l'œuvre de l'homme de théâtre et cinéaste Robert Lepage pour monter un menu-hommage à ce créateur de Québec, habitué de L'Utopie.

« UNE RELATION PRIVILÉGIÉE AVEC NOS FOURNISSEURS PERMET DE DÉVELOPPER ENSEMBLE DES PRODUITS ADAPTÉS À NOS BESOINS. »

La hampe, la souris, le persillé, l'araignée, le merlan, la macreuse de bœuf, ça ne vous dit rien? C'est normal, puisque vous n'en trouverez pas au supermarché ni dans la plupart des boucheries. Ce sont pourtant ces parties des bœufs Black Angus élevés par Mario Pilon et Michelle Cyr sur leur ferme de Saint-Majorique, près de Drummondville, et vendus à leur comptoir-boucherie du quartier Saint-Roch, que les cuisiniers de Québec s'arrachent depuis cinq ans. Et saviez-vous que le cou sur os, la joue ou la queue sont aussi des pièces d'une grande tendreté, au même titre que la langue, le *short rib* ou la culotte de faux-filet? Sa science, Mario Pilon la doit à sa complicité avec certains chefs qui lui ont permis de découvrir d'autres découpes, plus européennes que nord-américaines. En 2003, en pleine crise de la vache folle, il se met à l'étude de la boucherie avec un professionnel, puis se tourne vers le marché gastronomique pour sauver son élevage de 200 têtes. Yvan Lebrun, d'Initiale, deviendra son premier client parce qu'il apprécie la chair tendre et bien persillée de ses bœufs Black Angus, encore très rares au Québec, où on trouve surtout du Charolais. « Nous avons passé un après-midi dans sa cuisine à débiter un quartier de viande, se souvient M. Pilon. Il m'a montré ce qu'était une macreuse, une souris, une araignée et quoi faire avec. » Le bouche-à-oreille fait le reste, attirant les chefs du Panache, du Clocher penché, du Saint-Amour et Stéphane Modat, de L'Utopie, qui s'est lié d'amitié avec le couple d'éleveurs et a contribué à la renommée de la Ferme Eumatimi. Pour le jeune chef, il s'agit du contact chef-producteur idéal. « On s'appelle toutes les semaines, on teste de nouvelles découpes et la meilleure manière de les apprêter et cette entraide nous permet d'évoluer ensemble tout en offrant des choses différentes à nos clients. »

Lavage de légumes à Terra Sativa

Eric Proulx, Ferme Tourilli

Mario Pilon et Michelle Cyr, de la Ferme Eumatimi

Des menus au gré des arrivages

Mais pour certains, ces aventures conceptuelles pêchent un peu par manque de sensualité et s'inscrivent davantage dans une démarche intellectuelle rigoureuse destinée à repousser les limites de la cuisine, à l'instar de la gastronomie moléculaire du catalan Ferran Adriá. C'est pourquoi L'Utopie propose aussi des menus fidèles à la philosophie créatrice de l'établissement, toujours portés par le magistral sens de l'improvisation du chef et des sommeliers. Le menu frugal, le menu bouteille, le menu dégustation et le menu midi sont pensés pour s'adapter en souplesse au goût des clients, à l'humeur du chef et aux disponibilités saisonnières. Comme au théâtre, ce sont des *work in progress*, que l'on adapte au fur et à mesure que le spectacle se rode. Certains éléments s'ancrent dans le menu, tandis que d'autres finissent par se voir remplacés au gré des arrivages et des accords avec les vins. Car le lien cuisine et alcools est soigneusement étudié, avec une carte d'importations privées que les convives peuvent aussi commander grâce à un service d'agence.

Le Cercle

Enfin, L'Utopie a ouvert en 2007 un autre lieu qui marie arts et cuisine. Le Cercle, adjacent au restaurant, se veut à la fois galerie d'art, salle de spectacle et bar à vin où l'on peut déguster des tapas à toute heure du jour ou du soir.

« C'est un concept que nous voulions créer depuis longtemps comme complément à notre formule gastronomique, qui ne convient pas à toutes les bourses ni à tous les goûts », précise Stéphane Modat. Ce qui n'empêchera pas l'inimitable signature de L'Utopie d'être omniprésente, puisque toutes les opérations de restauration du Cercle sont concentrées dans sa cuisine, divisée pour l'occasion en deux sections distinctes. C'est aussi la même brigade qui veille au grain, agrémentée de quelques nouveaux coéquipiers...

> Certains éléments s'ancrent dans le menu, tandis que d'autres finissent par se voir remplacés au gré des arrivages.

L'Utopie, situé au 226, rue Saint-Joseph Est à Québec

Ingrédients sirop de confisage aux épices

...

300 ml (1 tasse + 2 c. à soupe)	d'eau
300 g (10,5 oz)	de sucre
1	clou de girofle
1	bâton de cannelle
1/2	gousse de vanille
2	grains de cardamome verte
	zeste de 1 citron
	zeste de 1 orange
	jus de 1 citron
1	anis étoilé

Ingrédients mousse à l'horchata

...

1	feuille de gélatine (ou un sachet)
500 ml (2 tasses)	de lait 3,25 %
50 ml (3 c. à soupe)	de crème 35 %
50 g (2 oz)	de poudre d'orchata (épiceries sud-américaines)
5 ml (1 c. à thé)	de sirop d'orgeat
6 g (1/4 oz)	de blanc d'œuf en poudre (épiceries d'aliments santé)

Ingrédients jaune d'œuf confit et garniture

...

1	jaune d'œuf non crevé par personne
4	macarons du commerce, de couleur blanche, émiettés

Préparation du sirop de confisage aux épices (à faire la veille)

...

Porter l'eau et le sucre à ébullition. Hors du feu, ajouter les épices. Laisser infuser une nuit.

Préparation de la mousse à l'horchata

...

Faire tremper la feuille (ou le sachet) de gélatine dans de l'eau froide. Porter le lait et la crème à ébullition. Hors du feu, ajouter la poudre d'horchata et mélanger au fouet, puis continuer de fouetter pour dissoudre la feuille (ou le sachet) de gélatine. Ajouter le sirop d'orgeat.

Une fois le mélange refroidi, mixer avec le blanc d'œuf en poudre à l'aide d'un mélangeur à main. Passer au tamis fin et placer cette préparation dans un siphon à crème Chantilly (disponible dans les cuisineries). Réserver au froid.

Préparation du jaune d'œuf confit et garniture

...

Passer le sirop au chinois ou au tamis pour enlever les épices qui pourraient crever l'œuf. Verser dans une casserole et le porter à 92 °C (210 °F), puis éteindre le feu.

Déposer délicatement les jaunes d'œufs dans le sirop pendant 4 minutes sans les retourner pour que le jaune demeure coulant. Placer sur une assiette et laisser refroidir au frigo.

Montage

...

Dans chaque assiette creuse, répartir la mousse d'horchata froide. Déposer au centre un jaune d'œuf poché dans le sirop aux épices et saupoudrer des brisures de macarons.

Œuf tourné, jaune confit aux épices,
brisures de macarons et mousse à l'horchata

4 à 6 portions

Photo : Archives Le Soleil

ACCOMPAGNEMENT ALCOOL
France/Champagne
Lanson Rose Label Brut
Code SAQ : 172130

Note de dégustation d'Anne L. Desjardins
Ce mets original, qui revisite le concept de l'œuf sur le plat, pourrait très bien se servir à l'heure du brunch, ce qui appelle un champagne de qualité. Ce Lanson de teinte saumonée qui marie harmonieusement pinot noir, chardonnay et pinot meunier dégage des arômes floraux discrètement mêlés à ceux des fruits rouges. Frais et rond en bouche, avec des bulles bien serrées qui perdurent, il offre une finale équilibrée. Servir entre 6 °C et 8 °C.

Bœuf de la Ferme Eumatimi,

cèpes rôtis, sauce soya,
feuilles de sauge cristallisées,
crème de marron vanillée et panais,
cannebergcs confites

4 portions

Ingrédients bœuf

...

4	cèpes frais ou surgelés
	huile et beurre au goût
2	gousses d'ail haché
1	échalote sèche hachée finement
15 ml (1 c. à soupe)	de persil plat haché
	sel et poivre au goût
4	contre-filets de 150 g (6 oz) de bœuf Eumatimi

Ingrédients sauce soya

...

125 ml (1/2 tasse)	d'eau
125 ml (1/2 tasse)	de sauce soya
5 ml (1 c. à thé)	de fécule de pomme de terre

Ingrédients crème de marron vanillée et panais

...

250 g (1/2 lb)	de panais
250 ml (1 tasse)	de crème 35 %
250 ml (1 tasse)	de crème de marron vanillée
60 ml (4 c. à soupe)	d'huile d'olive
1	pincée de muscade râpée
	sel et poivre au goût

Ingrédients feuilles de sauge cristallisées

...

1	blanc d'œuf
8	feuilles de sauge
30 g (1 oz)	de sucre
	sel et poivre du moulin au goût

Ingrédients canneberges confites

...

100 g (3,5 oz)	de canneberges séchées
25 g (1 oz)	de sucre
45 ml (3 c. à soupe)	d'eau
	quelques grains de poivres rose concassés

Stéphane Modat

Préparation du bœuf

• • •

Couper les cèpes en deux. Dans une poêle, faire chauffer l'huile et le beurre jusqu'à ce que celui-ci mousse. Faire colorer les cèpes, puis saler et poivrer. Au dernier moment, ajouter ail, échalotes et persil. Réserver, hors du feu.

Préparation de la sauce soya

• • •

Dans une casserole, amener l'eau et la sauce soya à ébullition. Diluer la fécule de pommes de terre dans un peu d'eau, puis la verser progressivement dans la sauce soya en remuant au fouet. Réserver.

Préparation de la crème de marron vanillée et panais

• • •

Peler les panais, les laver, puis les couper en petits cubes. Cuire 20 minutes dans l'eau bouillante jusqu'à parfaite tendreté. Égoutter. Dans une autre casserole, chauffer la crème, puis y mettre les panais en brassant pour bien les enrober. Passer les panais au robot culinaire pour obtenir une purée lisse. Mélanger cette préparation avec la crème de marron. Ajouter l'huile d'olive en un mince filet, sans cesser de remuer au fouet. Saler légèrement. Ajouter la noix de muscade râpée. Réserver au chaud.

Préparation des feuilles de sauge cristallisées

• • •

Battre le blanc d'œuf jusqu'à ce qu'il soit juste mousseux. Tremper les feuilles de sauge dans le blanc d'œuf. Secouer délicatement pour enlever l'excédent. Étaler sur un papier parchemin, saupoudrer de sucre, de sel et de poivre moulu.

Chauffer le four à 90 °C (200 °F).

Laisser sécher au four comme des meringues en laissant la porte du four entrouverte jusqu'à ce qu'elles soient croustillantes.

Préparation des canneberges confites

• • •

Chauffer le four à 180 °C (350 °F).

Mettre les canneberges, le sucre, l'eau et les grains de poivre dans une casserole et cuire à découvert de 35 à 40 minutes, ou jusqu'à évaporation complète du liquide de cuisson.

Montage

• • •

Cuire la viande à la poêle sur feu vif jusqu'au degré de cuisson désiré. Dresser dans des assiettes en mettant d'abord la purée de panais aux marrons, puis la viande. Recouvrir des cèpes rôtis, puis de la sauce soya. Terminer avec les feuilles de sauge cristallisées et les canneberges confites en garniture.

ALCOOL D'ACCOMPAGNEMENT
Syrah EXP Toasted Head Californie
Code SAQ : 00864801

Notes de dégustation d'Anne L. Desjardins
Cette recette pose un intéressant défi parce qu'elle mêle des contrastes de saveurs : la puissance du bœuf, l'aigre-doux du soya, du panais et des marrons, complétés par la canneberge et le poivre rose. Il faut donc un rouge costaud avec un bon pourcentage d'alcool, mais des tanins souples, très riche en fruits rouges bien mûrs. Cette superbe syrah californienne s'impose d'emblée, parce qu'elle possède tous les atouts recherchés, avec des notes de cerise et de poivre et une agréable rondeur en bouche. Imbattable rapport qualité-prix.

Sur un biscuit à la réglisse

la griotte, en mousse,
en gelée à la canneberge et
en sorbet, ganache de chocolat blanc au
balsamique réduit

4 portions

Stéphane Modat

Ingrédients biscuit à la réglisse noire

...

40 g (1,7 oz)	de bonbons tendres de réglisse noire
40 g (1,7 oz)	de farine tout usage (divisée)
60 g (2 oz)	de beurre doux
3	œufs
75 g (2,5 oz)	de sucre

Ingrédients mousse à la griotte

...

2	feuilles de gélatine (ou sachets)
250 g (1/2 lb)	de purée de griottes (divisée)
20 g (0,8 oz)	de blanc d'œuf
40 g (1,6 oz)	de sucre
125 ml (1/2 tasse)	de crème 35 %
15 g (0,6 oz)	de sucre glace

Ingrédients gelée de cerises à la canneberge

...

100 ml (1/3 tasse)	de jus de cerises
100 ml (1/3 tasse)	de jus de canneberge
4 g	d'agar-agar

Ingrédients ganache au chocolat blanc et vinaigre balsamique réduit

...

20 ml (4 c. à thé)	de vinaigre balsamique
75 ml (5 c. à soupe)	de crème 35 %
100 g (3,5 oz)	de chocolat blanc

Ingrédients sorbet aux griottes à l'alcool

...

200 g (7 oz)	de sucre
200 ml (4/5 tasse)	d'eau
2	feuilles de gélatine (ou sachets)
250 g (8 oz)	de griottes à l'alcool, égouttées
50 g (1,9 oz)	de blancs d'œufs
250 g (8 oz)	de cerises noires, réduites en purée au mélangeur
	jus de 1/2 citron

Préparation du biscuit à la réglisse noire

...

Chauffer le four à 180 °C (350 °F).

Hacher finement les bonbons à la réglisse et mélanger avec 5 ml (1 c. à thé) de farine pour bien séparer tous les morceaux. Faire fondre le beurre à feu doux et réserver.

Au batteur électrique, fouetter les œufs avec le sucre jusqu'à ce qu'ils aient doublé de volume. Incorporer ensuite, dans l'ordre, le reste de la farine, les bonbons à la réglisse, puis le beurre fondu tiède.

Étaler sur une plaque à biscuits à une épaisseur de 2 cm (3/4 po). Cuire au four environ 20 minutes. Sortir du four et laisser refroidir sur une grille.

Préparation de la mousse à la griotte

...

Faire gonfler la gélatine dans de l'eau froide 5 minutes. Prélever 50 g (2 oz) de purée de griottes, la faire chauffer dans une petite casserole à fond épais, puis y faire fondre la gélatine jusqu'à dissolution complète.

Au bain-marie confectionner la meringue en fouettant ensemble le blanc d'œuf et le sucre au-dessus d'une eau frémissante jusqu'à une température de 40 °C (98 °F). Retirer du bain-marie et fouetter jusqu'à refroidissement.

Au malaxeur, fouetter la crème jusqu'à l'obtention de pics mous. Ajouter le sucre glace et continuer de battre jusqu'à l'obtention de pics fermes. Mélanger à la purée de griottes, puis plier délicatement la meringue dans le mélange de crème. Réserver au réfrigérateur.

Préparation de la gelée de cerises à la canneberge

...

Dans une casserole, amener à ébullition tous les ingrédients de la gelée. Verser dans un plat rectangulaire et congeler. Racler ensuite à la fourchette comme un granité. Réserver au congélateur jusqu'au moment de servir.

Préparation de la ganache au chocolat blanc et vinaigre balsamique réduit

...

Dans une casserole à fond épais, faire réduire le vinaigre balsamique de moitié sur feu doux. Porter la crème à ébullition. Ajouter le chocolat. Mélanger les trois éléments ensemble et laisser refroidir.

Préparation du sorbet aux griottes à l'alcool

...

Porter le sucre et l'eau à ébullition pour faire le sirop à sorbet. Faire gonfler les feuilles (ou sachets) de gélatine dans de l'eau froide, puis les faire fondre dans le sirop chaud. Au robot, réduire les griottes égouttées en purée.

Mettre tous les ingrédients du sorbet dans une sorbetière et turbiner jusqu'à ce que le sorbet soit prêt. Réserver au congélateur jusqu'au moment de servir.

Montage

...

Placer le biscuit à la réglisse sur une assiette de service. Recouvrir de mousse à la griotte, puis de la ganache au chocolat blanc et vinaigre balsamique. Découper et morceaux. Garnir chaque morceau d'un peu de gelée de cerise à la canneberge et accompagner d'une quenelle de sorbet aux griottes à l'alcool. Servir.

ALCOOL D'ACCOMPAGNEMENT
Ortas Rasteau Côtes du Rhône Villages 2006
Code SAQ : 00113407

Notes de dégustation d'Anne L. Desjardins
Un autre intéressant défi : marier réglisse, chocolat blanc, acides griottes et vinaigre balsamique dans un composé qui est à peine sucré et pourrait presque servir d'entrée. Un vin de dessert serait trop liquoreux pour ce plat salé-sucré. Mieux vaut donc jouer sur les notes dominantes et aller vers un vin provençal qui dégage des effluves de graphite et de fenouil. Presque violet, on lui reconnaît aussi des saveurs de fruits rouges et de sucre d'orge.

Le marché
du Vieux-Port
de Québec

Chaque été, une centaine de maraîchers nous accueillent au Marché du Vieux-Port avec leurs primeurs : maïs, fleurs coupées, fines herbes et plantes médicinales, fraises d'été et d'automne, pommes, bleuets, pommes de terre, tomates, poireaux, chou-fleur et brocoli, haricots, qui sont souvent offerts en deux arrivages quotidiens pour en garantir la fraîcheur. Quand on peut s'y rendre en semaine, les cultivateurs ont plus de temps pour bavarder, raconter les petites misères d'une saison d'été pluvieuse ou offrir conseils et recettes sur la façon d'utiliser certaines variétés moins connues : pâtissons, fenouil, minipoivrons multicolores, gourganes, certaines plantes médicinales comme la valériane, le millepertuis ou l'achillée millefeuilles, que l'on trouve à la boutique de Vert la Vie, qui se spécialise aussi dans le chou frisé (kale).

Des productions diversifiées

Photo : Louis Perron

La ferme Les Clos de la Chapelle, de l'avenue Royale à l'Ange-Gardien, est une autre des belles découvertes que l'on fait au Marché du Vieux-Port. Certifiée biologique, cette jeune entreprise familiale approvisionne les chefs cuisiniers et le public en mesclun, miniépinards, laitues, légumes traditionnels et d'autres plus rares, comme la carotte jaune, le salsifi, le piment d'Espelette, la bette à carde striée et une vaste sélection de baies : framboises de différentes variétés, cerises, gadelles, groseilles, cassis.

De son côté, R. et Al. Marcoux, de Beauport, propose des minilégumes, comme les pâtissons jaunes et verts, les minicourgettes, les pommes de terre rattes et les fleurs comestibles, dont la fleur de courgette, la mauve, la capucine, le pissenlit. La ferme propose aussi ce légume oublié qui fait un retour en force auprès des chefs, le topinambour.

À la ferme de Claude Bégin, de Château-Richer, on cultive aussi d'intéressantes spécialités, dont une cinquantaine de variétés de fines herbes, plusieurs types de robustes courges d'hiver, en plus de légumes variés, de tomates et de physalis, cette fameuse cerise de terre, qui gagne en popularité.

Chez François Blouin, de Sainte-Famille, à l'île d'Orléans, on s'est créé une niche intéressante avec les asperges et les fraises, mais aussi grâce à la culture de différentes espèces de prunes, un fruit délaissé jusqu'à il y a quelques années par les maraîchers québécois. Ses vergers comptent des Damas bleues, Mirabelles, Reine-Claude, Mont-Royal et Bluebells, soit sensiblement les mêmes variétés que son collègue Gaston Drouin, de Sainte-Famille, offre aussi au Marché.

Arthur Cauchon, le précurseur du marché

Photo : Louis Perron

La Ferme Arthur Cauchon est une des plus anciennes et des plus diversifiées de la région de Québec. Elle compte 40 hectares, dont 5 en pomiculture, et tient depuis des années au marché un kiosque très représentatif des productions locales : pommes de terre, courges, poireaux, maïs, haricots, tomates de serre, petits fruits (dont les physalis), prunes et poires. M. Cauchon, qui gère aussi un kiosque à sa ferme de la Côte-de-Beaupré, propose également toute une panoplie de délices transformés à partir des surplus de ses récoltes : ketchup, confiture, gelée, beurre de pomme, tartes, etc. À l'instar d'une douzaine d'autres producteurs de l'île d'Orléans, de la Côte-de-Beaupré et de la rive-sud, il fabrique des produits de l'érable. Certains de ces aciériculteurs, comme l'érablière Sucre d'Art, aussi située dans le secteur de la Ferme Arthur Cauchon, ont même la certification biologique. Leurs chocolats au beurre d'érable fabriqués par l'entreprise Cupidon chocolatier sont d'ailleurs parmi les meilleurs que l'on puisse trouver.

Le retour des petits pots

Photo : Louis Perron

Cette habitude d'utiliser les surplus de la récolte pour la mise en pots est de plus en plus populaire chez nos producteurs du Marché du Vieux-Port. Les Jardins du Petit-Pré, qui offrent en début de saison une grande variété de fleurs, puis toute une panoplie de laitues et de légumes, se spécialisent dans la fabrication de ces produits maison, comme on les faisait autrefois : ketchup, relish, salsa, confit, marmelade de citrouille, recettes à l'érable, tartes, gâteaux, sauce à spaghetti, condiments de maïs. C'est une bonne façon pour les citadins pressés et débordés de s'approvisionner en produits transformés de qualité.

Restaurants Le Momento
Sainte-Foy et Cartier

Photo : Archives Le Soleil

Les deux restaurants Le Momento sont des institutions à Québec. Fondés par les copropriétaires du Saint-Amour Jean-Luc Boulay et Jacques Fortier, ils ont été rachetés récemment par des amis de longue date, la famille Bolf, aussi propriétaires des pâtisseries Le Truffé, où l'on est des professionnels des métiers de bouche de père en fils. Le mot d'ordre du Momento, qui est « Goûtez la vraie saveur italienne », correspond parfaitement au menu que proposent les frères Johan et Olivier Bolf, respectivement maître d'hôtel et sommelier-propriétaire de la succursale Sainte-Foy et chef-propriétaire du Momento Cartier. Les deux jeunes hommes ont mis l'accent sur une cuisine fraîcheur ensoleillée, d'un imbattable rapport qualité-prix et susceptible de satisfaire autant gens d'affaires, familles, couples d'amoureux que les étudiants ou la clientèle qui veut manger avant ou après un spectacle à la Salle Albert-Rousseau, voisine du Momento Sainte-Foy. Aux deux restaurants, le menu (à la carte et en table d'hôte) est conçu pour permettre aux plats sophistiqués de côtoyer une cuisine plus simple. Ainsi, au tartare de saumon, carpaccio de filet de bœuf, poêlée de crevettes au sambucca avec concassé de tomates et émincé de fenouil, jarret d'agneau aux herbes italiennes sur risotto ou spaghetti de fruits de mer s'ajoutent des plats conviviaux comme la salade César, la soupe minestrone, le spaghetti Bolognaise, les cheveux d'ange aux trois tomates ou les pizzas gourmet de tradition napolitaine : chèvre et bocconcini au pesto, californienne, quatre saisons, etc. Cette formule variée est reprise à l'autre restaurant Momento Cartier, où le décor raffiné reflète l'ambiance urbaine qui règne dans ce secteur très animé de la ville, situé à un jet de pierre du Musée national des Beaux-Arts de Québec.

Pour en savoir plus :
Bistro Momento Sainte-Foy, 2480, ch. Sainte-Foy, Québec
Téléphone : 418 652-2480
(voisin de la salle Albert-Rousseau)
Bistro Momento Cartier, 1144, rue Cartier, Québec
Téléphone : 418 647-1313
www.bistromomento.com

Photo : Louis Perron

Photo : Louis Perron

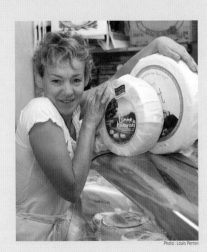

Photo : Louis Perron

Une multitude de saisons

La Coopérative des horticulteurs de Québec gère cette ruche d'intense activité qu'est le Marché du Vieux-Port, où l'on vit au rythme d'une multitude de saisons, celles des arrivages. Il y a la saison du Marché de Noël, la saison des sucres, celle du crabe et des crevettes nordiques, puis la saison des fleurs, des asperges et de la rhubarbe, la saison des fraises et autres petits fruits, celle des pommes, des courges et des citrouilles. La saison des récoltes, de la fin août à la mi-octobre, est la plus achalandée et représente une sorte d'apothéose. C'est le temps des tresses d'ail frais, des énormes paniers de poivrons et des bottes de poireaux d'un blanc crémeux à blanchir et congeler, l'occasion des aubaines pour la mise en pots, qui permettent de fabriquer sauce tomate maison, compote de pomme ou pesto pour deux sous la portion.

Ceux qui en ont le temps et l'envie se mettent alors à l'écoute d'un atavisme hérité de nos ancêtres, qui, pour survivre à l'hiver, n'avaient d'autre choix que de faire des conserves et de stocker dans le cellier de terre battue derrière la maison les légumes racines de la récolte, que l'on trouve encore de nos jours au marché : courges d'hiver, carottes de toutes sortes, rabioles, navets, rutabagas, panais, topinambours, betteraves jaunes, rouges ou rayées, comme les Chioggia.

De superbes échoppes gourmandes

La Coopérative des horticulteurs de Québec travaille d'ailleurs d'arrache-pied pour redonner à l'endroit sa vocation première de lieu d'échange et d'animation entre citadins et agriculteurs. Elle est en train de gagner son pari, attirant suffisamment de producteurs et de petites entreprises alimentaires pour permettre au marché de demeurer ouvert toute l'année.

Il y a d'abord la fabuleuse échoppe de la Fromagère du Marché, qui aime bien faire goûter ses découvertes et qui se fait un point d'honneur d'offrir à peu près tous les fromages québécois. Juste en face, le comptoir de saucisses Sö Chö propose de la choucroute et de délicieuses saucisses artisanales à l'européenne, plus faibles en gras que la moyenne, dont l'italienne, la merguez ou les saucisses de spécialité, parfumées au vin blanc, aux épices ou aux légumes, de même que d'excellentes terrines et des *hot dog* à la parisienne qui valent le détour.

Aux boutiques d'aliments du terroir, où l'on vend du miel, des friandises à base des fruits de l'île d'Orléans ou des alcools du Québec, s'ajoutent des perles rares, comme Praline et Chocolat. Dans cette boulangerie-pâtisserie, le sympathique chef Ludovic Vault sert à sa clientèle d'habitués et de touristes d'exquis croissants et danoises, des baguettes et des pains aux olives, des tartes, pâtisseries et gâteaux originaux et un bel assortiment de chocolats pur beurre de cacao.

La Route des Indes est une autre magnifique échoppe, qui se spécialise dans l'importation d'aromates, d'épices, d'huile d'olive et de produits fins, comme le thé ou la vanille. Ses glaces maison valent vraiment le détour, de même que ses spécialités importées directement de Madagascar. Son propriétaire, le globe-trotter Éric Floch, met tout en œuvre pour former une clientèle de connaisseurs, offrant conseils, *newsletters*, recettes, etc.

Non loin de là, au comptoir des Canardises, les amoureux de canard trouveront du superbe foie gras, des magrets frais et séchés, des plats cuisinés, et même des chocolats au gras de canard. Tandis qu'Aux Délices de la mer, Les Frères Atkins régalent la clientèle avec leur vaste assortiment de poissons et fruits de mer frais et fumés : saumon, calmar, moules, pétoncles gaspésiens, aiguillat, rillettes. Les deux frères ont beau être supra occupés par leur célèbre fumoir gaspésien de Mont-Louis, maintenant réputé à travers tout le Québec, cela ne les empêche pas d'être eux aussi très généreux de leur temps, de leurs conseils de préparation et de leurs recettes via leur très efficace équipe de vente.

La boutique Saveurs cultivées décline pour sa part la canneberge sur tous les tons et tous les modes, dont d'inoubliables tartes, tandis que les Cochons tout ronds, originaires des Îles-de-la-Madeleine, régalent les gourmands avec leurs exception-nelles charcuteries qui raflent des honneurs jusqu'en Italie. Enfin, le Marché propose aussi viande de porc, lapin et agneau, avec une place toute spéciale réservée aux crevettes nordiques et au crabe, en saison.

Mais on ne fait pas que manger au Marché du Vieux-Port. On étanche aussi sa soif, puisque plusieurs producteurs de cidres, d'alcools de fruit et de vin y ont aussi pignon sur rue, en plus de ceux qui sont représentés aux Comptoirs du Terroir. C'est le cas, notamment, des vergers Pedneault, de l'Isle-aux-Coudres, de Casa Breton, sur la rive-sud, de Cassis Monna et filles, de l'île d'Orléans, du vignoble Moulin du Petit Pré, de Château-Richer, et des Vergers Bilodeau, de l'île d'Orléans. Tous se font un plaisir d'offrir des dégustations de leurs produits.

Photo : Louis Perron

De fructueux partenariats

Histoire de pousser encore plus loin le maillage chef-producteur-consommateur, la Coopérative des horticulteurs a aussi fait installer une cuisine de démonstration, en collaboration avec la Fondation Serge-Bruyère et un cuisiniste. Des cuisiniers de Québec viennent régulièrement y donner des ateliers culinaires qui utilisent les produits disponibles sur place. D'ailleurs, le Marché du Vieux-Port s'allie chaque automne à la Fondation Serge-Bruyère en organisant la journée *Toques et Terroir*, durant laquelle les producteurs et les chefs cuisinent ensemble tout en échan-geant avec le public trucs et tours de main.

Photo : Louis Perron

En plus d'événements ponctuels comme le Marché de Noël, Les Fêtes de la Nouvelle-France ou les brunchs du Temps des Sucres, le Marché du Vieux-Port soulignait le 400e anniversaire de la ville de Québec par une exposition permanente, *Échanges au marché*, qui retrace la petite histoire de ce lieu public construit sur le site de l'ancien Marché Saint-André, qui date de 1841, et son importance pour la communauté d'hier et d'aujourd'hui.

Soutenir la communauté des agriculteurs

Reste maintenant à donner au public la bonne habitude d'y venir à l'année pour ses emplettes de tous les jours. Car, en cette époque de réchauffement planétaire et de mondialisation, le marché demeure le haut-lieu d'une agriculture durable, de proximité et à petite échelle. Une agriculture de qualité, axée sur la fraîcheur, la traçabilité et dont les produits n'ont pas franchi des milliers de kilomètres pour se rendre jusqu'à nous.

Parcours gourmand et Route des Saveurs de Charlevoix

Photo : Archives Le Soleil

Le Conseil de l'Agriculture et de l'Agroalimentaire pour le développement de la région de Québec (CAADRQ) est une table de concertation dynamique qui organise toutes sortes d'événements de formation et de maillage entre chefs cuisiniers, élèves des écoles hôtelières, producteurs et transformateurs de la Capitale-Nationale. Son but est de valoriser la production agroalimentaire de niche grâce à différents outils, dont le Parcours gourmand, un précieux guide pour les visiteurs qui souhaitent découvrir la variété et la richesse de cette production, lequel se double d'une carte interactive. On y trouve pas moins d'une cinquantaine d'artisans, restaurateurs, lieux d'hébergement et épiceries fines regroupés en secteurs (Portneuf-Jacques Cartier, Québec, Côte-de-Beaupré, île d'Orléans) ou par type de productions (alcools de fruits, boulangeries, chocolate-ries, vente à la ferme, huiles gastronomiques, viandes et gibier, gastronomie et hébergement, etc.). La Route des Saveurs de Charlevoix, de son côté, s'inscrit dans une série de sept circuits touristiques (Circuit des peintres, du patrimoine maritime, du patrimoine religieux, etc.). Elle propose un itinéraire similaire à celui du Parcours gourmand, incluant 22 producteurs-transformateurs et une vingtaine d'auberges, d'hôtels et de restaurants, tous engagés à fond dans la mise en valeur des ressources agroalimentaires locales. Chaque étape gourmande est identifiée par une toque, symbole par excellence du lien intime qui unit depuis près de 20 ans fermiers et artisans de bouche aux chefs cuisiniers de Charlevoix. La Route des Saveurs a été conçue pour faire connaître au public toutes les étapes du long processus qui se cache derrière le beau concept dit « de la terre à la table ».

www.Parcoursgourmand.com
www.routedesaveurs.com

Christophe Alary, École hôtelière de la Capitale

Yvon Godbout, La Fenouillière, Collège Mérici

Chapitre 4

La passion d'enseigner

Les écoles hôtelières de la région de Québec ne se contentent pas de simplement former des cuisiniers, des serveurs, des sommeliers ou des professionnels hôteliers compétents. Elles ont aussi pour mission de contribuer au développement de leur milieu par différents partenariats avec les producteurs et les chefs de la Route des Saveurs de Charlevoix ou du Parcours gourmand, elles font de la formation continue et sur mesure en entreprise, elles effectuent des tests de produits et du développement de procédés culinaires dans des domaines aussi variés que la production fromagère, la pâtisserie ou la boucherie. Elles organisent également des stages de formation à l'étranger et préparent leurs élèves à différentes compétitions culinaires pour leur faire voir d'autres facettes du métier. Elles aident les restaurateurs à recruter des diplômés compétents et des stagiaires. Elles travaillent fréquemment de concert avec des organismes comme le ministère de l'Agriculture, des Pêcheries et de l'Alimentation (MAPAQ), l'Institut des nutraceutiques et des aliments fonctionnels (INAF), tout en s'impliquant dans différents événements caritatifs. Nous vous présentons dans ce chapitre six chefs pour qui l'enseignement est la passion d'une vie, de même qu'un portrait de leur *alma mater*. Leur travail contribue largement au rayonnement de la gastronomie québécoise ici et à l'étranger.

. . .

Jean-François Lacroix, Centre de formation professionnelle Fierbourg

Jean Vachon, École hôtelière de la Capitale

Éric Villain, Steve McCandless, École hôtelière de La Capitale, Collège Mérici, Café du Clocher penché

Christophe Alary
La polyvalence au service de la cause

École hôtelière
de la Capitale

L e premier mot qui vient en tête pour décrire Christophe Alary, est «polyvalence». Ce chef enseignant à l'École hôtelière de la Capitale, qui a été propriétaire de bistrot dans son Périgord natal dès l'âge de 21 ans avec sa femme Pascale, aime bien le défi d'avoir plusieurs poêles sur le feu en même temps. Coauteur du livre *Du thé plein la toque* avec son ami Pierre Watters, qui a été honoré comme un des meilleurs livres au monde lors du Gourmand World Cookbook Awards 2007, Christophe Alary a découvert avec son premier ouvrage un monde insoupçonné et fascinant pour lui : celui du stylisme culinaire. «C'est la minutie, le sens du visuel et le défi d'essayer d'incarner correctement la vision d'un chef qui m'ont attiré vers cette facette du métier de cuisinier», explique-t-il. La qualité du travail accompli comme créateur et styliste de recettes pour *Du thé plein la toque* a eu un heureux effet d'entraînement, puisque les Éditions La Presse lui ont par la suite confié le stylisme culinaire du livre *Serge Bruyère* (paru en septembre 2007) et de *Québec capitale gastronomique*. «Le stylisme est aussi un travail de performance qui peut être stressant, relate le chef Alary. Il faut trouver des ingrédients de qualité, souvent à la dernière minute, s'ajuster à la façon de faire de différents cuisiniers dans le cas d'ouvrages collectifs, travailler vite et bien pour que les ingrédients ne perdent pas leur apparence de fraîcheur pendant le *shooting*, tout en s'assurant de demeurer branché sur les dernières tendances en matière de présentation visuelle.»

Du stylisme à la télévision

Né en 1967, Christophe Alary a fait son cours de cuisinier au Lycée d'études professionnelles du Château de Naillac, à Bergerac, puis son apprentissage dans différents établissements de cette région, avant de mettre le cap sur le Québec en 1992. Il a découvert la gastronomie québécoise au Manoir de Tilly, puis aux fourneaux de la Table de Serge Bruyère et du Café du Musée du Québec, aux côtés de Jean-Claude Crouzet, avant d'opter pour l'enseignement en 1996, lorsque l'École hôtelière de la Capitale (qui s'appelait alors Wilbrod-Behrer) lui offre un poste de professeur en cuisine d'établissement. « Ce travail a pour moi une grande signification et une grande valeur parce que j'ai l'impression de contribuer à mettre en place l'avenir de notre profession tout en collaborant au développement de la cuisine québécoise », constate le chef Alary. Il a aussi animé pendant deux ans la série télévisée *Les marmitons*, sur les ondes de TV Ontario, qui est rediffusée régulièrement à l'antenne de TQS. Axée sur la connaissance des aliments, leur valeur nutritionnelle, les techniques culinaires et la sécurité en cuisine, cette télésérie a connu un grand succès auprès des jeunes de 7 à 13 ans. « Je crois que ce type de programmation est appelé à se développer, compte tenu des orientations gouvernementales qui visent à éduquer nos enfants à une saine alimentation et à éliminer la malbouffe des écoles », juge ce passionné de pédagogie, qui aimerait bien concevoir d'autres émissions du même genre et créer un livre à partir de l'expérience des *Marmitons*.

> « CE TRAVAIL A POUR MOI UNE GRANDE SIGNIFICATION ET UNE GRANDE VALEUR PARCE QUE J'AI L'IMPRESSION DE CONTRIBUER À METTRE EN PLACE L'AVENIR DE NOTRE PROFESSION TOUT EN COLLABORANT AU DÉVELOPPEMENT DE LA CUISINE QUÉBÉCOISE. »

Photo : Louis Perron

Avant de devenir importateurs exclusifs des thés Kusmi au Canada, Pierre Watters et Micheline Sibuet étaient aubergistes à l'Auberge des Glacis près de Saint-Jean-Port-Joli. Chef cuisinier, M. Watters avait découvert les thés Kusmi lors d'un long séjour professionnel à Paris, où l'entreprise Kousmichoff, fondée à Saint-Petersbourg en 1867, avait installé son siège social au début de la révolution bolchévique de 1917. De son côté, Micheline Sibuet vendait les thés Kusmi dans sa boulangerie-épicerie fine de la région de Grenoble avant même de rencontrer celui qui allait devenir son mari. Sans le savoir, Pierre et Micheline partageaient donc la même passion pour ces crus de qualité surnommés « Les thés des tsars » parce qu'ils étaient les favoris à la cour de Nicolas Premier. Les différentes variétés Kusmi sont des thés verts ou noirs de grande qualité en provenance des Indes, de Ceylan, de Chine et du Japon aromatisés selon un procédé et des recettes secrètes avec des essences naturelles d'agrumes, de fleurs, d'épices ou de chocolat en provenance de Grasse, de Calabre et de Madagascar. Certains sont fumés. Ce sont des thés gourmands, savoureux, et dont la diversité de goûts a inspiré le chef Watters au point de vouloir en faire un livre de cuisine. « L'idée m'est venue d'abord parce que je me souviens de ma grand-mère, qui déglaçait ses sauces au thé. Les saveurs originales et contrastées des thés Kusmi, avec lesquels j'ai toujours travaillé comme cuisinier, ont fait le reste. » Coauteur, avec son ami Christophe Alary, du livre *Du thé plein la toque*, Pierre Watters croit que le thé ouvre une infinité d'avenues différentes aux chefs de cuisine. On peut les intégrer au potage, en entrée froide ou chaude, dans les sauces, purées, mousseuses, pour aromatiser un beurre ou comme base à de nombreux desserts.

Micheline Sibuet

Cuisine et implication sociale

Très tôt après son arrivée au Québec, Christophe Alary a choisi le travail dans la collectivité par le biais de la cuisine, ce qui lui vaudra d'être couronné en 2004 chef de l'année pour l'ensemble de la province. Pour ce Périgourdin encore très attaché à ses racines, le mot «terroir» n'est pas un terme à la mode, mais bien ce qui le définit, lui dont l'histoire est typique de celle de bien des chefs français : «Le terroir, c'est le milieu qui m'a vu grandir, entre une grand-mère cuisinière et un grand-père vigneron, qui vivaient en totale autarcie. Chez moi, on fait son marché directement chez le producteur. On achète l'agneau d'un éleveur, le porc d'un autre, le pain du boulanger du village, tout en cultivant son potager et quelques arbres fruitiers. Cette façon simple et directe d'aborder la cuisine a certainement déteint sur moi et sur l'ensemble de ma pratique, ici même au Canada.» Prônant l'utilisation de produits frais, dont on connaît la provenance et d'un contact aussi personnalisé que possible avec les producteurs de sa région, Christophe Alary s'implique dans des événements qui soutiennent ce savoir-faire, comme Toques et terroir, qui se tient chaque automne au marché du Vieux-Port et vise à ramasser des fonds pour la Fondation Serge-Bruyère.

École hôtelière de la Capitale

« J'apprends aux gens à cuisiner de façon saine et savoureuse les beaux produits dont notre région est si bien pourvue. »

Christophe Alary et Pierre Watters

« J'aime le défi de devoir absorber une foule d'informations, puis de les synthétiser et de les articuler dans des propositions concrètes pour mes collègues. »

Formation continue chez les pros

Christophe Alary utilise aussi ses talents de communicateur et de pédagogue dans d'autres créneaux, comme celui de la formation continue. En partenariat avec Louis Aubert, de la Maison Gourmet, il fait des tests de nouveaux produits haut de gamme, puis anime des ateliers destinés aux professionnels sur la meilleure façon d'apprêter ces denrées spécialisées. « J'aime le défi de devoir absorber une foule d'informations, puis de les synthétiser et de les articuler dans des propositions concrètes pour mes collègues, explique-t-il. Il faut vraiment se creuser les méninges pour arriver à les surprendre, les séduire et les doter de nouveaux outils qui seront utiles à leur pratique. » Pour Christophe Alary, ce travail est un autre moyen de contribuer à faire évoluer la cuisine québécoise.

Son implication auprès de la Fondation Serge-Bruyère l'a aussi conduit à superviser la création d'un espace d'animation au Marché du Vieux-Port de Québec destiné à donner des ateliers culinaires à base de produits que l'on trouve sur place. Ici, Christophe Alary boucle la boucle, car il retrouve ce qui l'a poussé à embrasser la carrière de cuisinier : « J'apprends aux gens à cuisiner de façon saine et savoureuse les beaux produits dont notre région est si bien pourvue. C'est une autre façon de redonner à la société pour tout ce que j'ai reçu jusqu'ici. » Christophe Alary croit que la cuisine est un essentiel ciment social et que d'apprendre à cuisiner à nos enfants leur permettra de devenir de meilleurs citoyens, car ils sauront se débrouiller et auront aussi intégré les gestes de générosité et de partage liés aux précieux rituels des repas.

Dégustation du Fumoir Atkins
en accord de courge d'hiver

4 portions

Ingrédients rôti de saumon fumé et laqué sur purée de courge musquée (*butternut*)

...

400 g (15 oz)	de chair de courge musquée
45 ml (3 c. à soupe)	de beurre
30 ml (2 c. à soupe)	de ciboulette ciselée
45 ml (3 c. à soupe)	de vinaigre balsamique
2	anis étoilés
30 ml (2 c. à soupe)	de sirop d'érable
45 ml (3 c. à soupe)	de bouillon de bœuf
200 g (1/2 lb)	de rôti de saumon fumé Atkins

Ingrédients rillettes de truite et crevettes sur frites de courge turban (*buttercup*)

...

200 g (8 oz)	de courge turban coupée en petites frites
	huile d'olive pour frire
	sel et poivre au goût
100 g (3,5 oz)	de rillettes de truite et crevettes fumées Atkins
4	chips de tomates séchées pour garnir

Ingrédients calmar fumé sur courge spaghetti et écume de mer

...

400 g (14 oz)	de chair de courge spaghetti cuite
30 ml (2 c. à soupe)	d'huile d'olive
15 ml (1 c. à soupe)	de persil haché
15 ml (1 c. à soupe)	d'ail haché
15 ml (1 c. à soupe)	de poudre d'amandes
180 ml (3/4 tasse)	d'eau de mer OCN
1	feuille de gélatine
100 g (3,5 oz)	de calmars fumés Atkins

Christophe Alary

Préparation du rôti de saumon fumé et laqué sur purée de courge musquée

• • •

Couper la courge en cubes et cuire à la vapeur. Réduire en purée avec le beurre, puis incorporer la ciboulette ciselée. Réserver au chaud.

Verser le vinaigre balsamique dans une casserole, ajouter l'anis étoilé, le sirop d'érable et le bouillon de bœuf. Cuire à découvert à feu moyen et réduire jusqu'à consistance sirupeuse. Réserver au chaud.

Préparation des rillettes de truite et crevettes sur frites de courge turban

• • •

Bien assécher les frites de courge turban. Frire dans l'huile d'olive à 170 °C (325 °F) jusqu'à ce que les frites soient dorées et croustillantes. Réserver au chaud.

Préparation du calmar fumé sur courge spaghetti et écume de mer

• • •

Sauter la courge spaghetti à l'huile, incorporer le persil, l'ail et la poudre d'amandes. Réserver. Chauffer l'eau de mer, y dissoudre la gélatine. Laisser refroidir. Au moment de servir, fouetter énergiquement pour obtenir une consistance d'écume.

Montage

• • •

Préchauffer le four à 180 °C (350 °F).

Réchauffer le rôti de saumon fumé 5 minutes. Verser la purée de courge musquée à l'extrémité de quatre assiettes rectangulaires de service. Déposer sur la purée des tranches de rôti de saumon fumé, puis napper de laque à l'anis étoilé. À l'autre extrémité de l'assiette, placer quelques frites de courge turban. Ajouter une quenelle de rillettes de truite fumée et décorer d'une chip de tomate. Au centre des assiettes, disposer la courge spaghetti sautée aux amandes en forme de nid, poser dessus les calmars et napper d'une cuillère d'écume de mer.

ALCOOL DE DÉGUSTATION
Chardonnay Le Clos Jordanne, Péninsule du Niagara
Code SAQ : 10697391

Notes de dégustation d'Anne L. Desjardins
Ce jeune vin élaboré en biodynamie dans la tradition bourguignonne par le vinificateur québécois Thomas Bachelder est le fruit d'un partenariat entre la grande maison Boisset et le groupe Vincor. À l'instar du pinot noir du Clos Jordanne, ce chardonnay se veut un révélateur du sol calcaire des rives du lac Ontario. Tirant à 14,5 % d'alcool et vieilli 18 mois en fûts de chêne, ce chardonnay rond et moyennement gras possède des arômes de brioche, d'abricot, et d'ananas. En bouche, il penche vers l'ananas et le kiwi, avec une finale plutôt minérale qui se prolonge agréablement.

Consommé au thé russe

style cappuccino et son ravioli de truite fumée

4 portions

Ingrédients

...

100 g (3,5 oz)	de poireau émincé finement
15 ml (1 c. à soupe)	de beurre
60 ml (4 c. à soupe)	de rillettes de truite fumée Atkins
12	pâtes à won ton
1	œuf
1 l (4 tasses)	de fumet de poisson
15 ml (1 c. à soupe)	de thé Kusmi Prince Vladimir
100 ml (1/3 tasse)	de lait 3,25 %

Préparation

...

Dans un chaudron à fond épais, faire suer le poireau au beurre. Refroidir. Mélanger le poireau cuit avec les rillettes de truite. Étaler les pâtes à won ton sur la table de travail, déposer 5 ml (1 c. à thé) de préparation sur chaque pâte. Badigeonner le pourtour des pâtes avec l'œuf battu. Refermer en pressant fermement et tailler en demi-lune à l'aide d'un emporte-pièces. Cuire 4 minutes à l'eau bouillante salée. Égoutter et réserver.

Chauffer le fumet de poisson à 90 °C (200 °F). Verser sur le thé et infuser 5 minutes, puis passer le fumet au tamis. Tiédir ensuite le lait et faire mousser.

Montage

...

Servir le consommé dans un verre ou une tasse et garnir de mousse de lait, accompagné de raviolis.

Photo : Anne L. Desjardins

ALCOOL D'ACCOMPAGNEMENT
La Tour Grand Moulin Corbières rosé
Code SAQ : 00635235

Notes de dégustation d'Anne L. Desjardins
Avec sa belle robe couleur rose pâle tirant sur la pelure d'oignon, ce vin du Languedoc-Roussillon créé par M. Jean-Noël Bousquet présente une très agréable fraîcheur et est doté d'un bon niveau d'acidité. Au nez, on retrouve des arômes de fleurs, une pointe de muscade et de pêche. En bouche, les agrumes se révèlent bien présents, avec un peu de groseille. Ce vin sec et généreux sera très bien servi par la truite fumée et la mousseuse de lait. Excellent rapport qualité-prix.

Christophe Alary

« Pâté chinois » de caille

au thé vert au jasmin
servi en verrines

4 portions

Ingrédients
...

4	cailles
30 ml (2 c. à soupe)	de sirop d'érable
30 ml (2 c. à soupe)	de sauce soya
5 ml (1 c. à thé)	de thé vert au jasmin
2	pommes
2,5 ml (1/2 c. à thé)	d'huile de sésame rôti
15 ml (1 c. à soupe)	d'huile végétale
5 ml (1 c. à thé)	de curcuma
2	patates douces (divisées)
45 ml (3 c. à soupe)	d'herbes salées
45 ml (3 c. à soupe)	de gras de canard
4	œufs de caille
	sel et poivre au goût

Préparation
...

Chauffer le four à 150 °C (300 °F). Sur une grande feuille de papier d'aluminium, déposer les 4 cailles, ajouter le sirop d'érable, la sauce soya et le thé. Refermer la feuille d'aluminium en papillote. Cuire au four pendant 1 h 30 min.

Laisser tiédir hors du four. Retirer de l'aluminium, passer le jus au tamis et réserver. Désosser ensuite les cailles et couper grossièrement la viande. Déposer la viande dans le jus de cuisson.

Couper les pommes en petits dés. Sauter les dés de pommes dans l'huile de sésame et l'huile végétale, ajouter le curcuma et assaisonner. Réserver.

Éplucher et couper 1 patate douce en morceaux. Cuire à la vapeur de 10 à 15 minutes. Réduire en purée, ajouter les herbes salées et le gras de canard, bien mélanger et réserver.

Trancher l'autre patate douce finement à la mandoline, laver et bien assécher les tranches. Frire dans l'huile à 150 °C (300 °F). Réserver.

Pocher les œufs de caille dans une eau frémissante pendant 1 minute.

Montage
...

Pour servir, déposer la préparation de caille dans le fond d'une verrine, ajouter les pommes au curcuma puis la purée de patate douce, décorer avec la chip de patate douce et l'œuf poché.

ALCOOL D'ACCOMPAGNEMENT
Kim Crawford Pinot noir, Marlborough, Nouvelle-Zélande
Code SAQ : 10493890

Notes de dégustation d'Anne L. Desjardins
Voilà l'exemple parfait de la qualité du vignoble néo-zélandais pour la production de pinots noirs exceptionnels à prix raisonnable. Mme Crawford a le souci de produire des vins qui reflètent le plein potentiel des raisins qu'elle cultive, ce qui est évident avec ce vin qui dévoile au nez des arômes délicats d'épices et de cerise bien mûre. En bouche, ce pinot noir superbe éclate comme une giclée de fruits rouges (cerise, cassis) gorgés de soleil, avec des tanins ronds, souples. Polyvalent, il sera à l'aise avec la note minérale légèrement astringente du thé au jasmin, le charnu des cailles et le fondant sucré des patates douces, grâce au bel équilibre que procure le fruit dont il déborde.

Photo : Louis Perron

Yvon Godbout et son associé Martin Gosselin

La Fenouillière, 3100, chemin Saint-Louis, Québec

Yvon Godbout aime voyager. Il parcourt chaque année les régions gastronomiques et vinicoles d'Italie, de France, d'Angleterre, d'Espagne ou du Pays Basque. Mais ses voyages ne sont qu'une autre facette de son amour de l'enseignement. Car Yvon Godbout s'imprègne des courants de fond et des tendances pour ensuite en ramener la substance à ses élèves du Collège Mérici, histoire de les faire rêver et de contribuer à les ouvrir sur le monde. «Je veux développer leur curiosité, leur transmettre l'envie de voyager, de faire les choses différemment, parce que ce beau métier est taillé sur mesure pour cela», confie-t-il. Le chef Godbout enseigne la cuisine managériale dans le cadre du diplôme d'études collégiales en techniques de gestion hôtelière et de gestion des services alimentaires et de restauration à Mérici depuis 1998, après 20 années passées comme professeur de cuisine à l'école Wilbrod-Behrer (rebaptisée depuis l'École hôtelière de la Capitale). Malgré ses 30 ans de bagage dans l'enseignement, ce diplômé de l'Institut de tourisme et d'hôtellerie du Québec (ITHQ), promotion 1975, aussi bachelier en pédagogie de l'Université Laval, continue d'aimer profondément son métier, qui consiste pour lui à outiller les jeunes pour la vie autant que pour le travail. Et il n'envisage pas le moins du monde la retraite.

Yvon Godbout

Cuisinier et enseignant d'abord, homme d'affaires ensuite

« Je me perçois d'abord comme un cuisinier, et mon intérêt face au métier m'a amené à vouloir en enseigner toutes les facettes. Ensuite, seulement, vient mon côté homme d'affaires. » En effet, depuis 1986, Yvon Godbout est aussi copropriétaire avec Martin Gosselin du restaurant La Fenouillière, à Sainte-Foy. De son côté, M. Gosselin enseigne la sommellerie et le service de table à Mérici. Tous deux originaires du Bas-du-fleuve, ils sont devenus amis durant leurs études à l'ITHQ.

« Nous avons un peu subordonné notre travail de restaurateurs à notre passion de l'enseignement, confie le chef Godbout. Parce que La Fenouillière, c'est d'abord l'endroit qui nous permet de rester en prise sur le quotidien de notre profession et à jour dans nos connaissances. » Les deux fonctions sont donc perçues comme complémentaires par le tandem Godbout-Gosselin, puisque l'enseignement favoriserait aussi à leurs yeux la rigueur, avec de hauts standards de qualité, en cuisine autant qu'en salle. « Martin et moi avons décidé dès l'ouverture de la Fenouillière, que notre restaurant représenterait une sorte de vitrine de ce que notre profession doit être. Comme enseignants, nous estimons que nous avions une responsabilité particulière, celle de faire une cuisine et d'assurer un service dans les règles de l'art. Nous dormons avec la bible des cuisiniers sous notre oreiller, ajoute-t-il en riant, parce que nous savons que nous n'avons pas vraiment droit à l'erreur. »

« JE VEUX DÉVELOPPER LA CURIOSITÉ DES ÉLÈVES,
LEUR TRANSMETTRE L'ENVIE DE VOYAGER,
DE FAIRE LES CHOSES DIFFÉREMMENT. »

Photo : Louis Perron

Photo : Louis Perron

Réputé pour sa grande rigueur, le Collège Mérici est un établissement d'enseignement privé de niveau collégial qui gère entre autres une école de tourisme, hôtellerie et restauration. Fondée en 1992, cette école offre des formations techniques à des gens des métiers de l'hôtellerie et de la restauration, en plus d'offrir des programmes sur mesure pour les entreprises. Mais sa raison d'être demeure les programmes qui conduisent à l'attestation d'études collégiales (AEC) en gestion de cuisine internationale et gestion de la restauration, notamment. Plusieurs des étudiants qui s'y engagent possèdent un diplôme d'enseignement professionnel en cuisine (DEP) ou une formation en cuisine actualisée. Comme dans le cas du Cégep de Limoilou, qui offre le même programme au secteur public, il s'agit d'une formation préuniversitaire qui conduit à la création d'une relève de gestionnaires compétents : directeur de la restauration, chef exécutif, directeur du service des banquets, chef-propriétaire, etc. « Le rôle du programme de gestion de cuisine internationale vise à apprendre aux élèves à comprendre le rôle des chiffres en cuisine et d'une saine gestion, qui peut faire la différence entre des profits ou la faillite », d'expliquer Yvon Godbout, un des titulaires de ce programme entièrement axé sur la pratique et l'interaction avec le marché du travail. Dès la seconde année du programme de trois ans, les étudiants sont appelés à travailler dans l'industrie et à faire différents stages afin d'acquérir une expérience concrète. Le Collège Mérici exporte aussi de plus en plus son expertise à l'étranger en offrant des services de consultation en tourisme et hôtellerie. En partenariat avec le gouvernement rwandais, une firme d'ingénierie et un consultant privé, Mérici implante présentement une école de tourisme et d'hôtellerie au Rwanda. C'est un projet que le directeur du Collège, Pierre L'Heureux, considère comme un défi emballant pour ses enseignants, puisqu'il reflète l'expertise particulière du personnel du Collège et sa capacité à servir de modèle dans ce domaine hautement compétitif de l'hôtellerie et du tourisme international.

Soigner les détails

Ce n'est donc sans doute pas un hasard si cet élégant restaurant à l'ambiance feutrée et décoré d'œuvres de peintres québécois, où l'on sert une cuisine du marché dans de la fine porcelaine avec des ronds de serviette à l'effigie de La Fenouillière, mérite la distinction 4 diamants du CAA année après année. Un honneur qui n'échoit qu'à 5 % des établissements québécois. Côté cuisine, Yvon Godbout considère que l'enseignement nourrit aussi beaucoup son expérience de chef parce qu'il lui permet de renouveler son inspiration tout en portant un regard neuf sur le métier. Son équipe de 12 cuisiniers est solide, dirigée par Sylvaine Jean, qui travaille avec M. Godbout depuis les débuts.

Sa soif d'apprendre et de transmettre ses connaissances a aussi conduit Yvon Godbout à faire de nombreux stages de perfectionnement : cuisine végétarienne, régionale, italienne, poisson, chocolat, cuisine évolutive, vapeur, sous vide, nouvelle pâtisserie, charcuterie fine, œnologie et sommellerie, boucherie, etc. En tout, plus d'une trentaine de stages figurent à son curriculum vitae.

Ferme Fiset à Sainte-Foy

Pour l'amour des producteurs

« C'est comme si j'avais besoin de tremper constamment dans toutes les facettes du métier », d'expliquer cet homme chaleureux et réputé joueur de tours, qui passe aussi beaucoup de temps à valoriser la production de niche. Membre du Parcours gourmand, il est de toutes les rencontres chefs-producteurs qu'on y organise et avoue être toujours à la recherche de nouveaux artisans. « Mon réseau s'est construit avec le temps. On s'est liés d'amitié avec la Ferme des Rocailles, qui nous fournit en tomates et en courgettes. Catherine, de la Ferme Le Meully, nous approvisionne en endives rouges et en pleurotes. Nous travaillons aussi avec Fines herbes Par Daniel, de l'île d'Orléans, La Maison du Gibier, plusieurs fumoirs artisanaux et nous utilisons abondamment les fromages du Québec. J'ai un producteur attitré de pommes de terre et, en saison, je me déplace trois fois par semaine chez les cultivateurs. C'est une fonction importante pour moi. » Yvon Godbout aime dire à son équipe de cuisine : « Je m'occupe des producteurs. Occupez-vous de bien servir les clients. » Son associé Martin Gosselin gère l'équipe de salle et le cellier, lauréat depuis plusieurs années du prix d'excellence du prestigieux magazine américain *Wine Spectator*.

« Je me déplace trois fois par semaine chez les cultivateurs. C'est une fonction importante pour moi. »

André Gosselin, Fines Herbes Par Daniel

Entre tradition et innovation

La carte de La Fenouillière reflète cette fidélité aux producteurs avec un réel souci de faire une cuisine saine et fraîcheur : buissonnière de caille confite à la moutarde et à l'érable; millefeuille de saumon fumé sauvage de Monsieur Émile et du Fumoir Sylvestre; terrine de caribou et lèche de canard fumé, salade de betteraves et poires; trilogie de canard en magret à l'orange, en salade de confit et fumé; mignon de porcelet rosé au porto et fromage de chèvre; feuilleté de ris de veau braisé aux champignons sauvages. « Notre menu est basé sur les classiques, mais avec un petit zeste supplémentaire qui nous permet de les revisiter pour les moderniser » de confier le chef Godbout qui modifie sa carte aux six semaines, selon les disponibilités et les arrivages saisonniers.

Photo : Archives Le Soleil

Photo : Archives Le Soleil

« Je me perçois d'abord comme un cuisinier, et mon intérêt face au métier m'a amené à vouloir en enseigner toutes les facettes. »

Morue charbonnière poêlée,

émulsion de courgettes des Jardins des Rocailles à l'huile d'olive et au citron vert

4 portions

Ingrédients morue charbonnière

...

600 g (1 1/2 lb)	de morue charbonnière
150 g (6 oz)	de courgettes
150 g (6 oz)	de tomates des champs
	sel et poivre noir au goût
	micropousses au goût
45 ml (3 c. à soupe)	de beurre

Ingrédients émulsion de courgettes

...

300 g (12 oz)	de courgettes
45 ml (3 c. à soupe)	d'huile d'olive
30 ml (2 c. à soupe)	de citron vert
	sel et poivre noir au goût

Préparation de la morue charbonnière

...

Parer et couper la morue en 4 portions.

Laver les courgettes et les tomates, les couper en petits dés. Peler et évider les courgettes, les couper en fines rondelles et cuire dans de l'eau salée. Après cuisson, rafraîchir, égoutter et dessécher au four quelques minutes.

Préparation de l'émulsion de courgettes

...

Passer les courgettes au mélangeur électrique avec l'huile d'olive, citron vert, du sel et du poivre. Réserver.

Montage

...

Assaisonner les filets de morue et les poêler à feu moyen-vif dans un peu d'huile d'olive. Déposer dans des assiettes chaudes, napper avec l'émulsion de courgettes. Ajouter les dés de courgettes et de tomates. Décorer avec les micropousses. Servir.

Photo : Archives Le Soleil

ALCOOL D'ACCOMPAGNEMENT
Laroche Chablis Saint Martin
Code SAQ : 00114223

Notes de dégustation d'Anne L. Desjardins
À la fois minéral, très sec comme le champagne avant qu'il n'ait pris bulles, ce beau vin du maître bourguignon Michel Laroche est typique du terroir riche en calcaire de la région de Chablis. Doté d'arômes végétaux, il a une teinte jaune légèrement verdâtre et est fermenté en cuves d'inox à basse température, ce qui lui confère une belle palette aromatique, où l'on perçoit le beurre et la fleur blanche, avec un rien de citron. Parfait avec cette morue à la chair floconneuse et fondante.

Yvon Godbout

Méli-mélo d'asperges blanches et vertes
de la Ferme Fiset et salmon crudo en rémoulade

4 portions

Ingrédients

· · ·

150 g (6 oz)	d'asperges vertes
150 g (6 oz)	d'asperges blanches
150 g (6 oz)	de saumon de l'Atlantique (coupe du centre)
90 ml (6 c. à soupe)	de mayonnaise à la moutarde
10 ml (2 c. à thé)	de câpres
10 ml (2 c. à thé)	d'oignon rouge haché
	jus de citron frais au goût
	persil frisé haché au goût
	pâte de piment Sambal Olek au goût
	sel au goût
45 ml (3 c. à soupe)	d'huile d'olive aux herbes

Préparation

· · ·

Parer les asperges et les cuire quelques minutes dans l'eau bouillante salée. Les rafraîchir puis les égoutter.

Parer le saumon et le saisir à la poêle en entier. Prélever quatre fines tranches du saumon et découper le reste en petits dés. Mélanger les dés de saumon avec la mayonnaise à la moutarde, les câpres, l'oignon rouge, le jus de citron et le persil (façon tartare). Assaisonner de sel et de pâte de piment.

Montage

· · ·

Disposer dans l'assiette les têtes d'asperges, dresser le saumon en tranches et la portion tartare en rémoulade au centre. Rehausser et décorer avec l'huile d'olive aux herbes. Servir avec des croustilles à l'apéro, en entrée froide ou en guise de plat pour le lunch.

ALCOOL D'ACCOMPAGNEMENT
Pinot blanc Trimbach Alsace 2005
Code SAQ : 00089292

Notes de dégustation d'Anne L. Desjardins
Voilà le vin joyeux des apéros sympathiques ou des soupers d'été sur la terrasse. Frais et vif, il possède une belle couleur jaune clair, avec des arômes de pomme verte, de fleur et d'humus. En bouche, les agrumes et la pomme verte prennent la vedette. Très polyvalent, il a été vinifié pour être bu dès sa mise en bouteille et saura très bien mettre en vedette le saumon et aussi tenir tête aux capricieuses asperges, l'un des cauchemars des sommeliers...

Agneau du Québec de Sélection Berarc

et merguez façon Fenouillière

4 portions

Yvan Godbout

ALCOOL D'ACCOMPAGNEMENT
Syrah The Ridge Graham Beck Robertson
Afrique du Sud
Code SAQ : 10328835

Notes de dégustation d'Anne L. Desjardins
Voilà un vin costaud et bien fait, typique de ce que le Nouveau Monde sait offrir de mieux en termes de rapport qualité-prix. Cette syrah est bien sur le fruit, avec des notes de baies rouges compotées, de cuir et d'humus. En bouche, le vin est magnifiquement charnu, avec une touche de prune et d'épices qui siéront parfaitement aux merguez et à l'agneau grillé. Longue finale, tanins soyeux.

Ingrédients agneau du Québec de Sélection Berarc

...

4	côtelettes d'agneau dans le filet (aloyau)
2	rognons d'agneau
200 g (6 oz)	de foie d'agneau tranché
8	saucisses merguez
45 ml (3 c. à soupe)	d'huile d'olive aux herbes (thym, romarin, origan, persil etc.)
4	tomates Demers Bella
200 g (6 oz)	de champignons de saison
1	noix de beurre
	huile d'olive pour griller
	micropousses (cressonnette) pour garnir
	sel et poivre noir du moulin au goût

Ingrédients merguez d'agneau façon Fenouillière

...

1kg (2,2 lb)	d'agneau Sélection Berarc (parures, collier, épaule, flan et boyaux)
14 g	de sel
2 g	de poivre noir
3 g	de poivre de Cayenne ou piment d'Espelette
2 g	d'ail frais, haché finement
3 g	de coriandre séchée
20 g	de paprika
2 g	d'anis
2 g	d'origan séché
	eau froide

Préparation de l'agneau du Québec de Selection Berarc

...

Badigeonner les côtelettes d'agneau, les rognons dégorgés et coupés en deux, les tranches de foie et les merguez d'huile d'olive aux herbes. Assaisonner et griller dans une poêle ou sur le grill jusqu'à une cuisson à point.

Griller les tomates dans une poêle ou sous le grill et sauter les champignons au beurre sur feu moyen-vif à la poêle avec un peu d'huile d'olive.

Dresser dans des assiettes, accompagner de pommes pailles ou de semoule aux poivrons grillés et micropousses de cressonnette.

Préparation des merguez d'agneau façon Fenouillière

...

Découper les morceaux d'agneau en cubes et assaisonner avec les épices sèches mélangées.

Laisser reposer 24 heures. Hacher au hache-viande finement.

Bien mélanger la viande et incorporer de l'eau froide en quantité suffisante pour détendre la mêlée. Façonner en saucisses en embossant dans des boyaux d'agneau, piquer et tracer en chapelet de 3 x 3.

Note : pour une saucisse merguez plus douce, diminuer la quantité de poivre de Cayenne ou de piment d'Espelette.

Jean-François Lacroix
L'enseignement, pour transmettre le feu sacré

Isabelle Martineau, de la Ferme du Bon Temps et Jean-François Lacroix

Centre de formation
professionnelle Fierbourg

a pédagogie, Jean-François Lacroix l'a dans le sang. Amoureux fou de son travail d'enseignant et de conseiller pédagogique au Centre de formation professionnelle (CFP) Fierbourg, cet homme discret et énergique se dévoue depuis des années pour trouver des activités spéciales qui stimuleront ses élèves et leur donneront le goût du don de soi et du dépassement, qui est intimement lié au métier de cuisinier. Pour les étudiants du DEP (diplôme d'études professionnelles) en cuisine, en pâtisserie ou du cours de cuisine actualisée, il a aidé à organiser et a dirigé des stages en Chine, en Suisse et en France. Très proche des producteurs locaux, Jean-François Lacroix initie aussi avec ses collègues de Fierbourg de nombreuses activités de maillage entre le monde des cuisiniers et celui des producteurs-transformateurs artisans. «J'ai besoin de ces défis pour avancer, de projets qui vont renouveler mon intérêt pour la profession», raconte celui qui est aussi chroniqueur à la radio de Radio-Canada et auteur du livre *Gastronomie et Forêt*, lauréat 2004 du grand prix de Cuisine Canada et du meilleur livre de cuisine (toutes langues et toutes catégories confondues) du prestigieux Gourmand World Cookbook Awards.

Les plaisirs du métier

Peu enclin à vanter ses hauts faits d'arme, Jean-François Lacroix remet le sujet de la formation professionnelle sur le tapis dès que l'on tente de cerner ses plus profondes motivations de cuisinier. « Mon travail consiste à transmettre une flamme bien davantage que des techniques de coupe ou de cuisson, précise-t-il. Par des ateliers spéciaux et des stages, en plus de leurs cours réguliers, je veux montrer à ces jeunes que, même si le métier est difficile et parfois insuffisamment payé, il comporte aussi d'énormes gratifications. Il permet d'exprimer sa passion, sa créativité, il conduit à des voyages et à de formidables rencontres. » Ces activités spéciales veulent aussi montrer l'envers du métier, l'histoire derrière les plats classiques comme le Saint-Honoré ou la soupe à l'oignon, leurs origines. « C'est lors de l'apprentissage qu'on doit faire naître l'amour du métier, faire sentir le plaisir de la performance et de la générosité, constate M. Lacroix. On dit toujours que l'amour suit la connaissance. Si on veut faire aimer la profession, il faut leur en faire découvrir le plus possible. »

La cuisine de la Côte-de-Beaupré

L'autre grande passion de ce cuisinier pédagogue, c'est stimuler la découverte d'une cuisine de proximité, fondée sur les produits de sa région de la Côte-de-Beaupré ou de l'île d'Orléans. « Tu prends des légumes qui sortent du champ du voisin, des animaux qui broutaient dans le pré d'à côté, qui étaient vivants, des produits dont le cultivateur ou le fermier a pris un soin jaloux pendant des semaines, voire des mois, et tu as la chance d'en faire le plus beau et le meilleur plat possible, dans le seul but de faire plaisir à ton client et d'entrer dans ses souvenirs impérissables. Je ne connais pas de plus grand privilège ni de plus belle gratification », confie le chef Lacroix, avec émotion. Le chef devient ainsi l'intermédiaire entre la terre et la table, mais aussi le créateur, celui qui donne forme à tout cela. « C'est un peu comme un travail de metteur en scène de théâtre », ajoute-t-il.

> « MON TRAVAIL CONSISTE À TRANSMETTRE UNE FLAMME BIEN DAVANTAGE QUE DES TECHNIQUES DE COUPE OU DE CUISSON. »

Élèves du CFP Fierbourg

Les complices des chefs
Le CFP Fierbourg

Depuis une trentaine d'années, le Centre de formation Fierbourg forme des cuisiniers et pâtissiers professionnels dans le cadre de son programme consacré à l'alimentation et au tourisme, dont plusieurs atteignent les sommets de leur art. Les Normand Laprise, Mario Martel, François Blais et Daniel Vézina y ont fait leurs classes. En 2003, le prestigieux établissement déménageait dans des locaux entièrement refaits selon les critères de l'industrie, histoire de faciliter l'apprentissage et d'ajouter au fort sentiment d'appartenance des élèves. Ils peuvent ainsi s'entraîner dans un cadre identique à celui du milieu grâce à des cuisines ultramodernes, au restaurant-école Les Cailles (ouvert au public), et à un comptoir de mets pour emporter. La directrice, Céline Genest, ne tarit pas d'éloges pour le dynamisme du corps enseignant, qui initie de nombreuses activités spéciales destinées à faire aimer leur futur métier aux jeunes : « Depuis plusieurs années, nous avons instauré avec le Parcours gourmand un programme de maillage avec les producteurs par le biais d'un banc d'essai gastronomique qui réunit chefs, enseignants, producteurs et étudiants. C'est l'occasion pour les élèves d'en apprendre davantage sur le travail des artisans et de découvrir la qualité de leurs produits. C'est aussi une chance de côtoyer des grands cuisiniers et de produire sous leur supervision un souper gastronomique. Nos enseignants sont aussi très impliqués dans l'organisation de stages d'études à l'étranger et la participation à de grandes compétitions, comme Le Mondial des métiers. » Récemment, Fierbourg a développé un autre maillage avec le MAPAQ et l'INAF intitulé « Terroir et Savoir », qui consiste pour les étudiants à créer des recettes à partir de productions émergentes, comme la patate sucrée, la carotte marron, l'asperge blanche ou le cassis. « Pour nous, c'est une autre façon de faire vivre à nos élèves une expérience globale et valorisante, qui va de la terre à la table, en passant par de prestigieux centres de recherche », constate Mme Genest.

Similitudes avec les arts de la scène

Mi-figue, mi-raisin, Jean-François Lacroix prétend d'ailleurs qu'à l'instar des acteurs et des autres catégories d'artistes, les chefs très performants et très passionnés sont, au fond, des carencés affectifs qui choisissent ce métier axé sur le don de soi pour mieux se faire aimer. Ce qui soulève le problème de la relève. «La jeune génération n'a pas été élevée dans cette notion d'un investissement de temps et d'énergie colossal pour un salaire aussi moyen et des conditions de travail aussi exigeantes, admet-il avec réalisme. Nos élèves ont une grande indépendance face à leurs choix professionnels, tandis que les 35 ans et plus sont davantage valorisés par le plaisir qu'ils donnent.»

Jean-François Lacroix fait aussi un lien entre le métier de cuisinier et celui d'enseignant sur le plan de la performance. «Dans les deux cas, il faut savoir donner un *show*. Ma pire crainte, c'est qu'un soir, un élève sorte de mon cours et l'ait trouvé ennuyeux. C'est exactement la même peur qui nous colle au ventre quand on est en charge d'une cuisine de restaurant ou que l'on monte sur scène.»

Photo: Anne L. Desjardins

« C'est lors de l'apprentissage qu'on doit faire naître l'amour du métier, faire sentir le plaisir de la performance et de la générosité. »

Photo: Louis Perron

Photo: Archives Le Soleil

Jean-François Lacroix

Jean-François Lacroix et Lionel Bédard

« Il y a bien peu
de métiers qui se prêtent
à ces constants échanges
si stimulants, autant
sur le plan humain que
culinaire. »

Le bâton du pèlerin

Sa passion pour le terroir lui est venue de ses années d'enseignement au Saguenay. Ayant vite compris l'importance de travailler de très près avec les gens quand on vit en région, il a par la suite pris son bâton de pèlerin et s'est donné pour but de faire découvrir les produits de son coin de pays. Cette implication bénévole, Jean-François Lacroix la voit comme une autre source d'enrichissement personnel. « Il y a bien peu de métiers qui se prêtent à ces constants échanges si stimulants, autant sur le plan humain que culinaire », résume-t-il.

Au fil des ans, le chef Lacroix a donc permis à bien des produits de se faire connaître et apprécier de ses élèves, de ses collègues et du public : patates douces, carottes noires, chevreau, oie, canard, argousier ou alcools de fruits, produits de l'érable biologiques, miel ou vin du Cap Tourmente. « J'aime travailler en réseau, initier des rencontres. C'est une autre facette de ce métier si enrichissant parce que si profondément humain », de conclure cet enseignant au grand cœur, qui dirige aussi chaque été les activités du Carrefour agroalimentaire d'Expo-Québec. Cette grande foire agroalimentaire est pour lui l'occasion de faire connaître ces artisans et le travail des chefs d'ailleurs au pays par le biais des ateliers culinaires Richesses culinaires canadiennes.

Barres tendres
à la confiture d'argousier

12 carrés

Ingrédients confiture d'argousier
...

1 l (4 tasses)	de baies d'argousier
1,750 l (7 1/2 tasses)	de sucre
1	sachet de pectine Certo

Ingrédients barres de céréales
...

65 ml (1/4 tasse)	de beurre
80 ml (1/3 tasse)	de cassonade
2	œufs
5 ml (1 c. a thé)	de vanille
125 ml (1/2 tasse)	de farine tout usage
2,5 ml (1/2 c. à thé)	de sel
250 ml (1 tasse)	de germe de blé
375 ml (1 1/2 tasse)	de gruau d'avoine
125 ml (1/2 tasse)	de graines de tournesol
125 ml (1/2 tasse)	de raisins Sultana
250 ml (1 tasse)	de confiture d'argousier (préparée la veille)

Photo : Anne L. Desjardins

Préparation de la confiture d'argousier
...

Dans un bol, mélanger les baies d'argousier et le sucre. Réfrigérer toute la nuit. Le lendemain, mettre dans une casserole, porter à ébullition à feu vif et laisser bouillir à gros bouillons durant 1 minute. Retirer du feu, puis incorporer la pectine (préalablement préparée selon les instructions sur le sachet).

Bien remuer. Remettre sur le feu et faire bouillir 5 minutes en brassant et en écumant.

Passer la confiture bouillante dans un tamis à gros trous afin d'enlever les noyaux. Verser dans des pots stérilisés. Fermer avec des bagues et des couvercles en serrant bien.

Préparation des barres de céréales
...

Préchauffer le four à 180 °C (350 °F).

Défaire le beurre en crème avec la cassonade. Ajouter les œufs un à un, la vanille et bien brasser.

Mélanger les ingrédients secs. Ajouter au premier mélange, avec les raisins. Ne pas trop brasser. Placer la moitié de la préparation dans un moule carré beurré de 22,5 cm x 22,5 cm (9 po x 9 po). Presser légèrement. Recouvrir de la confiture d'argousier. Ajouter le reste de la garniture de céréales. Presser légèrement. Mettre au four et laisser cuire 30 minutes. Sortir du four et laisser refroidir à la température de la pièce avant de couper en 12 carrés.

ALCOOL D'ACCOMPAGNEMENT
Deinhard Dry riesling
Code SAQ : 00060004

Notes de dégustation d'Anne L. Desjardins
Ce vin vif et rafraîchissant sera parfait pour un apéro de fin d'après-midi sur la terrasse ou un pique-nique entre amis. Son acidité bien affirmée saura faire écho à celle de la purée d'argousier. Bien équilibré en sucre, avec d'agréables notes de litchi et des arômes de fleurs, il ajoutera une touche de sophistication à cet en-cas nourrissant à base de grains entiers.

Jean-François Lacroix

Foie gras d'oie poêlé de la Ferme Québec-Oies,

rösti à l'oie fumée et compote de pomme et oignon

4 portions

Ingrédients

...

2	pommes
1	oignon moyen
60 ml (4 c. à soupe)	de graisse d'oie (divisée)
2	pommes de terre moyennes
50 g (2 oz)	d'oie fumée
4	d'escalopes de foie gras d'oie de 50 g (2 oz)
45 ml (3 c. à soupe)	de cidre de glace
250 ml (1 tasse)	de fond brun d'oie
	sel et poivre au goût
	fleur de sel et ciboulette fraîche pour garnir

Préparation

...

Peler, épépiner et couper les pommes en dés. Peler et émincer l'oignon. Dans une sauteuse, faire fondre 15 ml (1 c. à soupe) de graisse d'oie à feu moyen. Ajouter l'oignon et faire suer doucement de deux à trois minutes. Ajouter les pommes. Continuer la cuisson à feu doux jusqu'à ce que les pommes soient tendres. Assaisonner. Réserver.

Peler, laver et râper les pommes de terre. Les mettre dans une passoire et bien les égoutter. Couper l'oie fumée en julienne. Mélanger les pommes de terre râpées et l'oie fumée. Assaisonner. Façonner 4 galettes minces. Dans une sauteuse, faire chauffer 45 ml (3 c. à soupe) de graisse d'oie à feu moyen élevé. Déposer les röstis, les faire dorer 3 à 4 minutes de chaque côté. Réserver au chaud.

Assaisonner les escalopes de foie gras d'oie de sel et poivre. Faire chauffer une poêle à feu moyen-élevé. Saisir les escalopes 45 secondes de chaque côté. Réserver au chaud. Dégraisser la poêle, puis déglacer avec le cidre de glace. Laisser réduire de moitié. Ajouter le fond brun d'oie et laisser réduire jusqu'à consistance sirupeuse. Assaisonner.

Dresser un rösti par assiette, ajouter une bonne cuillère de compote de pomme et oignon. Couvrir avec l'escalope de foie gras d'oie et entourer d'un cordon de sauce au cidre de glace. Saupoudrer de quelques grains de fleur de sel. Garnir de deux brins de ciboulette.

ALCOOL D'ACCOMPAGNEMENT
Inniskillin Vidal Select Late Harvest
Code SAQ : 00398040 (250 ml)

Notes de dégustation d'Anne L. Desjardins
Il n'y a pas que les grands sauternes qui sachent accompagner le foie gras. Ce vin de vendanges tardives produit par le grand expert du vin de glace canadien joue ce rôle à la perfection, tout comme il saurait accompagner une tarte aux fruits. Avec un taux de sucres résiduels beaucoup moins élevé que le Icewine® et une bonne acidité, il a des arômes de miel et de nectarine, une attaque franche et une longue finale. Imbattable rapport qualité-prix.

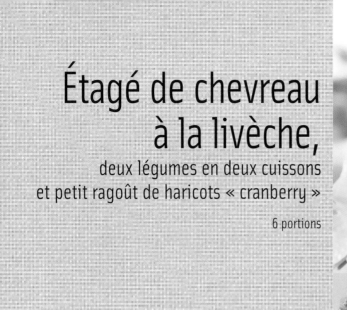

Étagé de chevreau à la livèche,

deux légumes en deux cuissons
et petit ragoût de haricots « cranberry »

6 portions

Ingrédients chevreau à la livèche

• • •

45 ml (3 c. à soupe)	d'huile végétale
1	épaule de chevreau de 1 kg (2 lb) désossée et ficelée
1	oignon moyen émincé
1	carotte coupée en gros cubes
1	branche de céleri émincé
3	tiges de livèche émincées
30 ml (2 c. à soupe)	de pâte de tomates
250 ml (1 tasse)	de vin blanc sec
1	bouquet garni
250 ml (1 tasse)	de fond brun de chevreau ou de veau
	sel et poivre au goût

Ingrédients petit ragoût de haricots « cranberry »

• • •

500 g (1 lb)	de haricots « cranberry »
60 ml (4 c. à soupe)	de beurre
1	oignon moyen émincé
15 ml (1 c. à soupe)	de farine tout usage
15 ml (1 c. à soupe)	de pâte de tomates
1	gousse d'ail
1	bouquet garni

Ingrédients légumes d'accompagnement de la Ferme du Bon Temps

• • •

2	panais (ou racines de persil)
2	tomates Zebra
10 ml (2 c. à thé)	de farine tout usage
30 ml (2 c. à soupe)	d'huile d'olive
	sel et poivre au goût

Jean-François Lacroix

Préparation du chevreau à la livèche
La veille
...
Préchauffer le four à 140 °C (275 °F).

Dans une cocotte allant au four, chauffer l'huile à feu moyen élevé. Assaisonner l'épaule de chevreau et la faire colorer de tous les côtés. Retirer du feu. Laisser diminuer la température du corps gras. Ajouter les légumes et faire suer quelques minutes.

Ajouter la pâte de tomates, continuer la cuisson 1 minute. Déglacer avec le vin blanc, ajouter le bouquet garni et le fond brun de chevreau ou de veau. Assaisonner. Remettre la viande dans la cocotte, puis porter à ébullition. Couvrir et cuire 2 h 30 min ou jusqu'à ce que la viande soit bien compotée et se défasse facilement à la fourchette.

Retirer l'épaule de chevreau de la cocotte. Déficeler, déposer la viande encore chaude sur de la pellicule plastique. Rouler en un boudin de 8 cm (3 pouces) de diamètre. Réfrigérer 24 heures. Passer le fond de cuisson dans un tamis, bien le presser. Réfrigérer.

Préparation du petit ragoût de haricots « cranberry »
...
Faire tremper les haricots « cranberry » 24 heures à l'eau froide au réfrigérateur. Les égoutter. Dans une cocotte à fond épais, chauffer le beurre et y faire suer l'oignon émincé. Singer avec la farine. Mélanger sur le feu afin de bien enrober l'oignon. Hors du feu, ajouter les haricots, la pâte de tomates, l'ail haché et le bouquet garni. Couvrir d'eau froide à hauteur des haricots, puis assaisonner de sel et poivre. Porter à ébullition. Baisser le feu et cuire à feu doux à découvert environ 1 h 30 min.

Préparation des légumes d'accompagnement de la Ferme du Bon Temps
...
Préchauffer le four à 180 °C (350 °F).

Peler, laver et couper les panais ou les racines de persil en longues tranches à la mandoline. Les blanchir une minute à l'eau bouillante salée. Les égoutter, les rafraîchir sous l'eau froide, puis les éponger. Les mettre à rôtir au four une vingtaine de minutes sur une plaque avec un peu d'huile d'olive, sel et poivre. Réserver.

Laver et trancher les tomates. Assaisonner et fariner. Faire chauffer de l'huile dans une sauteuse et faire colorer les tranches de tomates des deux côtés. Réserver.

Finition et montage
...
Préchauffer le four à 180 °C (350 °F).

Trancher le chevreau en rondelles. Dans un plat allant au four, déposer 6 rondelles de chevreau, couvrir chacune d'une tranche de tomate, ajouter une rondelle de viande, déposer une tranche de panais ou de racine de persil et terminer par une rondelle de chevreau. Mouiller de quelques cuillères de fond de cuisson. Couvrir et réchauffer au four 10 minutes.

Dresser le ragoût de haricots au fond de chaque assiette et y déposer un étagé de chevreau. Verser un filet de jus de cuisson autour, puis garnir d'un brin de livèche.

ALCOOL D'ACCOMPAGNEMENT
Mondavi Private Selection Pinot noir
Code SAQ : 00465435

Notes de dégustation d'Anne L. Desjardins
Voilà un vin souple, modérément corsé et boisé. D'une couleur rouge grenat, il ira parfaitement avec ce confit de chevreau. Au nez, la prune confiturée, la cannelle et la cerise sont les notes principales. En bouche, la rondeur du fruit domine, équilibrée par des tanins subtils, une touche de poivre et une finale légèrement boisée. Très raffiné et élégant.

Jean Vachon
Le cœur sur la main, les pieds dans les plats

Jean Vachon avec une élève de l'École hôtelière de la Capitale

École hôtelière
de la Capitale

Jean Vachon est un autre parfait représentant de cette confrérie de toqués qui ont le cœur sur la main, les pieds dans les plats et le besoin d'utiliser leur métier comme un levier d'implication sociale.

Né le 29 juillet 1965 dans le ravissant village beauceron d'East Broughton, dans une famille de cultivateurs amateurs de bonne chère, Jean démontre tout jeune une véritable fascination pour la cuisine de sa mère Soleine et tout ce qui l'entoure. « Chez nous, on travaillait les produits de la ferme, on tirait le cochon, on trayait les vaches et on cultivait notre potager. Tout cet univers centré sur l'alimentation et les rituels associés m'a captivé dès mon plus jeune âge », relate ce ténor passionné d'opéra qui s'implique dans la troupe professionnelle du Nouveau Théâtre des Fantaisies Lyriques (NTFL). Les abats et le boudin sont les premiers délices qui décideront de sa vocation de cuisinier. À 12 ans, Jean Vachon sera plongeur, puis aide-cuisinier au restaurant familial que tiennent sa sœur et son beau-frère, une expérience dont il raffolera au point de s'inscrire ensuite en cuisine dès la fin de son cours secondaire à l'école Wilbrod-Behrer, rebaptisée depuis École hôtelière de la Capitale.

L'irremplaçable mentorat

Sur sa route de cuisinier professionnel qu'il lancera en Beauce, il croisera les Normand Laprise, du Toqué! et Daniel Vézina, du laurie raphaël, qui auront une influence déterminante sur son avenir. Après deux ans comme chef du Club Med en Martinique et au Mexique, Jean Vachon réalisera son rêve de découvrir la France gourmande et s'installera pour un an à Lyon, où il travaillera sous la direction de Gilles Tromp, réputé chef saucier des frères Troisgros : « C'est là que j'ai découvert les vins, les fromages de lait cru et la vraie cuisine de marché et que j'ai eu un coup de foudre profond et définitif pour la profession. » Au retour, il prendra la relève du fondateur de Gibiers Canabec, Laurent Therrien, comme chef de la Tanière, à Sainte-Foy. Puis Jean Vachon vivra pendant trois ans ses plus belles années comme chef du Manoir des Érables, aux côtés du maître Renaud Cyr. Mais c'est aussi là qu'il réalisera l'importance du mentorat, lui qui aura pu compter sur des guides exceptionnels tout au long de sa jeune carrière.

L'importance de bases solides

Quand son *alma mater* le convie à joindre les rangs de son équipe de professeurs titulaires en 1996, Jean Vachon n'hésitera pas. « J'avais passé une partie de ma vie professionnelle à montrer aux clients comment manger et déguster des produits régionaux de qualité tout en enseignant en entreprise, précise-t-il. Il était temps de transmettre mon amour de la cuisine aux jeunes. » C'est d'autant plus important à ses yeux qu'à l'heure où l'on a plus que jamais accès à des technologies et des outils culinaires de pointe, à de fabuleux répertoires de recettes et à d'impeccables produits locaux, les bases de la cuisine tendent à se perdre.

> « IL ÉTAIT TEMPS DE TRANSMETTRE MON AMOUR
> DE LA CUISINE AUX JEUNES. »

Photo : Louis Perron

L'École hôtelière de la Capitale

Jadis connu sous le nom d'École Wilbrod-Behrer, cet établissement d'enseignement très réputé pour son programme de cuisine d'établissement, a le vent dans les voiles depuis l'arrivée de sa nouvelle directrice, Marjolaine Breton. À l'instar de sa collègue du CFP Fierbourg, Mme Breton dit pouvoir compter sur une équipe de chefs-enseignants extrêmement dynamiques, qui sont aussi des praticiens. « Cela nous aide à demeurer en prise constante sur l'évolution du marché du travail et à mieux répondre aux besoins de formation continue de l'industrie », confie-t-elle. Elle tient aussi à ce que son école soit un des leaders de la cuisine régionale de proximité en contribuant à faire connaître la richesse des terroirs environnants de l'île d'Orléans, Charlevoix, la Côte-de-Beaupré et Portneuf. Avec l'appui de Mme Breton, un groupe de professeurs dirigés par Jean Vachon et Éric Villain ont mis sur pied en 2004 la Fondation Serge-Bruyère dans le but d'honorer la philosophie de ce grand chef qui a tellement aidé la relève et les petits producteurs. L'École hôtelière de la Capitale organise aussi de nombreux stages en Europe afin d'aider les élèves sur le point d'obtenir leur diplôme à parfaire leur apprentissage et elle investit beaucoup d'énergie dans le volet compétition. « Le métier de cuisinier repose sur la performance et attire des jeunes qui aiment se dépasser, repousser leurs limites, dit-elle. Nos enseignants détectent assez rapidement en cours d'année ceux qui carburent à l'adrénaline et qui ont le feu sacré. Nous travaillons ensuite à les préparer à de grands concours, comme le Mondial des Métiers ou celui de l'apprenti de l'année. » En 2007, l'École hôtelière de la Capitale a réussi un coup de maître avec un de ses finissants, le jeune Nicolas Drouin. À 19 ans, ce cuisinier du Saint-Amour devenait champion du monde toutes catégories confondues au Mondial des Métiers, devant quelque 800 candidats, en plus de rafler trois médailles d'or. Il remportait aussi le titre d'apprenti de l'année au Québec.

«On a mis de côté les bonnes techniques qui permettent de créer une cuisine goûteuse, différente et imaginative, constate Jean Vachon. La mode des chefs-vedettes a aussi un effet pervers : les jeunes rêvent de gloire instantanée, sans réaliser que derrière ce succès se cachent des années d'apprentissage solide. C'est à nous, enseignants, de les ramener dans la réalité en les confrontant aux exigences d'un métier magnifique, mais pas toujours de tout repos et où rien n'est jamais acquis. »

Jean Vachon croit aussi qu'au-delà de la seule formation au métier, la cuisine est un solide révélateur de personnalité, un outil qui aide à mieux se connaître et à développer ses qualités. Il faut être patient, persévérant et endurant pour percer. « Mais je reviens toujours aux bases parce que tous nos anciens élèves qui font une belle carrière ont investi d'innombrables heures dans l'acquisition de cette maîtrise. »

Achat local et développement durable

Ce travail permet aussi au chef Vachon de demeurer en contact avec ses collègues cuisiniers restaurateurs, lesquels ont souvent recours à ses services, soit pour recruter des cuisiniers fraîchement diplômés, soit à titre personnel, comme professionnel d'expérience. C'est le cas du service de traiteur du Saint-Amour, avec qui M. Vachon travaille souvent : « Je fais cela pour demeurer à la fine pointe des différents courants et tendances et pour conserver un lien constant avec les producteurs de la région. Car il n'y a rien de plus formateur ni de plus exigeant que de travailler en traiteur, dans des environnements qui changent constamment. » À l'instar de ses collègues Yvon Godbout et Christophe Alary, Jean Vachon subordonne donc son travail de cuisinier à la mission d'enseignement, qui se doit de demeurer axée sur l'évolution de la gastronomie.

Olivier Neau et Jean Vachon de l'École hôtelière de la Capitale

Marc Bérubé, de la Ferme des Monts

Chaque année, Jean Vachon emmène ses étudiants visiter des producteurs de Charlevoix. «Quand ils entendent Marc Bérubé, de la Ferme des Monts, leur raconter que durant l'hiver il va dans son champ déterrer son thym ou ses topinambours pour les chefs qu'il approvisionne, ou qu'ils le voient marcher pieds nus dans la terre, ça les impressionne au plus haut point et ça les sensibilise à cet univers de passion et de générosité qui est celui de nos artisans.» Les jeunes prennent aussi conscience de tout ce que le transport transfrontalier des aliments engendre comme coûts sociaux et environnementaux. «Ils réalisent qu'une fois dans le métier, ils pourront contribuer à faire une différence en encourageant les producteurs et les transformateurs locaux tout en éduquant leur clientèle à cette réalité. C'est quand même essentiel, cette prise de conscience», de confier M. Vachon, avec fierté.

Naissance de la Fondation Serge-Bruyère

Dans cette veine, le chef-enseignant-traiteur-chanteur d'opéra a aussi participé à des projets importants pour le Québec, comme la création du concept des SAQ Art de vivre, fondé sur la complicité entre chefs et producteurs et complété par des accords mets et vins. M. Vachon donne également des conférences aux professionnels de l'alimentation sur l'importance de l'achat local. Enfin, c'est aussi lui qui a proposé l'idée de créer la Fondation Serge-Bruyère pour honorer la mémoire de ce grand cuisinier de Québec qui a contribué à former une relève talentueuse et fut l'un des premiers dans la province, avec Renaud Cyr, à encourager les artisans.

«La mode des chefs-vedettes a aussi un effet pervers: les jeunes rêvent de gloire instantanée, sans réaliser que derrière ce succès se cachent des années d'apprentissage solide.»

Carpaccio de mactres de Stimpson,

salicorne fraîche en salade

4 portions

Ingrédients dashi

...

1 feuille de 15 cm (6 po)	d'algue kombu
750 ml (3 tasses)	d'eau
30 g (3 c. à soupe)	de flocons de bonite séchée

Ingrédients salade

...

1	gousse d'ail hachée finement
30 ml (2 c. à soupe)	de dashi (utiliser le restant pour une soupe)
60 ml (4 c. à soupe)	de sauce soya
60 ml (4 c. à soupe)	de vinaigre de riz
5 ml (1 c à thé)	de sucre blanc
	sel de mer au goût
	poivre du moulin au goût
60 g (2 oz)	de mactres de Stimpson égouttées
300 g (10 oz)	de salicorne fraîche
1	concombre anglais en julienne

Photo : Anne L. Desjardins

Préparation du dashi

...

Dans une marmite, déposer l'algue kombu dans l'eau froide. Mettre l'eau à chauffer jusqu'à frémissement, puis ajouter les flocons de bonite séchée. Éteindre le feu et laisser reposer quelques minutes jusqu'à ce que les flocons se retrouvent au fond de la casserole. Passer le tout à travers un tamis très fin ou dans un filtre à café pour ne conserver que le bouillon dashi.

Préparation de la salade

...

Préparer la vinaigrette en mélangeant l'ail, le dashi, la sauce soya, le vinaigre de riz et le sucre blanc. Saler et poivrer. À l'aide d'un couteau bien affûté, couper de fines tranches de mactres de Stimpson.

Montage

...

Badigeonner à l'aide d'un pinceau le fond de chaque assiette avec un peu de vinaigrette. Déposer les fines tranches de mactres de Stimpson directement sur la vinaigrette. Préparer ensuite la salade en mélangeant dans un saladier la salicorne, la julienne de concombre et le reste de la vinaigrette. Placer la salade au centre de l'assiette, assaisonner et servir.

ALCOOL D'ACCOMPAGNEMENT
Sauvignon Blanc Monkey Bay, Marlborough
Nouvelle-Zélande
Code SAQ : 10529936

Notes de dégustation d'Anne L. Desjardins
Ce sauvignon blanc bien pourvu en fruit en provenance d'un des terroirs les plus riches du Nouveau Monde est moins sec et légèrement plus aromatique que son équivalent français parce que les raisins dont il est issu ne poussent pas dans un sol aussi calcaire. Cela donne au nez une touche herbeuse plus prononcée et des arômes de groseille qui se confirment en bouche dans une explosion de saveurs.

Jean Vachon

Terrine aux deux fromages des Grondines

aux canneberges Nutra-Fruit

1 terrine de 1 kg ou 2,2 lb

Préparation de la terrine

· · ·

Dans un moule, déposer une grande feuille de pellicule plastique qui épousera bien la forme du moule et suffisamment longue pour déborder sur les côtés. Chemiser avec de fines couches de feuilles de poireau blanchies en les faisant bien se chevaucher. S'assurer que les feuilles de poireau retombent de chaque coté du moule.

Couper de fines tranches de fromage Grondines d'environ 1/2 cm d'épaisseur. Enlever la croûte et déposer directement sur les feuilles de poireaux en recouvrant le fond et tous les côtés du moule.

Au bain-marie, au-dessus d'une eau frémissante, faire fondre le fromage Le Grand 2 coupé en petits dés avec la crème.

Dans un récipient contenant de l'eau froide, déposer les feuilles de gélatine pour les réhydrater. Si vous utilisez de la gélatine en poudre, la saupoudrer sur l'eau froide pour la faire gonfler pendant 5 minutes. Bien remuer le fromage et la crème. Quand le mélange est fondu, ajouter la gélatine dissoute et la liqueur de chicoutai, puis assaisonner.

Déposer la moitié du fromage fondu dans le moule et répartir ensuite, en alternance, la tartinade de canneberge bien égouttée, le reste du fromage fondu et encore de fines tranches de fromage Grondines. Assaisonner avec du poivre du moulin et un peu de sel, au besoin. Recouvrir le tout avec les feuilles de poireau retombées sur le côté du moule en les ramenant vers le centre. Terminer en faisant la même chose avec la pellicule moulante qui déborde afin d'empêcher l'air de pénétrer. Réfrigérer au moins 3 heures avant de démouler et de couper la terrine.

Préparation de la vinaigrette

· · ·

Mélanger les ingrédients de la vinaigrette : vinaigre, huile, jus de la tartinade de canneberge, sel, poivre.

Montage

· · ·

Couper de fines tranches de terrine et servir avec de la salade et la vinaigrette.

Ingrédients terrine

· · ·

200 g (7 oz)	de poireau blanchi et asséché sur papier absorbant (divisé)
200 g (7 oz)	de fromage Grondines
400 g (12 oz)	de fromage Le Grand 2 des Grondines, la croûte retirée et coupé en dés
125 ml (1/2 tasse)	de crème 35 %
	poivre du moulin au goût
4	feuilles de gélatine (ou sachets)
15 ml (1 c. à soupe)	de liqueur de chicoutai
125 ml (1/2 tasse)	de tartinade de canneberge Nutra-Fruit (égouttée)

Ingrédients vinaigrette

· · ·

15 ml (1 c. à soupe)	de vinaigre de canneberge
30 ml (2 c. à soupe)	d'huile d'olive Orphée
15 ml (1 c. à soupe)	de jus de la tartinade de canneberge
	sel et poivre au goût

ALCOOL D'ACCOMPAGNEMENT
Cabernet-Sauvignon Gran Coronas Torres Penedès
Code SAQ : 00036483

Notes de dégustation d'Anne L. Desjardins
Ce cru opulent de l'excellente maison espagnole Torres est remarquable avec cette terrine de fromage, à condition de le servir chambré à 16 °C, comme un Pinot noir, ce qui assouplit légèrement ses tanins et s'accorde mieux avec le gras du fromage. D'une robe grenat presque noir, il est généreux, avec, au nez du tabac, du chocolat et en bouche des épices et du cassis. Un vin qui mérite d'attendre plusieurs années en cellier pour bien profiter de tout son potentiel organoleptique.

Saisie de homard sur endives

à l'orange au beurre d'agrumes

4 portions

Ingrédients
...

1 l (4 tasses)	d'eau
30 ml (2 c. à soupe)	de gros sel
4	homards de 681 g chacun (1 1/2 lb)
30 ml (2 c. à soupe)	d'huile d'olive extra-vierge Orphée
8	endives de la ferme Le Meully
	jus de 4 oranges (divisé)
5 ml (1 c. à thé)	de sucre blanc
2	branches de thym
30 ml (2 c. à soupe)	d'échalote française ciselée
250 ml (1 tasse)	de vin blanc sec
125 ml (1/2 tasse)	de crème 35 %
30 ml (2 c. à soupe)	de beurre en pommade (tempéré)
	zeste de 1 orange
	sel et poivre au goût

Préparation
...

Dans une marmite, porter à ébullition l'eau et le gros sel. Déposer les homards vivants dans l'eau bouillante, couvrir et cuire environ 8 minutes. Retirer les homards de la marmite et les refroidir immédiatement à l'eau froide. Décortiquer en prenant bien soin de retirer toute la chair de la carapace.

Préchauffer le four à 120 °C (250 °F).

Sur une plaque allant au four, verser l'huile d'olive, puis déposer les endives. Ajouter la moitié du jus d'orange, le sucre et le thym. Couvrir avec du papier d'aluminium et mettre au four pendant 45 minutes.

Entre-temps, préparer la sauce en versant dans une petite casserole le reste du jus d'orange. Ajouter l'échalote et laisser réduire de moitié sur feu moyen à découvert. Ajouter le vin blanc, laisser encore réduire de moitié. Incorporer la crème et réduire de moitié. Hors du feu, incorporer le beurre en fouettant vigoureusement, puis le zeste d'orange, et assaisonner au goût.

Montage
...

Dans une poêle, chauffer un peu l'huile d'olive et saisir la chair de homard, sans oublier de saler et poivrer. Dresser les assiettes (chaudes de préférence) en commençant par les endives braisées, sur lesquelles sera déposée la chair de homard. Ajouter la sauce et servir.

ALCOOL D'ACCOMPAGNEMENT
Bourgogne Les Florières Mâcon-Villages
Code SAQ: 346049

Notes de dégustation d'Anne L. Desjardins
Ce vin blanc jaune paille vif et frais fait à 100 % de chardonnay est typique de l'appellation Mâcon-Villages. Parfait avec des fruits de mer ou à l'heure de l'apéro, il présente, au nez, des arômes dominants de fleurs et d'agrumes. Vinifié en cuves d'inox avec fermentation malolactique, il offre en bouche la fraîcheur acidulée de l'herbe et du citron. À boire jeune et rafraîchi à 12 °C.

Éric Villain et Steve McCandless

Steve McCandless
et Éric Villain

École hôtelière de La Capitale,
Collège Mérici, Café du Clocher penché

Le Café du Clocher penché, 203, rue Saint-Joseph, Québec

Éric Villain et Steve McCandless se connaissaient à peine lorsqu'ils ont décidé de s'associer, à l'automne 1999, pour racheter le Café du Clocher penché, dans le quartier Saint-Roch. Ils voulaient en faire un bistrot moderne axé sur le service à la clientèle, avec une cuisine simple et innovatrice à base d'ingrédients locaux, mais qui ne renierait pas ses classiques pour autant. « Notre passion pour l'enseignement nous a tout de suite rapprochés parce que nous avions exactement la même philosophie, dira Éric Villain. Jamais il n'a été question d'argent entre nous, mais bien de don de soi, d'action sociale et de générosité. »

Né en 1966 dans le Poitou, ce jeune chef a d'abord fait carrière au Martinez, à Cannes, au Royal Club d'Évian et au Grand Hôtel de la reine, à Nancy, avant d'émigrer au Québec et de travailler aux côtés de Serge Bruyère pendant trois ans, puis de Daniel Vézina, au laurie raphaël. Son parcours de cuisinier semble être une succession de rencontres heureuses et d'amitiés durables qui lui ont permis de mettre sur pied en équipe des projets stimulants, comme l'enseignement en cuisine actualisée à l'École hôtelière de la Capitale, la Fondation Serge-Bruyère ou le Café du clocher penché.

Contribuer à valoriser un quartier

« Ce projet de bistrot était pour nous deux une occasion de contribuer au développement du quartier Saint-Roch tout en appuyant le plus possible les petits producteurs de notre région, qui nous ont toujours inspiré le meilleur en cuisine », explique Steve McCandless. Mais les deux amis étaient rendus à une étape de leur carrière où ils voulaient sortir de la haute gastronomie, démocratiser la bonne cuisine et prouver qu'on peut faire des choses de qualité à bon prix. D'où l'idée du bistrot.

Avec son diplôme en gestion des services hôteliers et en cuisine actualisée de l'Institut de tourisme et d'hôtellerie du Québec en poche, Steve McCandless en a profité pour faire des stages en France, avant de revenir travailler dans de grandes maisons comme Toqué!, à Montréal, le laurie raphaël, puis l'Initiale. Embauché par le Collège Mérici en 2000 comme professeur en gestion des services de restauration, il est aussi contacté presque au même moment par les anciens patrons du Café du Clocher penché, qui voulaient vendre leur établissement. « Comme cuisinier, c'était l'occasion rêvée de mettre en application mes principes, à condition de pouvoir répartir la charge de travail avec un associé qui aurait une vision semblable à la mienne. » Le reste appartient à l'histoire. Depuis son acquisition par le tandem McCandless-Villain, non seulement le nouveau Café du Clocher penché est-il devenu un des restaurants les plus populaires de Québec, mais encore a-t-il su monter un impressionnant réseau de producteurs artisans férus d'agriculture durable qui contribuent à sa renommée.

Des producteurs membres de la brigade

« Jean Leblond disait que le jardinier devrait faire partie intégrante de l'équipe de cuisine, rappelle Éric Villain. Nous croyons à cette approche et nous essayons de la mettre en pratique à notre très modeste mesure. » Le Café du Clocher penché travaille de très près avec le fromager Éric Proulx, de la Ferme Tourilli, et avec le distributeur de fromages artisanaux Plaisirs gourmets, de Neuville. Les deux chefs achètent des paniers de légumes bio de chez Terra Sativa, du bœuf de la Ferme Eumatimi, du poulet de la ferme des Voltigeurs, de Drummondville, tandis que la Maison du Gibier de Saint-Émile leur fournit lapin, canard et autres viandes fines.

Éric Villain considère que Québec est sans doute l'endroit au pays où les chefs cuisiniers sont les plus choyés parce qu'ils ont tout à leur porte grâce aux nombreuses fermes et entreprises de transformation environnantes : « Les ressources alimentaires facilement disponibles dans la région immédiate correspondent à ce que je recherche comme cuisinier. » Passionné de nature et de jardinage comme son père avant lui, le chef Villain a récemment acheté une ferme et compte lancer diverses productions de niche pour les cuisiniers.

La petite équipe de la Ferme Terra Sativa

« LES RESSOURCES ALIMENTAIRES FACILEMENT DISPONIBLES DANS LA RÉGION IMMÉDIATE CORRESPONDENT À CE QUE JE RECHERCHE COMME CUISINIER. »

Avec le fromager Éric Proulx de la Ferme Tourilli

Un regard critique

De son côté, Steve McCandless porte un regard quelque peu critique sur sa profession. «Avec notre bistrot, nous allons à l'encontre des tendances actuelles vers une sophistication de la cuisine, comme la gastronomie moléculaire, la cuisine déstructurée, ce genre de choses. Personnellement, je ne suis plus capable de travailler dans ces conditions, que je trouve élitistes.» Il croit aussi que l'engouement pour la gastronomie a nui aux petits producteurs parce qu'il fait monter le prix de leurs aliments, les réservant ainsi à une minorité de bien nantis. «Ce sont les chefs qui, dans bien des cas, ont transformé des ingrédients simples de la ferme en produits de luxe, ce qui a réduit leur accessibilité. Avant, le lait ou la crème d'habitant, les légumes du jardin, l'agneau de la ferme, ce n'était rien d'autre qu'une agriculture normale, de proximité, qui nourrissait tout le monde équitablement.» Steve McCandless refuse l'étiquette du haut de gamme dans son établissement. «Nos prix sont abordables et, par ce choix, nous faisons la preuve qu'on peut faire une cuisine à la fois de qualité et accessible au plus grand nombre possible de gens.»

« Nous faisons la preuve qu'on peut faire une cuisine à la fois de qualité et accessible au plus grand nombre possible de gens. »

Les vases communicants

Les deux restaurateurs-enseignants s'estiment chanceux d'être à la fois pédagogues et praticiens. Éric Villain constate que l'enseignement les place aux premières loges pour comprendre l'évolution du personnel en restauration, les valeurs des jeunes, et s'y adapter. «De nos jours, il faut savoir former des équipes sans hiérarchie trop marquée et accepter que la nouvelle génération n'a pas le même rapport face à l'autorité, confie Éric Villain. L'effort soutenu, le don de soi sont souvent des données abstraites pour eux. Les jeunes ne veulent pas se sacrifier pour un travail ni se tuer à la tâche.» Pour Steve McCandless, cette attitude explique les problèmes de recrutement aigus que connaît actuellement le monde de la restauration: «On ne peut pas nier que la cuisine soit une profession exigeante, pas toujours très payante, qui requiert le goût du don de soi et du dépassement. Sinon, on ne tient pas le coup.» Tous deux croient que l'enseignement fait d'eux de meilleurs patrons, plus à l'écoute; tandis que les responsabilités quotidiennes de chefs et gestionnaires leur permettent d'être des professeurs plus complets et plus expérimentés. Un principe de vases communicants et d'interdépendance qui les satisfait pleinement, avouent-ils...

Nathalie Bouchard, Maison du gibier, Éric Villain, Marie-Chantal Lepage, Christophe Alary, Jean Vachon et Olivier Neau, de l'École hôtelière de la Capitale

La Fondation
Serge-Bruyère

C'est au cours d'un souper entre chefs et amis producteurs que l'idée est née en 2003 de souligner le 10e anniversaire de la mort de Serge Bruyère. Voilà une belle histoire, qui reflète le dynamisme et l'esprit de confrérie qui règnent parmi les chefs de Québec.

Tout a commencé par un constat un peu triste. « J'avais suggéré à un étudiant de faire une recherche pour un travail de fin de session sur ce grand cuisinier qui a eu un impact décisif sur la gastronomie de Québec et du Québec, explique le chef-enseignant Jean Vachon. Mais, à ma grande surprise, mon élève est revenu bredouille et nous avons constaté qu'il n'existait absolument aucune information ni documentation relative à la carrière de cet homme d'exception. »

Jean Vachon propose donc à ses amis Éric Villain et Marie-Chantal Lepage de créer une fondation honorant la mémoire de Serge Bruyère et son impact sur la gastronomie québécoise.

Les deux cuisiniers acceptent avec enthousiasme, ayant travaillé sous ses ordres à la Table de Serge Bruyère. Quelques mois plus tard naissait la Fondation Serge-Bruyère grâce au soutien d'une foule de personnes, dont Robert Bouchard, associé pendant 10 ans du *maestro*, la directrice de l'École hôtelière de la Capitale, Marjolaine Breton, et le chef Jean Soulard, qui en sera le premier président, lui qui a bien connu Serge Bruyère.

« La mission de la Fondation consiste à maintenir vivant l'héritage et la philosophie de ce chef qui a formé des dizaines de cuisiniers d'ici avec rigueur, explique Éric Villain. La Fondation fait donc la promotion d'une cuisine simple, fraîcheur et axée sur des produits locaux, tout en organisant des concours destinés à valoriser notre relève. »

Pour ce faire, l'équipe de bénévoles crée différents événements qui servent à amasser des fonds pour offrir des bourses de perfectionnement aux jeunes cuisiniers. En plus du cocktail-bénéfice annuel, la FSB fait la promotion du maillage entre chefs et producteurs au cours de la journée Toques et terroir, qui se tient durant la saison des récoltes au Marché du Vieux-Port de Québec et permet de sensibiliser la population à l'importance d'encourager nos producteurs en mangeant local. La création d'une cuisine-atelier dans les locaux du Marché du Vieux-Port, où les chefs viennent donner des démonstrations culinaires à base de produits offerts au marché est un autre exemple de cet intéressant maillage. D'autres projets plus ponctuels permettent d'amasser des fonds, comme la publication d'un livre-hommage à Serge Bruyère, paru en septembre 2007 aux Éditions La Presse, ou la création de recettes par des chefs de l'École hôtelière de la Capitale publiées dans le second *best-seller* des docteurs Richard Béliveau et René Gingras, *Cuisiner avec les aliments contre le cancer*.

Fondation
SERGE - BRUYÈRE

www.fondationsergebruyère.org

Steve McCandless

Crème de topinambours rôtis,

huîtres et sauge

4 portions

Ingrédients

...

1	blanc de poireau émincé
1	noix de beurre
800 g (24 oz)	de topinambours lavés et épluchés
30 ml (2 c. à soupe)	d'huile d'olive extra-vierge (divisée)
200 g (6 oz)	de pommes de terre
1	oignon moyen
400 ml (1 3/4 tasse)	de fond de volaille
200 ml (7/8 tasse)	de lait 3,25 %
3	feuilles de laurier
2	branches de thym frais
4	feuilles de sauge en julienne
12	huîtres Malpèques Raspberry Point
	sel et poivre au goût
300 g (9 oz)	d'échalotes grises

Préparation

...

Préchauffer le four à 190 °C (375 °F).

Dans une casserole, suer le blanc de poireau au beurre quelques minutes, puis réserver. Couper les topinambours en cubes et les mettre sur une plaque à cuisson allant au four. Arroser d'un filet d'huile d'olive et enfourner. Laisser colorer environ 20 minutes au four. Retirer du four et mettre les topinambours rôtis dans la casserole.

Ajouter les pommes de terre, l'oignon, le fond de volaille, le lait et les aromates et amener à ébullition.

Pendant que le potage cuit, faire chauffer 15 ml (1 c. à soupe) d'huile d'olive dans une petite poêle. Ajouter la julienne de sauge. Cuire jusqu'à ce que la sauge soit croustillante mais non brûlée. Égoutter la sauge sur des serviettes de papier absorbant. Réserver.

Lorsque les topinambours et les pommes de terre sont bien cuits, retirer les feuilles de laurier et les branches de thym du potage. Passer au mélangeur ou au robot culinaire afin de réduire le tout en un potage à la consistance lisse. Saler et poivrer.

Verser le potage dans des assiettes creuses, garnir de trois huîtres et de quelques croustilles de sauge.

ALCOOL D'ACCOMPAGNEMENT
Merlot Ravenswood Vintners Blend Californie
Code SAQ : 00363812

Notes de dégustation d'Anne L. Desjardis
Assez corsé, plutôt boisé, grâce à son élevage en fûts de chêne américain, ce merlot séduisant à la robe presque violette a des notes de réglisse, de mûre compotée et de vanille. Sans acidité et d'une agréable rondeur en bouche, il a des tanins quand même présents qui lui donnent une bonne structure et il saura soutenir l'étonnant mariage de saveurs de ce potage. Nous avons choisi ici d'accentuer le contraste entre le sucré fondant du topinambour rôti, l'iode et le moelleux de l'huître et le craquant boisé de la sauge.

Éric Villain, Steve McCandless

Tarte au chocolat
chèvre frais et affiné

8 portions

Ingrédients
...

300 g (9 oz)	de pâte sablée
150 g (5 oz)	de chocolat noir à 70 %
45 ml (3 c. à soupe)	de lait 3,25 %
100 g (3 oz)	de sucre
4	œufs, catégorie large
250 g (1/2 lb)	de fromage de chèvre frais
75 g (2 oz)	de poudre d'amandes
1	fromage de chèvre La Barre à Boulard (Ferme Tourilli)
50 g (1,5 oz)	de pignons de pin rôtis
	cacao amer et copeaux de chocolat pour décorer

Préparation
...

Abaisser la pâte et la foncer dans un moule à tarte. Piquer le fond à la fourchette. Placer 30 minutes au réfrigérateur.

Préchauffer le four à 180 °C (350 °F). Recouvrir la pâte de papier sulfurisé, puis de légumineuses sèches. Faire cuire 10 minutes au four. Retirer les légumineuses et cuire encore 5 minutes.

Hacher finement le chocolat et le mettre dans un cul-de-poule. Porter le lait à ébullition avec le sucre, verser sur le chocolat. Remuer pour le faire fondre. Y ajouter le fromage de chèvre frais en morceaux, les œufs et la poudre d'amandes. Bien mélanger le tout.

Trancher le fromage La Barre à Boulard en rondelles de 5 mm d'épaisseur, les disposer sur le fond de pâte sablée avec les pignons de pin. Verser la préparation au chocolat sur les rondelles. Enfourner de nouveau et faire cuire 20 minutes, ou jusqu'à ce que l'appareil ait pris.

Retirer du four, laisser tiédir la tarte, la saupoudrer de cacao amer et la décorer de copeaux de chocolat.

ALCOOL D'ACCOMPAGNEMENT
Hardy's Stamp Shiraz-Cabernet sauvignon
Code SAQ : 10754586

Notes de dégustation d'Anne L. Desjardins
Ce vin australien de texture grasse a des parfums de brioche et de pain d'épice et une couleur très foncée, presque noire. Le millésime 2006 a gagné l'or aux Sélections Mondiales des vins du Canada 2007. En bouche, il se révèle à la fois fruité et très charpenté, avec une dominante de cerise et de champignon. Sa texture légèrement granuleuse lui permettra de très bien s'accommoder de l'acidité du fromage de chèvre et de la puissance du chocolat. Il se révèle particulièrement intéressant lorsque légèrement rafraîchi à 17 °C. Attrayant rapport qualité-prix.

Éric Villain

Poulet biologique

à l'orge et citron confit, olives, oignons cippolini au fromage de chèvre de la Ferme Tourilli

4 portions

Ingrédients

...

1	poulet biologique coupé en huit morceaux
75 ml (5 c. à soupe)	d'huile d'olive (divisée)
200 g (7 oz)	de carottes
2	tomates bien mûres
200 g (7 oz)	de céleri
24	oignons cippolini
6	gousses d'ail hachées
250 ml (1 tasse)	de vin blanc
2 l (8 tasses)	de fond de volaille
300 g (10 oz)	d'orge perlé
2	citrons biologiques confits
100 g (3 oz)	d'olives noires niçoises
1	bûche de fromage de chèvre La Barre à Boulard
	sel et poivre au goût
1/2	botte de persil italien haché

Préparation

...

Dans une poêle à fond épais bien chaude, saisir les 8 morceaux de poulet dans un peu d'huile d'olive et colorer de tous les côtés. Réserver.

Chauffer le four à 150 °C (300 °F).

Hacher les carottes, les tomates et le céleri en petits cubes. Dans une casserole, colorer les légumes hachés, les oignons cippolini et l'ail dans un peu d'huile d'olive à feu moyen une dizaine de minutes. Déglacer avec le vin blanc, et laisser réduire à découvert aux trois quarts. Mouiller avec le fond de volaille, puis déposer les morceaux de poulet colorés dans la casserole. Amener à ébullition. Cuire au four à couvert pendant environ 30 minutes.

Lorsque le poulet est cuit, réserver les morceaux et la garniture aromatique et faire réduire le jus de cuisson à découvert à feu vif.

Entre-temps, cuire l'orge perlé à l'eau bouillante salée et à couvert de 30 à 40 minutes ou jusqu'à ce qu'il soit tendre. Tailler les citrons confits en petits dés et dessaler à l'eau courante. Dénoyauter et hacher grossièrement les olives noires. Mélanger l'orge, les dés de citron et les olives hachées. Faire sauter quelques minutes dans une poêle avec un peu d'huile d'olive, assaisonner de sel et de poivre, si nécessaire.

Finition et montage

...

Déposer l'orge au fond d'un plat allant au four légèrement huilé. Ajouter les morceaux de poulet et les tranches de fromage de chèvre, puis verser le jus de cuisson réduit. Remettre au four 10 minutes pour faire fondre le fromage. Sortir du four, parsemer de persil italien haché et servir.

ALCOOL D'ACCOMPAGNEMENT
Mascaron par Ginestet Bordeaux
Code SAQ : 10754527

Notes de dégustation d'Anne L. Desjardins
Ce vin sec et fait désormais partie du porte-folio du groupe Taillan. De couleur rouge sombre, on décèle au nez des parfums de café, de cassis et d'humus. En bouche, le fruit rouge mûr domine, comme la cerise et le cassis. Les tanins sont relativement présents et la finale est longue et agréable. Potentiel de garde d'au moins cinq ans.

Des producteurs qui misent santé et saveur

L a région de Québec ne cesse d'étonner avec ses nombreuses entreprises agroalimentaires florissantes et innovatrices. Voici trois *success stories* qui ont su se démarquer avec des produits aux remarquables qualités gourmet, couplées à d'intéressantes vertus santé.

Savoura : le bonheur est dans la tomate!

Quand on a la chance de mettre les pieds dans l'une des sept gigantesques serres de l'entreprise Les Serres du Saint-Laurent, qui produit la fameuse tomate Savoura, on est saisi de vertige : à perte de vue, des lianes de tomates se dressent en rangs serrés. Imaginez un instant le parfum de ces 80 000 plants qui vous saute au visage, assorti d'une bienfaisante chaleur légèrement humide et d'une intense lumière à la fois naturelle et artificielle. Aucun doute : pas un des quelque 400 employés de cette entreprise qui possède 19 hectares de serres (l'équivalent de 38 terrains de football) et qui produit 12,5 millions de kilos de tomates annuellement ne doit souffrir de désordre affectif saisonnier...

En 1989, trois familles d'investisseurs de la région de Portneuf décidaient de mettre toutes leurs tomates dans le même panier et d'investir dans la production en serre. La marque Savoura était née. Aujourd'hui, le fondateur Jacques Gosselin et son équipe peuvent se vanter d'être le plus gros joueur au Québec dans ce marché hautement compétitif. Le siège social de Portneuf à lui seul possède des bâtiments de culture qui totalisent la bagatelle de 3,1 hectares, soit 6 terrains de football. Au fil des ans, la compagnie a pris de l'expansion en rachetant d'autres serres qui cessaient leurs activités dans différents coins du Québec, dont les Cantons-de-l'Est et la région des Basses-Laurentides.

38 terrains de football de plants de tomates

« Nous avons dû étendre nos cultures pour répondre à une demande croissante au Québec », explique Marie Gosselin, qui est actionnaire de Savoura depuis les débuts et directrice des ventes et du marketing. Agroéconomiste de formation, elle est derrière les audacieuses campagnes de promotion « Le goût prend le dessus », qui a pour logo une tomate tenant une tranche de pain en sandwich, et aussi la création de produits vedettes comme les Pastalita, la Bruschetta Savoura, l'arrivée des tomates cocktail et celle des mini-tomates en sachets lunch, qui ont fait fureur lors de leur lancement au Salon international de l'alimentation 2007 de Montréal (SIAL). Ces campagnes ont positionné les tomates Savoura comme des produits haut de gamme et distinctifs sur le marché. Résultat : victime de son succès, Savoura a dû élargir ses horizons.

À l'automne 2007, une serre a été construite à Saint-Étienne-des-Grès, en Mauricie. De loin la plus vaste du groupe avec ses installations de 52 000 mètres carrés (10 terrains de football), qui produisent 60 000 kilos de tomates chaque semaine, elle est chauffée aux biogaz émanant d'un site d'enfouissement adjacent, un procédé qui contribue à la réduction des gaz à effet de serre. Avec ces nouvelles installations, Savoura arrive enfin à satisfaire la pressante demande des consommateurs québécois, qui ont compris que des tomates de serre bien faites ont un goût d'été irremplaçable en hiver et sont beaucoup plus écologiques que celles importées d'Israël ou du Mexique.

Traitées aux petits oignons

Mais cette qualité a un prix, car elle exige des techniques de culture rigoureuses, qui entraînent des coûts de production élevés. Entre les tomates que l'on récolte encore vertes et qu'on expédie en camion d'un bout à l'autre du continent et celles cueillies à maturité, comme chez Savoura, il y a un monde. Les premières atteindront peut-être leur calibre (grosseur) avant d'être cueillies et rougiront lors du transport, mais elles seront toujours dépourvues des sucres et des acides volatils qui leur donnent goût, parfum et valeur nutritive. Chez Savoura, on a plutôt choisi de laisser mûrir toutes les variétés de tomates sur le plant et elles sont envoyées dans les supermarchés et les fruiteries de la province le jour même de leur cueillette. Inutile de dire que, côté goût, la différence est magistrale...

D'ailleurs, l'arrivée de Savoura a changé les habitudes de consommation de nombreux Québécois qui, jusqu'à récemment, refusaient de manger des tomates hors saison. La tomate de serre hydroponique n'est donc plus perçue comme insipide parce que les standards ont considérablement évolué ces dernières années, grâce à un travail de concertation avec les chercheurs de l'Université Laval et d'Agriculture Canada.

L'hydroponique au service du goût

« Une tomate, c'est d'abord des hydrates de carbone. Pour se développer, elle a besoin d'eau, de lumière, de CO_2 et de substances nutritives comme le nitrate de potassium, le calcium ou l'azote, explique Marie Gosselin. Nous étudions la manière optimale de répondre aux différents besoins de la plante pour qu'elle ait le meilleur goût possible en modifiant l'apport des substances nutritives et des fertilisants jusqu'à obtenir des résultats optimaux. » En serre, l'hiver, il faut 63 jours pour amener une tomate à pleine maturité. Une fois que les fleurs sont pollinisées par des bourdons, on sélectionne les plus belles. Ensuite, on installe un tuteur sur le plant, on s'assure que l'apport de nutriments, d'eau et de lumière est constant et bien adapté et on nettoie les feuilles plusieurs fois par semaine. « Chaque rang de tomates reçoit 16 heures de lumière naturelle et artificielle par jour et est visité par nos employés cinq à six fois par semaine pour s'assurer que tout va bien, conclut Mme Gosselin. Nous utilisons aussi la lutte biologique en faisant appel à des insectes prédateurs pour nous débarrasser des indésirables comme la mouche blanche, ce qui est beaucoup plus coûteux, mais tellement moins nocif pour l'environnement ! »

Voilà une de ces perles rares dont on n'entend pas assez souvent parler. Situé dans une maison ancestrale au cœur du magnifique village de Deschambault, à une trentaine de kilomètres à l'ouest de Québec, l'Angélus Bistro s'est donné pour mission de mettre en valeur les nombreuses productions alimentaires de niche de Portneuf. Adeptes de l'achat local, ses propriétaires Patrice Tremblay et Marie-Noël Bouillé l'ont d'abord créé comme un café-bar à bière, où l'on encourageait les artistes visuels et musiciens du secteur. Mais la demande était de plus en plus forte pour un menu de bistrot. Alors, le couple a acheté la grande maison d'en face et l'a rénovée, en y installant une cuisine. L'Angélus propose maintenant une carte simple et bien faite : focaccia Belzébuth à la saucisse épicée, salsa, poivrons et olives noires, saucisse-choucroute, délicieuses salades-repas, quiches maison, sandwiches gourmet et pizzas originales. L'Angélus continue d'être un catalyseur de l'activité culturelle locale, tout en s'approvisionnant à une vingtaine de producteurs du secteur. Ainsi, les deux associés font-ils affaire avec la Ferme Tourilli, de Saint-Raymond, pour son fromage de chèvre, avec la Fromagerie des Grondines pour son Grand 2 et avec celle de Sainte-Anne-de-la-Pérade pour son Baluchon. Le pain est celui des Blés sont mûrs, le bœuf Highland vient d'Éric Bédard, et d'autres viandes de Charles Trottier, tous de Deschambault. Patrice Tremblay agrémente ses cocktails avec les huiles essentielles gastronomiques d'Aliksir, à Grondines, il achète les légumes et le veau biologiques des fermes Terra Sativa et Saint-Laurent, de Saint-Alban, de même que les apéritifs et digestifs de la Ferme Tournesol, de Sainte-Anne-de-la-Pérade, en plus d'acheter les desserts de Sélection du pâtissier, de Portneuf. Qui dit mieux ?

Pour en savoir plus :
Angélus Bistro
241, Chemin du Roy, Deschambault-Grondines
Téléphone : 418 286-4848
www.angelusbistro.com

À découvrir
L'Aviatic Club

Inauguré le 14 mars 1989 dans la superbe gare du Palais et redécoré en 2004, l'Aviatic Club offre une cuisine métissée et raffinée. Le chef-copropriétaire Jean-François Houde y veille, avec une carte qui sied à merveille à l'ambiance lounge BCBG plantée dans un décor magnifique, qui s'inspire des chics mess d'officiers aviateurs de la Vieille Europe, avec une pointe nippone. Fauteuils de cuir capitonnés, éventails en forme de feuilles de palmier, boiseries, tout donne envie de faire s'éterniser la soirée. Attablé au bien nommé Cockpit bar, on s'attend à voir débarquer à tout moment un haut gradé de l'armée britannique de retour d'une mission au Japon ou en Indochine. D'autant plus que le menu a de fortes inspirations eurasiennes, avec ses sushi ou Bento box nights, ou ses succulentes entrées crues : thon saisi à la tataki avec émulsion de wasabi, tartare de thon aux épices Tandoori ou carpaccio de bœuf fumé maison aux poires japonaises et laitues amères. Le Bento box de poissons et fruits de mer, inspirés des boîtes-repas à emporter japonaises, est une spécialité de la maison, apprêté, comme il se doit, avec légumes et riz. Mais l'inspiration du chef est internationale, comme en témoignent les plats de crevettes géantes poêlées façon Blackened avec émulsion au citron, le tournedos de saumon du Nouveau-Brunswick au vin rouge avec essence de fines herbes et purée de légumes oubliés, le cassoulet de canard, le strudel de gibier aux champignons nobles et camembert fondant, la noix de ris de veau à l'érable et vinaigre de cidre ou le filet de bœuf au Bleu bénédictin en réduction de porto. L'Aviatic Club est aussi réputé pour ses cocktails branchés, ses 5 à 7, son bar à vin et sa superbe terrasse.

Pour en savoir plus :
L'Aviatic Club, 450, rue de la Gare-du-Palais, Québec
Téléphone : 418 522-3555
www.aviatic-club.com

Maison Orphée : divines huiles bio venues du froid

En Amérique du Nord, ce ne sont pas toutes les villes qui peuvent se vanter d'avoir un producteur artisan d'huiles biologiques dans leur cour. Québec a cette chance, grâce à l'audace de la famille Bélanger, propriétaire de La Maison Orphée. En 1993, les sœurs Élisabeth et Élaine Bélanger laissaient tomber une profession de traductrice pour l'une et d'avocate pour l'autre et, aidées par leur père Florent, elles se sont lancées dans l'importation et la mise en marché d'huiles européennes haut de gamme. Une aventure qui s'est transformée en plaisir fou et les a menées à créer leurs propres huiles de première pression à froid certifiées biologiques. Celles que l'on surnomme désormais affectueusement "les filles de chez Orphée" sont devenues depuis une référence incontournable dans le monde complexe des huiles santé et le fabricant canadien numéro un de ces élixirs si prisés, même si de nombreux consommateurs ignorent encore qu'il s'agit d'une entreprise de Québec et croient plutôt que les huiles Orphée sont une filiale française d'une multinationale européenne. Cette méprise n'a rien d'étonnant, puisque les huileries artisanales sont une rareté, même à l'échelle mondiale. On les trouve plus souvent qu'autrement dans le bassin méditerranéen que sous nos froides latitudes...

D'embouteilleur à fabricant

Le plus étonnant, c'est qu'en plus d'embouteiller et de distribuer des huiles d'olive ou de noix fabriquées en Espagne, en Italie, en Crète, en Tunisie et en France par des artisans qui sont devenus des amis, Élisabeth et Élaine Bélanger en fabriquent aussi à partir d'une matière première québécoise et canadienne. Pas de l'huile d'olive, bien sûr, mais de l'huile de canola, de chanvre, de lin et de sésame, exemptes d'OGM et toutes certifiées biologiques par l'OCIA. La maison Orphée a ainsi créé quatre gammes distinctes, afin de mieux répondre aux préoccupations de sa clientèle pour une saine alimentation et une intéressante variété de saveurs.

La gamme Oliva d'Orphée comprend cinq huiles d'olives biologiques ayant chacune des caractéristiques organoleptiques spécifiques liées aux terroirs d'où elles sont issues. Plus ou moins foncées, plus ou moins fruitées, elles sont exquises dans les salades, desserts, sautés ou pour les cuissons au four. Les huiles de la gamme Aroma, pour leur part, sont des élixirs destinés à réveiller les papilles gourmandes : à base de noisettes, de noix du Périgord, de pépins de citrouille ou de sésame grillé, elles rehaussent de façon spectaculaire les plats dans des préparations à cru, afin de bien préserver leurs saveurs contrastées et leurs propriétés nutritionnelles. La série Optima +, ce sont les huiles pour la cuisine de tous les jours, offertes en canola, carthame, sésame et tournesol. Enfin, celles de la gamme Activa+ sont destinées aux gens qui recherchent un maximum de bénéfices pour leur santé cardiovasculaire avec des produits comme l'huile de lin, un mélange de canola-olive ou d'olive-lin-chanvre et bourrache.

Informer pour conquérir

Mais Élisabeth et Élaine Bélanger ne se sont pas arrêtées en si bon chemin. Sous le label Aroma, elles fabriquent aussi des vinaigres biologiques (de vin, de cidre, de framboise, de canneberge, d'érable et balsamique) et des moutardes. «Ces condiments sont les alliés naturels de nos huiles», explique Élaine, qui est responsable de la recherche et du développement, tandis qu'Élisabeth s'occupe d'administration et de mise en marché. L'entreprise a fait construire en 2005 dans le parc industriel Frontenac une usine de 1 600 mètres carrés, trois fois plus grande que la précédente, qui accueille six presses plutôt que deux, une grande cuisine de démonstration et une salle de montre.

Cette expansion ne s'est pas faite sans un plan d'affaires soigneusement monté. Pour survivre et prospérer dans ce marché férocement compétitif des huiles gourmet composé de gros joueurs européens, la famille Bélanger a sorti dès le départ l'artillerie lourde en misant sur des produits de niche bio, à la fois santé et gourmet, qui répondaient à une demande non satisfaite des consommateurs, tout en offrant un service à la clientèle comme il ne s'en fait plus. On a créé une cinquantaine de fiches recettes, mis en place une ligne 1-800 qui ne dérougit pas et conçu un site Internet regorgeant d'informations sur les huiles, leur composition et leurs incidences sur le mieux-être général.

Les sœurs Bélanger et leur petite équipe sont de tous les salons, démonstrations et événements alimentaires québécois, pour faire goûter leurs produits en expliquant leurs particularités et bienfaits. « Nous cherchons à créer une véritable accoutumance en mettant l'accent sur le plaisir et la santé, qu'on souhaite toujours intimement liés », soutient Élisabeth. Avec un tel souci de la clientèle, on comprendra pourquoi la croissance annuelle d'Orphée tourne aujourd'hui autour de 20 %. « L'éducation et le plaisir de partager notre amour de la bonne chère font partie de notre mission d'entreprise parce que le monde des huiles santé est complexe et que nous avons besoin de ce contact direct avec notre clientèle pour évoluer », de conclure Élaine.

Nutra-Fruit : la canneberge revisitée

Jean-François Veilleux et Yolande Kougioumoutzakis font partie de la nouvelle génération d'entrepreneurs de Québec résolument tournés vers l'avenir. L'un passionné de cuisine et gestionnaire et l'autre technologue des aliments, ils ont eu l'audace de tout miser sur ce petit fruit aux propriétés gastronomiques et nutritionnelles exceptionnelles pour bâtir Nutra-Fruit. Leur compagnie décline la canneberge en une vingtaine de préparations novatrices et délicieuses, qui allient le pouvoir antioxydant et anti-inflammatoire des atokas et leur saveur unique : tartinade canneberge et chocolat noir, moutarde forte à la canneberge, chutney à la canneberge, salsa piquante à la canneberge, canneberges infusées à l'ail et au romarin ou au porto et à l'érable, gelée de canneberges au cidre de glace, coulis de canneberges, thé du Labrador biologique et canneberge, et la dernière-née, la vinaigrette canneberge, bleuet et thé vert. « Nous voulions prouver qu'il est possible de créer des produits à la fois santé et gastronomiques tout en encourageant les producteurs québécois », d'expliquer le président de Nutra-Fruit, Jean-François Veilleux. Nutra-Fruit utilise donc le plus possible des ingrédients locaux pour créer ses merveilleuses recettes, comme les canneberges de la maison Fruit d'Or, du sirop d'érable, des bleuets, de la moutarde ou du cidre de glace. Ajoutez à cela un emballage au design épuré qui se démarque des petits pots de style campagnard que l'on voit partout, une image de marque et des outils promotionnels superbes, un slogan efficace, « Tout le pouvoir de la canneberge », le contrôle de la distribution, et vous avez la recette d'un phénoménal succès qui commence à s'exporter ailleurs au Canada et jusqu'en Europe. Pour toutes ses préparations, Nutra-Fruit a aussi su trouver un équilibre parfait entre le goût du sucre et celui du fruit, qui permet de les marier à toutes sortes de préparations salées : poisson, sushi, canard, gibier, pétoncles, agneau, abats; soit comme condiment, base de sauce, marinade ou enrobage original. Le tandem a aussi développé des produits réservés aux chefs cuisiniers, comme la poudre de canneberges ou l'huile de pépin de canneberges première pression, naturellement riche en Oméga-3 et en vitamine E, une autre innovation qui risque de faire parler d'elle...

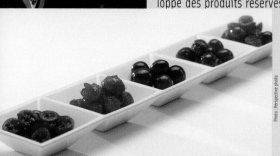

Photo : Anne L. Desjardins

Photo : Perspective photo

Photo : Archives Le Soleil

Membre du groupe Restos-Plaisirs, Le Paris Grill se veut un concept de brasserie parisienne réinventée offrant la meilleure cuisine à prix doux. Il est né en 2004, de l'amour des trois associés Josée Hallé, Jacques et France Gauthier pour la Ville-Lumière et sa cuisine et du désir de transformer un bel édifice du secteur Sainte-Foy en une sorte de clin d'œil au Paris gourmand des cartes postales. Le décor ultra chaleureux, qui a fait de la tour Eiffel son effigie en la jouant sur tous les tons et avec humour, transporte instantanément les convives dans le secteur des Halles, mais des Halles modernes. La cuisine ouverte sur la grande salle permet de voir officier le chef et sa brigade en train de griller bavettes, côtes levées, entrecôtes et autres spécialités de la maison. Le menu du Paris Grill offre des plats introuvables ailleurs à Québec, comme la tarte flammée classique, fermière, charcutière ou nautica, le saumon sur planche de cèdre, le boudin noir aux pommes à la normande, le tartare de bœuf ou l'aile de raie poêlée aux câpres. Les profiteroles, le trio de crèmes brûlées et le grand éclair maison au café ont aussi leurs fidèles. Les week-ends, la table d'hôte du matin, les crêpes bretonnes et les moules marinières prennent la vedette. Du côté des alcools, la maison propose une grande sélection de bières importées, en fût et en bouteilles, et une carte des vins qui compte 80 sélections, dont la majorité en importations privées, pour le plaisir de faire de belles découvertes. Une variété qui a valu au Paris Grill de recevoir la Carte d'or 2006 et 2007 du Collège des Ambassadeurs du vin au Québec.

Pour en savoir plus :
Le Paris Grill, 3121, Hochelaga, Sainte-Foy
Téléphone : 418 658-4415
www.parisgrill.com

Guy Bessone, Centre de ski Le Massif

Martin Bolduc, L'Âtre du Faubourg

Frédéric Casadéi, Auberge La Goéliche

Chapitre 5

Partie de campagne

Dans leurs auberges de caractère ou au Centre de ski Le Massif, les chefs que nous vous présentons dans ce chapitre ont la chance d'être proches de leurs sources d'approvisionnement. Ils se disent très fiers de contribuer au rayonnement touristique et agroalimentaire de leurs communautés respectives et s'y impliquent de différentes façons. Mais le choix de s'établir loin des grands centres comporte aussi sa part de frustrations et de contraintes. Ainsi, tous doivent composer avec une clientèle saisonnière et d'importantes pénuries de personnel spécialisé. Des contraintes auxquelles ces hommes épris de liberté et de plein air ont cependant su apporter des solutions originales.

...

Bernard Higgins, Auberge Baker

Philip Rae, Auberge du Canard huppé

Dominique Truchon, Auberge des Peupliers

Guy Bessone
Un chef au service de la glisse

Centre de ski
Le Massif

G uy Bessone l'admet : le ski le passionne et dès que son horaire échevelé le lui permet, il chausse ses bottes de ski, qui trônent en permanence dans son bureau, et s'offre quelques descentes. « Surtout tôt le matin, avant l'ouverture, s'il a neigé toute la nuit », précise cet amoureux de poudreuse, sourire aux lèvres. Sa connaissance du sport et de l'alimentation lui permet de se mettre à la place de la clientèle pour évaluer ses besoins alimentaires à leur juste mesure. « Chose certaine, ce n'est pas en mangeant de la pizza au pepperoni, de la poutine et des burgers doubles au fromage avec frites qu'on arrive à donner le meilleur de soi-même sur les pentes », constate ce cuisinier originaire de Paris, que son amour du plein air a fait choisir Charlevoix à la fin des années 70. En charge des cuisines du Centre de ski Le Massif situé à Petite-Rivière-Saint-François depuis 1995, il s'est donné dès son arrivée comme priorité d'offrir une alimentation saine et savoureuse aux skieurs.

Guy Bessone

Non seulement il n'y a ni friture ni poutine ni boissons gazeuses au menu, mais elles sont remplacées par des plats qui évoquent davantage une auberge qu'une cafétéria de centre de ski. Ici, l'ordinaire se compose de potage crécy ou de velouté aux fines herbes et l'on peut choisir sur la table d'hôte entre un feuilleté de moules sauce poulette, des médaillons de porc forestière, une brochette de poulet au gingembre, un filet de grenadier au romarin et cari ou des pâtes à l'artichaut et au jambon, en plus des sandwichs gourmet et pizzas santé. Mais l'expérience ne s'arrête pas là.

Entre « Mer et Monts »

En 2001, fidèle à sa philosophie de valoriser les ressources locales, le chef Bessone a décidé de pousser plus loin l'authenticité en créant au sommet de la montagne un restaurant gastronomique de 40 places doté d'une vue exceptionnelle, joliment baptisé « Mer et Monts », où l'on sert exclusivement des produits du terroir environnant. « Nous voulions offrir aux skieurs une expérience charlevoisienne complète, qui leur donnerait une bonne idée de notre savoir-faire, tout en leur permettant de jouir d'un environnement naturel exceptionnel », explique M. Bessone.

Sur cette carte recherchée, les rillettes de canard de la Ferme Basque et leur rémoulade de céleri côtoient le croustillant d'agneau de la Ferme Éboulmontaise aux parfums d'Orient et le gratin de poireau et pomme de terre au cheddar fort de la Laiterie Charlevoix. La soupe au Migneron fait de l'œil au tournedos d'omble de fontaine de la Pisciculture Smith et au médaillon de porc bio des Viandes biologiques Charlevoix avec réduction au cidre Pedneault, tandis que le nougat glacé au miel des Grands-Jardins et aux cèpes garni d'un sablé aux bolets se révèle un intéressant mariage de saveurs inédites.

> « POUR JETER LES BASES D'UNE CUISINE AUTHENTIQUEMENT CHARLEVOISIENNE, NOUS DEVIONS CONVAINCRE LES PRODUCTEURS D'EMBARQUER DANS CE MOUVEMENT DESTINÉ À FAIRE CONNAÎTRE UN ASPECT IMPORTANT DE NOTRE IDENTITÉ. »

Guy Pouliot lors de la récolte des patates douces

Les complices des chefs
La Ferme Basque dans Charlevoix

Sur leur petite ferme adossée aux montagnes du parc des Grands-Jardins, à Saint-Urbain, Isabelle Mihura et Jean-Jacques Etcheberrigaray élèvent depuis 2003 des canards de type mulard, croisement entre un mâle de Barbarie et une femelle Pékin. Cela donne des animaux robustes, lourds, avec un jabot élastique qui facilite le gavage. Grâce à des techniques traditionnelles d'élevage au grand air et de gavage à la main apprises en Europe, la chair et les foies gras des canards de la Ferme Basque sont d'une exceptionnelle qualité. Dans son atelier, Isabelle confectionne aussi des charcuteries qui connaissent un succès bœuf : canard séché, terrines, pâtés, cretons, rillettes, etc. Tous deux originaires du Pays Basque, dans le Sud-ouest de la France, ce jeune couple sympathique et très impliqué dans sa communauté a eu un coup de foudre pour Charlevoix, que Jean-Jacques a découvert lorsqu'il a été nommé directeur des opérations au Manoir Richelieu. Isabelle, qui est aussi une professionnelle de l'hôtellerie, assure la permanence à la ferme. Entre l'éducation de deux fillettes, l'élevage des canards et les activités d'agrotourisme et de transformation, elle ne chôme pas... Dès son ouverture, la Ferme Basque s'est attiré les louanges des chefs de Charlevoix, qui l'ont, pour ainsi dire, adoptée à l'unanimité. Le mot s'est passé jusqu'à Québec et au Saguenay, au point où les éleveurs suffisent à peine à la demande. Mais pas question de passer à une approche plus industrielle pour augmenter la production. Les canards sont élevés sur parcours herbeux et nourris de façon naturelle avec des grains produits localement. Le gavage se fait dans le respect du bien-être des animaux, qui sont gardés en enclos collectifs, avec de l'espace pour s'ébattre et du maïs entier, lequel permet d'obtenir des foies dorés et charnus. Durant la belle saison, les visiteurs peuvent assister au repas de gavage, histoire de démystifier cette étape sans brusquerie ni douleur pour les bêtes.

Isabelle Mihura et ses canards

La naissance de l'agrotourisme

Guy Bessone connaît tous les producteurs de sa région de longue date, puisqu'il fait partie de ce groupe de professionnels qui ont remué ciel et terre dans les années 90 afin de doter Charlevoix d'une gastronomie distincte. Dès son arrivée, lui-même s'est fort bien intégré à la petite communauté tricotée serré des chefs, ayant d'abord travaillé à l'Auberge des Falaises, puis au Mouton noir de Baie-Saint-Paul, où pendant 10 ans il a créé une fine cuisine régionale, avant d'accepter de relever le défi que lui posait le Centre de ski Le Massif, avec ses 1 800 repas quotidiens et ses affectations saisonnières. Aux côtés de ses collègues Régis Hervé (Auberge des Falaises, aujourd'hui aux Saveurs Oubliées), Dominique Truchon (Auberge des Peupliers) et Éric Bertrand (Auberge des 3 canards, maintenant au Vices Versa), il jettera les bases d'une cuisine authentiquement charlevoisienne. « Pour ce faire, nous devions convaincre les producteurs d'embarquer dans ce mouvement destiné à faire connaître un aspect important de notre identité, complémentaire des beaux paysages qui inspirent tant de peintres, se souvient le chef Bessone. C'est comme ça que la Table agro-touristique a pris forme, laquelle a par la suite donné naissance à la Route des Saveurs de Charlevoix. De bien belles amitiés en ont résulté. »

Aujourd'hui, cette démarche audacieuse de maillage porte fruits et ce magnifique coin de pays planté entre mer et montagnes inscrit au Patrimoine mondial de l'Unesco est désormais reconnu comme un précurseur de l'agrotourisme au Québec. Plusieurs régions de la province se sont inspirées du modèle de la Route des Saveurs pour créer leur propre circuit gourmand.

Photo : Archives Le Soleil

Guy Bessone

« Nous voulions offrir aux skieurs une expérience charlevoisienne complète, qui leur donnerait une bonne idée de notre savoir-faire, tout en leur permettant de jouir d'un environnement naturel exceptionnel. »

Photo : Archives Le Soleil

Photo : Anne L. Desjardins

La Fête du Grand duc

Au Massif, le chef Bessone a aussi créé des agapes de fin d'hiver qui sont très courues :
La Fête gourmande du Grand duc, en hommage à cette histoire qui veut que chaque fois
qu'on voit cet oiseau nocturne chasser en plein jour, un mégablizzard se prépare. « On
trouvait qu'il n'y avait pas légende mieux choisie pour notre propos, résume M. Bessone.
C'est aussi un clin d'œil au concept de la tournée des grands ducs. » Pour l'occasion, le
chef et ses assistants orchestrent un repas gastronomique de sept services en plein air et
à flanc de montagne composé de 1 500 bouchées chaudes et froides, que les producteurs
eux-mêmes viennent servir aux skieurs. Entre les magrets de canard séchés au cantaloup
de la Ferme Basque, les brioches au Migneron et champignons avec sauce au porto ou
les chocolats au beurre de pomme et mistelle des Vergers Pedneault, le chef Bessone
souhaite faire découvrir à ses clients ce qui fait l'âme de Charlevoix.

Photo : Louis Perron

Bavarois à la truite fumée de madame Smith,

asperges et coriandre fraîche

6 portions

ALCOOL D'ACCOMPAGNEMENT
Kim Crawford, Nouvelle-Zélande
Marlborough unoaked Chardonnay
Code SAQ : 10669470

Notes de dégustation d'Anne L. Desjardins
D'une couleur jaune pâle tirant sur le doré, ce délicieux chardonnay vieilli en cuves d'inox sans ajout de bois est frais et croquant, avec juste assez de gras pour bien soutenir le crémeux de cette préparation délicate à la truite fumée. En bouche, du pamplemousse et de la pomme verte lui confèrent son intéressante vivacité, appuyée par une touche de miel. Longue finale agréable, sans arrière-goût boisé.

Ingrédients

...

24	asperges fraîches parées, de taille moyenne (réserver 9 asperges pour le bavarois)
100 ml (7 c. à soupe)	de crème 35 %
1/2	sachet de gélatine neutre
20 ml (4 c. à thé)	d'eau froide
10 ml (2 c. à thé)	de jus de citron
150 g (5 oz)	de truite fumée de la Pisciculture Smith
	sauce Tabasco au goût
9	pointes d'asperges cuites (réservées pour le bavarois)
1	pamplemousse rose
1	petit poivron rouge
1	bouquet de coriandre fraîche
100 ml (7 c. à soupe)	d'huile d'olive extra-vierge Orphée
	sel et poivre au goût

Préparation

...

Cuire les asperges 5 minutes à la vapeur (marguerite) à couvert. Refroidir en les plongeant dans l'eau froide. Bien égoutter, éponger et réserver au frais.

Dans un bol, fouetter la crème en pics pas trop fermes et réserver au réfrigérateur. Faire gonfler la gélatine dans l'eau froide et le jus de citron pendant 5 minutes. Chauffer ensuite au four à micro-ondes à puissance moyenne, puis brasser pour bien dissoudre.

Passer la chair de truite au robot culinaire et incorporer le mélange de gélatine.

Plier délicatement la préparation de truite dans la crème fouettée. Ajouter la sauce Tabasco au goût et rectifier l'assaisonnement. Remettre au réfrigérateur.

Couper les têtes des 9 asperges cuites et réservées pour le bavarois en tronçons de 3 cm (1,2 po). Réserver les pieds pour la salade d'asperges. Trancher les têtes en deux sur la longueur. Dans six ramequins individuels, disposer 3 morceaux d'asperges (partie bombée dans le fond). Remplir les ramequins avec la crème fouettée à la truite fumée. Bien tasser pour éviter la formation de poches d'air. Réserver au réfrigérateur au moins 4 heures.

Entre-temps, peler le pamplemousse et prélever les suprêmes (quartiers sans peau blanche ni membrane). Travailler au-dessus d'un bol pour récupérer le jus. Couper les pamplemousses en petits morceaux.

Laver et vider le poivron et le couper en petits dés. Réserver. Laver, essorer et hacher la coriandre. Hacher le reste des asperges en fines rondelles. Mélanger tous les ingrédients avec l'huile d'olive et le jus de pamplemousse et assaisonner au goût.

Montage

...

Démouler les bavarois en trempant les ramequins dans l'eau chaude quelques secondes, puis en passant la lame fine d'un couteau sur le pourtour. Déposer au centre d'assiettes de service et entourer avec la salade d'asperges.

Strudel aux pommes
et cèpes en pâte filo

6 portions

Ingrédients

...

450 g (1 lb)	de cèpes ou de bolets frais, en saison*
150 g (5 oz)	de beurre doux (divisé)
100 g (3 oz)	de sucre
600 g (1, 4 lb)	de pommes McIntosh, ou l'équivalent
	cannelle en poudre au goût
50 g (1,7 oz)	de noisettes, hachées
100 ml (7 c. à soupe)	de mistelle de pomme des Vergers Pedneault
110 g (5 à 6 feuilles)	de pâte filo
	sucre et cannelle au goût pour finition

Préparation

...

Nettoyer les champignons et les couper en tranches fines. Dans une poêle, faire fondre 50 g (1,7 oz) de beurre et sauter les champignons à feu moyen-vif. Ajouter tout le sucre et faire légèrement caraméliser. Réserver.

Peler, épépiner et couper les pommes en cubes. Dans une poêle, faire fondre 50 g (1,7 oz) de beurre et faire sauter. Ajouter la cannelle, les noisettes hachées et la mistelle. Laisser évaporer à feu doux à découvert, puis réserver. Mélanger les pommes et les champignons, laisser reposer 20 minutes. Retirer l'excédent d'eau.

Faire fondre le reste du beurre. Disposer une feuille de pâte filo sur un plan de travail, badigeonner avec du beurre fondu. Déposer une autre feuille de pâte filo par-dessus et recommencer l'opération jusqu'à ce que toutes les feuilles aient été utilisées.

Chauffer le four à 190 °C (375 °F).

À une extrémité de la pâte, déposer la garniture, en prenant soin de laisser un petit rebord de 2,5 cm (1 po). Rouler le tout. Fermer les côtés en repliant la pâte.

Badigeonner de beurre fondu et saupoudrer de sucre et d'un peu de cannelle. Cuire sur plaque beurrée environ 30 minutes, ou jusqu'à ce que bien doré. Couper en six rondelles et servir tiède.

* Hors saison, remplacer les cèpes ou bolets frais par 1 boîte de 398 ml de cèpes ou de chanterelles en conserve bien égouttées, auxquelles vous ajouterez 15 g (0,5 oz) de bolets déshydratés, blanchis une minute et bien égouttés.

ALCOOL D'ACCOMPAGNEMENT
Chardonnay Simi Sonoma Californie
Code SAQ : 10274785

Notes de dégustation d'Anne L. Desjardins
Ce produit d'une exceptionnelle qualité est à la fois sec et très aromatique et se marie bien aux plats à base de fromage grâce à son gras et à ses arômes de brioche. Au nez, la vanille domine, avec une note végétale très agréable. Tandis qu'en bouche, la poire vient s'ajouter de façon discrète, tempérée par une pointe toastée intéressante.

Longe de porc des Viandes biologiques Charlevoix

et légumes d'automne : chou rouge braisé,
courge musquée (*Butternut*) au cari,
poivron rouge aigre-doux

6 portions

Ingrédients longe de porc

...

250 ml (1 tasse)	d'huile d'olive extra-vierge Orphée
100 ml (7 c. à soupe)	de sauce tamari
1	grosse gousse d'ail hachée au presse-ail
5 ml (1 c. à thé)	d'huile de sésame
2,5 ml (1/2 c à thé)	de sauce Tabasco
	jus de 1 lime
12	tranches de longe de porc des Viandes biologiques Charlevoix de 60 gr (2 oz)

Ingrédients chou rouge braisé

...

1	petit chou rouge, le cœur enlevé, coupé en 4
	filet d'huile d'olive
1,5 ml (1/4 c. à thé)	de graines de cumin entières
50 ml (3 c. à soupe)	de vinaigre de cidre des Vergers Pedneault
20 ml (4 c. à thé)	d'eau
25 g (1 oz)	de beurre
1	pomme de type McIntosh
1	poire Bartlett mûrie à point
	sel et poivre au goût

Ingrédients courge musquée (*Butternut*)

...

1	petite courge musquée de 1 kg (2 lb)
25 g (1 oz)	de beurre
100 ml (7 c. à soupe)	de lait de coco non sucré
	poudre de cari, muscade, sel au goût

Ingrédients poivrons rouges aigres-doux

...

2	poivrons rouges moyens
100 g (3 oz)	de sucre
10 g (1/3 oz)	de fécule de maïs
40 ml (8 c. à thé)	de vinaigre de cidre des Vergers Pedneault
	sauce Tabasco au goût

Guy Bessone

Préparation de la longe de porc

...

Préparer une marinade avec tous les ingrédients, sauf la viande. Déposer la viande dans un grand plat, arroser de marinade. Couvrir et mariner au réfrigérateur pendant au moins 6 heures.

Préparation du chou rouge braisé

...

Préchauffer le four à 165 °C (325 °F).

Émincer le chou en fines lanières. Dans une cocotte huilée, déposer le chou, les graines de cumin, le sel et le poivre au goût, le vinaigre de cidre, l'eau et le beurre en petits morceaux. Couvrir et mettre au four 45 minutes. Entre-temps, peler, vider et couper en petits cubes la pomme et la poire et les mêler au chou. Remettre la cocotte au four 30 minutes. Réserver ensuite jusqu'au service.

Préparation de la courge musquée

...

Couper la courge en deux et enlever la partie centrale fibreuse et les pépins. Couper ensuite chaque moitié en six gros morceaux. Cuire à la vapeur environ 30 minutes. Laisser tiédir, puis enlever la peau. Couper ensuite en petits morceaux et faire suer dans le beurre à couvert et sans coloration pendant 15 minutes, afin d'obtenir une chair très tendre. Passer au robot culinaire avec le lait de coco jusqu'à l'obtention d'une purée très fine.

Assaisonner au goût avec le cari, la muscade et le sel et réserver jusqu'au service.

Préparation des poivrons rouges aigres-doux

...

Vider et couper les poivrons en petits dés. Les passer au robot culinaire avec le sucre, la fécule et le vinaigre de cidre jusqu'à l'obtention d'une purée très fine. Verser ensuite dans une casserole et porter à ébullition à découvert et à feu moyen. Baisser le feu et mijoter 5 minutes à feu doux. Assaisonner au goût. Ajouter quelques gouttes de sauce Tabasco. Au besoin, rectifier la consistance avec de l'eau ou du vinaigre et réserver jusqu'au service.

Montage

...

Réchauffer les trois préparations de légumes. Retirer la viande de la marinade, bien l'éponger et cuire à la poêle dans un peu d'huile d'olive bien chaude de 3 à 4 minutes de chaque côté.

Au centre de chaque assiette, répartir le chou, puis y déposer la viande. Mouler des quenelles de courges à l'aide de 2 cuillères à thé, puis en garnir les assiettes. Terminer avec le coulis de poivron.

ALCOOL D'ACCOMPAGNEMENT
Mondavi Woodbridge Merlot
Code SAQ: 00494492

Notes de dégustation d'Anne L. Desjardins
Voilà un plat aux effluves asiatiques qui demande un vin vinifié sur le fruit, avec un peu de chêne et des épices. Ce merlot ample et généreux permet un accord satisfaisant avec toutes les composantes de la recette, même l'aigre-doux. Arômes de cuir, de mûres, de prunes et d'épices, que l'on retrouve aussi en bouche, avec une touche aigrelette de balsamique. Tanins présents, mais sans astringence, finale moyennement longue. Carafer pour oxygéner et servir à 18 °C.

Martin Bolduc
Enfin chez soi!

Photo : Louis Perron

L'Âtre du Faubourg

Natif de la Côte-de-Beaupré, il était tout naturel pour le chef Martin Bolduc de retourner s'y établir au moment d'ouvrir son propre restaurant. « Dans la région, les gens me connaissent et m'apprécient. Je savais qu'ils me supporteraient le moment venu », disait-il, trois mois après l'ouverture de l'Âtre du Faubourg. Situé à Saint-Ferréol-les-neiges, le restaurant du chef Bolduc porte bien son nom. Un immense âtre en brique y occupe l'espace central et crée une ambiance chaleureuse pour les nombreux skieurs qui viennent y manger l'hiver et pour les cyclistes et les golfeurs qui fréquentent la région l'été. « Ma conjointe et moi-même avons travaillé pendant plusieurs semaines à réaménager les lieux, qui abritaient un bar équipé d'une table de billard, pour en faire un restaurant où le gastronomique et la cuisine familiale cohabitent dans la bonne entente », raconte celui qui fêtera bientôt 30 ans de métier, dont 17 à la barre de la réputée auberge La Goéliche, de l'île d'Orléans.

Martin Bolduc

Offrir le meilleur de deux mondes

Le principal défi de Martin Bolduc pour lui permettre de rentabiliser son établissement consistait à offrir le meilleur de deux mondes : une cuisine à base de produits régionaux pour une clientèle d'amateurs de bonne chère, tout en s'assurant de satisfaire aussi les gens de la région, qui veulent parfois prendre un repas au restaurant en famille le jeudi soir après le soccer, sans devoir payer des prix astronomiques. « C'est le désir de concilier les deux clientèles qui m'a amené à créer un menu en deux temps, dans lequel on trouve autant du gibier, des ris de veau et du foie gras que des plats plus simples, mais bien faits, comme une salade César, des pâtes à la crème ou une soupe à l'oignon authentique », d'expliquer le chef.

Une passion pour le gibier

Aidé de certains cuisiniers qui l'ont suivi lorsqu'il a quitté La Goéliche, Martin Bolduc a monté sa cuisine à son goût, avec tous ses outils de travail à portée de main et de grands frigos qui lui permettent de ranger adéquatement ses différentes mises en place de légumes, de viandes et de poissons. Son menu Grande table reflète une passion pour le gibier et les abats, qu'il se procure auprès de son fournisseur attitré depuis plus de 25 ans, Gibiers Canabec : envolée de caille et caribou, poêlée de canard au vieil Armagnac, tartare de wapiti, parfait de foies de gibier aux raisins confits, noix de ris de veau poêlées, duo de cailles farcies à la duxelles de champignons, sauces aux mûres et foie gras.

LE PRINCIPAL DÉFI DE MARTIN BOLDUC CONSISTAIT À OFFRIR LE MEILLEUR DE DEUX MONDES : UNE CUISINE À BASE DE PRODUITS RÉGIONAUX POUR UNE CLIENTÈLE D'AMATEURS DE BONNE CHÈRE.

Photo : Archives Le Soleil

Les complices des chefs
Distal : distribuer à grande échelle

Si les chefs de la région de Québec ont un réseau étendu de producteurs artisans, ils peuvent aussi compter sur des complices distributeurs, qui leur fournissent certaines denrées en plus grande quantité. Ces gens écument les marchés internationaux à la recherche d'une foule d'articles indispensables au quotidien des restaurateurs. Cela va du sachet de sucre aux conserves gros format de tomates italiennes, de câpres ou de farine, en passant par des fruits et légumes frais, des condiments, breuvages, produits laitiers, mets surgelés, poissons et viandes, produits de nettoyage, serviettes de table, ustensiles jetables, cafés ou épices. Les distributeurs comme Distal sauvent donc aux cuisiniers un temps précieux en leur permettant de concentrer certains achats, tout en les laissant libres d'entretenir leurs contacts plus privilégiés auprès de ces fournisseurs spécifiques, dits « de niche », que sont les producteurs et transformateurs artisans. Tous les chefs complètent donc le contenu de leur garde-manger avec l'aide de ces grosses entreprises. Si certains distributeurs se spécialisent dans les fruits et légumes, comme Allard ou Hector Larrivée, ou dans les produits gourmet de spécialité, comme Maison Gourmet et le Marché Transatlantique, d'autres choisissent la viande et le poisson, comme Cadrin Viandex. Chez Distal ou chez D. Bertrand, on a plutôt une approche généraliste. Distal fait partie du groupe Gordon Food Service, compagnie familiale canadienne plus que centenaire qui sert quelque 45 000 clients de restaurants, d'hôtels et d'institutions dans 15 États américains et au Canada et distribue pas moins de 16 000 marques d'aliments et de produits d'entretien ou de service.

Photo : Anne L. Desjardins

Nathalie Brassard et Martin Bolduc

Photo : Archives Le Soleil

Les fournisseurs du chef Bolduc le suivent depuis l'Auberge de la Goéliche : la boucherie Huot de Saint-Nicolas pour le bœuf triple A ou la volaille, Jean-Pierre et Jean-Sébastien Angers, d'Allard Fruits et légumes, le vin du Domaine Royarnois, du Cap-Tourmente, Joe Giguère, pour sa belle mistelle de glace, ou les pains et viennoiseries du Château du pain, de Charlesbourg. Perfectionniste et exigeant, cet ancien médaillé de différentes compétitions culinaires et délégué de l'équipe de chefs québécois aux Jeux de Lillehammer, aime expérimenter et toucher à tout. Il aime aussi quand la salle est pleine et que tous les ronds du piano de sa cuisine surchauffent en même temps ; rien ne lui plaît davantage qu'un bon coup de feu pour montrer de quoi il est capable.

Cuisine régionale, influences du monde

Côté style, Martin Bolduc est un de ces chefs qui aiment garnir généreusement les assiettes avec une abondance de légumes frais. S'il a toujours prôné la cuisine régionale, il ne dédaigne pas pour autant le plaisir et la variété qu'offrent certaines cuisines du monde. Ainsi, on retrouvera sur son menu Grande table des plats tels le filet de doré aux moules et son velouté de curcuma, les noix de ris de veau à la florentine sauce miel, citron vert et sésame rôti ou le mignon de porc en croûte d'herbes de Provence, sauce aux herbes sauvages.

L'Âtre du Faubourg, 1910, boulevard des Neiges, à Saint-Ferréol-les-Neiges

« Je suis un expérimentateur et je recherche toujours de nouvelles façons de marier des ingrédients d'ici pour leur donner un style original. C'est un peu ma marque de commerce », dira-t-il en roulant un morceau d'agneau dans le paprika fumé. Son restaurant au décor chic et sobre, avec nappes bleues et petites lampes tempête sur chaque table témoigne du raffinement et de l'étiquette de fine cuisine que le chef Bolduc a voulu apporter à son établissement. Ce qui ne l'a pas empêché de réussir le tour de force d'accueillir chaleureusement les familles et les touristes autour d'une carte éclectique, où la qualité et l'authenticité sont omniprésentes, peu importe le budget et le choix du client.

Mousse aux poires et canneberges

8 à 12 ramequins individuels

Ingrédients

...

310 g (9 oz)	de sucre (divisé)
120 g (3,2 oz)	de gel dessert (ou 6 sachets de gélatine neutre)
1 kg (2,2 lb)	de purée de poires
100 ml (7 c. à soupe)	de jus de citron
500 ml (2 tasses)	de crème 35 %
45 ml (3 c. à soupe)	d'alcool de poire Williams
4	blancs d'œufs, catégorie moyen
200 g (6 oz)	de canneberges

Photo: Anne L. Desjardins

Préparation

...

Mélanger 150 g (4,5 oz) de sucre et le gel dessert. Si vous utilisez de la gélatine, la préparer selon les instructions sur le paquet. Procéder ensuite de la même manière que pour le gel dessert. Mettre dans une casserole avec la moitié de la purée de poires et le jus de citron. Chauffer à feu très doux jusqu'à 45 °C (100 °F). Verser le reste de la purée de poires et bien mélanger.

Dans un bol et à l'aide d'un malaxeur électrique, monter la crème en pics mous. Ajouter l'alcool de poire et battre encore quelques secondes. Réserver au froid.

Monter ensuite les blancs d'œufs en pics mous. Ajouter le restant du sucre et battre jusqu'à l'obtention de pics fermes. Ajouter le mélange de purée de poires et de gel dessert (ou de gélatine) et les canneberges à la meringue. Plier ensuite délicatement dans la crème fouettée. Verser dans des ramequins individuels et laisser prendre au réfrigérateur au moins 4 heures.

ALCOOL D'ACCOMPAGNEMENT
Miguel Torres, Brandy 10 ans
Code SAQ: 00094367

Notes de dégustation d'Anne L. Desjardins
Les fruits macérés au brandy et les desserts aux fruits parfumés au brandy sont un classique de la gastronomie. Dans cette veine, nul doute qu'un brandy espagnol consommé en accompagnement de cette mousse rafraîchissante et acidulée apportera un contraste de saveurs intéressant. D'une riche teinte or, il a des notes de noix et de vanille en bouche comme au nez. En finale, on perçoit la puissance des épices, résultat d'un séjour prolongé en fûts de chêne.

Martin Bolduc

Filet mignon de bœuf

farci aux foies de volaille et fromage Fin renard, sauce au vin rouge

4 portions

Ingrédients

...

4	filets de bœuf de 200 g (6 oz)
4	foies de poulet, parés et dénervés
125 ml (1/2 tasse)	de vin rouge sec
500 ml (2 tasses)	de demi-glace ou fond de veau
125 ml (1/2 tasse)	de crème 35 %
	fines herbes fraîches, au choix et au goût
4	tranches de fromage Fin Renard (Fromagerie Bergeron) de 100 g (3 oz)
	sel et poivre au goût

Préparation

...

Dans une poêle bien chaude, saisir les filets de bœuf, puis les cuire à feu moyen jusqu'à la cuisson désirée. Réserver au chaud.

Cuire les foies de poulet dans la même poêle jusqu'à ce qu'ils soient rosés. Hacher finement, assaisonner au goût et réserver ensuite au chaud.

Déglacer la poêle au vin rouge et réduire des deux tiers à feu vif. Mouiller ensuite avec la demi-glace et laisser réduire au moins de moitié ou jusqu'à la consistance désirée. Ajouter la crème, ramener à ébullition et réduire encore légèrement. Saler et poivrer au goût et ajouter des herbes fraîches de votre choix (persil, ciboulette, marjolaine, thym, etc.).

Entre-temps, chauffer le four à 180 °C (350 °F).

Pratiquer une incision sur le côté de chaque filet assez grande pour former une pochette. Farcir avec une tranche de fromage et les foies de volaille hachés. Terminer la cuisson au four jusqu'à ce que le fromage soit fondu, soit une dizaine de minutes. Servir les filets nappés de sauce avec légumes et féculents.

ALCOOL D'ACCOMPAGNEMENT
Simi Alexander Valley Cabernet sauvignon
Code SAQ : 00855387

Notes de dégustation d'Anne L. Desjardins
Voilà un de ces vins de la Sonoma Valley, en Californie, qui laisse une empreinte durable sur celui qui le découvre. D'une magnifique robe grenat foncé, il possède des arômes de cerise très mûre et de cuir. Cela laisse présager un bon potentiel de garde, avec des tanins parfaitement équilibrés, quoique présents, qui sauront s'accorder avec le fromage. En bouche, on perçoit la cerise, doublée de mûres et d'épices. Le chêne vient compléter le portrait, mais sans excès.

Médaillons de contre-filet de wapiti

aux pommes caramélisées et mistelle de glace de Joe Giguère

4 portions

Ingrédients

...

4	filets de wapiti de 180 g (5 oz)
75 g (2,5 oz)	de beurre
1	échalote grise finement hachée
2	pommes pelées, épluchées, coupées en dés
100 g (3 oz)	de sucre
150 ml (3/5 tasse)	de cidre de glace des Vergers Joe Giguère
500 ml (2 tasses)	de demi-glace ou de fond de veau
	sel et poivre au goût

Martin Bolduc

Préparation

...

Saisir les filets de wapiti dans le beurre dans une poêle bien chaude. Réserver au chaud. Dans la même poêle, faire ensuite suer à feu doux l'échalote grise hachée jusqu'à ce qu'elle ait ramolli. Ajouter les pommes. Verser le sucre dans la poêle et continuer la cuisson à feu doux jusqu'à ce que les pommes aient caramélisé. Retirer de la poêle et réserver au chaud. Augmenter le feu, verser le cidre de glace et déglacer, puis laisser réduire des deux tiers.

Mouiller avec la demi-glace. Laisser réduire des deux tiers à feu moyen-vif. Passer au tamis, puis remettre dans la poêle pour réchauffer. Assaisonner. Déposer le wapiti dans la sauce et cuire jusqu'au degré de cuisson désiré. Ne pas trop cuire, sinon la viande durcira. Placer le wapiti dans des assiettes chaudes et napper de sauce. Ajouter les pommes caramélisées. Servir avec légumes et pommes de terre.

ALCOOL D'ACCOMPAGNEMENT
Leasingham Bin 56, Clare Valley, Cabernet Malbec
Code SAQ : 00478552

Notes de dégustation d'Anne L. Desjardins
Ce vin corsé en provenance du sud de l'Australie et dans lequel le fruit domine, tire à 13,5 % d'alcool. Il représente un mariage d'amour avec ce wapiti en sauce aux pommes. Au nez, impossible de rater les notes de vanille et de fleur blanche, tandis qu'en bouche, on sera séduit par le chêne bien équilibré et les épices, que viennent appuyer des tanins modérés.

Frédéric Casadéi
De la Provence à l'île d'Orléans

Auberge La Goéliche

On peut dire que Frédéric Casadéi, la jeune trentaine, a roulé sa bosse de toqué. Né à Paris et issu d'une longue lignée de cuisiniers d'origine franco-italienne, il a grandi sur la Côte d'Azur, avant de faire ses apprentissages de cuisinier et de gestionnaire d'établissement hôtelier à Thollon-les-Bains, en Haute-Savoie. Caviste au Hilton de Cannes, puis directeur de la gestion à l'hôtel Royal de Lyon, il décide en 2001 de devenir chef-propriétaire en émigrant au Québec en compagnie de sa mère et de son épouse. « Pendant quatre ans, nous avons été propriétaires du restaurant provençal Le Mesclun, dans le quartier du Vieux-Port de Québec, jusqu'à ce que ma mère ait le mal du pays et décide de retourner dans le sud de la France », raconte Frédéric Casadéi. Lorsque le poste de chef des cuisines s'est ouvert à la légendaire Auberge La Goéliche, de Sainte-Pétronille, sur la pointe sud-ouest de l'île d'Orléans, le jeune homme n'a pas hésité longtemps : « J'ai demandé à la direction d'avoir plein contrôle sur les cuisines et nous nous sommes rapidement entendus sur le style à donner aux plats. »

Frédéric Casadéi

Une table très populaire

L'été, la salle à manger, qui offre une vue imprenable sur le fleuve Saint-Laurent et la ville de Québec, déborde littéralement. « Nous servons le midi de 70 à 120 repas, et le soir de 60 à 80 soupers, plus une centaines de personnes qui viennent en groupes, et les brunches du dimanche, qui sont très populaires, note le chef. Avec la rareté actuelle de cuisiniers qualifiés, en haute saison, nous frôlons la surcharge de travail. » Voilà une des frustrations de ce chef habitué à gérer de grosses équipes en Europe : « Je trouve que bien des jeunes cuisiniers d'ici qui sortent à peine de l'école ont des attentes salariales vraiment irréalistes, compte tenu de leurs compétences encore assez limitées. » Depuis deux ans, incapable de trouver des jeunes cuisiniers ici, Frédéric Casadéi a donc renoué avec son *alma mater* de Thollon-les-Bains, qui lui envoie des stagiaires.

Depuis son arrivée au Québec, Frédéric Casadéi a continué de faire une cuisine du terroir à base de produits frais, comme celle qu'il pratiquait en Provence : « J'adapte ma cuisine, qui a des bases françaises, pour qu'elle reflète davantage le terroir du Québec en utilisant des produits régionaux, du sirop d'érable, des fromages d'ici, des légumes et des fruits de l'île ou de la région, l'agneau de la Ferme Saute-Mouton. Je mêle des dattes, des noix de cajou, des ingrédients un peu différents. Et puis, il faut dire que beaucoup de plats traditionnels québécois qui ont la cote en ce moment sont aussi issus de la cuisine régionale française. Alors, je me sens chez moi. » Comme le bouilli, qui vient de Lorraine. « Le pâté chinois avec un peu de foie gras au milieu, permet de reprendre le travail des prédécesseurs tout en ajoutant une pointe d'innovation, explique le jeune chef. Même chose pour le ragoût. Je constate que les clients apprécient beaucoup cette approche d'une cuisine gourmande qui a des racines autant en France qu'ici, mais qui sait être créative. »

« J'ADAPTE MA CUISINE, QUI A DES BASES FRANÇAISES, POUR QU'ELLE REFLÈTE DAVANTAGE LE TERROIR DU QUÉBEC EN UTILISANT DES PRODUITS RÉGIONAUX. »

Vertigo gourmet

Dans le domaine agroalimentaire, la jeune génération représente une relève non seulement dynamique, mais aussi très bien formée et axée sur la recherche et le développement. C'est le cas de Vertigo, une entreprise de la Côte-de-Beaupré fondée en février 2006 par l'agronome Guillaume LaBarre et l'expert-comptable en management Martin Lemaire, lauréate en 2006 du 1er prix d'entrepreneurship pour la région de Québec. Les deux complices tenaient à offrir un produit novateur et haut de gamme aux professionnels de cuisine, ce qui les a menés à faire pousser en serre des verdurettes qui ont tôt fait de devenir populaires auprès de toqués comme François Blais, Jean-Luc et Frédéric Boulay, Jean-Claude Crouzet ou Jean-François Lacroix. Leur secret : de la saveur, de la fraîcheur, un produit visuellement très attrayant, polyvalent et facile d'utilisation et beaucoup d'originalité dans le choix des variétés. Entre les pousses de wasabi, de chou-rave pourpre, de mizuna, de coriandre, de calico, de radis rose, de cresson, de bette à carde ou de betterave rouge, le choix est varié et différent de ce que l'on trouve habituellement sur le marché. Le duo d'entrepreneurs s'assure d'ailleurs de répondre aux besoins de ce marché de niche exigeant de la gastronomie en demeurant à la disposition des chefs pour produire d'autres variétés, selon la demande. Les serres de Vertigo gourmet sont situées à Saint-Ferréol et dotées d'équipements à la fine pointe technologique, qui produisent de manière écologique (chauffage à l'huile recyclée, notamment) ces petits légumes d'un goût très fin qui accompagnent particulièrement bien les entrées froides comme le tartare de poisson, les crustacés mayonnaise ou le canard fumé.

Les légumes du terroir de l'île

Frédéric Casadéi aime aussi rester ouvert aux influences du monde à l'aide d'arômes nouveaux; une pointe d'épices créoles ici, un zeste asiatique là : « Le secret, c'est de savoir doser. Quand on met du cumin ou du curcuma dans un braisé, on change à peine la recette, mais ça suffit à la moderniser. » Un exemple lui vient spontanément à l'esprit. « Récemment, j'ai ajouté une pointe de beurre de cacao au fameux saumon mariné de La Goéliche. Nos habitués se sont dit séduits par cette innovation, sans pour autant se sentir perdus dans trop de nouveauté », note-t-il.

Côté approvisionnement, le chef travaille de très près avec la ferme biologique Les Trésors du terroir, de Sainte-Famille, qui le fournit de la fin du printemps à la fin de l'automne en produits maraîchers variés : bleuets, mûres, fraises, asperges, poireaux, différentes variétés de carottes rares, comme les rouges, les Nantaises ou les boules, minicourgettes, minipiments, plusieurs variétés de tomates patrimoniales, des courges, des betteraves jaunes et rouges, des topinambours et même du cantaloup cultivé sur place. « Le propriétaire est un ancien restaurateur, et il s'y connaît en qualité, constate M. Casadéi. Avec sa grande variété et sa constance, il me permet d'oublier les gros distributeurs pendant la moitié de l'année. Et le plus beau, c'est que ses prix sont plus bas pour une qualité supérieure! » Le chef de La Goéliche avoue un faible pour la crème de cassis de son voisin Bernard Monna, qu'il utilise pour ses marinades et ses sauces. Il apprécie aussi la qualité des cidres de glace et mistelles du Verger Bilodeau.

Photo : Auberge La Goéliche

Photo : Archives Le Soleil

« Je constate que les clients apprécient beaucoup cette approche d'une cuisine gourmande qui a des racines autant en France qu'ici, mais qui sait être créative. »

Frédéric Casadéi

« Chaque année, j'essaie d'ajouter de nouveaux mets faits maison: les desserts, les glaces, ce genre de choses. »

Le défi de l'achat local à gros volume

Mais Frédéric Casadéi admet que pour une auberge comme la sienne, qui a un très gros volume, l'approvisionnement local pose tout un défi. « Nous avons souvent un problème de cadence dans l'approvisionnement, note celui-ci. Si je commande de la fougasse aux olives à un boulanger ou du mesclun à un jardinier, je dois être certain de pouvoir obtenir la quantité requise de façon constante, sinon j'ai un très gros problème et c'est ma clientèle, au bout du compte, qui va en pâtir. » C'est pourquoi, parfois, le chef doit aussi faire affaire avec des plus grosses compagnies qui sont axées sur la qualité mais qui peuvent produire des quantités importantes, comme Première moisson, pour le pain et les viennoiseries ou des distributeurs de gibier, de viande et de poisson.

Autre priorité pour le chef : faire le plus possible de production maison. « Chaque année, j'essaie d'ajouter de nouveaux mets faits maison, dit-il : les desserts, les glaces, ce genre de choses. Mais les difficultés à recruter de la main-d'œuvre qualifiée en haute saison et les volumes que nous faisons avec notre petite brigade de huit personnes m'obligent à choisir. On doit se contenter de faire une excellente cuisine, mais sans présentations trop fignolées. » Le chef espère que l'auberge décidera d'augmenter ses chambres haut de gamme, ce qui lui permettra de réduire du même coup le nombre de groupes en haute saison. « Moins de volume nous permettrait de travailler sur les détails et d'offrir une gastronomie vraiment distinctive, avec plus de temps pour faire des assiettes élégantes. Dans le contexte actuel de pénurie, je crois que c'est la solution de l'avenir. »

Auberge La Goéliche, 22, chemin du Quai, à Sainte-Pétronille, île d'Orléans

Traditionnelle daube de bœuf niçoise et son gratin de topinambours

de la Ferme des Trésors du terroir
façon dauphinoise

6 à 8 portions

Ingrédients daube de bœuf niçoise

...

1	oignon
2	carottes moyennes
1	orange
1	citron
3	clous de girofle
1	feuille de laurier
350 g (11 oz)	de bajoue de bœuf
550 g (1,3 lb)	de paleron de bœuf
500 ml (2 tasses)	de vin rouge sec
500 ml (2 tasses)	de vin blanc sec
45 ml (3 c. à soupe)	d'huile d'olive
30 ml (2 c. à soupe)	de farine tout usage
1 l (4 tasses)	de fond de veau
	zeste râpé de 1 orange
	zeste râpé de 1 citron
	sel en grains au goût
15 ml (1 c. à soupe)	poivre en grains

ALCOOL D'ACCOMPAGNEMENT
Mondavi Woodbridge Zinfandel
Code SAQ : 00329110

Notes de dégustation d'Anne L. Desjardins
Cépage florissant dans la vallée de Napa et lié au raisin italien Primitivo, le Zinfandel produit des vins rouges costauds, gorgés de fruits et très structurés. D'une couleur rouge foncé presque violet, celui-ci a des notes de mûres, de prunes, de vanille et de fumée. Corsé en bouche, avec une touche épicée que viennent tempérer le fruit et la vanille, il possède des tanins assez équilibrés et une finale persistante. Vin issu d'une terre de soleil, il est un compagnon rêvé pour les plats costauds comme cette daube de bœuf du sud de la France.

Ingrédients gratin de topinambours

...

2 kg (4,4 lb)	de topinambours
	noix de muscade râpée au goût
2	gousses d'ail
500 ml (2 tasses)	de lait 3,25 %
500 ml (2 tasses)	de crème à cuisson 35 %
	sel et poivre au goût

Préparation de la daube de bœuf niçoise

...

Prévoir un bac ou un gros saladier de verre ou de céramique pour faire mariner la viande. Émincer finement l'oignon et les carottes et les mettre dans le récipient. Ajouter l'orange et le citron lavés et coupés en quartiers, les clous de girofle, la feuille de laurier, de sel et le poivre en grains, puis le bœuf cru, coupé en gros cubes de 5 cm (2 po) de côté environ. Mouiller avec la totalité du vin et laisser mariner à couvert pendant 2 jours au réfrigérateur, en remuant à l'occasion.

Lorsque la viande est prête, la retirer de la marinade en l'égouttant bien. Réserver au froid. Passer le liquide de marinade au chinois avec la garniture de légumes et réserver.

Dans un grand faitout allant au four, faire revenir la viande dans l'huile d'olive chaude. Quand la viande est bien dorée, singer en ajoutant la farine et cuire à feu doux, en brassant bien, pendant quelques minutes. Mouiller la viande farinée avec le liquide de la marinade. Laisser mijoter sur la cuisinière 30 minutes à découvert.

Chauffer le four à 160 °C (320 °F).

Ajouter le fond de veau dans le faitout, rectifier l'assaisonnement. Couvrir et mettre la daube au four de 2 à 3 heures, ou jusqu'à parfaite tendreté.

Ce plat sera meilleur si vous le laissez entièrement refroidir, avant de le réchauffer pour le servir, ce qui permettra de détendre la viande.

Préparation du gratin de topinambours

...

Éplucher les topinambours et les conserver dans l'eau froide pour qu'ils ne noircissent pas. Beurrer généreusement un plat à gratin. Émincer ensuite les topinambours en tranches assez fines.

Chauffer le four à 160 °C (320 °F).

Monter le gratin en disposant en alternance une couche assez épaisse de topinambours, sel, poivre, muscade et ail haché, puis répéter l'opération au moins une autre fois. Mouiller le gratin à mi-hauteur avec le lait et la crème. Couvrir d'un papier d'aluminium légèrement beurré et cuire au four pendant 45 minutes.

Retirer le plat du four et enlever le papier d'aluminium. Si nécessaire, ajouter un peu de crème et laisser gratiner à découvert de 25 à 30 minutes, ou jusqu'à l'obtention d'une belle croûte dorée.

Montage

...

Dresser la daube de bœuf dans un plat de service, garnir avec les zestes d'orange et de citron râpés. Apporter la daube de bœuf et le gratin de topinambours sur la table et servir les invités de façon conviviale, à même les plats.

Tarte aux pommes, bleuets et fraises
de l'île d'Orléans caramélisée façon Tatin

6 portions

Ingrédients

...

4	pommes à cuire, au goût (Cortland, Spartan, etc.)
500 ml (2 tasses)	de fraises de l'île d'Orléans
250 ml (1 tasse)	de bleuets de l'île d'Orléans
100 g (3 oz)	de beurre salé
125 g (4 oz)	de cassonade, légèrement tassée
200 g (8 oz)	de pâte feuilletée du commerce

Préparation

...

Laver, éplucher et épépiner les pommes. Les couper en quartiers assez gros. Laver et équeuter les fraises. Laver les bleuets. Dans une poêle, laisser fondre le beurre et y faire revenir doucement tous les fruits quelques minutes.

Ajouter la cassonade. Laisser caraméliser jusqu'à l'obtention d'une belle couleur blonde, puis répartir le mélange dans quatre plats à gratin individuels préalablement beurrés.

Chauffer le four à 180 °C (350 °F).

Abaisser la pâte feuilletée sur un plan de travail légèrement enfariné. Couper cette abaisse en quatre parties égales. Recouvrir chacun des plats individuels de pâte en la repliant légèrement vers l'intérieur.

Cuire environ 25 minutes, ou jusqu'à ce que la pâte soit bien dorée. Sortir les tartelettes du four et laisser tiédir avant de servir avec une crème glacée vanille ou une cuillère de crème sure, si désiré.

ALCOOL D'ACCOMPAGNEMENT
Le Framboisier, mistelle de pomme et framboise
Cidrerie Verger Bilodeau
Code SAQ : 00744060
375 ml

Notes de dégustation d'Anne L. Desjardins
Avec sa belle couleur ambrée et son nez qui embaume la brioche et les petits fruits mûrs, cette mistelle a aussi en bouche des saveurs de caramel et de framboise doublées d'une pointe d'abricot. Avec un bon niveau de sucres résiduels et un volume d'alcool qui tire à 20 %, elle sera un pur bonheur avec cette tarte fruitée. Le Framboisier de la famille Bilodeau de l'île d'Orléans conviendrait aussi parfaitement à un foie gras poêlé ou à des fromages à croûte fleurie comme le Fleurmier de Charlevoix.

Filets de vivaneau

sur risotto crémeux, tartare de tomates
de l'île d'Orléans et sauce vierge

4 portions

Frédéric Casadei

Ingrédients

...

60 g (2 oz)	de riz Arborio ou Carnaroli (pour risotto)
190 ml (3/4 tasse)	huile d'olive extra-vierge Orphée (divisée)
250 ml (1 tasse)	de fumet de poisson
1	branche de thym frais
250 ml (1 tasse)	de crème à cuisson 35 %
90 ml (6 c. à soupe)	de parmesan Reggiano frais, râpé
3	tomates de serre jaunes
3	tomates de serre orange
4	tomates de serre rouges
100 ml (7 c. à soupe)	de jus de citron frais (divisé)
45 ml (3 c. à soupe)	de vinaigre balsamique
2	gousses d'ail hachées finement
4	branches de coriandre fraîche hachée
10 ml (2 c. à thé)	de graines de coriandre
4	filets de vivaneau de 130 g (4 oz)
	sel et poivre au goût

Préparation

...

Dans une marmite à fond épais, verser le riz et 15 ml (1 c. à soupe) d'huile d'olive. Bien mélanger pour enrober chaque grain de riz. Cuire quelques minutes à feu doux. Augmenter le feu et mouiller avec le fumet de poisson. Ajouter la branche de thym et cuire à découvert à feu moyen-doux, en brassant fréquemment, jusqu'à réduction totale du liquide. Verser la crème et laisser mijoter en brassant souvent, jusqu'à cuisson complète du riz. Ajouter le parmesan pour lier et réserver au chaud.

Plonger les tomates dans de l'eau bouillante 30 secondes et rafraîchir ensuite très rapidement dans de l'eau glacée. Enlever la peau et épépiner. Hacher en petits cubes en réservant les tomates rouges pour la sauce vierge.

Dans un cul-de-poule, verser la moitié du jus de citron, 30 ml (2 c. à soupe) d'huile d'olive, sel et poivre, bien mélanger avec les tomates jaunes et oranges hachées et laisser reposer à température ambiante.

Dans un petit chaudron à fond épais, verser 30 ml (2.c. à soupe) d'huile d'olive, le reste du jus de citron, le vinaigre balsamique, l'ail haché, la coriandre fraîche et les graines de coriandre. Faire chauffer à feu doux à découvert jusqu'à frémissement, puis ajouter les tomates rouges hachées et laisser cuire tout doucement 5 minutes. Réserver.

Chauffer le four à 200 °C (400 °F).

Dans une poêle bien chaude, saisir les filets de vivaneau côté chair 3 minutes dans de l'huile d'olive chaude. Placer ensuite dans un plat allant au four huilé. Terminer la cuisson au four (3 à 4 minutes). Ne pas trop cuire.

Montage

...

À l'aide d'un emporte-pièces, monter le risotto au centre de chaque assiette chaude. Garnir avec le tartare de tomates, puis retirer délicatement l'emporte-pièces. Sur le montage de risotto, disposer les filets de vivaneau, avec la peau visible. Napper de sauce vierge et servir.

ALCOOL D'ACCOMPAGNEMENT
Sauvignon blanc Simi Sonoma
Code SAQ: 00488734

Notes de dégustation d'Anne L. Desjardins
Ce beau vin bien sec à la robe jaune clair de Californie convient à merveille à une cuisine méditerranéenne à base de poissons blancs. Typique du cépage sauvignon blanc, il possède des arômes de fleurs blanches et d'agrumes, avec, en bouche une pointe de melon, qui indique un terroir de climat chaud. Il demeure cependant frais et vif, avec une rondeur et une assez longue finale qui lui viennent de l'ajout d'un faible pourcentage de sémillon.

Bernard Higgins
Entre tradition et innovation

Photo : Louis Perron

omme bien des chefs, Bernard Higgins est venu à la cuisine en commençant par la plonge, à l'Auberge Baker de Château-Richer. « Très vite, j'ai voulu aller en cuisine et j'ai su que j'avais trouvé ma voie, à la grande surprise de ma mère, Monique Huot, et de mon beau-père, qui est propriétaire de chez Baker », dit-il. C'est qu'adolescent, Bernard Higgins était plutôt porté vers la bouffe-minute que vers la gastronomie : « Mais comme je suis un manuel, j'avais enfin trouvé avec la cuisine un mode d'expression qui me permettait d'utiliser ma créativité, en plus des poussées d'adrénaline constantes, que j'aime beaucoup. »

Bernard Higgins

Le jeune homme est donc allé faire son cours de cuisine d'établissement et de cuisine actualisée au Centre de formation professionnelle Fierbourg, avant de revenir à l'Auberge Baker comme sous-chef. Pour le mari de sa mère, Gaston Cloutier, qui cherche toujours des cuisiniers fiables depuis plus de 30 ans qu'il est aubergiste, cette relève motivée et inspirée issue de la famille est une pure bénédiction. « Les problèmes de main-d'œuvre sont parfois tellement aigus que certains tenanciers doivent se résoudre à fermer leur cuisine, affirme-t-il. Ça aurait aussi bien pu m'arriver si Bernard n'avait pas senti assez tôt l'appel de la vocation. »

Une vocation basée sur le plaisir

Cette vocation, Bernard Higgins la décrit comme le plaisir simple de séduire les gens en les nourrissant. Tout est fait sur place, du pain aux desserts, en passant par les fonds pour les sauces, les superbes marinades et les terrines. « Je suis aussi un solitaire qui se soigne et j'aime bien pouvoir entrer dans ma bulle quand je crée des recettes ou que je fais ma mise en place. » Ensuite, c'est le service, le coup de feu, qu'il maîtrise avec calme grâce à la complicité de la sous-chef Marie-Ève Cauchon, de Château-Richer, qui partage avec lui les ronds du piano, et d'une jeune brigade d'assistants.

Le menu de l'Auberge Baker est un mariage réussi de tradition québécoise et de cuisine du marché. La soupe aux pois de Mᵐᵉ Baker est célèbre jusqu'à Montréal, autant que le pâté à la viande, le boudin de la Beauce ou le ragoût de pattes. Tandis que la table d'hôte demeure l'espace personnel de création du chef Bernard Higgins. « Je modifie très souvent cette partie de la carte, selon les saisons, les événements, les envies et les arrivages de mes fournisseurs », explique le chef de 32 ans, en préparant des côtes de bison braisées.

> « JE MODIFIE TRÈS SOUVENT MA TABLE D'HÔTE SELON LES ARRIVAGES DE MES FOURNISSEURS. »

Dans la petite boutique-restaurant des Canardises, à deux pas de la basilique de Sainte-Anne-de-Beaupré, un portrait des grands-parents de Geneviève Ajas, fiers éleveurs de canards fermiers, est accroché bien en vue, histoire de marquer le lignage et de souligner le savoir-faire. « Je suis tombée dans le canard toute petite », dira la riante jeune femme, avec son merveilleux accent chantant du sud-ouest de la France. Il y a quelques années, elle s'est associée avec ses amis Yolande et Bernard Klein, qui ont choisi comme elle le Québec pour venir faire découvrir aux Québécois toutes sortes de délices à base de canard. Leur ferme, située à Saint-Ferréol, passé le mont Sainte-Anne, accueille les visiteurs l'été et s'est donné pour mission de démocratiser le canard. On y produit des canards Mulard, réputés pour la qualité de leur foie, et des canards de Barbarie, fameux pour leur viande. Tout est transformé sur place, à la boutique gourmande des Canardises, où l'on trouve des magrets frais et séchés, des poitrines et des cuisses, de beaux lobes de foie gras frais et une foule de délices cuisinés : terrines, blocs et foie gras au torchon, rillettes, pâtés, confit, cassoulet comme à Castelnaudary, tourtière, mijotés, et jusqu'à de délicieux chocolats fins à base de graisse fine de canard. Ces trois spécialistes utilisent les techniques ancestrales d'élevage et ils gavent leurs canards de façon artisanale, à la main, avec le plus grand soin. De plus en plus de chefs cuisiniers font appel à leurs superbes produits, dont Heinrich Meesen, du Château Laurier, Bernard Higgins, de l'Auberge Baker, et Jean-François Lacroix, du CFP Fierbourg.

Nicole Landry, Ferme Sanglier du roi

Bernard Monna et son cassis

Yolande Klein et Geneviève Ajas en compagnie du chef Meesen

Le sanglier de Nicole et le canard de Geneviève

Ces fournisseurs, ils viennent de la région, à commencer par Nicole Landry, de la Ferme Le Sanglier du Roi, à Saint-Ferréol, qui transforme 500 kg de viande de sanglier par année. Elle fabrique de délicieuses charcuteries pur sanglier, que le chef aime bien mettre sur sa carte, avouant un faible pour la saucisse. Bernard Higgins utilise aussi les découpes pour des rôtis de côtes et des braisés, selon les disponibilités de cette micro-productrice qui avoue avoir choisi le métier d'éleveur autant par amour des bêtes et de la campagne que par gourmandise.

« C'est une viande de gibier rare et très savoureuse, que je peux apprêter à toutes les sauces et qui contribue à donner une touche d'originalité à ma table », note Bernard Higgins, qui aime beaucoup échanger avec Mme Landry, réputée pour être une fameuse cuisinière. « Ces moments passés avec les producteurs sont un des aspects du métier que j'aime et auxquels je fais de plus en plus de place dans ma vie professionnelle », constate-t-il. C'est pourquoi il fréquente les salons alimentaires et les festivals gastro-nomiques, à la recherche de denrées différentes.

Il aime aussi servir le canard et le foie gras des Canardises, de Saint-Ferréol, l'émeu de Charlevoix en carpaccio ou en tartare, le chevreau de la Ferme Lionel Bédard et les légumes rares de la Ferme du Bon temps, sur la Côte-de-Beaupré. Pour fabriquer son très populaire confit d'oie en croûte, Bernard Higgins s'approvisionne à deux pas de chez lui, à la Ferme Québec-Oies. Il utilise les huiles et les vinaigres biologiques de la Maison Orphée et les pâtes fraîches de Pâtes à Tout, de Québec. Il aime bien concocter des sauces et vinaigrettes qui mettent en valeur le cassis de la famille Monna et les moutardes du Domaine Steinbach, sur l'île d'Orléans. Sa carte des vins comprend tous ceux de la région. Son veau et ses gibiers lui viennent le plus souvent de Charlevoix, tandis qu'il compte sur Allard Fruits et légumes pour l'approvisionner en fruits et légumes hors saison.

« Comme chefs, nous avons beaucoup de chance de travailler dans cette région qui offre tellement de produits de niche de première qualité et une philosophie agro-alimentaire qui favorise de plus en plus le maillage entre les cuisiniers et les artisans », de conclure Bernard Higgins.

Photo: Anne L. Desjardins

Photo: Louis Perron

Nicole Landry, de Sanglier du Roi et Bernard Higgins

« Ces moments passés avec les producteurs sont un des aspects du métier que j'aime. »

Bernard Higgins

L'Auberge Baker, 8790, chemin Royal, à Château-Richer

« En ajoutant une table de qualité, nous pouvons mettre en valeur un autre pan essentiel de notre histoire. »

Une histoire d'entraide

Il faut dire que ce désir d'encourager son monde est une pratique bien ancrée dans la famille, puisque son beau-père l'a toujours fait depuis qu'il a racheté en 1975 de l'oncle Henri Simard cette belle demeure de 1850, qui a été exploitée par la famille Baker pendant 37 ans. Le nom d'Auberge Baker lui est resté parce que M. Cloutier, un professeur du secondaire à la retraite, a toujours tenu à préserver l'histoire de la Côte-de-Beaupré, lui dont les branches paternelle et maternelle comptent parmi les familles souche de Québec. Très impliqué dans l'agrotourisme de sa région, il tenait aussi à s'inscrire dans la tradition d'hospitalité de l'Auberge, que M. Baker et son épouse avaient instaurée avant lui. « En ajoutant une table de qualité, nous pouvons mettre en valeur un autre pan essentiel de notre histoire, car la Côte-de-Beaupré est le berceau de l'agriculture en Amérique du Nord. » Pour Gaston Cloutier comme pour son chef des cuisines Bernard Higgins, c'est donc une fierté d'aider les producteurs de leur secteur, qui contribuent, de leur côté, à la notoriété de leur auberge.

Gaston Cloutier et son beau-fils, Bernard Higgins

Kir des 2 rives en granité

4 portions

Photo : Archives Le Soleil

Ingrédients

...

50 ml (1/5 tasse)	d'eau
75 g (2,5 oz)	de sucre granulé
375 ml (1,5 tasse)	de vin Blanc de Montmorency du Domaine Royarnois
60 ml (4 c. à soupe)	de crème de cassis Monna et filles
	4 cerises de terre

Préparation

...

Amener à ébullition l'eau et le sucre. Retirer immédiatement du feu et ajouter le vin blanc. Remuer légèrement. Verser dans un plat rectangulaire et placer au congélateur jusqu'à parfaite congélation. Cette opération peut se faire quelques jours d'avance.

Au moment de servir, gratter le granité à l'aide d'une fourchette pour le concasser.

Montage

...

Répartir dans 4 coupes et arroser de crème de cassis. Décorer avec une cerise de terre (physalis) et servir immédiatement en guise de trou normand.

Notes d'Anne L. Desjardins
Très à la mode dans les années 80, puis tombé en désuétude, le trou normand fait un retour en force dans plusieurs restaurants gastronomiques. Dans la cuisine moderne, il se sert en milieu de repas ou entre les deux entrées (froide ou chaude) pour faire une pause et permettre de préparer les papilles au prochain service. On l'utilise aussi souvent en fine cuisine québécoise pour couper le sucre et le gras en bouche entre une entrée de foie gras servie avec un liquoreux et un plat à la viande qui sera accompagné d'un vin rouge.

Bernard Higgins

Ragoût de pattes et boulettes de sanglier
du Sanglier du Roi

4 à 6 portions

Ingrédients
. . .

100 g (3 oz)	de farine tout usage
1 kg (2.2 lb)	de sanglier haché
3	petits oignons jaunes hachés (divisés)
1	œuf moyen
15 ml (1 c. à soupe)	de fines herbes
4	jarrets de sanglier (partie avant) de 250 g (9 oz), lavés
3 l (12 tasses)	d'eau
15 ml (1 c. à soupe)	de persil frais
	sel et poivre au goût

Préparation

Faire griller la farine dans un poêlon de fonte à feu moyen jusqu'à brunissement, en remuant constamment pour éviter de brûler.

Mélanger la viande hachée de sanglier avec un oignon haché, l'œuf et les fines herbes. Ajouter 15 ml (1 c. à soupe) de sel et 5 ml (1 c. à thé) de poivre et bien mélanger. Façonner des boulettes de 3 à 4 cm (1,5 à 2 po) de diamètre.

Mettre dans un gros chaudron les jarrets, ajouter l'eau, le reste de l'oignon haché, le persil, du sel et du poivre. Amener à ébullition à feu vif, puis baisser le feu et laisser mijoter 1 heure à découvert. Ajouter la farine grillée délayée dans 250 ml (1 tasse) d'eau et cuire 1 heure de plus, en brassant de temps en temps.

Chauffer le four à 175 °C (350 °F).

Cuire les boulettes de viande pendant 20 minutes, puis retirer du four. Ajouter ces boulettes aux jarrets de sanglier dans les 15 dernières minutes de cuisson des jarrets.

Montage
. . .

Servir dans un grand plat ovale légèrement creux avec des pommes de terre à l'anglaise (bouillies), un accompagnement de betteraves marinées et du pain de ménage.

Optionnel : on peut dégraisser et désosser les pattes de sanglier afin de dégager la viande et la servir sans os ni peau. On peut aussi agrémenter ce ragoût avec des saucisses de sanglier (1 par personne) préalablement cuites et ajoutées au même moment que les boulettes.

ALCOOL D'ACCOMPAGNEMENT
Laroche 3 Grappes Rouges De La Chevalière
vin de pays d'Oc
Code SAQ : 00642660

Notes de dégustation d'Anne L. Desjardins
Pour accompagner en beauté ce plat roboratif et savoureux, rien de mieux qu'un vin de pays. De couleur grenat foncé, il présente au nez la prune et des notes légèrement herbacées. En bouche, la framboise et les prunes, un peu de café. Il est bien structuré, avec des tanins affirmés, comme on peut s'y attendre d'un assemblage du sud de la France, mais sans astringence. Persistant en finale, il saura soutenir le sanglier sans défaillir.

Parmentier au foie gras et magret de canard fumé

des Canardises et jeunes pousses
de laitue Vertigo à l'huile de truffe

4 portions

Ingrédients

. . .

4	pommes de terre « bananes » ou rattes, moyennes
30 ml (2 c. à soupe)	de gras de canard
1	échalote française hachée
100 g (3,5 oz)	de magret de canard fumé et tranché
250 g (8 oz)	de foie gras de canard, cru
	parmesan râpé au goût
100 g (3,5 oz)	de jeunes pousses de laitue
45 ml (3 c. à soupe)	d'huile de truffe
30 ml (2 c. à soupe)	de vinaigre balsamique
	sel et poivre au goût

Bernard Higgins

Préparation

...

Laver et cuire les pommes de terre une quinzaine de minutes en les faisant bouillir dans une quantité d'eau salée suffisante pour les recouvrir. Refroidir sous l'eau froide, peler et couper en petits dés.

Dans un poêlon, faire fondre le gras de canard, ajouter l'échalote hachée et laisser cuire à feu moyen quelques instants jusqu'à ce qu'elle ait ramolli. Ajouter les pommes de terre en dés et le magret fumé. Sauter quelques instants, le temps de réchauffer le canard. Saler et poivrer.

Dans 4 cylindres de 5 cm de diamètre (2 po), posés sur une lèchefrite, répartir le mélange jusqu'à une épaisseur de 4 cm (1,6 po).

Préchauffer le four à 220 °C (425 °F).

Diviser le foie gras en 4 parties égales et placer sur le mélange de pommes de terre. Saler, poivrer et parsemer de parmesan râpé. Enfourner et cuire 5 minutes, puis retirer du four et réserver.

Dans un bol, touiller les pousses de laitue avec l'huile de truffe et le vinaigre balsamique. Saler et poivrer au goût.

Montage

...

Répartir la salade dans quatre assiettes blanches et démouler chaque Parmentier au foie gras au centre de l'assiette, directement sur la salade.

ALCCOL D'ACCOMPAGNEMENT
Merlot Private Selection Mondavi Central Coast
Code SAQ : 00524769

Notes de dégustation d'Anne L. Desjardins
Ce vin d'une maison phare de Californie est de très belle qualité à prix raisonnable. Il fait la preuve qu'il n'y a pas que les liquoreux pour convenir au foie gras. Un rouge très rond en bouche, bien gras, riche en fruit et sans astringence donne aussi un mariage réussi. Surtout si, comme dans cette recette, on ajoute aussi du canard fumé et l'arôme de la truffe, qui préfèrent le rouge.

Philip Rae
Le tour de l'île gourmand d'un aubergiste

RESTAURANT

Photo : Louis Perron

Auberge
Le Canard huppé

Quand Philip Rae a découvert la vie de chef d'auberge, au début des années 90, lors de son passage au Manoir de Tilly, il savait qu'il venait de découvrir sa vocation : aubergiste. Il ne lui restait plus qu'à trouver le chemin le plus court vers la réalisation de son rêve de posséder son propre établissement. Depuis 2004, ce chef de 39 ans diplômé en cuisine de Wilbrod-Behrer (aujourd'hui École hôtelière de la Capitale) et de Fierbourg en cuisine actualisée est enfin son propre patron. Car avec sa compagne Maggy Lachance, qui officie en salle, il a racheté cet établissement réputé situé à Saint-Laurent, île d'Orléans, Le canard huppé, dont il avait d'ailleurs grandement contribué à établir la réputation de relais gastronomique entre 1995 et 2000 comme chef des cuisines. «Je suis parti parce que j'avais atteint les objectifs de qualité et de rentabilité visés et que je n'avais pas envie d'avoir un troisième patron au-dessus de la tête en la personne du nouveau directeur de la restauration, que les propriétaires avaient embauché pour les soutenir dans leurs projets d'expansion» explique, sans détour, Philip Rae.

Reconnu pour son franc-parler, le chef-propriétaire du Canard huppé est aussi un visionnaire : « En 2000, lors de mon passage au Château Bonne Entente, j'ai senti que le monde de la restauration vivrait bientôt des jours difficiles, faute de relève, ce qui a renforcé mon désir d'avoir ma propre auberge et d'être aussi autonome que possible du côté des ressources humaines. » La rencontre avec celle qui deviendra sa femme est déterminante, puisque Maggy est elle-même du métier et qu'en tandem, ils peuvent considérablement réduire leurs coûts d'opération tout en assurant la pérennité de leur projet : « Nous avons passé un an à rationaliser les activités de l'auberge en investissant dans des équipements de cuisine plus performants, dans un système de gestion informatisé et en réduisant le personnel. Aujourd'hui, nous menons la vie dont nous avons toujours rêvé. »

Quand vie et travail fusionnent

Quand on demande à Philip Rae si les longues heures ne l'épuisent pas trop, encore là, la réponse fuse, d'une désarmante franchise : « On peut dire qu'on travaille 14 à 18 heures par jour en saison, mais dans les faits, ma vie n'est pas tellement plus occupée que celle de la moyenne des gens. Car dans ces longues heures, nous comptons aussi le temps passé à faire les courses, le jardinage, le balayage de la terrasse, ce genre de choses. Ce sont des activités que tout le monde fait, de toute façon, sans que ce soit considéré comme du travail. Tandis que, pour moi, elles entrent dans ma définition de tâche d'aubergiste. » Pour Philip Rae, l'auberge, c'est aussi sa maison et celle de sa conjointe et ils accueillent les clients chez eux, en amis. « Mon *job*, c'est ma vie et ma vie, c'est mon auberge. Tout est une question de perspective », assure Philip Rae, qui adore son métier d'aubergiste parce qu'il donne toute liberté et lui permet de rencontrer des gens formidables, ses clients, autant que les producteurs avec qui il fait affaire.

« MON *JOB*, C'EST MA VIE ET MA VIE, C'EST MON AUBERGE.
TOUT EST UNE QUESTION DE PERSPECTIVE. »

Avec Jocelyn Labbé et Diane Marcoux, Fromagerie de l'Isle d'Orléans

Le parcours de Raymonde Tremblay, fondatrice du Centre de l'Émeu de Charlevoix, est celui d'une visionnaire ultra-tenace. Car il fallait la détermination de cette nutritionniste de métier pour tenir le cap depuis 1997 et imposer patiemment aux Québécois cette viande de gibier inconnue et pourtant délicieuse, originaire d'Australie. Si l'on se fie aux plus récentes recherches, l'émeu pourrait bien devenir la viande par excellence du nouveau millénaire. Huit fois moins riche en gras saturés que le bœuf maigre, elle ne contient que des gras bénéfiques pour le cœur, est riche en protéines, en fer, en potassium, en zinc et en vitamines du complexe B. L'émeu est nourri de grains et élevé à l'extérieur dans des conditions qui reproduisent en partie son habitat naturel. Enfin, son huile contiendrait des propriétés anti-inflammatoires, qui sont elles aussi objet de recherches prometteuses à l'Université Laval. « Vous comprendrez qu'avec une telle feuille de route nutritionnelle, j'ai été emballée, au point de proposer à mon frère et ma mère de s'associer à moi pour transformer les bâtiments et une partie de la ferme laitière familiale de Saint-Urbain afin d'accueillir un élevage d'émeus », explique Raymonde Tremblay. Aujourd'hui, elle produit entre 300 et 450 émeus par année, ce qui en fait le plus gros élevage au Québec. La viande d'émeu représente 25 % du chiffre d'affaires de l'entreprise, qui compte parmi ses clients réguliers des chefs de la trempe de Daniel Vézina (laurie raphaël), François Blais (Panache, Auberge Saint-Antoine), Dominique Truchon (Auberge des Peupliers), Bernard Higgins (Auberge Baker) ou Jean-Michel Breton (Manoir Richelieu). Ces toqués apprêtent cette chair maigre et succulente en tataki, en tartares ou en rôtis, tandis que Mme Tremblay et son équipe font de la transformation sous forme de pâtés, saucisses, cubes à brochettes. Le reste de son chiffre d'affaires provient de produits dérivés à base d'huile d'émeu (savon, crème, lotion).

Raymonde Tremblay

Des producteurs amis

Depuis une quinzaine d'années, Philip Rae entretient un contact privilégié avec une foule de producteurs de l'île d'Orléans. S'il constate qu'il est de bon ton de parler de cette cuisine de proximité comme d'une philosophie qui permet de faire vivre les gens de son milieu tout en réduisant les coûts environnementaux reliés au transport de longue distance des aliments, il demeure honnête quant à ses propres motivations. « Je suis d'accord avec cette vision des choses, assure-t-il. Mais, dans les faits, quand j'ai commencé à encourager mes voisins, je ne pensais pas à ça. J'achetais local, parce qu'il aurait été illogique pour moi d'agir autrement, puisque les ressources étaient là, autour, variées et d'une fraîcheur parfaite. Et qui dit fraîcheur dit saveur. Pour un chef, c'est le nerf de la guerre. C'est aussi simple que ça », tranche l'aubergiste.

Dès son arrivée au Canard huppé, en mars 1995, le jeune chef de 25 ans part donc en voiture pour rencontrer les agriculteurs de l'île et tenter de s'en faire des fournisseurs réguliers. « Il fallait avoir du culot à l'époque, se souvient-il, pour aller cogner à la porte d'un gros producteur de pommes de terre comme Valupierre pour lui demander de me livrer deux poches de 50 kilos de Yukon Gold par semaine, quand son ordinaire, c'est plutôt 30 *palettes* chargées à bord du camion au monte-charge ! » Au début, c'était très difficile. « Les agriculteurs n'étaient pas habitués à ces demandes de si petit volume et très peu de chefs travaillaient encore de cette façon. Ça a pris trois ans avant que tel ou tel producteur me rappelle pour me proposer ses asperges nouvelles ou ses haricots. Aujourd'hui encore, ça demeure un effort pour les cuisiniers de s'approvisionner ainsi à une trentaine de sources différentes. Il faut y croire et bien saisir l'importance de cette approche locale », croit Philip Rae, qui ne pourrait pourtant pas envisager sa vie de cuisinier et d'aubergiste autrement.

Un modèle de gastronomie régionale

Reste qu'aujourd'hui, l'Auberge Le canard huppé est un modèle de gastronomie régionale, avec un carnet d'adresses presque exclusivement composé d'agriculteurs et d'éleveurs du coin : « Je travaille beaucoup avec la ferme Orléans pour la volaille, avec Léonce Plante pour les fraises et le sirop d'érable. La Ferme Valupierre me fournit toujours en belles pommes de terre. J'achète les haricots de l'île, et la petite ferme de Mme Picard m'approvisionne en minipoireaux, en haricots, en tomates, en pâtissons, en courgettes et en pommes de terre grelots. » Philip Rae achète tout son agneau de la ferme Saute-Mouton et il apprête le fromage de l'Isle d'Orléans, le célèbre Pâtisson, de toutes les manières. « C'est un magnifique produit qui a une histoire fantastique, en plus d'être formidablement versatile en cuisine, assure le chef. Il fond bien, se gratine à merveille, on peut le poêler, l'utiliser comme élément d'un dessert. » Le chef a aussi conclu des alliances avec certains vignerons voisins. Ainsi, le Vignoble Sainte-Pétronille lui fournit-il son vin maison et Philip Rae sert en exclusivité à son auberge la délicieuse mistelle de raisin que fabriquent ses amis Louis Denault et Nathalie Lane.

Sa passion pour son île d'adoption a aussi fait de Philip Rae un joueur clé dans l'aventure du livre *Les producteurs toqués de l'île d'Orléans*. Produit à compte d'auteur par Linda Arsenault, une résidente de l'île, ce très beau livre bilingue lauréat du prestigieux Gourmand World Cookbook Awards 2008 dans la catégorie « livres de cuisine régionale » permet de découvrir les productions d'une trentaine d'artisans locaux et leurs recettes favorites. Le chef du Canard Goulu y signe d'ailleurs une douzaine de recettes. Il a aussi assuré la coordination, la standardisation et le stylisme des recettes. « C'est une fierté d'y être associé, parce que ce livre a su saisir ce qui fait l'âme de notre île. »

Le Canard huppé, 2198, chemin Royal, Saint-Laurent

« Qui dit fraîcheur dit saveur. Pour un chef, c'est le nerf de la guerre. C'est aussi simple que ça. »

Tournedos de bison, chutney à la citrouille

4 portions

Ingrédients

...

500 ml (2 tasses)	de cubes de citrouille
60 g (1/4 tasse)	de sucre
1	piment d'Espelette haché
30 ml (2 c. à soupe)	d'échalote française hachée
2	gousses d'ail hachée (divisées)
500 ml (2 tasses)	d'oignon haché
75 ml (1/3 tasse)	de vinaigre de cidre
4	filets mignon de bison de 150 g (5 oz)
4	tranches de lard fumé
200 ml (3/4 tasse)	de vin rouge sec
500 ml (2 tasses)	de fond brun de gibier
125 ml (1/2 tasse)	de crème 35 %
	sel et poivre au goût

Photo: Anne L. Desjardins

Préparation

...

Dans une casserole, déposer les cubes de citrouille, le sucre, le piment, l'échalote, 1 gousse d'ail, l'oignon et le vinaigre de cidre pour la préparation du chutney. Porter à ébullition, baisser le feu et laisser frémir environ 20 minutes, à découvert. Assaisonner. Réserver au chaud.

Chauffer le four à 180 °C (350 °F).

Enrouler les mignons de bison dans le lard fumé. Les saisir à la poêle pour les colorer, à feu moyen. Ajouter le vin rouge, le fond brun de gibier, l'autre gousse d'ail et la crème. Cuire ensuite au four 5 minutes. Retirer du four et laisser reposer 5 minutes avant de servir.

Montage

...

Dresser le chutney au fond des assiettes, puis les mignons de bison. Servir.

ALCOOL D'ACCOMPAGNEMENT
Hardy's Spires Barossa Valley, Shiraz
Code SAQ : 00904540

Notes de dégustation d'Anne L. Desjardins
Voilà un vin australien jouissif, gorgé de soleil et doté de tanins souples. Avec ses notes de fruits rouges en compote et d'olive noire et sa rondeur en bouche, il permet de nombreux accords avec les mets. Il se mariera très bien avec le goût giboyeux du bison sans se laisser démonter par l'aigre-doux de la citrouille, grâce à la polyvalence de ce cépage généreux qu'est la syrah.

Philip Rae

Fromage Le Paillasson de l'Isle

à la poire caramélisée à l'érable, bébé cresson vinaigrette

4 portions

Ingrédients
...

2	poires moyennes, en quartiers
30 ml (2 c. à soupe)	de beurre
60 ml (4 c. à soupe)	de sirop d'érable
2	fromages Le Paillasson de l'Isle d'Orléans
75 ml (1/3 tasse)	d'huile d'olive extra-vierge Orphée
30 ml (2 c. à soupe)	de jus de citron
	sel et poivre du moulin au goût
	minicresson pour garnir

Préparation
...

Laver les poires et les couper en deux. Retirer le cœur, puis couper chaque moitié en quatre quartiers.

Dans une poêle, faire fondre quelques noisettes de beurre et y cuire les quartiers de poires à feu moyen-doux. Lorsque tendres, verser le sirop d'érable sur les poires et bien le réchauffer.

Simultanément, dans une poêle antiadhésive ne contenant aucun corps gras, faire dorer le fromage à feu moyen, environ 2 minutes de chaque côté.

Montage
...

Disposer dans chaque assiette une demi-poire en éventail. Couper les fromages chauds en quartiers et déposer sur les poires.

Assaisonner le cresson d'huile d'olive, jus de citron, sel et poivre et déposer en petit nid à côté du fromage. Agrémenter d'une tranche de pain baguette et servir.

ALCOOL D'ACCOMPAGNEMENT
Jackson-Triggs Niagara Esprit blanc –
Code SAQ : 10846288

Notes de dégustation d'Anne L. Desjardins
Ce vin blanc du Niagara issu d'un assemblage de cépages et doté d'une bonne acidité a été créé spécialement pour les Jeux olympiques d'hiver 2010 de Vancouver, dont Jackson-Triggs est le fournisseur officiel. D'un jaune clair, il est frais et vif. Il possède des arômes de pomme verte et de fleurs blanches, avec une touche de miel. Assez gras et long en bouche, il saura appuyer parfaitement le duo fromage rôti et poires caramélisées. Servir bien frais, à 8 °C.

Suprêmes de pintade de la Ferme Orléans

farcis aux champignons, pommes et canneberges

4 portions

Ingrédients

...

4	suprêmes de pintade de 150 g (5 oz)
120 g (4 oz)	de filets de pintade hachés
100 g (3 oz)	de champignons blanchis
50 g (1,5 oz)	d'oignons rouges ciselés blanchis
110 g (3,5 oz)	de pommes en dés (divisées)
50 g (1,5 oz)	de canneberges séchées
1	œuf
45 ml (3 c. à soupe)	d'huile d'olive extra-vierge Orphée
25 ml (2 c. à soupe)	d'échalotes grises ciselées
1	gousse d'ail hachée
90 g (3 oz)	de champignons frais émincés
80 ml (1/3 tasse)	de vin rouge sec
120 ml (1/2 tasse)	de fond brun de veau
150 ml (2/3 tasse)	de crème 35 %
30 ml (2 c. à soupe)	d'huile de sésame Orphée
4	mini-bok choy coupés en deux
225 g (8 oz)	de chou nappa émincé
30 ml (2 c. à soupe)	de gingembre haché

Préparation

· · ·

Couper les suprêmes de pintade en deux et les ouvrir en papillon. Les aplatir légèrement entre deux feuilles de pellicule plastique.

Préchauffer le four à 180 °C (350 °F).

Dans un bol à mélanger, déposer les filets de pintade, les champignons blanchis, l'oignon rouge, les 50 g (1,5 oz) de pommes en dés, les canneberges et l'œuf. Bien mélanger. Répartir la farce sur les suprêmes. Envelopper dans quatre morceaux de papier d'aluminium en formant une papillote bien étanche avec chaque suprême farci. Cuire au four environ 15 minutes. La viande doit atteindre 100 °C (180 °F) au thermomètre à viande.

Entre-temps, dans un chaudron, suer les champignons émincés et le reste des pommes dans l'huile d'olive. Ajouter les échalotes et l'ail. Augmenter le feu, verser le vin et laisser réduire de moitié, à découvert. Ajouter le fond brun et réduire à nouveau de moitié. Verser la crème et cuire jusqu'à consistance crémeuse. Réserver au chaud.

Sortir les papillotes du four et laisser reposer une dizaine de minutes. Pendant ce temps, dans un poêlon, verser l'huile de sésame. Sauter les bok choy, le chou nappa et le gingembre environ 3 minutes.

Montage

· · ·

Retirer les suprêmes des papillotes et les couper en rondelles. Dresser les assiettes en déposant les légumes au fond de l'assiette, puis les rondelles de pintade. Terminer avec la sauce aux champignons et pommes.

ALCOOL D'ACCOMPAGNEMENT
Pinot noir Blackstone Monterey County Californie
Code SAQ : 10544811

Notes de dégustation d'Anne L. Desjardins
Ce pinot noir doté d'une robe grenat intense est très différent de son pendant bourguignon. Il contient de petits pourcentages de cinsault, de merlot, de syrah et de grenache, un assemblage surprenant pour un vin de tradition bourguignonne. Cela lui transmet une rondeur en bouche et une structure proches des vins du Languedoc. Il possède de séduisants arômes floraux et de cerise, complétés par les épices et la fumée typiques d'un vieillissement en fûts de chêne. Belle finale et élégance qui conviendront parfaitement à ce plat raffiné à base de pintade et de champignons.

Dominique Truchon
Fier ambassadeur de Charlevoix

Auberge
des Peupliers

Avec le chef Dominique Truchon, on touche à l'essence même de la gastronomie charlevoisienne et du fameux concept « de la terre à la table » si à la mode aujourd'hui. Pourtant, c'était une idée qui passait pour saugrenue en 1983, quand, à peine débarqué à l'Auberge des Peupliers, il a créé la Table agro-touristique de Charlevoix avec ses collègues Régis Hervé (Saveurs oubliées) et Éric Bertrand (Vices Versa). « Comme chefs, nous étions souvent sollicités pour participer en groupe à des événements spéciaux, comme le gala du Mérite de la restauration ou le Festival Rêves d'automne, se souvient M. Truchon. Une fois nos menus élaborés, chacun partait ensuite de son côté, pour contacter ses producteurs et obtenir les denrées dont il avait besoin pour ses recettes. Mais nous avons fini par réaliser que l'union fait la force et décidé de mettre nos ressources en commun. »

Dominique Truchon

La Table agro-touristique était née. Elle permettrait quelques années plus tard l'élaboration de la Route des Saveurs de Charlevoix. «À partir du maillage primaire entre professionnels, nous avions aussi l'intention de créer un parcours agrotouristique et gastronomique qui ferait connaître autant les produits de Charlevoix de l'intérieur, par des visites à la ferme, que le savoir-faire des chefs qui les utilisent» de poursuivre le chef Truchon.

La Route des Saveurs : un modèle

Ce savoureux parcours compte aujourd'hui pas moins de 20 producteurs et transformateurs et 22 établissements de restauration répartis sur tout le territoire de Charlevoix, une fierté pour Dominique Truchon, qui croit fermement que le développement de sa région passe nécessairement par ce lien d'interdépendance entre chefs et producteurs.

Ces outils audacieux, qui sont à l'origine de l'agrotourisme québécois, ont depuis été l'inspiration derrière tous les autres circuits gourmands que l'on trouve au Québec. Ils ont beaucoup aidé à accroître la notoriété de Charlevoix, une région qui n'était pas considérée comme une Mecque de la production agricole jusqu'à récemment... On ne s'étonnera donc pas que le chef Dominique Truchon ait remporté en 2004 le prestigieux prix Renaud-Cyr, qui applaudit le travail de maillage entre un cuisinier et certains artisans producteurs-transformateurs.

> «NOUS AVIONS L'INTENTION DE CRÉER UN PARCOURS AGROTOURISTIQUE ET GASTRONOMIQUE QUI FERAIT CONNAÎTRE AUTANT LES PRODUITS DE CHARLEVOIX DE L'INTÉRIEUR, PAR DES VISITES À LA FERME, QUE LE SAVOIR-FAIRE DES CHEFS QUI LES UTILISENT.»

Les complices des chefs
Le centre de formation professionnelle de la Malbaie

La petite équipe du Centre de formation professionnelle de la Malbaie s'estime privilégiée d'être située dans une région qui jouit d'une longue tradition d'accueil touristique et de villégiature. «Nous essayons d'inculquer l'esprit d'hospitalité qui anime Charlevoix à nos élèves», explique Lina Boudreault, conseillère pédagogique en formation professionnelle pour le programme de cuisine d'établissement. Le CFP la Malbaie forme une cohorte de cuisiniers professionnels tous les dix-huit mois dans son programme de cuisine d'établissement et une autre dans chacun de ses programmes de cuisine actualisée et de pâtisserie. On offre aussi un programme en sommellerie, en service de table et différentes formations sur mesure. «Les cours débutent dans la troisième semaine d'octobre plutôt qu'à la fin août pour ne pas priver nos auberges et nos restaurants d'une main-d'œuvre essentielle pour la région en haute saison, explique le directeur, Guy Dufour. Nos programmes sont aussi répartis sur trois sessions, selon la formule travail-études, avec des stages rémunérés et des stages de fin d'année.» Cet horaire de cours qui va jusqu'en décembre de l'année suivante amène plusieurs finissants du programme de cuisine d'établissement à s'inscrire à une quatrième session de spécialisation, soit en cuisine actualisée, soit en pâtisserie. Guy Dufour voit aussi la taille réduite de son établissement comme un avantage concurrentiel. «Cela facilite la concertation avec le milieu et nous permet d'organiser des événements spéciaux plus facilement, comme ce projet de stage en sommellerie dans lequel s'implique le Centre local de développement, ou un partenariat avec la télévision communautaire pour la création d'ateliers de cuisine grand public.» Le CFP de Charlevoix s'implique aussi dans La Route des Saveurs, Le Gala des chefs du Manoir Richelieu et il organise chaque année une exposition agroalimentaire au Domaine Forget avec des restaurants de la région. Enfin, l'école recrute ses professeurs en cuisine actualisée parmi les établissements charlevoisiens. Ainsi, les Dominique Truchon (Auberge des Peupliers), Éric Bertrand (Vices Versa), Patrick Fregni (Le 51, à Baie Saint-Paul) font partie de ce groupe de praticiens-enseignants qui contribuent à maintenir l'établissement bien au fait de l'évolution des tendances de la gastronomie.

Jean-Pierre Lavoie et Danielle Ricard, de la Champignonnière Charlevoix

Les Jardins du Centre

« Les producteurs
travaillent de
14 à 16 heures par jour
pour nous offrir
ce qu'il y a de mieux. »

Des amis, une entraide

Dominique Truchon est d'ailleurs intarissable quand vient le temps de parler de ces artisans qui sont la source de son inspiration : « Ces gens-là travaillent de 14 à 16 heures par jour pour nous offrir ce qu'il y a de mieux. Ils passent leur temps à améliorer leur production, à créer des raretés pour nous séduire et mieux répondre à nos besoins de cuisiniers, et ce, dans des conditions souvent très exigeantes et rarement très payantes. Ils ont toute mon admiration. »

Son florilège de producteurs est vaste et comprend autant Jean Leblond que la Pisciculture Smith, Marc Bérubé de la Ferme des Monts, Jean-François Pilot, des Jardins du Centre, que les fromages de la Laiterie Charlevoix, ceux de Saint-Fidèle ou de Maurice Dufour. L'agneau de la Ferme Éboulmontaise, le Veau de Charlevoix, le canard de la Ferme Basque, le porc et le poulet bio de Natasha McNichols et Damien Girard y figurent aussi en bonne place, sans oublier les excellents alcools des Vergers Pedneault. « Récemment, nous avons eu la chance de voir un couple de jeunes producteurs de pleurotes s'installer tout près d'ici et obtenir des résultats formidables avec leur champignonnière, explique le chef. C'est un plaisir de les encourager, car ils contribuent au succès de notre table et à la réputation d'excellence de la région sur le plan gastronomique. »

Avec Raymonde Tremblay, de l'Émeu de Charlevoix, Dominique Truchon a su développer un lien d'entraide très fort. Car non seulement il met ce gibier rare régulièrement au menu, le servant en tataki, en tartare ou en grillades, mais encore a-t-il créé un livre de recettes sous forme de fiches intitulé *L'exotisme de par chez nous*, afin d'apprendre aux gens à mieux cuisiner l'émeu. « C'est une viande fantastique sur le plan culinaire, avec des propriétés nutritionnelles incroyables, mais elle est encore méconnue, explique le chef Truchon. D'où l'idée de ce répertoire de recettes, qui est une autre belle fierté pour moi. »

Joueur d'équipe

Cet homme de conviction est aussi un homme d'équipe et de partage. Qui travaille à promouvoir des idées avec ses amis producteurs et avec ses collègues cuisiniers. Qui a l'amour du métier au point de donner de fréquentes formations en pâtisserie ou en fine cuisine évolutive aux élèves de son *alma mater*, le Centre de formation professionnelle de La Malbaie, où il a reçu l'enseignement qui devait décider de sa vocation.

De sa cuisine, on a la plus belle vue qui soit sur le fleuve Saint-Laurent : « À marée montante, l'été, on ouvre les fenêtres et on sent l'air du large qui monte jusqu'à nous. Vous avez remarqué les poutres apparentes ? C'est parce qu'on se trouve dans l'ancienne cuisine d'été de cette maison presque tricentenaire. » L'Auberge des Peupliers est d'ailleurs une des plus vieilles demeures de Charlevoix. Intégrée au réseau Hôtellerie champêtre du Québec, elle répond à merveille à cette désignation et accueille des clients depuis plus de 75 ans. C'est une maison avec une âme, dont le cachet d'époque a été préservé et où les clients sont reçus avec chaleur par le propriétaire, Claude Dufour, et son équipe. Et grâce au travail passionné du chef Truchon depuis près de 25 ans, l'Auberge est reconnue à travers le pays comme une halte gastronomique incontournable. Rien ne pourrait faire plus plaisir à ce fils de marin né dans le village voisin et qui a Charlevoix tatoué sur le cœur comme personne. Un véritable ambassadeur...

Laiterie Charlevoix

« Les artisans passent leur temps à améliorer leur production, à créer des raretés pour nous séduire et mieux répondre à nos besoins de cuisiniers, et ce, dans des conditions souvent très exigeantes et rarement très payantes. »

Salade de tomates cerise des Serres Lacoste

à la fleur de sel fumé, fromage Deo Gracias de la Maison Maurice Dufour, émulsion de basilic et tuiles de Yukon Gold

4 portions

Ingrédients
...

125 ml (1/2 tasse)	de pommes de terre Yukon Gold cuites
2	blancs d'œufs
15 ml (1 c. à soupe)	de beurre fondu
15 g (1 c. à soupe)	de farine
45 ml (3 c. à soupe)	de piment d'Espelette
10	tomates cerise rouges
10	tomates cerise jaunes
1	fromage de brebis Deo Gracias
1	botte de basilic frais
1/4	de pastille de vitamine C sans saveur
2	feuilles de gélatine (ou deux sachets)
250 ml (1 tasse)	d'eau
2	capsules de gaz carbonique
60 ml (4 c. à soupe)	d'huile d'olive extra-vierge
	fleur de sel fumé au goût

Préparation
...

Chauffer le four à 180 °C (350 °F).

Broyer les pommes de terre cuites au robot, ajouter les blancs d'œufs, le beurre et la farine. Étendre en forme de fines tuiles à la cuillère sur une plaque de cuisson recouverte de papier parchemin. Saupoudrer de piment d'Espelette et cuire 5 minutes.

Monder les tomates en les déposant une minute dans une marmite d'eau bouillante, puis en les refroidissant dans de l'eau avec de la glace avant de les éplucher.

Trancher le fromage en 4 portions.

Infuser le basilic et la vitamine C pendant 10 minutes dans l'eau bouillante. Faire gonfler la gélatine dans de l'eau froide et la dissoudre ensuite dans l'infusion de basilic et de vitamine C. Passer au tamis. Verser tout le liquide dans un siphon, ajouter les 2 capsules de gaz carbonique.

Montage
...

Au fond d'une assiette creuse, déposer 5 tomates et saupoudrer de sel fumé. Au centre, ajouter une portion de fromage en y faisant une incision pour pouvoir y piquer une tuile de pomme de terre. Faire une rosace d'émulsion de basilic avec le siphon et décorer avec des feuilles de basilic.

ALCOOL D'ACCOMPAGNEMENT
Chardonnay Franciscan Cuvée Sauvage, napa valley Californie
Code SAQ : 10762762

Notes de dégustation d'Anne L. Desjardins
Ce vin riche et sophistiqué, d'une magnifique couleur paille, est un de mes favoris. Tirant à 14,5 % d'alcool, il est costaud, mais possède des arômes subtils de fleurs blanches et de vanille, avec une touche d'acidité provenant de la pomme verte. En bouche, il est boisé, avec de la pomme, des noix, de l'ananas. Charnu, voluptueux, avec une longue finale, il vieillira très bien au cellier.

Dominique Truchon

Médaillons d'émeu
sur cigare aux pleurotes de Charlevoix, sauce au soya et gingembre

4 portions

Ingrédients

• • •

224 g (8 oz)	de pleurotes de Charlevoix
1	échalote sèche
15 ml (1 c. à soupe)	de beurre clarifié
4	feuilles de pâte filo
30 ml (2 c. à soupe)	de sauce soya tamari
45 ml (3 c. à soupe)	de vinaigre balsamique
20 g (1 oz)	de gingembre frais haché
20 g (4 c. à thé)	de sucre
250 ml (1 tasse)	de fond de veau
12	médaillons d'émeu de 40 g (1,5 oz)
	sel et poivre au goût
	légumes de saison en accompagnement

Préparation

• • •

Hacher les pleurotes et l'échalote sèche. Faire chauffer une poêle et y déposer le beurre clarifié. Ajouter les pleurotes et l'échalote et faire suer (duxelles). Saler et poivrer. Retirer du feu et faire refroidir. À l'aide d'un pinceau, beurrer la moitié de la surface d'une feuille de pâte filo. Plier en deux. Beurrer ensuite le dessus et le dessous de la pâte. Déposer 1/4 de la duxelles sur le bout de la pâte (en ligne) et rouler pour en faire un cigare. Procéder de la même façon pour les autres feuilles.

Dans une casserole, verser la sauce soya, le vinaigre balsamique, le gingembre haché et le sucre. Réduire à feu moyen en laissant caraméliser légèrement. Ajouter le fond de veau et amener à ébullition. Réduire de moitié. Passer au tamis et tenir au chaud.

Préchauffer le four à 200 °C (400 °F). Dans une grande poêle, faire colorer les cigares aux pleurotes et terminer la cuisson au four pendant 5 minutes. Bien chauffer une poêle et y déposer du beurre clarifié. Saisir les médaillons d'émeu 1 minute de chaque côté. Saler et poivrer.

Montage

• • •

Couper les cigares en 3 parties égales. Au fond d'une assiette chaude rectangulaire, déposer la sauce en ligne droite, ajouter les 3 parties d'un cigare et appuyer un morceau de médaillon sur chacun. Servir avec des légumes frais de saison.

ALCOOL D'ACCOMPAGNEMENT
Cabernet-Sauvignon Goundrey Offspring
Code SAQ : 10365847

Notes de dégustation d'Anne L. Desjardins
Aucun doute que ce vin boisé, costaud, typique de la tendance australienne à faire des rouges de longue tenue bien charpentés, saura s'accorder avec l'émeu, un volatile à chaire rouge foncé originaire d'Océanie. Arômes d'eucalyptus assez présents, avec des bois exotiques et des fruits rouges compotés qui conviendront bien à la réduction de balsamique. En bouche, on retrouve la prune et le bois en équilibre, assouplis par un beau fruit et une finale prolongée. Servir à 16 °C.

Mignon de veau de Charlevoix,

croûte de pleurotes et fromage Fleurmier, crème de persil à la fleur d'ail et buccins du Golfe, glace de canard

4 portions

Ingrédients

...

1	carcasse de canard	45 ml (3 c. à soupe)	de beurre clarifié (divisé)
1	oignon	150 ml (1/2 tasse + 2 c. à soupe)	de vin blanc
1	carotte	250 ml (1 tasse)	de bouillon de volaille
2	branches de céleri	250 ml (1 tasse)	de crème 35 %
1/2	poireau	90 ml (7 c. à soupe)	de persil plat effeuillé
30 ml (2 c. à soupe)	de pâte de tomates	10 ml (2 c. à thé)	de fleur d'ail
250 ml (1 tasse)	de vin rouge sec	12	buccins (escargots de mer) en saumure
2	gousses d'ail	112 g (4 oz)	de pleurotes de Champignonnière Charlevoix
10	grains de poivre	4	pièces de filet mignon de veau de Charlevoix de 140 g (5 oz)
1	feuille de laurier	90 g (3,2 oz)	de fromage Fleurmier (Laiterie Charlevoix) coupé en 4 pointes
10	tiges de persil		sel et poivre au goût
1	échalote sèche		légumes de saison en accompagnement

Préparation

...

Préchauffer le four à 220 °C (450 °F).

Découper la carcasse de canard en morceaux et déposer dans une rôtissoire. Ajouter l'oignon coupé en 2. Mettre au four afin d'obtenir une belle coloration.

Couper en petits dés la carotte, le céleri et le poireau (mirepoix). Ajouter cette mirepoix aux os de canard, ainsi que la pâte de tomates. Lorsque le tout est bien coloré et sué, transférer dans une marmite.

Déglacer la rôtissoire avec le vin rouge et verser dans la marmite. Ajouter l'ail, le poivre, le laurier et les tiges de persil. Mouiller à l'eau froide, mettre sur le feu, amener à ébullition et laisser ensuite mijoter pendant 3 heures. Passer au tamis fin et remettre à réduire, à découvert, jusqu'à l'obtention d'une glace. Réserver au chaud.

Dans une casserole, faire bouillir de l'eau, ajouter du sel et blanchir le persil 1 minute, refroidir à l'eau glacée et bien égoutter.

Dans une autre casserole, faire suer l'échalote hachée dans 15 ml (1 c. à soupe) de beurre clarifié. Ajouter le vin blanc et réduire aux trois quarts. Ajouter le bouillon de volaille et la crème 35 %, amener à ébullition et réduire aux trois quarts. Ajouter le persil et la fleur d'ail. Passer au mélangeur et au tamis. Couper les buccins en 2 et les réchauffer dans la crème de persil.

Chauffer le four à 220 °C (450 °F).

Couper les pleurotes en morceaux et les poêler. Bien saisir les pièces de veau dans le reste de beurre clarifié. Terminer la cuisson au four 8 minutes pour une cuisson rosée. Retirer du four, déposer des pleurotes sur chaque morceau de viande, plus une pointe de fromage Fleurmier et remettre au four quelques minutes.

Montage

...

Dresser dans des assiettes chaudes, verser la crème de persil et les buccins autour des pièces de veau. Verser ensuite la glace de canard sur les pièces de veau. Servir avec des légumes frais de saison.

ALCOOL D'ACCOMPAGNEMENT
Pinot noir De La Chevalière vin de pays d'Oc
Code SAQ : 10374997

Notes de dégustation d'Anne L. Desjardins
Ce vin léger et jeune du Languedoc-Roussillon a beau avoir des arômes discrets de petits fruits rouges, il est très agréable à boire et se marie avec une foule de mets. D'un rouge violet soutenu, il a en bouche des notes de cerises et d'humus et une belle fraîcheur qui permet d'en apprécier pleinement le fruit. Tanins présents, bon potentiel de garde. Servir frais, autour de 16 °C.

Chapitre 6

Chocolat, crème double et sucre filé

Haut-lieu de gourmandise, la région de Québec a su rapidement s'orienter vers une production de friandises et de desserts de qualité, variée et originale, tout en sachant jouer sur les produits de proximité. Ainsi, on y trouve des pâtes de fruits, des glaces artisanales et des chocolats à base de petits fruits de la région, d'alcools de pomme, de fraise, de cassis ou de vin de glace. On y fabrique des *fudges* et des nougats divins concoctés avec amour dans des chaudrons de cuivre avec des recettes uniques. Des spécialistes de la pâte d'amande et des chocolatiers d'expérience y créent de véritables œuvres d'art à partir des meilleurs massepains et de grands crus de chocolat, tandis que des chefs pâtissiers créatifs s'illustrent dans les compétitions internationales tout en encourageant les apiculteurs ou les acériculteurs de leur région. Nous vous proposons ici un portrait d'ensemble de la Capitale vue sous l'angle inhabituel de sa dent sucrée.

...

Roland-Alain Blanchet, Pâtisserie et épicerie fine De Blanchet

Alain Bolf, Pâtisserie-traiteur Le Truffé

Roland-Alain Blanchet
L'orfèvre pâtissier

Pâtisserie et épicerie fine
De Blanchet

Quand, en 2004, Roland-Alain Blanchet a décidé de quitter le restaurant Le Saint-Amour pour ouvrir son propre établissement dans le quartier Saint-Roch, son patron et ami, Jean-Luc Boulay, lui a dit, avec son charmant accent normand : « Surtout, ne va pas me quitter pour aller vendre des hot dogs! » À la fois amusé et touché, Roland-Alain Blanchet s'est empressé de suivre le conseil de son mentor. Il a créé la plus chouette pâtisserie et épicerie fine que Québec ait connue, De Blanchet, avec l'aide de sa conjointe Nathalie Déry, elle aussi cuisinière professionnelle et ex-employée du Saint-Amour. « Le "De" vaguement aristocratique du nom de notre commerce, c'est moi, bien sûr! » lance-t-elle en riant. N'empêche, le succès ne s'est pas démenti depuis. Pendant que Nathalie veille sur l'épicerie-café, le service traiteur, le personnel, les commandes et le contact avec les clients en compagnie d'une associée, son homme, lui, s'éclate dans son labo tout de blanc revêtu, entouré de ses jeunes assistants, que le duo décrit comme très dévoués.

Les étals de l'épicerie fine De Blanchet

Sa cuisine ultramoderne utilise les outils qui permettent au pâtissier de se consacrer au haut de gamme : surgélateur réglé à –27 degrés Celsius pour faire geler rapido presto toutes les masses liquides utilisées dans la pâtisserie, deux plaques à induction de 2 500 watts chacune qui évitent les coups de chaleur dans le labo, et bien sûr, l'irremplaçable plaque de travail en marbre.

Dans le métier, Roland-Alain Blanchet est considéré comme un véritable artiste-orfèvre, lui qui est venu à la profession de pâtissier sur le tard. On chuchote même qu'il est le Pierre Hermé québécois. Tout un honneur, quand on sait que Pierre Hermé est un des grands ouvriers pâtissiers d'Europe, formé chez Lenôtre et qui a fait école par son style audacieux, toujours en avant des tendances. Ce genre de comparatif mettrait fort mal à l'aise le chef Blanchet, un homme d'une discrétion légendaire qui déteste avoir les projecteurs braqués sur lui. Tout au plus avouerait-il une évidente parenté entre le métier de pâtissier et celui de couturier : « Nous sommes des couturiers alimentaires, dira-t-il, surtout lorsque nous faisons des pièces montées, des gâteaux de noce. Nous nous promenons avec notre trousse de réparation comme un couturier, nous avons toujours sur nous des fleurs, des garnitures, de quoi fignoler le travail. »

De la cuisine au labo

L'histoire du maître pâtissier Roland-Alain Blanchet n'est pas banale. Formé à Wilbrod-Behrer en cuisine d'établissement (aujourd'hui l'École hôtelière de la Capitale), il entreprend sa carrière aux côtés du chef Jean-Luc Boulay. « J'ai passé 20 ans comme cuisinier au Saint-Amour, dont 14 ans comme chef-pâtissier, moi qui n'ai pas du tout la dent sucrée, fait remarquer ce dernier. Mais comme il fallait bien fabriquer des desserts, Jean-Luc, qui était lui-même pâtissier, a entrepris de m'enseigner son art. » Solitaire et plutôt timide, le jeune cuisinier se laisse gagner par le côté presque monastique de cette profession qui se pratique aux aurores, quand le restaurant est fermé et que le pâtissier règne enfin seul et dans un calme absolu sur son petit royaume. Et puis, plus le métier rentrait, plus Roland-Alain Blanchet se prenait au jeu de la création pâtissière. Les desserts sur assiette, les sorbets, le travail du chocolat, la sculpture; avec la dextérité s'ouvrent les vannes de la création. « C'est la beauté, la précision et le côté très artistique de la pâtisserie qui m'ont finalement séduit, en plus de la bulle dans laquelle elle permet d'entrer », confie M. Blanchet, qui a fait des stages en Europe dont un, mémorable, chez le chocolatier Valrhona.

« NOUS NOUS PROMENONS AVEC NOTRE TROUSSE
DE RÉPARATION COMME UN COUTURIER,
NOUS AVONS TOUJOURS SUR NOUS DES FLEURS,
DES GARNITURES, DE QUOI FIGNOLER LE TRAVAIL. »

Les complices des chefs
Barry Callebaut

Né en 1996 du maillage entre deux grandes maisons, Cacao Barry (française) et Callebaut (belge), cette mégaentreprise spécialisée dans la fabrication de chocolat et de confiseries à partir de fèves de cacao possède une antenne au Canada depuis 1997. Tous les chefs pâtissiers et les chocolatiers du monde utilisent les produits Barry Callebaut, qui comprennent des centaines de gammes et de crus en provenance de tous les grands pays producteurs, ce qui donne quelque 1 700 recettes différentes. L'entreprise produit entre autres du chocolat noir avec différents pourcentages de cacao, du chocolat au lait, du chocolat blanc, du chocolat de couverture, des pistoles, de la poudre, des crèmes au chocolat, des ganaches, des décorations et aussi des tablettes de chocolat sous différentes marques pour le commerce de détail. Barr Callebaut est d'ailleurs la seule entreprise au monde à englober toutes les étapes de fabrication du chocolat, depuis la cueillette et la sélection des fèves de cacao jusqu'à la confection des différents chocolats et produits finis, en passant par la transformation de la liqueur, du beurre et de la poudre de cacao. Le groupe, qui a son siège social en Suisse (Zurich) a une chiffre d'affaires de plus de 4 milliards de francs suisses. Il est présent dans 25 pays, possède une quarantaine de sites de production dans le monde, emploie 7 500 personnes et approvisionne trois marchés distincts : celui des industriels de la confiserie, celui des artisans chocolatiers, pâtissiers, boulangers ou glaciers, qui représentent près de 15 % de son chiffre d'affaires, et le commerce de détail. Et, comme toute grande maison de ce type, Barry Callebaut possède aussi un impressionnant département de recherche et développement, qui met au point différents produits destinés à mieux répondre à l'évolution du goût des consommateurs. Ses huit académies (dont une située au Québec, à Saint-Hyacinthe) offrent aussi aux professionnels des stages de perfectionnement en chocolaterie et confiserie, qui leur permettent de demeurer au fait des différentes tendances et de l'évolution des techniques et des recettes.

Photo: Louis Perron

Nathalie Déry et Roland-Alain Blanchet

Se réinventer quotidiennement

Il admet aussi que le côté très répétitif de la cuisine, les mises en place interminables finissaient par le lasser et qu'il avait besoin de nouveaux défis, ce que son patron du Saint-Amour avait bien compris. « Roland-Alain, c'est ce genre de talent exceptionnel qu'il faut s'assurer de toujours nourrir de matière première nouvelle si on ne veut pas qu'il s'ennuie », dira M. Boulay de son grand ami et ancien employé. Le principal intéressé opine : « J'ai du mal à toujours faire la même chose jour après jour. Je déteste la routine. Et je déteste faire comme les autres ! La pâtisserie permet de s'évader de cette routine, d'utiliser son imagination à fond, tout en présentant des défis techniques considérables. » Mais Roland-Alain Blanchet n'a pas la grosse tête pour autant : « On n'invente rien en cuisine ni en pâtisserie; on se contente de revisiter, de marier des ingrédients différemment, d'imaginer des montages sous des angles plus audacieux. C'est là où on peut se démarquer : en réinterprétant des classiques, en renouvelant la présentation, en adaptant à notre identité québécoise, en utilisant des ingrédients uniques. » Comme cette poudre de canneberges de la jeune maison Nutra-Fruit de Québec, qui permet de créer de magnifiques et délicieux montages de desserts.

Photo: Archives Le Soleil

Jean-François Veilleux, de Nutra-Fruit

Suivre la tendance

Dans le grand laboratoire où Roland-Alain Blanchet passe de longues heures chaque jour, il tente de demeurer constamment à l'affût des grandes tendances mondiales en pâtisserie, non sans reconnaître les limites de sa profession dans une ville comme Québec : « Je veux apporter des idées nouvelles, montrer ce qui se fait ailleurs, tout en étant conscient que ce n'est pas demain la veille qu'un pâtissier pourra vivre uniquement de son métier. » M. Blanchet prend les choses philosophiquement, sachant que les précurseurs comme lui ne sont jamais prophètes en leur pays. Ce qui ne l'empêche pas de continuer à créer des dizaines de saveurs inusitées de macarons, ces petites bouchées-biscuits qui font fureur à Paris depuis quelques années : tomates et basilic, lavande, caramel salé, framboise et chocolat noir, thé vert, chocolat noir au piment d'Espelette, érable, chocolat blanc, etc. Ses pâtisseries individuelles et ses petits gâteaux à la fois ravissants et délicieux qui nous accueillent dès que l'on met les pieds dans ce haut-lieu de gourmandise raffinée qu'est l'épicerie-pâtisserie-traiteur-café de Blanchet nous indiquent sans doute possible que l'on est chez un artisan-orfèvre du goût...

Roland-Alain Blanchet

Ingrédients pâte bretonne (tartelette)
...
640 g	de beurre
640 g	de sucre blanc
900 g	de farine à faible teneur en gluten
60 g	de poudre à pâte
320 g	de jaunes d'œufs frais

Ingrédients caramel à la fleur de sel
...
200 ml	de glucose
800 g	de sucre
500 ml	de crème 35 %
150 g	de beurre doux
	fleur de sel au goût

Ingrédients pommes caramélisées au miel
...
| 2 | pommes Honey Crisp |
| 250 ml | de miel |

Ingrédients crème au chocolat noir 70 %
...
3 g	de gélatine neutre
250 ml	de lait 3,25 %
300 g	de chocolat 70 %
500 ml	de crème 35 %

Préparation pâte bretonne (tartelette)
...
Sabler le beurre, le sucre, la farine et la poudre à pâte à l'aide d'un coupe-pâte. Lorsque bien sablé, ajouter les jaunes d'œufs. Mélanger légèrement. Réserver.

Préchauffer le four à 120 °C (250 °F).

Fariner la surface de travail et un rouleau à pâte. Étaler la pâte au rouleau à 8 mm environ et la foncer dans un moule à tarte à charnière, en prenant bien soin de beurrer les rebords du moule. Dorer au four très légèrement. Refroidir.

Préparation du caramel à la fleur de sel
...
Dans une casserole à fond épais, fondre le glucose et le sucre à feu doux jusqu'à l'obtention d'une belle coloration. Verser la crème. Faire ensuite une émulsion en ajoutant le beurre et en montant au fouet. Ajouter la fleur de sel et faire tiédir.

Préparation des pommes caramélisées au miel
...
À l'aide d'une cuillère parisienne, creuser des petites boules dans les pommes préalablement épluchées. Les déposer dans une casserole à fond épais et les faire caraméliser légèrement avec le miel à feu moyen-doux, ou jusqu'à ce que les pommes soient bien colorées. Réserver.

Préparation de la crème au chocolat noir 70 %
...
Faire gonfler pendant cinq minutes la gélatine dans un peu d'eau froide. Amener le lait à ébullition. Verser sur le chocolat 70 % et mélanger pour bien dissoudre. Ajouter la gélatine. Refroidir en plongeant la préparation dans un bain d'eau froide en brassant constamment. Fouetter la crème en pics mous et ajouter à la préparation refroidie en pliant.

Montage
...
Disposer en couronne sur le pourtour du fond de tarte les boules de pommes au miel. Verser au centre une fine couche de crème au chocolat noir. Recouvrir de caramel à la fleur de sel. Terminer l'étagement par une autre fine couche de crème au chocolat noir à hauteur des pommes.

Garnir avec des lanières de patates douces frites et légèrement sucrées. À la toute fin, verser un filet de vin de glace bien froid.

Tarte bretonne aux pommes Honey Crisp
caramélisées au miel, crème au chocolat noir parfumée au vin de glace

Note au lecteur : utiliser une balance et les mesures métriques en grammes pour plus de précision

ALCOOL D'ACCOMPAGNEMENT
Inniskillin, Vidal Icewine
Code SAQ : 00551085

Notes de dégustation d'Anne L. Desjardins
Don Ziraldo et Karl Keiser, d'Inniskillin, ont été les premiers vignerons canadiens à produire du vin de glace. Ce somptueux nectar, dont le millésime 2006 a remporté l'or à Vinitaly, en avril 2008, possède un envoûtant nez de pommes caramélisées et de miel, que l'on retrouve aussi en bouche, avec une bonne acidité, qui assure son potentiel de garde. Impossible de mieux réussir l'accord avec la tarte au pommes caramélisées et miel du chef Blanchet!

Décadence à l'érable, canneberges, café et citron

Note au lecteur : pour les recettes de pâtisserie, utiliser une balance et les mesures métriques pour plus de précision.

Ingrédients pâte croquignol (concassé de pâte cuite)

...

500 g	de poudre d'amandes
500 g	de farine à faible teneur en gluten
500 g	de beurre
250 g	de cassonade
250 g	de copeaux de sucre d'érable

Ingrédients croustillant de croquignol

...

500 g	de pâte croquignol à l'érable
250 g	de chocolat au lait fondu

Ingrédients crémeuse chocolat blanc et citron

...

500 ml	de crème 35 %
250 ml	de jus de citron
50 g	de glucose
80 g	de jaunes d'œufs
1 kg	de chocolat blanc

Ingrédients crémeuse de café au chocolat au lait

...

200 ml	de lait 3,25 %
600 ml	de crème 35 %
1	café expresso court
	extrait de café au goût
300 g	de jaunes d'œufs frais
100 g	de sucre
24 g	de gélatine gonflée dans 100 ml d'eau
600 g	de chocolat au lait 38 %
	concassé de café en grains au goût

Ingrédients dentelle au sucre et grains de café

...

150 g	de sucre
2,5 g	de pectine de pommes
100 g	de beurre
50 g	de glucose
50 ml	d'eau
	concassé de café en grains au goût

Ingrédients pour montage

...

125 ml	de crème sure
125 ml	de sirop de canneberge Nutra-Fruit
30 g	de canneberges Nutra-Fruit en poudre

Roland-Alain Blanchet

Préparation de la pâte croquignol

* * *

Mélanger ensemble tous les ingrédients au malaxeur électrique, en première vitesse. Réserver au froid. Lorsque froid, passer au hachoir à grosse grille.

Préchauffer le four à 120 °C (250 °F).

Étaler la pâte sur un papier à cuisson de type parchemin. Cuire au four de 8 à 12 minutes. Refroidir et sabler à l'aide d'un coupe-pâte.

Préparation de croustillant de croquignol

* * *

Mettre les ingrédients dans un grand bol et bien sabler à l'aide d'un coupe-pâte. Étaler sur une plaque à pâtisserie à une épaisseur de 1 cm (1/3 po) environ en pressant bien, puis couper les croustillants de croquignol à l'emporte-pièces de la forme désirée.

Préparation de la crémeuse chocolat blanc et citron

* * *

Dans une casserole, amener à ébullition la crème, le jus de citron et le glucose. Bien mélanger. Verser sur les jaunes d'œufs, remettre sur le feu et pocher à 85 °C (185 °F). Verser sur le chocolat blanc. Réserver au froid 12 heures.

Préparation crémeuse de café au chocolat au lait

* * *

Dans une casserole, amener à ébullition le lait, la crème, l'expresso court, l'extrait de café et le sucre. Verser sur les jaunes d'œufs et faire cuire jusqu'à 85 °C (185 °F) au thermomètre à bonbons. Ajouter la gélatine gonflée. Ajouter le chocolat au lait et émulsionner au fouet ou au batteur électrique. Réserver au froid 12 heures. Ajouter les grains de café concassés.

Préparation de la dentelle au sucre et grains de café

* * *

Préchauffer le four à 100 °C (200 °F).

Dans un bol, mélanger le sucre et la pectine. Dans une casserole à fond épais, faire fondre le beurre et le glucose à feu moyen-doux. Ajouter le mélange de pectine et pomme, bien mélanger et ajouter l'eau. Amener à ébullition, puis aromatiser avec les grains de café concassés. Étaler sur un papier de cuisson de type parchemin. Cuire au four environ 8 minutes. Retirer du four, laisser croûter à la température de la pièce, puis casser en dentelles.

Montage

* * *

Sur chaque pièce de croquignol à l'érable, ajouter à la poche à douille la crémeuse au citron. Disposer ensuite une quenelle de crème café au chocolat et terminer avec une fine dentelle au café sur le dessus. Ajouter 1 c. à thé de crème sure, un mince filet de sirop de canneberge Nutra-Fruit et saupoudrer de canneberges Nutra-Fruit en poudre.

ALCOOL D'ACCOMPAGNEMENT
**Sémillon/Chardonnay Hardy's Stamp
South Eastern Australia 2006**
Code SAQ : 10845971

Notes de dégustation d'Anne L. Desjardins
Ce vin semi-sec et gras à souhait a des arômes de poire, de vanille et de pomme. Son acidité est parfait pour accompagner le citron, tandis que sa rondeur répondra parfaitement à celle du chocolat et de la crème.

Macarons Sarah framboise
parfumés à la lavande

Note au lecteur: pour plus de précision en pâtisserie, utiliser une balance et les mesures métriques.

Ingrédients macarons aux amandes

...

200 g	de blancs d'œufs frais
50 g	de sucre
10 g	de blancs d'œufs séchés
250 g	de poudre d'amandes
450 g	de sucre glace

Ingrédients gelée de framboises

...

500 g	de purée de framboises
60 g	de sucre
20 g	de pectine de pommes
60 g	de glucose

Ingrédients crème mousseline à la lavande

...

400 ml	de lait 3,25 %
125 g	de sucre (divisé)
100 ml	de crème 35 %
2 g	de fleurs de lavande
150 g	de jaunes d'œufs frais
40 g	de farine tout usage ou de fécule de maïs
200 g	de beurre non salé en pommade (divisé)

Ingrédients pour le montage

...

Framboises fraîches pour garnir
Coulis de framboise pour garnir (facultatif)

Préparation des macarons aux amandes

· · ·

Au malaxeur électrique, monter les blancs d'œufs frais, le sucre, les blancs d'œufs séchés. Tamiser la poudre d'amandes, le sucre glace et plier dans le mélange de blancs d'œufs.

Préchauffer le four à 150 °C (300 °F).

Transférer l'appareil à macarons dans une poche à douille munie d'un bec lisse. Sur une plaque de cuisson recouverte de papier parchemin, dresser en forme de petites coques rondes de la circonférence désirée (2,5 cm au minimum), en prenant soin de compter un nombre pair de cercles pour le dressage subséquent des macarons. Laisser croûter sur la plaque environ 20 minutes avant d'enfourner et de cuire de 15 à 20 minutes, selon la grosseur.

Préparation de la gelée de framboises

· · ·

Dans une casserole à fond épais, verser la purée de framboises et cuire à feu doux jusqu'à ébullition.

Entre-temps, dans un bol, mélanger le sucre et la pectine, puis verser en pluie sur les framboises. Poursuivre l'ébullition 2 ou 3 minutes, puis retirer du feu et ajouter le glucose. Bien mélanger. Passer au tamis pour enlever les grains de framboises et réserver.

Préparation de la crème mousseline à la lavande

· · ·

Dans une casserole à fond épais, amener à ébullition le lait et la crème avec le tiers du sucre et la lavande. Retirer du feu et laisser infuser environ 30 minutes.

Entre-temps, dans une autre casserole et hors du feu, blanchir les jaunes d'oeufs, le sucre, la farine (ou fécule de maïs) à l'aide d'un malaxeur électrique à vitesse moyenne. Ajouter le tiers du lait chaud pour réchauffer l'appareil aux œufs, puis verser le reste du lait chaud. Mettre sur le feu et amener à ébullition à feu moyen-doux en remuant constamment, jusqu'à ce que l'appareil soit bien lisse. En fin de cuisson, ajouter le beurre en pommade et bien mélanger à l'aide d'un batteur électrique. Réserver au froid. Entre-temps, monter les 150 g de beurre pommade au batteur électrique. Ajouter la crème pâtissière refroidie petit à petit.

Montage

· · ·

Prendre 2 coques de macarons, celle du dessus et celle du dessous. Verser la gelée de framboise au milieu de la coque du dessous. Garnir ensuite les pourtours avec un cordon de crème mousseline. Tartiner la face intérieure de la coque du dessus avec une fine couche de crème mousseline aux amandes. Coller les deux coques ensemble. Décorer les macarons ainsi obtenus avec des framboises et du coulis de framboises, au goût.

ALCOOL D'ACCOMPAGNEMENT
Champagne Nicolas Feuillatte Brut
Réserve Particulière
Code SAQ : 00578187

Notes de dégustation d'Anne L. Desjardins
Cet excellent champagne de couleur or pâle a des bulles bien serrées, des notes de brioche, de poire et de figue. En bouche, le beurre, des notes d'amandes (compatible avec la crème mousseline des macarons) et encore les fruits blancs. Vieilli trois ans en cave avant d'être commercialisé, il est composé à 40 % de pinot noir, 40 % de chardonnay et 20 % de pinot meunier.

Photo : Louis Perron

Pâtisserie-traiteur
Le Truffé

A lain Bolf est un homme de famille, un fidèle qui ne ferait jamais faux bond à ses amis, les chefs comme les autres. Plusieurs cuisiniers de Québec vous le diront : en cas de pépin, de surcharge de travail ou de bris d'équipement, on peut toujours compter sur lui, à toute heure du jour ou de la nuit. Et le milieu lui rend bien ce dévouement, puisqu'il a été consacré trois fois chef pâtissier de la région de Québec par la Société des chefs cuisiniers et pâtissiers du Québec, puis élu chef pâtissier de l'année au national en 2003, avant de remporter en 2007 le trophée Méritas décerné au chef s'étant le plus illustré pour faire briller sa profession.

Photo : Archives Le Soleil

Enseignant en pâtisserie à temps partiel au Centre de formation professionnelle Fierbourg, M. Bolf entraîne aussi les jeunes pour des compétitions en pâtisserie et en chocolaterie. La formation de la relève est d'ailleurs un de ses grands plaisirs, lui qui a longtemps milité pour faire reconnaître le métier de chef et de pâtissier. « Ces disciplines qui exigent des aptitudes artistiques, une grande dextérité et beaucoup de maîtrise de soi offrent aux pâtissiers-chocolatiers d'expérience la satisfaction de pouvoir transmettre aux jeunes un peu de leurs connaissances », d'expliquer M. Bolf. Il considère le mentorat et le compagnonnage essentiels pour que ce savoir-faire des aînés puisse se passer d'une génération à l'autre. « Ce sont des connaissances qui ne s'improvisent pas et qui, une fois partagées, contribuent à aider notre relève à atteindre les sommets de cette magnifique profession, tout en augmentant le niveau d'expertise du Québec dans ce domaine. »

Une affaire de famille

Trésorier du chapitre de Québec de la Société des chefs cuisiniers et pâtissiers du Québec, où il s'implique depuis 1988, Alain Bolf est copropriétaire avec sa femme Michèle des deux pâtisseries Le Truffé, qui offrent aussi un service de traiteur. Ce père de trois enfants a récemment décidé d'investir pour aider ses deux fils aînés à s'établir dans la profession. C'est pourquoi, en 2004, il achetait les deux restaurants Momento (Sainte-Foy et Cartier) de ses amis de longue date Jean-Luc Boulay et Jacques Fortier, copropriétaires du Saint-Amour. Aujourd'hui, Johan Bolf dirige le Momento Sainte-Foy, lui qui est diplômé du Centre de formation Fierbourg en service de table et sommellerie, tandis qu'Olivier est le chef des cuisines du Momento Cartier. Papa, lui, veille discrètement au grain, dispensant ses conseils de gestionnaire avisé à cette jeune relève dont il est très fier, tout en s'occupant du Truffé.

Ce lignage gourmand court d'ailleurs dans la famille depuis longtemps. Né dans les Hautes-Alpes, Alain Bolf a choisi très jeune la profession, inspiré par son oncle cuisinier. Il fera son apprentissage à Grenoble et y débutera sa carrière, pendant que son frère jumeau Pierre choisira plutôt le métier de pâtissier, qu'il ira d'abord pratiquer à Québec, à l'hôtel Hilton. Alain n'hésitera pas longtemps avant de traverser l'Atlantique pour rejoindre son inséparable jumeau et pliera bagages avec femme et enfants pour Québec dès 1977. D'abord cuisinier au Bœuf Charolais du Loews Le Concorde, il aura une révélation pour la pâtisserie en travaillant aux côtés de son jumeau Pierre, dans son laboratoire du Hilton. « Je suis quelqu'un de très minutieux, qui aime fignoler le moindre détail et j'aime l'expression artistique. Quand j'ai vu la précision et le doigté que requiert la pâtisserie, la propreté et l'ordre qui règnent dans le laboratoire d'un pâtissier, ça a été un coup de foudre », admet Alain Bolf, qui est aussi fort en chiffres, ce qui ne nuit pas. Il entreprend dès lors diverses formations spécialisées pour compléter son apprentissage dans ce secteur très en demande.

> « CE SONT DES CONNAISSANCES QUI NE S'IMPROVISENT PAS ET QUI, UNE FOIS PARTAGÉES, CONTRIBUENT À AIDER NOTRE RELÈVE À ATTEINDRE LES SOMMETS DE CETTE MAGNIFIQUE PROFESSION. »

Photo : Archives Le Soleil

Le monde du chocolat de couverture en est un complexe, hautement compétitif et en constante évolution, qui n'a pas de secrets pour Catherine Jamoulle, pdg de Chocolat central CJ. Cette compagnie montréalaise, reconnue pour son service personnalisé, importe et distribue pour les professionnels les chocolats de la réputée maison belge Belcolade au Québec et dans les Maritimes. Mme Jamoulle travaille donc en étroite collaboration avec de nombreux pâtissiers et chocolatiers, dont le chef Alain Bolf, du Truffé, auxquels elle offre de véritables perles rares. Ainsi, Belcolade propose en exclusivité la gamme des chocolat d'origine, composée de huit grands crus, qui ont chacun des arômes et des saveurs bien typés, en provenance de pays producteurs diversifiés et avec des pourcentages de cacao variables : Ouganda 80 % à base de fèves Forestano de faible acidité; Équateur extra-amer 71 % contenant l'excellent Cacao Nacional Equador aux arômes floraux; le Nouvelle-Guinée 64 % fait avec le riche et puissant Trinitario doté de notes de Whisky et d'une solide acidité; le Vanuatu au lait 44 %, qui embaume le café et les épices; le Vénézuéla 43 % au lait, qui contient un mélange de fèves Criollo et Trinitario; le Costa Rica 38 % au lait et 64 % extra-amer, qui est particulièrement foncé et possède un parfum et une saveur de champignons; et le République Dominicaine 31 % blanc, basé sur les fèves Sanchez, aux effluves de beurre frais. Belcolade a aussi ajouté récemment à sa collection la gamme biologique certifiée, une autre série de chocolats exclusifs à base d'ingrédients entièrement biologiques. L'entreprise investit généreusement dans le développement de la relève en participant chaque année à différentes compétitions pour les apprentis, comme la Coupe génération Belcolade ou la compétition des apprentis pâtissiers.

Photo : Anne L. Desjardins

« Quand j'ai vu la précision
et le doigté que requiert
la pâtisserie, la propreté
et l'ordre qui règnent
dans le laboratoire
d'un pâtissier, ça a été
un coup de foudre ».

Passion pâtisserie

Son frère Pierre aura eu le temps de lui instiller une passion durable avant de retourner faire carrière en France et d'ouvrir Le Forêt noire, un salon de thé-glacier-chocolatier très populaire à Grenoble. Mais les jumeaux Bolf demeurent plus liés que jamais, se téléphonant, se visitant et s'écrivant très souvent, surtout maintenant qu'ils partagent cette autre passion pour l'art pâtissier. Alain n'a pas pour autant renié ses premières amours : « Je n'ai jamais regretté d'avoir d'abord embrassé la profession de cuisinier parce que j'ai pu apprendre toutes les facettes du métier, notamment la gestion. Aujourd'hui, ce bagage m'est très utile pour le service de traiteur du Truffé. »

Le passage dans les cuisines du Hilton Québec a une autre conséquence heureuse : il a scellé une amitié qui dure depuis 30 ans entre Alain Bolf et Jean Soulard (qui était patron des cuisines du Hilton avant d'entrer au Château Frontenac). Ensemble, les deux compères s'entraînent pour des triathlons. Alain Bolf ne se plaint pas de l'entraînement, réputé très exigeant. « J'apprécie cette discipline qui rappelle de bien des façons le métier de cuisinier par l'endurance qu'elle requiert. Comme en cuisine, il faut aussi savoir être combatif, trouver rapidement son deuxième souffle malgré la fatigue et faire face à la concurrence sans perdre son calme », dira celui qui est aussi grand amateur de ski de fond.

Choco-dépendant

Si le sport est une des passions d'Alain Bolf, le chocolat en est une autre. « Il n'y a pas de limites à l'expression artistique lorsqu'on travaille le chocolat. Et de nos jours, il existe un si vaste choix de chocolats haut de gamme en provenance de différentes régions du monde, qui ont tous des caractéristiques différentes, qu'elles en repoussent encore davantage les limites des artisans chocolatiers et leur donnent envie de parfaire leur art », d'expliquer M. Bolf. Il travaille d'ailleurs avec des partenaires comme Belcolade, de Belgique, à développer au Québec une expertise chocolatière inspirée de l'Europe grâce à des compétitions et des stages de formation qui stimulent le talent de la relève autant que celui des professionnels d'expérience. On ne s'étonnera donc pas de retrouver sur la carte du Truffé de nombreux desserts tout chocolat comme Le Vendôme, Le choco Passion, Le Lonchamp Prince Noir, L'Évasion Fraise et chocolat blanc ou Le Fondant aux trois chocolats, en plus des mignardises maison...

Alain Bolf

Note au lecteur : utiliser une balance et les mesures métriques en grammes pour plus de précision

Le Rucher

Ingrédients bavaroise au miel

···

4	jaunes d'oeuf
125 g	de sucre
250 ml	de lait
100 g	de miel
8 g	de feuilles de gélatine
250 ml	de crème 35 %

Ingrédients mousse aux framboises

···

8 g	de feuilles de gélatine
250 g	de purée de framboises
500 ml	de crème 35 %

Ingrédients miroir framboise

···

250 g	de pulpe de framboises
100 g	de glucose
500 g	de nappage

Préparation de la bavaroise au miel

···

Mettre les jaunes d'œufs dans un cul-de-poule et ajouter le sucre. Faire blanchir en fouettant. Mettre le lait à bouillir avec le miel. Pendant ce temps, faire tremper les feuilles de gélatine dans l'eau froide. Verser le lait bouillant sur les jaunes en remuant bien. Remettre à cuire sans dépasser 83 °C. Verser dans un cul-de-poule en filtrant dans une passoire. Égoutter la gélatine et la presser pour la faire dissoudre dans l'appareil au miel. Faire refroidir. Monter la crème en pics mous sans sucre. Incorporer la crème dans l'appareil au miel.

Préparation de la mousse aux framboises

···

Mettre les feuilles de gélatine à ramollir dans de l'eau froide. Faire chauffer 100 g de purée de framboises avec la gélatine préalablement égouttée. Pendant ce temps, faire monter la crème au mélangeur et la rendre molette. Une fois bien fondue, ajouter le reste de la purée. Incorporer cet appareil à la crème mollette délicatement.

Préparation du miroir aux framboises

···

Mélanger tous les ingrédients (cette étape est faite au moment du montage et de la finition).

Montage

···

Prendre un cercle à gâteau sans fond de 23 cm (9 pouces) ou un moule à bavaroise avec charnière. Dans le fond du moule, déposer un fond de biscuit cuillère aux mêmes dimensions que le moule. Ensuite, tapisser le tour intérieur du cercle du biscuit de votre choix (biscuits à la cuillère, langues de chat, biscuits boudoirs). Pour que les biscuits tiennent bien et pour éviter qu'ils tombent, il est conseillé de couper le bas pour avoir un biscuit bien droit. Il faut aussi enlever une épaisseur dans le biscuit couvrant le fond pour que le biscuit tienne sur les parois du cercle.

Verser la bavaroise au miel dans le fond du moule et remplir à moitié. Il faut bien s'assurer que la bavaroise ne soit pas trop prise pour la verser car elle pourrait être moins lisse. Faire prendre au congélateur 30 minutes. Pendant ce temps, préparer la mousse aux framboises, puis la verser sur la bavaroise au miel. Ajouter des framboises fraîches dans la mousse si désiré. Faire prendre au congélateur ou en chambre froide pour permettre la finition et le démoulage.

Le lendemain, mettre le miroir aux framboises sur le dessus, puis enlever le cercle. La décoration finale sera faite de fruits, au choix. La mousse qui accompagne la bavaroise au miel peut être à base d'un autre fruit, puisque le miel se marie bien avec tous. La recette pour la mousse demeure la même, peu importe le fruit choisi.

ALCOOL D'ACCOMPAGNEMENT
Okanagan Grand Reserve Riesling Icewine

Notes de dégustation d'Anne L. Desjardins
On joue ici dans les ligues majeures avec ce superbe vin de glace produit en Colombie-Britannique. Au nez, le miel et l'abricot dominent. En bouche, il est bien pourvu en sucres résiduels et parfaitement équilibré en acidité, tout en offrant de riches saveurs d'abricot et de pommes caramélisées. Potentiel de garde d'une dizaine d'années.

Le Délice chocolaté et son bleuet sauvage

Note au lecteur : utiliser une balance et les mesures métriques en grammes pour plus de précision

Ingrédients gâteau quatre-quarts

• • •

125 g	de beurre doux
125 g	de sucre semoule
125 g	œufs
125 g	de farine tout usage
3 g	de poudre à pâte
10 g	de rhum

Ingrédients biscuit Joconde

• • •

250 g	œufs
175 g	de sucre glace
175 g	de poudre d'amandes
50 g	de farine
325 g	de blancs d'œufs
80 g	de sucre
40 g	de beurre

Ingrédients palet gélifié aux bleuets sauvages

• • •

50 g	de sucre semoule
250 ml	de pulpe de bleuets sauvages
6	feuilles de gélatine

Ingrédients mousse chocolat noir mi-amer 54 % Belcolade

• • •

125 g	de chocolat noir mi-amer
250 ml	de crème 35 %

Ingrédients mousse aux bleuets sauvages

• • •

175 ml	de pulpe de bleuets sauvages
30 g	de gel dessert (dans les pâtisseries)
250 ml	de crème 35 %
40 g	de sucre

Ingrédients miroir aux bleuets sauvages

• • •

250 g	de pulpe de bleuets sauvages
100 g	de glucose
500 g	de nappage

Alain Bolf

Préparation du gâteau quatre-quarts

•••

Chauffer le four à 180 °C (350 °F).

Mettre le beurre en pommade, incorporer le sucre, puis les œufs graduellement. Tamiser la farine avec la poudre à pâte et incorporer dans l'appareil. Ajouter le rhum. Mouler dans un moule à génoise beurré de la même taille que le cercle de montage. Cuire au four, de 30 à 40 minutes. Couper le biscuit en deux ou en trois, selon l'épaisseur désirée.

Préparation du biscuit Joconde

•••

Préchauffer le four à 180 °C (350 °F).

À l'aide d'un malaxeur électrique, monter le mélange œufs entiers, sucre glace, poudre d'amandes et farine. Battre les blancs d'œufs en neige ferme avec le sucre. Réserver.

Ajouter le beurre fondu liquide et les blancs d'œufs montés serrés avec le sucre à l'appareil d'œufs entiers et d'amandes. Bien mélanger. Étaler sur une feuille de Silpat (tapis de cuisson) 750 g de l'appareil et y déposer quelques bleuets déshydratés. Cuire au four jusqu'à ce que le biscuit soit bien doré.

Préparation du palet gélifié aux bleuets sauvages

•••

Incorporer le sucre dans la pulpe de bleuets à froid. Faire fondre au four à micro-ondes la gélatine préalablement ramollie dans l'eau froide, et bien égoutter. L'ajouter à la pulpe de bleuets. Monter dans un cercle de la taille du moule et faire prendre au congélateur. S'assurer de recouvrir le cercle de pellicule plastique pour éviter que la pulpe ne sorte du cercle.

Préparation de la mousse chocolat noir mi-amer 54 % Belcolade

•••

Faire fondre le chocolat au bain-marie. Monter le crème au batteur jusqu'à consistance de pics mous. Ajouter la crème au chocolat peu à peu en fouettant au fouet manuel après chaque addition pour éviter le blocage et la formation de grains de chocolat. Par la suite, incorporer le reste de la crème.

Préparation de la mousse aux bleuets sauvages

•••

Prendre une petite quantité de pulpe de bleuets pour y incorporer le gel dessert. Faire chauffer pour dissoudre le gel dessert. Mettre le reste de la pulpe dans un cul-de-poule. Monter la crème 35 % avec le sucre jusqu'à la formation de pics mous. Mélanger la pulpe froide et la pulpe réchauffée en remuant bien. Incorporer la crème fouettée au mélange de pulpe. Mélanger délicatement.

Montage

•••

Prendre un cercle sans fond. Faire le tour du cercle avec le biscuit Joconde dont on aura coupé une bande de la largeur du moule. Déposer un biscuit quatre-quarts dans le fond. Mettre la mousse au chocolat noir et faire prendre au congélateur. Par la suite, déposer le disque gélifié aux bleuets et recouvrir de mousse bleuets. Faire prendre au congélateur.

Au sortir du congélateur, recouvrir le dessus avec le miroir bleuets préparé à la dernière minute en mélangeant les ingrédients. Par la suite, enlever le cercle et faire la décoration avec des petits fruits frais.

ALCOOL D'ACCOMPAGNEMENT
Miguel Torres, Gran Sangre de Toro Catalunyua
Code SAQ : 00928184

Notes de dégustation d'Anne L. Desjardins
Ce vin puissant, d'un rouge presque noir a des arômes de prunes et de cassis et des tanins relativement costauds. Avec un chocolat grand cru comme celui utilisé dans ce dessert, il arrive à donner sa pleine mesure. Servir à 16 °C pour mieux profiter du fruit. Bonne longueur en bouche, essentielle avec la puissance du chocolat noir.

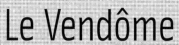

Le Vendôme

Note au lecteur : utiliser une balance et les mesures métriques en grammes pour plus de précision

Ingrédients framboises

...
1 kg	de framboises entières
1 l	de sirop à 30°
100 ml	d'alcool de framboise

Ingrédients biscuit chocolat sans farine

...
4	jaunes d'œufs blanchis
60 g	de sucre semoule
30 g	de cacao plein arôme
15 g	de fécule de maïs
100 ml	de blanc d'œuf
45 g	de sucre

Ingrédients biscuit succès amande

...
25 g	de farine tout usage
125 g	de sucre semoule
125 g	de poudre d'amandes
150 g	de blanc d'œuf
100 g	de sucre semoule

Ingrédients miroir

...
125 g	de crème 35 %
100 g	de sirop à 30°
60 g	de chocolat noir 55 %
250 g	de pâte à glacer Prima (disponible dans les pâtisseries)
50 ml	d'huile
30 g	de glucose

Ingrédients ganache chocolat Belcolade

...
150 ml	de crème 35 %
125 g	de chocolat lacté 38 % Costa Rita
125 g	de chocolat noir 64 % Costa Rita

Ingrédients bavaroise au chocolat

...
100 ml	de lait 3,25 %
5 g	de gélatine neutre
2	jaunes d'œufs
40 g	de sucre semoule
190 g	de chocolat noir 64 % Nouvelle-Guinée
125 g	de crème 35 %

Alain Bolf

Préparation des framboises

• • •

Mettre les framboises à macérer dans un sirop à 30° et de l'alcool de framboise pendant 72 heures pour lui donner du goût.

Préparation du biscuit chocolat sans farine

• • •

Chauffer le four à 180 °C (350 °F).

Blanchir les jaunes d'œufs avec le sucre et mélanger avec une petite quantité de cacao. Verser le mélange sur les blancs montés ferme avec le sucre puis ajouter le reste du cacao préalablement mélangé et tamisé avec la fécule de maïs.

Dresser en forme de cercle sur une plaque avec une feuille de cuisson. Cuire de 12 à 15 minutes.

Préparation du biscuit succès amande

• • •

Mélanger et tamiser la farine, le sucre semoule et la poudre d'amandes. Monter les blancs d'œufs et le sucre semoule en neige ferme. Verser le mélange d'amandes sur les blancs d'œufs en neige ferme avec le sucre. Monter et dresser sur une feuille de cuisson dans le cercle d'un gâteau et cuire de 12 à 15 minutes.

Préparation du miroir

• • •

Faire bouillir la crème avec le sirop. Dans un cul-de-poule, mettre le chocolat, la pâte à glacer, l'huile et le glucose. Verser la crème bouillante sur le mélange chocolat. Mélanger délicatement pour faire fondre. Réserver au froid pour la finition.

Préparation de la ganache chocolat Belcolade

• • •

Faire bouillir la crème et verser le mélange de chocolat et remuer délicatement pour faire fondre.

Préparation de la bavaroise au chocolat

• • •

Mettre à bouillir le lait avec la gélatine neutre et ajouter le mélange sur les jaunes d'œufs préalablement blanchis avec le sucre. Cuire à 85 °C (185°F). Passer au tamis. Verser le tout sur le chocolat noir. Incorporer la crème 35 % préalablement montée en pics mous dans l'appareil refroidi.

Montage

• • •

Prendre un cercle à gâteau sans fond, déposer le biscuit amande. Verser la ganache chocolat et bien la répartir sur le biscuit ou dresser à la poche à pâtisserie. Déposer sur la ganache les framboises bien égouttées. Mettre le disque de biscuit chocolat. Bien faire adhérer les biscuits sur les framboises et la ganache. Mettre la bavaroise chocolat pour compléter le moule. Faire prendre au congélateur toute la nuit.

Enlever le cercle du gâteau. Recouvrir l'entremets du miroir chocolat. Chauffer à 45 °C (110 °F) ou 50 °C (120 °F). Enlever l'excédent.

Sur les côtés, déposer des plaquettes de chocolat noir. Sur le dessus, déposer quelques framboises et des feuilles d'or.

ALCOOL D'ACCOMPAGNEMENT
Scotch MacDuff, Grand Macnish, Scotch Blend 750 ml
Code SAQ: 00006882

Notes de dégustation d'Anne L. Desjardins
Le scotch et le chocolat font un mariage fort efficace, même pour ceux qui sont davantage portés vers la consommation de vins que de spiritueux. Le choix de ce single malt vient aussi résoudre l'éternel dilemme de l'accord vin et chocolat, très souvent problématique. Le chocolat commence par envahir la bouche, puis la dégustation d'une gorgée de scotch apporte une note de fraîcheur. Le mariage est consommé lorsque la puissance du chocolat vient tempérer l'ardeur de l'alcool.

Hauts-lieux de gourmandise

À l'instar de toutes les villes qui jouissent d'une solide réputation «Art de vivre», Québec regorge de lieux consacrés aux becs sucrés, qui proposent pâtisseries, chocolats, glaces et confiserie. Certains, cependant, sont des incontournables qui contribuent à l'image de marque de la Capitale et de sa région. Nous vous présentons ici quelques coups de cœur.

Le confiseur et chocolatier Stéphane Champagne est aussi un expert des figurines en pâte d'amande

Fudgerie Les Mignardises Doucinet

Il n'y a pas dans toute l'Amérique du Nord de fudgerie qui s'approche du raffinement des Mignardises Doucinet, ni pour la beauté de cette boutique-bonbonnière sise dans une maison historique du XVIIe siècle, ni pour la qualité des fudges que proposent le chef Jacques Thivierge et sa compagne Michelle Martin. Après plusieurs séjours en Nouvelle-Angleterre, le couple a eu l'idée folle d'ouvrir en 2002 une confiserie spécialisée dans la fabrication de ce bon vieux sucre à la crème décliné en quelque 80 saveurs, dont café moka, garam masala, poivre rose, noix de coco, crème brûlée, forêt noire (cerise), petits fruits ou wasabi-gingembre. On est ici dans le haut de gamme, utilisant les meilleurs beurres de cacao. Le chef a aussi mis au point trois recettes de nougat aussi exquises qu'à Montélimar. On y offre aussi une impressionnante sélection de mignardises : calissons provençaux, sucettes Pierrot gourmand ou Bêtises de Cambray, caramels de Normandie, thés Mariage Frères. Toutes ces importations de grande qualité sont l'idée de la copropriétaire, Michelle Martin, qui les sélectionne avec soin pendant que son chef cuisinier de mari concocte ses recettes secrètes de fudge dans des chaudrons de cuivre dans la cuisine attenante à la boutique. On fabrique également de beaux chocolats artisanaux et l'on tient aussi une intéressante sélection de produits régionaux. L'endroit est si joli qu'on se sent immédiatement expulsé hors de la banalité du quotidien dès qu'on y met les pieds. En saison, on peut fréquenter la jolie terrasse de Mme Doucinet, tandis que les week-ends, le public peut assister à des démonstrations culinaires et des dégustations.

Choco-Musée Érico

Ouvert depuis une vingtaine d'années, le Choco-Musée Érico est presque un lieu de pèlerinage pour les touristes et une des grandes fiertés des habitants de Québec. Le maître chocolatier Éric Normand l'a créé parce qu'il avait une solide dent sucrée et cherchait un moyen d'exprimer sa créativité. Pourquoi pas le chocolat plutôt que la peinture ou la sculpture? En plus d'une gamme de chocolats variés, on y propose d'exquis gâteaux, biscuits, brownies et glaces, de même que des chocolats chauds que ne renierait pas la divinité Inca Quetzalcoatl, réputée être à l'origine du chocolat. Le serpent à plumes est d'ailleurs représenté dans le musée attenant à la boutique, qui raconte l'histoire du chocolat et toutes les étapes de sa fabrication. À l'atelier, Éric Normand et son équipe fabriquent en petites quantités des chocolats fourrés à partir des meilleurs chocolats de couverture avec des ingrédients de première qualité (noix, purées de fruits, liqueurs fines, épices, fleurs). Cette approche artisanale garantit la fraîcheur de l'inventaire, qui comprend une soixantaine de variétés : cari de Ceylan, chaï, chipotle, mûres et estragon, argousier, citron-lime, pomme verte, pistaches, pacanes au beurre, hibiscus ou gingembre, sans oublier ces valeurs sûres que sont les chocolats au beurre d'érable, caramel salé, miel de sarrasin. Plusieurs types de chocolat noir, blanc ou au lait sont offerts en tablettes, lingots et moulages variés. Éric Normand crée aussi des tableaux, sculptures et vitrines chocolatés qui ont contribué à sa renommée et valent vraiment le détour. Enfin, le Choco-Musée Érico est un des rares établissements à vendre des chocolatières, ces jolis pots qui servent à fabriquer le chocolat chaud à l'ancienne à l'aide d'un moussoir.

Les exquises glaces de Tutto Gelato et Paillard

Tous deux situés rue Saint-Jean, l'un dans le faubourg Saint-Jean Baptiste et l'autre dans le Vieux-Québec, ces établissements très différents par leur style ont cependant en commun de fabriquer dans les règles de l'art d'excellentes gelati en utilisant que des produits frais. Car trop souvent, ces fameuses glaces à l'italienne sont confectionnées à partir de mélanges lactés ou aux fruits importés d'Italie auxquels on ajoute des arômes. L'idée est intolérable au maître glacier Giacomo Donatti qui fabrique avec passion et rigueur depuis une dizaine d'années une centaine de variétés de glaces et de sorbets dans son authentique gelateria de la rue Saint-Jean, où il propose aussi de merveilleux espresso et cappuccino, cafés glacés et autres *dolci*, dont des gâteaux et biscuits. Les saveurs mêlent les classiques et les créations plus audacieuses : mascarpone, abricot, crème de safran, thé Chaï, thé vert, crème et whisky, cantaloup, marrons glacés, bleuets, figue, nougat, panna cota, gingembre, réglisse, litchi, chocolat blanc et noisettes, chocolat noir, orange, fruits de la passion et tutti quanti. Grâce à M. Donatti, on sait désormais à Québec ce qu'est l'authentique gelato parce qu'il a établi de très hauts standards de qualité en reproduisant fidèlement les recettes italiennes, puis en jouant d'audace avec ses créations originales.

Au Café-boulangerie Paillard, une trentaine de glaces sont fabriquées à partir de bases maison et d'ingrédients de grande qualité. L'équipe de pâtissiers sous la supervision de Sébastien Bonnefis travaille à développer des saveurs différentes, histoire de se démarquer. Le sorbet au pamplemousse rose côtoie ceux aux litchis, ananas, mandarine, cassis, poire, framboise et citron vert. Ils ont cette divine saveur concentrée et acidulée qui donne l'impression de croquer à chaque bouchée dans un plein casseau de fruits. Du côté des glaces à base de crème, les classiques vanille, chocolat, tiramisu ou pistache sont complétées par des créations au chocolat blanc, au caramel et des mélanges maison à base de café espresso. Les enfants ont même droit à la variété «gomme balloune», un choix moins orthodoxe pour des gelati... Outre de décadents sandwichs, soupes, salades, pains et viennoiseries à consommer sur place ou pour emporter, Paillard peut aussi se vanter d'offrir d'exquis macarons, petits gâteaux et feuilletés aux fruits à déguster avec un délicieux bol de café au lait.

La Conserverie du Quartier

Autre coup de cœur et source de fierté pour Québec: ce comptoir plus-que-charmant que Frédérique Guilbault et son mari Yoland Bouchard ont ouvert dans le quartier Limoilou voilà plus de 10 ans. La passion de la jeune femme pour la confection artisanale de confitures, conserves, ketchups, confits, compotes, vinaigres et autres trésors a sûrement transformé plus d'un Québécois en paresseux. Plus besoin de passer de longues heures à couper, cuire, stériliser et empoter; Frédérique et sa petite brigade s'en chargent pour vous. Le répertoire de la Conserverie du Quartier est impressionnant: près de 300 recettes, que l'on fait en alternance, au gré des saisons. Aux classiques s'ajoutent des raretés comme la confiture de pommes et tomates, le chutney orange et dattes, la marmelade orange et panais, les courgettes marinées aux framboises, patates douces, bleuets et pistaches. Il faut goûter la marinade de cantaloup, la relish de betteraves et chou, les prunes au thé épicé, le caramel à l'érable ou le chutney au citron et graines de moutarde pour comprendre l'engouement généralisé pour ces petits pots. « Souvent, nos clients eux-mêmes nous apportent des recettes familiales oubliées dont ils aimeraient retrouver le goût », explique Mme Guilbault, qui a écrit un livre sur le sujet et fabrique aussi de jolis paniers cadeaux, de même que des huiles et des vinaigres aromatisés. D'ailleurs, bien des chefs, comme Jean Soulard ou Mario Martel, font fabriquer leurs produits maison à la Conserverie du Quartier.

La chocolaterie du village des Éboulements est un des nouveaux établissements qui fabriquent des chocolats haut de gamme

Les Saveurs de l'Isle d'Orléans

Christiane Morel est une passionnée qui met le terroir de sa région en valeur en fabriquant une large gamme de produits artisanaux à base de fruits de l'île d'Orléans. En quelques années, elle a réussi à créer dans son petit atelier du village de Saint-Jean une quarantaine de coulis, gelées, vinaigres, glaces, sirops, tisanes et de délicieuses pâtes de fruits à base de fruits rouges, soit le cassis, les fraises, les framboises et les groseilles. Elle transforme également la baie d'amélanchier (aussi appelée petite poire), qui pousse à l'état sauvage sur l'île, et les cerises de terre. La proximité du fleuve, la forme convexe de l'île d'Orléans et le type de sol favorisent la culture de ces fruits, qui y poussent en abondance. Utilisant un minimum de sucre et un maximum de fruits, Mme Morel a voulu en capturer toute la saveur dans ses préparations qui, grâce à cette approche, sont très concentrées en saveur. Les coulis, gelées, pâtes de fruits et tartinades de cassis sont particulièrement délicieuses et considérées comme une spécialité de la maison. Elles se prêtent à de nombreuses recettes.

Index des recettes

Les bonnes adresses

Aliksir, huiles essentielles, Économusée de l'herboristerie
1040, route 138
Grondines
Tél. : 418 268-3406, 1 866 596-3406
http://www.aliksir.com

Aliments de santé Laurier
Place Laurier, bureau 2700, boul. Laurier
Tél. : 418 651-3262
www.alimentssante.com

Allard Fruits et légumes
(non ouvert au public)
199, 2e Avenue
Québec
Tél. : 418 522-2323

Atkins et frères
1, rue Chanoine-Richard
Mont-Louis
Comptoir de vente au marché du Vieux-Port de Québec
Tél. : 418 797-5059
http://www.atkinsetfreres.com/

Barry Callebaut Canada
2950, rue Nelson, B.P. 398
Saint-Hyacinthe, Québec J2S 1Y7
Tél. : 800 774-9131 (non ouvert au public)
http://www.barry-callebaut.com

Boucherie W. E. Bégin inc.
500, rue Saint-Jean
Tél. : 418 524-5271

Boulanger Éric Borderon
2360, De Celles
Tél. : 418 847-2808
Halles Le Petit Quartier
Tél. : 418 521-5757

Boulangerie Le Paingrüel
375, rue Saint-Jean
Québec
Tél. : 418 522-7246

Boulangerie Pascal Bonneau
1099, boul. de la Chaudière
Cap Rouge
Tél. : 418 650-2600

Café-Boulangerie Paillard
1097, rue Saint-Jean
Tél. : 418 692-1221
www.paillard.ca

Cassis Monna et filles
721, chemin Royal
Saint-Pierre, île d'Orléans
Tél. : 418 828-2525
http://www.cassismonna.com

Centre de l'Émeu de Charlevoix
706, Saint-Edouard, case postale 293
Saint-Urbain
Tél. : 418 639-2205
www.quebecweb.com/emeucharlevoix

Champignons Charlevoix (pleurotes La Malbaie)
Danielle Ricard, Jean-Pierre Lavoie
(non ouvert au public)
Tél. : 418 665-6189

Choco Musée Érico
634, rue Saint-Jean
Tél. : 418 524-2122
www.chocomusee.com

Chocolat central CJ inc.
8985, Henri Bourassa Ouest
Montréal
Tél. : 514 745-7199
www.chococentral.com

Cidrerie Verger Bilodeau
2200, chemin royal
Saint-Pierre, île d'Orléans
Tél. : 418 828-9316
www.cidreriebilodeau.qc.ca

Cidrerie Verger Joe Giguère
3446, chemin Royal
Sainte-Famille, île d'Orléans
Tél. : 418 829-2791

Distal Québec
414, boul. Raymond
Québec
Tél. : 418 666-557
www.distal.ca

Domaine Royarnois
146, chemin du Cap-Tourmente
Saint-Joachim
Tél. : 418 827-4465
www.royarnois.com

Domaine Steinbach
2205, chemin Royal
Saint-Pierre, île d'Orléans
Tél. : 418 828-0000
www.Domainesteinbach.com

Domaine de La Source à marguerite
3788, chemin Royal
Sainte-Famille, île d'Orléans
Tél. : 418 952-6277
www.domainemarguerite.com

Épicerie J.A. Moisan, La plus vielle épicerie
en Amérique du nord spécialiste
des produits du terroir québécois
699, rue Saint-Jean
Tél. : 418 522-0685
www.jamoisan.com

Épicerie fine La Route des Indes
160, Quai Saint-André
Marché du Vieux-Port de Québec
Tél. : 418 522-4382

Eumatimi, éleveurs-bouchers
241, rue Saint-Joseph Est
Québec
Tél. : 418 524 4907

Ferme des Monts
Sainte-Agnès-de-Charlevoix
Marc Bérubé (non ouvert au public)

Ferme Éboulmontaise
350, rang Saint-Godefroy
Les Éboulements
Tél. : 418 635-9888
www.agneausaveurscharlevoix.com

Ferme Fromagerie Tourilli
1541, rang Notre-Dame
Saint-Raymond, Portneuf
Tél. : 418 337-2876
www.fermetourilli.com

Ferme Québec-Oies
3341, avenue Royale
Saint-Ferréol-les-neiges
Tél. : 418 826.0942

Fromagerie des Grondines
274, rang 2 Est
Grondines, Portneuf
Tél. : 418 268-4982

Ferme Le Sanglier du roi
1327, rang Saint-Antoine
Saint-Ferréol-les-Neiges
Tél. : 418 826-9962

Ferme Terra Sativa (Terre de cultures)
750, rang Saint-Joseph
Saint-Alban, Portneuf
Tél. : 418 268-4499

La Fudgerie-boutique Mignardises Doucinet
717, boulevard Louis-XIV
Québec
Comptoir : Marché du Vieux-Port de Québec
Tél. : 418 622-9595
www.lafudgerie.com

Fumoir Charlevoix
25, rang Sainte-Mathilde
La Malbaie (secteur Cap-à-L'Aigle)
Tél. : 418 665-6662
www.fumoircharlevoix.com

Fumoir Grizzly inc.
159, Amsterdam, St-Augustin
Tél. : 418 878-8941 (non ouvert au public)
www.grizzly.qc.ca

La Chocolaterie du Village
194, route du Village
Les Éboulements
Tél. : 418 635-1651, 1 888 635-1651

La Conserverie du Quartier
504, de la Canardière
Québec
Tél. : 418 524.8850

La Ferme Basque de Charlevoix
813, rue Saint-Édouard
Saint-Urbain
Tél. : 418 639-2246
www.lafermebasque.ca

La Ferme du Bon Temps
884, route 138
Côte de la miche, Saint-Joachim, Côte-de-Beaupré
Tél. : 418 827-3672

Laiterie Charlevoix
1167, boul. Mgr-De Laval
Baie-Saint-Paul
Tél. : 418 435-2184
www.fromagescharlevoix.com

La Maison d'affinage Maurice Dufour
1339, boulevard Mgr De Laval
Baie-Saint-Paul
Tél. : 418 435-5692
www.fromagefin.com

La Maison Orphée inc.
905, avenue Galilée
Québec
Tél. : 418 681-1530, 1 800 667-1530
www.maisonorphee.com

La Métairie du Plateau (Jean Leblond)
Les Éboulements, Charlevoix
(pas ouvert au public)

Le Canard Goulu, Ferme
554, Bois Joly Ouest
Saint-Apollinaire
Tél. : 418 881-2729

Le Canard Goulu, Boutique urbaine
1281, avenue Maguire
Tél. : 418 687-5116
www.canardgoulu.com

Le Domaine du Mérifick
Luce Milhomme et Bruno Martel
241, Wexford, Shanon
Tél. : 418 844-1237
www.domaine-merifick.com

Le veau Charlevoix
4, rue Desbiens, Clermont
Tél. : 418 439-5549
www.veaucharlevoix.com

Le Vignoble Sainte-Pétronille
1 A, chemin du bout de l'île
Sainte-Pétronille, île d'Orléans
Tél. : 418 828-9554
www.vignobleorleans.com

Les Canardises, Boutique
9630, boul. Sainte-Anne
Sainte-Anne-de-Beaupré
Tél. : 514 827-5454
Les Canardises, Ferme
5170, avenue Royale
Saint-Ferréol-les-Neiges
Tél. : 418 826-2112
www.Lescanardises.com

Les Fines Herbes Par Daniel
771, chemin Royal
Saint-Jean, île d'Orléans
Tél. : 418 829-3000 (non ouvert au public)

Les Fromages de l'Isle d'Orléans inc.
4696, chemin Royal
Sainte-Famille, île d'Orléans
Tél. : 418 829-0177

Les Jardins du Centre
91, rang Centre
Les Éboulements
Tél. : 418 635-2387
www3.sympatico.ca/jardins.centre

Les thés Kusmi Importations Canada
Micheline Sibuet et Pierre Watters
Tél. : 1 866 929-5076 (non ouvert au public)
www.kusmi.ca

Les Tomates Savoura
Les Serres du St-Laurent inc.
Division Portneuf (siège social)
700, rue Lucien-Thibodeau, Portneuf
Tél. : 418 286-6681 (non ouvert au public)
www.savoura.com

Les Viandes biologiques de Charlevoix
280, chemin Saint-Laurent
Baie-Saint-Paul
Tél. : 418 435-6785
www.viandesbiocharlevoix.com

Maison du Gibier
585, rue de L'Argon
Québec
Tél. : 418 849-8427, 1 800 463-8427
(non ouvert au public)
www.lamaisondugibier.com

Maison Gourmet
394, rue Morse
Ste-Foy
Tél. : 418 682-3030 (non ouvert au public)
www.maisongourmet.ca

Nutra-Fruit inc.
1375, rue Frank-Carrel, local 33
Québec
Tél. : 418 687-7704 (non ouvert au public)
www.nutra-fruit.com

Parcours gourmand (circuit agrotouristique)
www.parcoursgourmand.com

Pâtes à Tout
Halles de Sainte-Foy et 42, René-Lévesque Ouest
Tél. : 418 651-8284 (Halles)
        418 529-8999 (René-Lévesque)
www.pates-a-tout.com

Pec-Nord inc.
2800 avenue Saint-Jean-Baptiste, bureau 230
Québec
Tél. : 418 653-8110 (non ouvert au public)
www.pec-nord.com

Pépinière et Vergers Pedneault et frères inc.
3384, chemin des Coudriers
Isle-aux-Coudres
Tél. : 418 438-2365
www.charlevoix.net/vergerpedneault

Route des Saveurs de Charlevoix, circuit agroalimentaire
www.routedesaveurs.com/

Serres Demers
796, Chemin Saint-Joseph
Saint-Nicolas
Tél. : 418 831-2489 (non ouvert au public)

Thermomix Vorwerk
Importations Nobelhouse
Claude Perron, Nathalie Miller
Tél. : 418 661-3735
www.vorwerk.com/fr/thermomix/html/

Tutto Gelato
716, rue Saint-Jean
Québec
Tél. : 418 522-0896
www.tuttogelato.ca

Vertigo Horticulture inc.
387, boul. 138
Saint-Tite-des-Caps
Tél. : 1 877 823-9913 (non ouvert au public)
www.vertigo.ca

Vignoble Isle de Bacchus
1071, chemin Royal
Saint-Pierre, île d'Orléans
Tél. : 418 828-9562
www.isledebacchus.com

Vignoble Moulin du Petit Pré
7021, avenue Royale
Château-Richer
Tél. : 418 824-7077
www.Vignoblemoulinpetitpre.ca

À mes chatons Léonard et Romain;
qu'ils continuent de grandir en beauté et en gourmandise...

Remerciements

À Laurent, qui sait si bien donner un souffle plus long à mes projets et mes enthousiasmes. Sans ton soutien constant et tes talents de cuisinier-photographe-chauffeur-bagagiste-nounou-humoriste-red-chef et amoureux, rien de tout cela ne pourrait se concrétiser.

À Jean-Luc et Linda, Frédéric, Sabrina et Bastien Boulay, ma merveilleuse famille d'adoption depuis toutes ces années passées à Québec. Merci pour votre patience, votre générosité et votre extraordinaire sens de la fête. Merci pour les fabuleux repas en si belle compagnie.

À Martine Pelletier, pour son dévouement, son perfectionnisme, sa patience et sa très grande compétence.

À Louis Perron, Christophe Alary et Claude Bureau, qui sont de véritables artistes.

À Louis Aubert, de Maison Gourmet, qui nous reçus à bras ouverts dans sa belle cuisine pour nos séances de photos.

À Michel Grenier, d'Équipements Mauvalin, pour la ravissante vaisselle et les accessoires.

Au journal *Le Soleil*, qui, en plus de me fournir l'occasion de faire découvrir à nos lecteurs l'extraordinaire diversité agroalimentaire de la région de Québec depuis 7 ans, a gracieusement accepté que j'utilise ses photos d'archives.

À Claudine Gagnon, du *Soleil*, pour ses innombrables heures de recherche dans les photos d'archives du *Soleil*.

À Philippe Castel et Alain Bolf, du chapitre de Québec de la Société des chefs cuisiniers et pâtissiers du Québec, pour leur engagement total face à la belle cause de ce livre.

À Alexandra Perron, ma patronne-amie-complice du journal *Le Soleil*, qui appuie toujours mes idées et qui me permet d'arpenter cette belle région gourmande de Québec à ma guise. Promis : un jour, j'écrirai plus court!!!

Un tel livre est le résultat d'un formidable élan collectif, celui de dizaines de chefs, de producteurs, de transformateurs, d'écoles hôtelières et d'amoureux de bonne et authentique cuisine régionale. Qu'ils soient tous remerciés pour leur implication, leurs encouragements et leur appui au fil des trois dernières années. Grâce à vous tous, ce fut une géniale aventure!

Anne L. Desjardins

. . .

Catalogage avant publication de Bibliothèque et Archives nationales du Québec et Bibliothèque et Archives Canada

Desjardins, Anne L., 1959-
    Québec capitale gastronomique
    Comprend un index.
    ISBN 978-2-923194-68-4
1. Cuisine québécoise. 2. Gastronomie – Québec (Province) – Québec, Région de – Ouvrages illustrés.
3. Produits du terroir – Québec (Province) – Québec, Région de – Ouvrages illustrés. I. Titre.

TX715.6.D47 2008   641.59714'47   C2008-941141-2

Les Éditions La Presse

Président
André Provencher

Directeur à l'édition
Martin Balthazar

Éditrice déléguée
Martine Pelletier

Auteure
Anne L. Desjardins

Photographies
Louis Perron, Œil pour Œil photographie
Œil pour photo.com (lperron@oeilpouroeilphoto.com) pour les photos de recettes et autres
et complices
Anne L. Desjardins
Archives Le Soleil **leSoleil**

Conception graphique
Ose Design

Infographie
Ose Design
Francine Bélanger
Nathalie Perreault

Révision linguistique
Brigitte Fournier

Stylisme culinaire
Christophe Alary
Claude Bureau

L'éditeur remercie le gouvernement du Québec pour l'aide financière accordée à l'édition de cet ouvrage
par l'entremise du Programme de crédit d'impôt pour l'édition du livre, administré par la SODEC.

L'éditeur bénéficie du soutien de la Société de développement des entreprises culturelles (SODEC)
pour son programme d'édition et pour ses activités de promotion.

L'éditeur reconnaît l'aide financière du gouvernement du Canada par l'entremise du Programme d'aide
au développement de l'industrie de l'édition (PADIÉ), pour ses activités d'édition.

Dépôt légal – Bibliothèque et Archives nationales du Québec, 2008
Dépôt légal – Bibliothèque et Archives Canada, 2008
3e trimestre 2008
ISBN : 978-2-923194-68-4

Imprimé et relié au Québec

Les Éditions
LA PRESSE
7, rue Saint-Jacques
Montréal (Québec) H2Y 1K9
514 285-4428